데이터 과학 레벨 업 로드맵

데이터 과학 레벨 업 with 로드맵

캐글 그랜드마스터가 알려주는 문제 해결의 기술

초판 1쇄 발행 2023년 4월 20일

지은이 콘라트 바나헤비치, 루카 마사론 / **옮긴이** 김형민 / **펴낸이** 김태헌
펴낸곳 한빛미디어(주) / **주소** 서울시 서대문구 연희로2길 62 한빛미디어(주) IT출판2부
전화 02-325-5544 / **팩스** 02-336-7124
등록 1999년 6월 24일 제25100-2017-000058호 / **ISBN** 979-11-6921-095-9 93000

총괄 송경석 / **책임편집** 서현 / **기획** 이민혁 / **교정** 윤모린
디자인 표지 이아란 내지 박정화 / **전산편집** 김민정
영업 김형진, 장경환, 조유미 / **마케팅** 박상용, 한종진, 이행은, 고광일, 성화정, 김한솔 / **제작** 박성우, 김정우

이 책에 대한 의견이나 오탈자 및 잘못된 내용에 대한 수정 정보는 한빛미디어(주)의 홈페이지나 아래 이메일로
알려주십시오. 잘못된 책은 구입하신 서점에서 교환해드립니다. 책값은 뒤표지에 표시되어 있습니다.

한빛미디어 홈페이지 www.hanbit.co.kr / **이메일** ask@hanbit.co.kr

지금 하지 않으면 할 수 없는 일이 있습니다.
책으로 펴내고 싶은 아이디어나 원고를 메일(writer@hanbit.co.kr)로 보내주세요.
한빛미디어(주)는 여러분의 소중한 경험과 지식을 기다리고 있습니다.

데이터 과학 레벨 업 로드맵 with

콘라트 바나헤비치, 루카 마사론 지음
김형민 옮김

캐글 그랜드마스터가
알려주는 문제 해결의 기술

데이터 준비

토픽

검증 설계

평가 지표 파악

THE
KAGGLE
BOOK

초기화학

포트폴리오 작성

Packt> 한빛미디어
Hanbit Media, Inc.

제 전공은 계량경제학입니다. 연구 중 예측 문제를 해결할 대안을 찾다가 머신러닝을 처음으로 만났습니다. 알면 알수록 머신러닝을 향한 흥미는 커졌지만 정작 머신러닝 분야에 뛰어드는 건 겁이 났습니다. 당시의 저는 이 머신러닝 관련 기술도, 전문 용어도 몰랐고 자격증조차 없었으니까요.

캐글을 창립한 이유는 저 같은 사람에게 이렇게 새롭고 강력한 영역에 들어설 기회를 제공하는 것이 목표였기 때문입니다. 캐글로 인해 데이터 과학과 머신러닝에 접근하기 쉬워졌다는 사실이 무척 자랑스럽습니다. 초보자였던 많은 캐글러가 캐글을 통해 엔비디아나 구글, 오픈 AI^OpenAI, 데이터로봇^DataRobot 같은 스타트업 회사가 찾는 일류 머신러닝 엔지니어로 성장했습니다.

루카와 콘라트의 책은 캐글에 더욱 쉽게 접근하는 방법을 소개합니다. 이 책은 캐글이 운영되는 방식을 안내하고 그들이 캐글에서 활약하며 얻은 다양하고 중요한 지식을 함께 전달합니다. 20년이 넘게 캐글에서 활동한 두 사람의 활동은 정말 대단합니다. 참가한 대회만 330개 이상, 캐글 포럼에 올린 포스트가 2000개 이상, 커뮤니티에 공유한 노트북은 100개 이상, 데이터 세트는 50개 이상입니다. 두 사람 모두 최상위 랭커이자 캐글 커뮤니티가 높이 평가하는 구성원입니다.

이 책을 잘 이해하면 캐글 대회에 참가할 자신감이 생길 것입니다. 그 자신감을 바탕으로 대회에 참여하면 많은 보상을 얻게 되죠.

첫째, 머신러닝의 실용적인 발전을 파악하는 가장 강력한 방법입니다.

머신러닝 분야는 굉장히 빨리 발전하고 있습니다. 2019년만 해도 하루에 300개의 논문이 발표되었습니다. 이렇게 발표하는 양이 많아지니 모든 자료를 파악하기는 불가능한 수준에 이르렀습니다. 캐글은 연구 내용이 실제 문제 해결에 영향을 미치는지 확인하는 거름망이 되었습니다. 그러다 보니 단순히 학술적 상황을 따라가는 것보다 캐글에 참가하는 게 실력 향상에 도움이 되죠. 지금 업계에서 표준으로 자리 잡은 많은 툴이 캐글을 통해 인기를 얻었습니다. 예를 들면 XGBoost와 케라스는 각각 2014년과 2015년 캐글 커뮤니티를 통해 널리 알려진 후 실제 산업에 도입되었죠.

둘째, 캐글은 실습을 통한 학습 Learning by doing **경험을 제공합니다.**

적극적인 캐글러는 대회에 정기적으로 참가하는 것을 머신러닝을 위한 '근력 운동'이라 표현하기도 합니다. 캐글에서 다양한 사례와 문제를 접하다 보면 실제 산업 현장에서 맞닥뜨릴 유사한 문제에도 대비하게 됩니다. 대회에는 기한이 있어 참가자가 빠르게 머신러닝 근육을 반복 훈련하도록 유도합니다. 문제 해결에 도전한 후 같은 문제에서 가장 좋은 성과를 낸 참가자의 해결 방법을 살펴보는 것만큼 좋은 훈련은 없습니다(캐글에서는 보통 대회가 끝나면 우승팀의 접근 방법을 공유합니다).

이 책이 캐글을 처음 접하는 독자 여러분의 어려움을 조금이나마 덜어준다면 좋겠습니다. 캐글을 어느 정도 경험한, 다음 단계로 올라서길 희망하는 독자 여러분 역시 캐글에서 더 많은 것을 얻길 바랍니다.

앤서니 골드블룸

캐글 창립자, 전 CEO

지은이 · 옮긴이 소개

지은이 **콘라트 바나헤비치** Konrad Banachewicz

암스테르담 자유 대학교에서 통계학 박사학위를 받았다. 신용 리스크의 극단적 종속성 모델링의 문제를 연구했으며 튜터로서 석사 과정 학생들을 지도하기도 했다. 박사 과정을 마친 후 몇 년 동안 여러 금융 기관에서 일하며 다양한 양적인 데이터 분석 문제를 다뤘다. 이 과정을 통해 데이터 제품 수명 주기의 전문가가 되었고, 금융 분야에서 극과 극에 있는 고빈도 거래High Frequency Trading와 신용 리스크 등의 주제를 연구했다.

지은이 **루카 마사론** Luca Massaron

10년 이상의 경력을 지닌 데이터 과학자로 데이터를 똑똑한 물건으로 변신시키거나 실제 문제를 해결하며 사업과 이해 관계자들에게 유용한 가치를 창조한다. 데이터 과학 대회에서 전 세계 순위 7위에 오른 캐글 그랜드 마스터이자 머신러닝 분야의 구글 디벨로퍼 엑스퍼트Google Developer Expert(GDE)이다. AI, 머신러닝, 알고리즘 분야 베스트셀러 도서를 쓴 작가로『실전활용! 텐서플로 딥러닝 프로젝트』(위키북스, 2018),『파이썬으로 풀어보는 회귀분석』(에이콘, 2018) 등을 집필했다.

옮긴이 **김형민** magnking@gmail.com

동국대학교에서 일본어 교육학을 전공했고 프리랜서 통번역가로 활동했다. 이후 떠올린 아이디어들을 구체화할 수 있는 프로그래밍에 매력을 느껴 프로그래머가 되기로 했고 지금은 일본에서 웹 개발을 하고 있다. 번역한 도서로는『친절한 딥러닝 수학』(한빛미디어, 2021),『다양한 그래프, 간단한 수학, R로 배우는 머신러닝』(영진닷컴, 2019),『프로그래밍 언어도감』(영진닷컴, 2018) 등이 있다.

머신러닝을 적용하는 프로젝트에서 실패한 경험이 있습니다. 독거 노인과 여성 1인 가구의 안전과 보안을 지킬 상황 분류 시스템을 만드는 프로젝트였습니다.

군용으로만 활용되던 레이더 기술을 일반 기업에서도 사용할 수 있게 되자 사람의 움직임을 분류하려 했습니다. 직접 화면이 녹화되는 CCTV가 목적에 더 부합하겠지만 레이더는 화장실처럼 사생활 보호가 필요한 장소에도 움직임만 담을 수 있다는 강점이 있었죠.

작은 스타트업 회사였던 덕분에 경험이 없었지만 머신러닝으로 상황을 분류하는 업무를 담당했습니다. 그때부터 분투가 시작되었습니다. 인터넷 강의를 보고 머신러닝 모임이나 세미나에 가능한 많이 참가해서 배우고 질문했습니다. 임시로 데이터를 모으려 직접 매트 위에 넘어지면서 데이터를 수집하기도 했죠.

이 책을 번역하는 내내 그때 기억이 떠올랐습니다. '배움이 절실하던 그 시절 이 책을 만났다면 얼마나 좋았을까?'하는 생각이 머리에 맴돌았습니다.

『데이터 과학 레벨 업 로드맵』은 '캐글'이라는 플랫폼을 활용해 데이터 과학을 배우는 최선의 방법을 소개합니다. 캐글에는 현실과 맞닿아 있는 수많은 대회와 데이터, 그리고 무엇보다도 아이디어를 나눌 사람들로 가득합니다.

학습을 넘어서 캐글로 포트폴리오를 작성하고 데이터 과학 분야의 커리어를 만들어가는 다양한 팁도 제공합니다. 하지만 그 이상 가치를 지닌 보석은 각 산업 분야의 최전선에서 활동하고 있는 캐글 마스터와 그랜드마스터가 대회에서 사용한 전략과 실력을 향상시킨 방법을 공유한 인터뷰입니다.

참여했던 프로젝트는 연구 기간이 1년으로 정해져 있었기 때문에 지금 다시 한다고 해도 실제 위급 상황 데이터를 모두 수집하고 분류해내기 쉽지 않았겠지만 이 책과 캐글의 도움을 받았다면 훨씬 빨리 배우고 새로운 방향으로 전환해보지 않을까 하는 아쉬움이 남네요.

캐글이 모든 것을 줄 수는 없겠지만 현재 데이터 과학자 혹은 머신러닝 엔지니어로 성장하는데 캐글만큼 좋은 플랫폼은 없는 것 같습니다. 캐글을 제대로 활용하고 싶거나 데이터 과학 분야에서 성장하고 커리어를 만들어가고 싶으신 분이라면 이 책과 캐글을 적극 활용해보기를 추천합니다.

김형민

이 책에 대하여

두 저자 모두 10년이 넘도록 다양한 캐글 대회에 참가한 만큼 대회 성적이 항상 좋았다고 자신하지는 못합니다. 하지만 어느새 캐글과 관련된 다양한 활동에 열중하는 자신을 발견하게 되었습니다. 시간이 지나면서 대회에 참가하는 수준을 넘어서 데이터 과학 시장의 요구와 각자의 열정에 따라 콘텐츠와 코드를 만드는 데 열중하기도 했습니다.

저자들의 여정은 계속되겠지만 지금 시점까지 겪은 경험과 아직도 여전한 열정이 이제 막 데이터 과학을 시작했거나 영감을 얻고 싶은 다른 참가자에게 도움이 될 거라 생각했습니다. 각자 핵심적인 전문 지식을 익혀서 데이터 과학에서 자기만의 여정을 시작하도록 말이죠.

이 책을 쓴 목적은 다음과 같습니다.

- 캐글이나 다른 데이터 과학 대회에 참가했을 때 만날 문제 대부분에 접근하거나 경쟁력을 갖추는 데 필요한 최고의 팁을 한곳에서 제공하기
- 캐글의 모든 분야(대회, 데이터 세트, 노트북, 토론)에서 누구나 최소한 엑스퍼트 수준에 도달할 충분한 조언을 제공하기
- 캐글에서 가장 효율적으로 배우는 방법과 이 경험을 데이터 과학 분야 전문성 성장을 위해서 활용하는 방법을 제공하기
- 캐글 마스터와 그랜드마스터를 인터뷰해서 그들의 이야기를 듣고 대회에 대한 다양한 관점을 한곳으로 모으기

간단히 줄이면 이 책은 데이터 과학 대회에 참가하고 캐글이 제공하는 기회를 최대한 활용하는 방법을 설명합니다. 또한 시간과 노력을 절약할 실용적인 참고서를 목표로 따로 배우거나 찾기 어려운 많은 대회 팁과 요령을 실었습니다. 하지만 이 책은 실용적인 도움을 제공하는 데 그치지 않습니다. 여러분이 대회 참가로 데이터 과학 분야에서 경력을 쌓는 방법을 찾도록 도움을 주고자 노력했습니다.

이 책은 데이터 과학을 기초부터 가르치지는 않으니 주의하세요. 이 책은 선형 회귀나 랜덤 포

레스트, 그레이디언트 부스팅 같은 머신러닝 기법이 어떻게 동작하는지 자세하게 설명하기보다, 데이터 문제에서 이런 기법을 사용하는 최선의 방법과 최고의 결과를 얻는 방법을 설명합니다. 이 책을 이해하려면 탄탄한 기초 지식과 최소한의 데이터 과학과 파이썬 사용법을 기본적으로 알아야 합니다. 만약 데이터 과학을 막 시작했다면 이 책을 읽기 전에 다른 데이터 과학, 머신러닝, 딥러닝 책을 읽어보며 캐글이나 무크^{MOOC}, edX, 코세라^{Coursera} 등에서 제공하는 온라인 코스를 통해서 훈련을 쌓는 것이 좋습니다.

실용적으로 데이터 과학을 시작하고 싶고, 까다롭고 흥미로운 데이터 문제에 도전하고 싶고, 여러분처럼 일에 열정을 지닌 훌륭한 데이터 과학자 동료들과 만나고 싶다면 이 책은 당신에게 딱 맞는 책입니다.

대상 독자

이 책이 출간되는 시점을 기준으로 12,692,287명의 캐글 노비스^{novice}(웹사이트에 가입만 한 사용자), 202,974명의 캐글 컨트리뷰터^{contributer}(프로필만 입력한 사용자)가 있습니다. 이 모든 캐글러가 이 책을 통해 대회에 참가하고, 머신러닝을 학습하는 이들이 대회를 통해 학습하는 데 참고하면 좋겠습니다.

구성

이 책은 총 3부이며, 15개 장으로 구성되어있습니다.

1부: 캐글 사용법

1장. 캐글과 데이터 과학 대회에서는 코딩 대회가 어떻게 데이터 과학 대회로 발전했는지 설명합니다. 또한 캐글이 어떻게 데이터 과학 대회 플랫폼으로써 가장 인기 있는 사이트가 되었는지, 어떻게 운영되는지 설명합니다.

2장. 캐글 데이터 세트에서는 캐글이 데이터를 저장하는 표준 방법인 캐글 데이터 세트를 소개합니다. 또한 설정, 데이터 수집, 캐글의 작업에서 활용하는 방법을 소개합니다.

3장. 캐글 노트북에서는 기본 코딩 환경인 캐글 노트북을 소개합니다. 노트북의 기본 사용 방법을 설명합니다. 또한 구글 클라우드 플랫폼Google Cloud Platform (GCP) 환경을 활용하는 방법과 이를 활용해서 어떻게 데이터 과학 포트폴리오를 구성하는지 설명합니다.

4장. 토론 포럼에서는 캐글로 소통하고 아이디어를 교환하는 기본 방식인 토론 포럼을 살펴봅니다.

2부: 대회를 위한 테크닉

5장. 대회 과제와 지표에서는 데이터 과학 대회에서 모델을 구축할 때 특정 유형의 문제를 위한 평가 지표가 어떻게 운영 방식에 큰 영향을 미치는지 자세히 설명합니다. 또한 캐글 대회에서 사용하는 다양한 지표를 다룹니다.

6장. 좋은 검증 설계법에서는 데이터 대회에서 검증이 중요한 이유를 소개하고 과대적합, 급격한 순위 변동, 누수, 적대적 검증, 다양한 종류의 검증 전략들, 최종 제출을 위한 전략을 설명합니다.

7장. 태뷸러 데이터 대회를 위한 모델링에서는 캐글에서 열리는 플레이그라운드 시리즈Playground Series를 중심으로 설명합니다. 태뷸러 데이터 문제는 대부분의 데이터 과학자에게 표준적인 연습 과제로 캐글에서 많은 정보를 배울 수 있습니다.

8장. 하이퍼파라미터 최적화에서는 교차검증 접근 방식을 확장해 모델에 최적화된 하이퍼파라미터를 찾는 방법을 찾아봅니다. 다르게 말하면 캐글 대회에 참가하면 경험하게 되는 시간과 리소스 부족 압박 아래 비공개 리더보드에서도 일반화하는 최적의 방법을 찾아봅니다.

9장. 블렌딩과 스태킹 설루션을 사용한 앙상블에서는 복합적인 모델에 필요한 평균 구하기, 블렌딩, 스태킹 같은 앙상블 테크닉을 설명합니다. 캐글에서 설루션을 구축할 때 템플릿으로 사용할 관련 이론과 예시, 코드 예제를 제공합니다.

10장. 컴퓨터 비전 모델링에서는 일반적으로, 그리고 특히 캐글에서 가장 인기 있는 주제인 컴퓨터 비전과 관련된 문제를 설명합니다. 이미지 분류, 객체 탐지, 영상 분할 대회의 설루션을 구축하는 전체 파이프라인을 설명합니다.

11장. NLP 모델링에서는 자주 접하는 유형의 자연어 처리와 관련된 캐글 대회에 초점을 맞춥니다. 오픈 도메인 Q&A 같이 인기 있는 문제를 위한 엔드투엔드end to end 설루션을 구축하는 방법을 설명합니다.

12장. 시뮬레이션과 최적화 대회에서는 최근 몇 년 동안 캐글에서 인기를 얻고 있는 새로운 유형의 대회인 시뮬레이션 대회의 개요를 제공합니다.

3부: 데이터 과학 경력 관리

13장. 포트폴리오 준비에서는 캐글과 다른 사이트의 작업을 보여줌으로써 눈에 띄는 방법을 살펴봅니다.

14장. 새로운 기회를 찾는 법에서는 캐글에서의 경험을 새로운 직업 기회를 찾는 데 활용하는 최선의 방법을 설명하면서 캐글 활동이 경력에 미치는 긍정적인 영향을 알아봅니다.

예제 코드

이 책의 파이썬 코드는 사용 중인 컴퓨터에 별도로 설치할 필요 없이 캐글 노트북에서 바로 실행하도록 디자인되었습니다. 그러니 컴퓨터 사양이나 어떤 파이썬 패키지 버전을 설치할지 걱정하지 않아도 됩니다.

인터넷에 연결된 컴퓨터와 캐글 무료 계정만 있으면 됩니다. 캐글 노트북에서 코드를 실행하려면(3장에서 설명) 캐글 계정을 개설해야 합니다. 계정이 없는 경우, 바로 캐글 웹사이트(*https://www.kaggle.com*)에 접속해 안내에 따라 생성하면 됩니다.

이 책 전반에서 유용하리라 판단되는 다양한 리소스를 링크해 두었습니다. 링크를 참조할 때는 충분히 살펴보세요. 공개 캐글 노트북에서 재사용할 코드나 이 책에서 다루는 개념과 아이디어를 실제로 보여주는 추가 자료를 담았습니다.

이 책의 예제 코드는 깃허브^{GitHub}에서 제공합니다.

- *https://github.com/PacktPublishing/The-Kaggle-Book*

일러두기

본문에서 언급되는 참고 논문은 미주로, 그 외에 관련 글이나 링크는 각주로 정리했습니다.

각 장의 말미에는 그랜드마스터와 마스터 등급에 오른 캐글러 31명의 인터뷰가 수록되어있습니다. 데이터 과학자로 성장하는 방법을 알아가길 바랍니다.

CONTENTS

PART **Ⅰ** **캐글 사용법**

CHAPTER **1** **캐글과 데이터 과학 대회**

CHAPTER **2** **캐글 데이터 세트**

CHAPTER 3 캐글 노트북

CHAPTER 4 토론 포럼

CONTENTS

CHAPTER 6 좋은 검증 설계법

CONTENTS

CHAPTER 9 블렌딩과 스태킹 설루션을 사용한 앙상블

CONTENTS

PART **III** 데이터 과학 경력 관리

CHAPTER **13 포트폴리오 준비**

CONTENTS

CHAPTER **14 새로운 기회를 찾는 법**

캐글 사용법

1부는 대표적인 데이터 과학 플랫폼 캐글의 사용법을 소개합니다. 캐글은 크게 대회와 데이터 세트, 노트북, 토론 포럼 총 네 가지 서비스로 구성됩니다. 각 서비스의 역할과 사용법을 차례대로 소개하며 이를 활용해 데이터 과학 능력을 기르는 법을 알아봅니다.

Part I

캐글 사용법

캐글과 데이터 과학 대회

이 장의 내용

- 데이터 과학 대회 플랫폼의 부상
- CTF 패러다임
- 캐글 플랫폼과 다른 대안 플랫폼
- 캐글 대회의 운영 방식

데이터 과학 대회의 역사는 짧지 않습니다. 소수의 열정적인 참가자가 모여 시작했던 대회는 점점 많은 관심을 얻어 지금은 수백만 명에 달하는 데이터 과학자가 관심 있게 바라보는 데이터 과학 플랫폼이 되었습니다. 이 책의 저자들은 가장 인기 있는 데이터 과학 대회 플랫폼 캐글에 오랫동안 참가하며 이 모든 변화를 지켜보고 직접 경험했습니다.

요즘은 캐글이나 다른 대회 플랫폼을 키워드로 검색하면 매우 많은 모임과 토론 패널을 비롯해 각종 팟캐스트와 인터뷰, 대회에 우승하는 방법을 소개하는 온라인 코스 등 다양한 자료가 존재합니다. 하지만 수많은 데이터 과학 대회를 최대한 활용하는 방법을 안내하는 체계적인 가이드는 거의 없기에 이 책을 집필했습니다.

이 책은 캐글이나 다른 데이터 과학 대회에서 어떻게 높은 점수를 얻는지를 알려주기보다는 대회에 제대로 참가하고 최대한 활용하는 방법을 전달하려고 노력했습니다. 특히 데이터 과학 전문가로서의 경력을 키워나갈 수 있도록 캐글에서 마스터와 그랜드마스터 등급을 얻은 회원 31명의 인터뷰도 함께 담았습니다. 이러한 인터뷰를 통해 캐글의 특정 분야에서 순위를 높이는 데 도움이 되는 다양한 관점과 통찰을 얻고, 자신을 시험하는 계기가 될 데이터 과학 대회에 참가하는 방법을 배우기를 기대합니다.

이 책에는 저자들이 대회에 참가하며 겪은 모든 경험과 지식을 담았습니다. 이 책을 읽고 데이터 과학 대회에 지속적으로 참가하며 스스로 배우고 성장하세요.

이 장에서는 프로그래밍 대회에서 데이터 과학 대회가 탄생한 배경과 캐글이 대회 플랫폼 중에서 가장 큰 인기를 얻는 이유와 운영 방식을 살펴보겠습니다.

1.1 데이터 과학 대회 플랫폼의 부상

프로그래밍 대회는 긴 역사를 가지고 있습니다. ICPC^{the International Collegiate Programming Contest}는 1970년대에 첫 대회를 열었습니다. ICPC는 대학이나 회사에서 모인 작은 팀이 참가하는 대회로, 컴퓨터 프로그램(초기에는 포트란^{FORTRAN}으로 코딩)으로 문제를 해결하는 대회입니다. 괜찮은 최종 순위를 얻으려면 팀워크, 문제 해결, 프로그래밍에서 좋은 능력을 보여주어야 합니다.

열정적인 대회에 참가한다는 경험 그 자체와 더불어, 인재를 채용하려는 회사의 주목을 받을 기회는 많은 학생에게 충분한 동기부여가 되었고 대회는 수년간 인기를 끌었습니다. ICPC의 일부 우승자는 유명 개발자가 되기도 했습니다. 그중에는 전 페이스북 CTO이자 쿼라^{Quora}의 창업자인 애덤 디앤절로^{Adam D'Angelo}나 텔레그램 메신저의 공동 창업자인 니콜라이 두로프^{Nikolai Durov}, 아파치 스파크^{Apache Spark}를 만든 마테이 자하리아^{Matei Zaharia}도 있습니다. 그 외에도 많은 전문가가 ICPC에 참가한 경험이 있습니다.

ICPC의 개최 이후 다양한 프로그래밍 대회가 생겨났습니다. 특히 2000년대에 들어서 원격 참가가 가능해지면서 국제 대회를 개최하는 데 필요한 노력과 비용이 낮아져 더 많은 대회가 열렸습니다. 일련의 문제를 출제하고 이를 코딩으로 해결하는 대회 형식은 모두 비슷합니다. 우승자는 상을 받았으며, 인재를 채용하려는 기업에 이름을 알리거나 유명해지는 부수적인 효과도 있었습니다.

프로그래밍 문제의 출제 범위는 조합론^{combinatorics}부터 정수론^{number theory}, 그래프 이론^{graph theory}, 알고리듬 게임 이론^{algorithmic game theory}, 계산기하학^{computational geometry}, 문자열 분석^{string analysis}, 데이터 구조^{data structures}에 이르기까지 다양합니다. 최근에는 인공지능과 관련된 문제도 성공적으로

등장했습니다. 특히 ACM^Association for Computing Machinery의 SIG^Special Interest Group가 연례 콘퍼런스에서 개최한 지식 발견 및 데이터 마이닝 대회인 KDD 컵이 출범한 것이 큰 영향을 미쳤습니다.

1997년 열린 제1회 KDD컵은 직접 마케팅^direct marketing을 위한 향상도 곡선^lift curve 최적화 문제로 시작되었고 오늘날까지 계속되고 있는 유서 깊은 대회입니다. 데이터 세트, 설명, 우승자 등의 기록은 KDD 컵의 공식 홈페이지[1]를 참조하세요. 해결 방법, 테크닉, 대회 데이터 세트 공유를 다루는 많은 논문을 통해 KDD 컵이 모범 사례를 확립하는 데 매우 효과적이라고 입증되었습니다. 이 내용은 많은 실무자의 실험, 교육, 벤치마킹 등에 활용되기도 했습니다.

프로그래밍 대회와 KDD 컵의 성공은 넷플릭스 같은 회사들과 (캐글 창립자인) 앤서니 골드블룸^Anthony Goldbloom 같은 기업가들이 최초의 데이터 과학 플랫폼을 만들도록 영감을 주었습니다. 기업이 대회를 열어 내부에서 해결할 수 없는 문제를 해결하는 크라우드소싱^crowdsourcing 플랫폼이었습니다. 사실 모든 데이터 과학 문제에 통하는 만능 접근 방식이 없다는 점을 생각하면 문제를 풀 때 가능한 한 모든 방법을 시도하는 시간 소모적인 접근 방식이 필요합니다.

> NOTE_ 데이비드 울퍼트^David Wolpert와 윌리엄 맥크리디^William Macready가 쓴 논문에서 언급했듯이, 긴 관점으로 보았을 때 모든 문제에서 다른 모든 알고리듬보다 우수한 성적을 내는 알고리듬('공짜 점심')은 없습니다. 이 정리에서는 머신러닝 알고리듬이 해당 설루션으로 구성된 가상공간일 때만 작동한다는 내용을 설명합니다. 결국 문제를 가장 잘 해결하는 머신러닝 알고리듬이 무엇인지는 미리 알 수 없으므로, 제대로 작동한다는 사실을 확신하기 전까지는 직접 문제 해결에 나서고 테스트해야 합니다. 머신러닝 이론상 지름길이나 왕도는 없습니다. 오직 실증적인 실험만이 어떤 것이 효과가 있는지 알려줍니다.

크라우드소싱은 인력이나 컴퓨팅 파워가 부족할 때 알고리듬이나 데이터 변환을 폭넓게 테스트해 최적의 조합을 찾는 데 이상적입니다. 정부 기관이나 회사가 특정 영역에서 다음 단계로 나아가려 할 때 대회에 의존하는 이유도 여기에 있습니다.

- 정부 기관과 관련한 대표적인 예는 DARPA입니다. DARPA는 자동주행차, 로봇 동작, 기계 번역, 음성 인식, 지문 인식, 정보 탐색, 광학 문자 인식(OCR), 자동 표적 식별 등과 연관된 많은 대회를 개최하고 있습니다.
- 사업과 관련한 대표적인 예로는 사용자의 영화 선택 예측 알고리듬 개선을 대회 결과에 맡겼던 넷플릭스가 있습니다.

---

[1] `https://www.kdd.org/kdd-cup`

넷플릭스에서 개최한 대회는 기존 협업 필터링을 개선한다는 아이디어를 기반으로 진행됐습니다. 사용자나 영화를 특정하지 않은 상태에서 다른 영화에 매긴 점수만으로 어떤 영화에 어떤 점수를 매길지 예측하는 대회로 (모두 식별 코드로 대체되어서) 사용자 정보와 영화 정보에 접근할 수 없었습니다. 과거 점수를 영리하게 활용할 방법을 개발해 넷플릭스의 기존 알고리듬 시네매치Cinematch를 실제로 개선할 경우에만 최우수상 100만 달러가 지급되었습니다.

이 대회는 2006년부터 2009년까지 진행되었으며 우승팀은 코만도 연구&컨설팅Commendo Research & Consulting GmbH이라는 회사의 안드레아스 토셔Andreas Töscher와 미하엘 야러Michael Jahrer (두 사람은 캐글에서도 꽤 유명합니다), AT&T 연구소의 연구자 두 명과 야후의 연구자 두 명으로 이루어졌습니다. 이들은 각자 다른 팀으로 여러 대회에 참가한 경험이 있었습니다. 대회 막바지에는 아주 많은 컴퓨팅 파워를 사용하고 다양한 설루션을 조합해 페이스를 유지했습니다. 이는 실제 넷플릭스 설루션에도 벌어지는 상황이었습니다. 넷플릭스는 우승팀의 설루션을 실제로 채용하지는 않지만 흥미로운 통찰을 사용해 기존 시네매치 알고리듬[2]을 개선했습니다.

넷플릭스 사업의 중심이 DVD에서 스트리밍로 옮겨가면서 넷플릭스 대회가 끝날 무렵에는 해당 설루션 자체의 중요성이 낮아졌습니다. 해당 대회의 참가자는 협업 필터 분야에서 큰 명성을 얻었고, 넷플릭스는 추천 지식을 새 사업에 적용했습니다.

1.1.1 캐글 대회 플랫폼

넷플릭스 이외의 다른 회사도 데이터 과학 대회의 혜택을 보았습니다. 몇 가지 예를 들어보겠습니다.

- 보험 회사 올스테이트Allstate는 사내 전문가들이 만든 보험회계 모델[3]을 개선했습니다. 대회에 참가한 수백 명의 데이터 과학자 덕분이었죠.
- 제너럴 일렉트릭General Electric이 유사한 대회[4]에서 제안된 설루션을 활용해 비행기 도착 소요 시간 예측 능력을 (평균 제곱근 오차 항목으로 측정했을 때) 업계 평균보다 40%나 향상했습니다.

캐글 플랫폼에서 수백 개의 대회가 개최된 가운데, 기업이 대회를 성공적으로 활용한 사례는 아주 많습니다. 이 책에서 중요하게 다룰 캐글이라는 회사를 잠시 살펴볼까요?

---

2 https://www.wired.com/2012/04/netflix-prize-costs
3 https://www.kaggle.com/c/ClaimPredictionChallenge
4 https://www.kaggle.com/c/flight

캐글의 역사

캐글은 2010년에 첫걸음을 내디뎠습니다. 창업자인 앤서니 골드블룸은 숙련된 경제학자로서 경제학 및 경제계량학 학위가 있습니다. 골드블룸은 호주의 재무부와 호주준비은행(호주의 중앙은행)에서 근무한 뒤 시사, 국제 비즈니스, 정치, 기술을 다루는 세계적인 주간지 이코노미스트The Economist에서 인턴을 했습니다. 이코노미스트에서 빅데이터관련 기사를 담당하던 골드블룸은 최고의 분석 전문가들이 크라우드소싱에 참여하는 머신러닝 대회 플랫폼에 대한 아이디어[5]를 얻었습니다. 크라우드소싱의 역학이 이 플랫폼의 아이디어에서 중요한 역할을 했으므로 골드블룸은 캐글Kaggle이라는 이름을 붙였습니다. 여기서 'Kaggle'은 거위 무리를 의미하는 단어 'gaggle'과 운율을 맞춘 것으로, 캐글은 거위를 상징으로 사용합니다.

미국의 실리콘밸리로 옮긴 스타트업 캐글은 유명한 벤처 캐피털 회사 코슬라 벤처스Khosla Ventures와 인덱스 벤처스Index Ventures가 주도하는 시리즈 A 펀딩으로 1125만 달러를 투자받았습니다. 첫 번째 대회가 열렸고 커뮤니티가 성장했으며 제러미 하워드Jeremy Howard 같은 초기 참가자들은 꽤 유명해졌습니다. 제러미 하워드는 호주의 데이터 과학자이자 기업가로 캐글 대회를 여러 차례 우승했고, 이후에는 캐글의 사장이자 수석 데이터 과학자가 되었습니다.

제러미 하워드는 2013년 12월 사장직을 사임하고 코더들에게 딥러닝 코스와 딥러닝 라이브러리를 제공하는 스타트업인 fast.ai(*https://www.fast.ai*)을 설립했습니다. 당시 다른 유명했던 캐글러kaggler(캐글에서 개최하는 대회에 자주 참가하는 참가자)로는 제러미 아친Jeremy Achin과 토마스 드 고도이Thomas de Godoy가 있습니다. 둘은 플랫폼 글로벌 랭킹 상위 20위 안에 든 뒤 퇴사했으며, 이후 데이터로봇DataRobot을 세웠습니다. 이후 그들은 개발하던 소프트웨어에 최고의 머신러닝 지식과 사례를 적용하고자 캐글 대회에서 높은 성적을 얻은 참가자를 선정해 직원을 채용했습니다. 현재 데이터로봇은 AutoML 솔루션(자동화된 머신러닝 소프트웨어)의 선두 기업 중 하나입니다.

캐글 대회는 점점 더 많은 사람의 관심을 끌고 있습니다. 심지어 머신러닝의 대부라 불리는 제프리 힌튼Geoffrey Hinton도 2012년 머크Merck가 주최한 대회에 참가해서 우승[6]했습니다. 캐글에서는 회원이 데이터 관련 패키지를 공개하기도 있습니다. 프랑소와 숄레François Chollet는 오토 그룹

....

5 *https://www.smh.com.au/technology/from-bondi-to-the-big-bucks-the-28yearold-whos-making-datascience-a-sport-20111104-1myq1.html*

6 *https://www.kaggle.com/c/MerckActivity/overview/winners*

제품 분류Otto Group Product Classification 대회 중에 딥러닝 패키지인 케라스를 공개[7]했고, 티엔치 첸 Tianqi Chen은 힉스 보손 머신러닝Higgs Boson Machine Learning 대회 중에 더 빠르고 더 정확한 버전의 그 레이디언트 부스팅 머신gradient boosting machines인 XGBoost를 공개[8]하기도 했습니다.

> **NOTE_** 프랑소와 숄레가 쿼라Quora에 캐글 대회에서 우승하는 법을 알려주는 통찰력 넘치는 유용한 답변[9] 을 올려두었습니다.
> (이론보다는) 경험적 증거를 통해 빠르게 여러 가지 시도를 반복해야 우승에 가까워집니다. 캐글 대회에서 우 승하는 데 숄레가 지적한 다른 비법이 필요하다고 생각하지 않습니다. 특히 프랑소와 숄레는 캐글에서 직접 대회를 개최[10]하기도 했습니다. 이 대회는 세계 최초의 인공 일반 지능artificial general intelligence(AGI) 대회로 널리 알려졌습니다.

대회가 거듭되면서 2017년에 이르러 캐글을 중심으로 삼은 커뮤니티는 백만 명에 이르렀습니다. 그해 구글 넥스트Google Next 기조연설에서 구글의 수석 과학자 페이페이 리Fei-Fei Li는 구글 알 파벳이 캐글을 인수한다고 발표했습니다.

현재 캐글 커뮤니티는 여전히 활동적이며 계속해서 성장하고 있습니다. 앤서니 골드블룸이 트 위터에 공유한 자료[11]에 따르면 대회 참가자를 제외한 대부분의 사용자가 공개 데이터(캐글은 중요 데이터 허브가 되었습니다)를 다운로드하거나, 파이썬이나 R 노트북을 만들거나, 제공되 는 코스에서 새로운 것을 배웠습니다.

캐글 대회에 참가한 사람들은 다양한 기회를 얻었습니다.

- 회사 창업
- 머신러닝 소프트웨어나 패키지 공개
- 잡지 인터뷰
- 머신러닝 도서 집필
- 이직

무엇보다 다양한 데이터 과학 관련 기술과 세부적인 지식을 얻었습니다.

---

7 https://www.kaggle.com/c/otto-group-productclassification-challenge/discussion/13632
8 https://www.kaggle.com/c/higgs-boson/discussion/10335
9 https://www.quora.com/Why-has-Keras-been-so-successfullately-at-Kaggle-competitions
10 https://www.kaggle.com/c/abstraction-and-reasoning-challenge
11 https://twitter.com/antgoldbloom/status/1400119591246852096

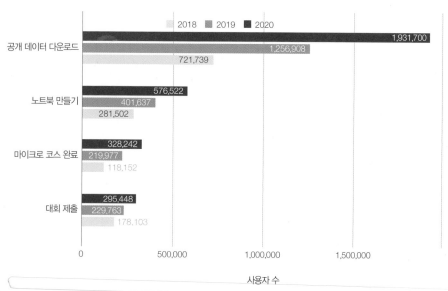

그림 1-1 2018년부터 2020년까지의 캐글 사용 통계

1.1.2 다른 대회 플랫폼

이 책은 캐글 대회를 중심으로 다루지만, 비공개 플랫폼이나 다른 대회 플랫폼에서도 데이터 대회를 개최합니다. 대부분의 대회는 근본적으로 유사한 원칙을 바탕으로 운영되며 참가자들이 얻는 이득도 비슷하므로, 이 책에서 얻은 대부분의 정보는 다른 대회에도 통용됩니다.

많은 플랫폼이 특정 나라 및 지역을 중심으로 운영 중이거나 특정 유형의 대회에 특화했지만, 일단 몇몇 곳을 간단히 소개하겠습니다.

드리븐데이터DrivenData (https://www.drivendata.org/competitions)는 사회적 도전에 집중하고 있는 클라우드소싱 대회 플랫폼입니다. 드리븐데이터는 사회적 선을 위한 알고리듬을 만드는 데이터 과학자들의 힘을 빌려 전 세계의 기구가 고민하는 큰 문제들의 데이터 과학적 솔루션을 제공하는 사회적 기업입니다. 페이스북은 드리븐데이터에서 혐오 발언과 허위 정보를 필터링하는 모델을 만드는 대회[12]를 진행했습니다.

뉴머라이Numerai (https://numer.ai)는 샌프란시스코에 있는 AI 기반 크라우드소싱 헤지 펀드

---

[12] https://www.engadget.com/facebook-ai-hate-speechcovid-19-160037191.html

입니다. 뉴머라이는 매주 토너먼트를 개최하며, 참가자는 난독화된 데이터로 한 예측 결과를 제출하고 상으로 뉴머라이의 암호화폐 뉴머레어^{Numeraire}를 받습니다.

크라우드애널리틱스^{CrowdANALYTIX} (https://www.crowdanalytix.com/community)는 지금은 활동이 다소 줄었으나, 이전에는 여러 도전적인 대회[13]를 열었습니다. 커뮤니티 블로그[14]에서 어떤 문제가 출제되는지 올라오는데 꽤 재미있으니 읽어봅시다.

시그네이트^{Signate} (https://signate.jp/competitions)는 일본 데이터 대회 플랫폼입니다. 대회가 풍부하며 캐글과 유사한 랭킹 시스템을 제공합니다.

진디^{Zindi} (https://zindi.africa/competitions)는 아프리카에서 온 데이터 과학 플랫폼입니다. 진디는 아프리카의 가장 긴급한 사회, 경제, 환경 문제를 푸는 데 초점을 두고 있습니다.

알리바바 클라우드^{Alibaba Cloud} (https://www.alibabacloud.com/campaign/tianchi-competitions)는 중국에서 클라우드 컴퓨터와 AI를 서비스합니다. SIGKDD, IJCAI-PRICAI, CVPR 같은 학술 콘퍼런스와 파트너 관계를 맺고 이미지 기반 3차원 모양 검색^{image-based 3D shape retrieval}, 3차원 물체 복원^{3D object reconstruction}, 인스턴스 분할^{instance segmentation} 같은 과제를 출제하는 플랫폼 티안치^{Tianchi}를 개설했습니다.

애널리틱스 비드야^{Analytics Vidhya} (https://datahack.analyticsvidhya.com)는 데이터 과학 해커톤을 여는 인도 최대의 데이터 과학 커뮤니티입니다.

코다랩^{CodaLab} (https://codalab.lri.fr)은 마이크로소프트와 스탠퍼드 대학교의 합작 벤처로 프랑스에 위치한 데이터 과학 대회 플랫폼입니다. 코다랩은 지식 공유와 재현 가능한 모델링을 위해서 워크시트라는 무료 클라우드 기반 노트북을 제공하는 것이 특징입니다.

이 외에도 AI크라우드^{AIcrowd} (https://www.aicrowd.com)와 이노센티브^{InnoCentive} (https://www.innocentive.com), 그랜드 챌린지^{Grand-Challenge} (https://grand-challenge.org), 데이터파운틴^{DataFountain} (https://www.datafountain.cn/?lang=en-US), OpenML (https://www.openml.org) 등 많은 플랫폼이 있습니다. 러시아 커뮤니티인 오픈 데이터 사이언스^{Open Data Science} (https://ods.ai/competitions)에서 유명한 대회 목록을 업데이트하고 있으니 새로운 대회 플랫폼을 발견할 수도 있습니다.

---

13 https://towardsdatascience.com/how-i-won-topfive-in-a-deep-learning-competition-753c788cade1
14 https://www.crowdanalytix.com/jq/communityBlog/listBlog.html

캐글은 흥미로운 대회를 찾고 노력을 인정받고자 하는 사람들에게 최고의 플랫폼입니다. 하지만 다른 플랫폼에서 개인적인 취향이나 직접적인 관심사에 맞는 대회를 찾았다면 해당 대회에 참가하는 것도 합리적인 선택입니다. 물론 캐글이 아니더라도 많은 대안과 기회가 있습니다. 따라서 대회 플랫폼을 선택할 때 전문성이나 데이터을 기준 삼아 여러분의 흥미를 자극하는 대회를 찾아봅시다.

또한 다른 플랫폼은 인지도가 낮고 홍보가 적어 순위 압박을 덜 받을 가능성이 높습니다(결과적으로 더 나은 순위를 얻거나 우승할 수도 있습니다). 하지만 다른 어떤 대회 플랫폼도 캐글만큼 풍부한 공유와 네트워킹 기회를 제공하지는 못하기 때문에 참가자 사이의 교류는 적을 것입니다.

1.2 캐글 소개

이제 캐글이 어떻게 운영되는지 더 깊이 살펴보겠습니다. 이 절에서는 캐글 플랫폼과 대회를 자세히 살펴보며 감을 잡아보겠습니다. 이후 이 책의 다른 장에서 주제들을 더 자세히 다루고 더 많은 제안과 전략을 제시하겠습니다.

1.2.1 대회의 스테이지

캐글 대회는 여러 단계로 구성됩니다. 각 단계를 살펴만 봐도 데이터 과학 대회가 어떻게 운영되고 상품이 무엇인지 쉽게 이해할 수 있습니다. 대회가 개최되면 캐글 홈페이지에서 Competitions 페이지(https://www.kaggle.com/competitions)의 Active Competitions 섹션에 새로운 탭이 추가되며, 트위터(https://twitter.com/kaggle)같은 소셜 미디어에서 개최를 알리는 포스트를 확인할 수 있습니다. 대회를 선택하면 해당 페이지로 이동합니다. 대회에 상품이 있는지(포인트나 메달을 수여하는지, 대회로 얻을 다른 부가적인 혜택이 있는지), 현재 몇 팀이 참가하고 있는지, 설루션을 찾는 데 작업할 시간이 얼마나 남았는지 한눈에 확인할 수 있습니다.

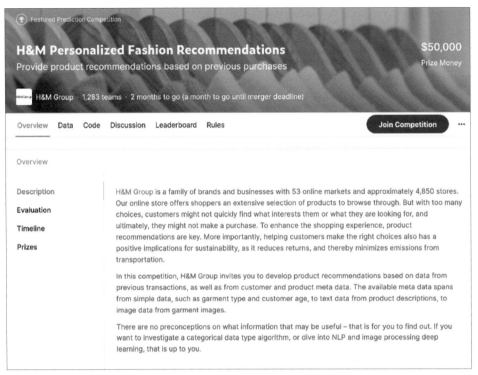

그림 1-2 캐글의 대회 페이지

여기에서 다음 정보를 제공하는 Overview 메뉴를 먼저 살펴봅니다.

- 대회 주제
- (모델 평가 기준이 될) 평가 지표
- 대회 시간표
- 상
- 법적 사항 또는 대회 요구 사항

대회 시간표는 가장 먼저 체크할 사항입니다. 시간표는 대회가 언제 시작하고 끝나는지 알려줄 뿐 아니라 보통 대회가 마감되기 7일에서 2주 전인 **규칙 동의 마감일**rule acceptance deadline도 알려줍니다. 규칙 동의 마감일은 (대회 규칙에 동의하고) 대회에 참가할 수 있는 마지막 날을 의미합니다. **팀 합병 마감일**team merger deadline도 알려주는데, 대회에 참가한 다른 팀과 언제든 팀을 합칠 수 있는 일정을 말합니다.

많은 참가자가 바로 Data 메뉴를 보는 경향이 있어 Rules 메뉴도 자주 넘어갑니다. 하지만 대회의 요구 사항을 담고 있으므로 반드시 체크해야 합니다. Rules는 다음과 같은 핵심 정보를 제공합니다.

- 수상 자격 요건
- (점수를 높이기 위해) 외부 데이터 사용 가능 여부
- 하루 최대 제출(설루션 테스트) 수
- 선택 가능한 최종 설루션 수

규칙을 이해한 뒤 Data 메뉴에서 필요한 데이터를 다운로드하거나 Code 메뉴에서 바로 캐글 노트북(온라인, 클라우드 기반 노트북)에 작업을 시작할 수도 있습니다. 다른 사람이 만든 코드를 재사용할 수도 있고 자신만의 코드를 처음부터 만들어 나갈 수도 있습니다.

데이터를 다운로드할 때는 다운로드와 제출을 자동으로 하도록 도와주는 캐글 API를 사용하세요. 캐글 API는 모델을 로컬 컴퓨터나 개인 클라우드 인스턴스로 운영할 때 유용합니다.

캐글 공식 문서(*https://www.kaggle.com/docs/api*)에서 API 관련 내용을 확인할 수 있고 깃허브^{Github}(*https://github.com/Kaggle/kaggle-api*)에서 예시 코드를 확인할 수 있습니다. 깃허브 저장소^{repository}에는 다른 사람이 온라인 노트북이나 캐글 노트북에서 사용한 도커^{Docker} 이미지도 있습니다.

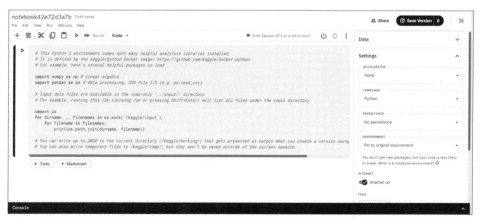

그림 1-3 코딩할 준비를 마친 캐글 노트북

설루션을 개발할 때는 혼자 하기보다 대회와 관련된 내용을 논의하는 **토론 포럼**^{discussion forum}에서 다른 참가자와 소통하는 편이 좋습니다. 데이터를 다루고 특정 문제를 해결하는 데 유용한 힌트를 얻거나 자신의 설루션을 발전시킬 아이디어를 얻을 수도 있습니다. 많은 캐글러가 포럼에서 아이디어를 찾아 더 나은 성과를 냈고 무엇보다도 데이터 과학 모델링을 더 많이 배웠다고 말합니다.

일단 설루션이 준비되면 대회 규정에 기반해서 캐글 평가 엔진에 제출할 수 있습니다. 대회에 따라 CSV 파일을 설루션으로 제출받거나 캐글 노트북의 코드와 결과를 제출받습니다. 대회 기간 동안은 계속해서 설루션을 제출할 수 있습니다.

설루션을 제출할 때마다 리더보드에 참가자의 점수와 순위가 표시됩니다. 계산량에 따라 점수 게시 시간이 다릅니다. 이 순위는 **공개 테스트 세트**^{public test set}라고 부르는 테스트 세트 일부를 제출하고, 이를 모델에 적용한 성과를 기준으로 하므로 대략적인 순위입니다. 대회 기간 동안 참가자의 성과는 모두에게 공개됩니다.

각 참가자는 대회 종료 전 최종 평가 대상으로 일정 개수(주로 두개)의 설루션을 선택합니다.

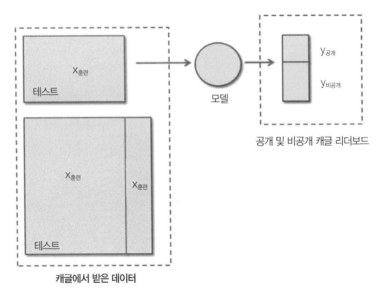

그림 1-4 데이터가 공개와 비공개 리더보드에서 점수로 바뀌는 방식을 보여주는 다이어그램

대회가 종료되면 참가자가 채점을 받기로 결정한 모델을 테스트 세트중 공개하지 않았던 **비공**

개 테스트 세트private test set를 모델에 적용한 점수가 공개됩니다. 이 새로운 리더보드인 비공개 리더보드private leaderboard는 대회의 최종 유효 점수가 되지만 아직 공식적이거나 확정된 순위는 아닙니다. 좀 더 자세히 말하면 캐글 팀이 전체적인 평가를 내리고 참가자들의 규칙 준수 여부를 확인하는 시간이 필요합니다.

잠시 후 (때로는 결격사유로 인해서 약간의 순위 변동이 생긴 후) 비공개 리더보드가 확정되고 공식적으로 발표됩니다. 우승자가 공표되면 많은 참가자가 자신의 전략과 솔루션, 코드를 대회 토론 포럼에 공개합니다. 이 시점에서 다른 참가자들의 솔루션을 참고해 자신의 모델을 개선해도 좋습니다. 필수는 아니지만 자신의 솔루션을 개선하려는 시도 또한 새로운 지식을 배우는 매우 중요한 방법이므로 추천합니다.

1.2.2 대회의 유형과 예시

캐글 대회는 카테고리에 따라 분류되며 각 카테고리는 대회 진행 방식과 평가 방법이 다릅니다. 카테고리에 따라서 데이터의 유형, 문제의 난이도, 수여되는 상, 대회 역학 관계가 매우 다양하기 때문에 각 카테고리의 의미를 이해하는 것이 중요합니다.

다음은 다양한 대회를 필터링할 때 사용하는 공식 카테고리입니다.

- Featured
- Limited Participation
- Annuals
- Research
- Getting Started
- Playground
- Analytics
- Community

Featured 대회는 가장 일반적인 대회 유형으로 스폰서 회사의 비즈니스 관련 문제에서 최고의 성과를 낸 참가자에게 상을 줍니다. 우승자는 후원사에 자기 작업을 사용할 비독점적 라이선스를 부여합니다. 솔루션을 소개하는 자세한 리포트를 준비해야 하고 때로는 스폰서 회사와의 미팅에 참석해야 할 수도 있습니다.

캐글을 방문할 때마다 Featured 대회가 보일 겁니다. 지금은 텍스트, 이미지, 비디오, 사운드 같은 비정형 데이터에 딥러닝 방법을 적용하는 문제가 많습니다. 과거에는 태뷸러 데이터 대회, 즉 데이터베이스에서 사용하는 구조화된 데이터를 다루는 대회가 일반적이었습니다. 랜덤 포레스트를 시작으로 효과적인 특징 공학feature engineering을 사용한 그레이디언트 부스트 방법까지 캐글에서 유래된 태뷸러 데이터 솔루션은 실제 현장에서 사용하는 솔루션을 개선했습니다. 최근에는 이런 대회가 훨씬 줄었습니다. 크라우드소싱한 솔루션이 우수한 데이터 과학자 팀이나 AutoML의 솔루션보다 나은 경우가 많지 않기 때문입니다. 더 나은 소프트웨어와 모범 사례의 확산을 고려하면 대회 결과에 따른 품질 향상은 실제로 미미합니다. 하지만 비정형 데이터 세계에서 좋은 딥러닝 솔루션은 여전히 큰 차이를 만들고 있습니다. 예를 들면 BERT와 같이 사전 훈련된 네트워크는 평가에 자주 쓰이는 여러 NLP 과제 기준task benchmarks을 두 자릿수나 증가시켰습니다.

Limited Participation 대회는 초대된 사람만 참가하는 비공개 대회로 요즘은 잘 열리지 않는 대회입니다. 일반적으로 캐글 메달 순위에 따라 마스터나 그랜드마스터로 랭크된 전문가들만 참가합니다.

Annuals 대회는 언제나 매년 특정 기간에 등장하는 대회입니다. 유명한 대회로는 (보통 알고리듬 최적화 문제에 기반한) 산타클로스 대회와 매년 미국 대학 농구 토너먼트 기간 동안 열리는 3월의 광란 머신러닝 매니아 대회[15]가 있습니다.

Research 대회는 비즈니스 목적이 아닌 연구나 과학적인 목적을 의미하며, 때로는 공공의 이익을 목적으로 하다 보니 상을 제공하지 않는 대회도 있습니다. 또한 이 대회들은 우승자에게 솔루션을 오픈 소스로 공개하기를 요구하기도 합니다. 구글에서도 Research 대회를 개최한 적이 있습니다. 예를 들면 2020년 구글 랜드마크 인식 대회[16]는 이미지에서 유명한(또는 그렇게 다음은 유명하지 않은) 랜드마크에 레이블을 다는 대회였습니다.

Getting Started 대회는 상을 제공하지는 않지만 초보자가 캐글의 원칙과 역학에 익숙해지도록 친절하고 쉬운 문제로 구성됩니다. 대부분 반영구적인 대회로 리더보드가 때때로 초기화됩니다. 머신러닝 튜토리얼을 찾고 있다면 여기를 추천합니다. 매우 협력적인 환경에서 데이터를 처리하는 방식과 다양한 유형의 머신러닝 모델을 보여주는 캐글 노트북이 많기 때문입

---

15 March Machine Learning Mania. *https://www.kaggle.com/search?q=March+Machine+Learning+Mania*
16 Google Landmark Recognition 2020. *https://www.kaggle.com/c/landmark-recognition-2020*

니다.

유명한 초보용 대회는 다음과 같습니다.

- 숫자 인식기: *https://www.kaggle.com/c/digit-recognizer*
- 타이타닉: *https://www.kaggle.com/c/titanic*
- 주택 가격: *https://www.kaggle.com/c/houseprices-advanced-regression-techniques*

Playground 대회는 Getting Started 대회보다 조금 더 어렵습니다. 하지만 마찬가지로 머신러닝을 학습하고 자신의 능력을 본격적인 Featured 대회의 압박 없이 시험하고 싶은 참가자들을 위한 대회입니다(Playground 대회에서는 가끔 대회 열기가 매우 높아지기도 합니다). 대회에서는 보통 무료 굿즈(캐글 브랜드가 새겨진 컵, 티셔츠, 양말 등)나 소정의 상금이 주어집니다.

유명한 Playground 대회로 고양이 사이에서 개를 구분하는 알고리듬을 구현하는 대회[17]가 있습니다.

나머지 대회도 간단히 소개하겠습니다. **Analytics** 대회는 질적 평가를 하며 참가자가 아이디어나 설루션의 초안을 파워포인트 슬라이드, 차트 등으로 제출받습니다. **Community** 대회는 교육 기관이나 캐글러가 개최하는 대회입니다. 캐글에서 Community 대회를 개최하는 방법[18]과 직접 대회를 운영하는 데 도움이 되는 팁[19]을 제공하고 있으니 직접 대회를 개최할 때 참고하길 권합니다.

캐글 대회의 분류법은 단면적이기 때문에 실제로는 더 다양한 형식의 대회가 열린다는 점을 고려해야 합니다. 일반적인 형식은 소위 **심플 포맷**Simple format이라는 형태로 앞서 언급한 것처럼 설루션을 제공하면 평가하는 방식입니다. 더 복잡한 **2단계 대회**two-stage competition는 평가를 두 부분으로 나누어 첫 단계가 끝나고 첫 단계에 참가한 참가자에게만 최종 데이터 세트를 공개합니다. 2단계 대회 형식은 일부 참가자가 부정행위를 하거나 규칙을 위반하지 못하도록 짧은 시간 동안만 접근 가능하고 전혀 시도되지 않은 데이터셋으로 평가합니다. 기존 대회와 형식이 다른 이 대회에서 참가자는 훨씬 더 짧은 시간과 더 적은 결과 제출 기회를 갖고 테스트 세트에서 유용한 패턴을 찾아야 합니다. 같은 이유로 최근 등장한 **Code 대회**는 캐글 노트북으로만 결과물

---

17 Dogs vs. Cats. *https://www.kaggle.com/c/dogs-vs-cats*
18 *https://www.kaggle.com/product-feedback/294337*
19 *https://www.kaggle.com/c/about/host, https://www.kaggle.com/community-competitions-setup-guide*

을 작성해서 제출해야 하며, 직접 업로드한 결과물은 제출할 수 없습니다.

캐글러라면 대회 참가 경력에 상관없이 (Limited를 제외한) 모든 종류의 대회에 참가 자격이 있습니다. 하지만 데이터 과학 경험과 컴퓨팅 리소스에 따라서 참가할 대회의 형식 또는 유형에 따른 권장 및 주의 사항이 있습니다.

완전 초보라면 Getting Started나 Playground 대회를 추천합니다. 여기서 순위 압박 없이 캐글이 어떻게 운영되는지 파악하고 자신감을 쌓길 추천합니다. 물론 많은 초보자가 Featured나 Research 대회에서 성공적으로 시작하기도 합니다. 순위 압박이 학습 능력을 촉진시켰기 때문입니다. 그래서 각자 학습 스타일에 맞는 방법을 선택하길 권합니다.

Featured나 Research 대회는 AI나 머신러닝의 일부 기법을 응용하는 문제가 많이 출제되므로 결과적으로 탄탄한 배경지식이 있거나 그 분야의 응용과 관련 연구를 학습할 의지가 필요합니다.

마지막으로 대부분의 대회는 데이터 과학자가 흔히 사용할 수 없는 컴퓨팅 리소스에 접속해야 한다는 사실을 기억하세요. 만약 캐글 밖의 클라우드 플랫폼을 사용한다면 비용이 커질 수도 있습니다. Code 대회나 시간과 리소스가 제한된 대회는 모든 참가자에게 같은 수준의 리소스를 배정하므로 노력을 쏟기에 적절합니다.

1.2.3 제출과 리더보드 역학

캐글이 작동하는 방식은 단순해 보입니다. 테스트 세트는 참가자들에게 공개되지 않습니다. 모델을 가다듬어서 테스트 세트를 가장 잘 예측하는 모델이 높은 점수를 받아 우승합니다. 아쉽게도 캐글 대회의 내부 작동 방식을 지나치게 단순화한 설명입니다. 이 설명은 참가자 간의 직접적이고 간접적인 소통의 역동성이나 문제가 훈련 세트나 테스트 세트가 가진 미묘한 차이를 고려하지 않습니다.

CTF 패러다임 설명

스탠퍼드 대학교의 통계학 교수 데이비드 도너호[David Donoho]의 논문 「50 Years of Data Science」은 캐글이 작동하는 방식을 포괄적으로 설명합니다. 도너호 교수는 언어학자 마크 리베르만[Mark Liberman]의 말을 인용해 캐글뿐 아니라 모든 데이터 과학 대회 플랫폼은 지난 수십

년 동안 많은 분야에서 꾸준하게 성장해 온 **CTF**Common Task Framework의 일부라고 설명했습니다. 또한 넷플릭스 대회나 DARPA 대회 등을 성공적인 예시로 언급하면서 CTF가 실증적인 관점에서 놀라울 정도로 잘 작동한다고 설명합니다. CTF 패러다임은 많은 분야에서 동급 최강의 솔루션을 재구성하는 데 기여했습니다.

CTF는 약간의 재료와 비법으로 구성됩니다. 재료는 간단합니다.

1. 공개적으로 접근 가능한 데이터 세트와 관련 예측 과제
2. 최고의 예측을 해야 하는 공통 과제를 공유하는 참가자 집단
3. 솔루션을 구축하는 데 필요한 직접적인 힌트 없이(또는 적어도 최소한으로 제한한) 공평하고 객관적으로 참가자의 예측을 점수화하는 시스템

시스템은 과제가 잘 정의되고 데이터의 품질이 좋아야 가장 잘 작동합니다. 길게 봤을 때 솔루션의 성능은 여러 번의 작은 개선으로 향상해 접근선에 도달합니다. 경쟁이 주는 압박감 속에서 모든 참가자에게 일정 이상의 공유(캐글의 경우 토론, 캐글 노트북 공유, 데이터 세트에 업로드된 추가 데이터)를 허용하면 개선 속도는 더 빨라집니다. CTF 패러다임에 의하면 순위 압박은 언제나 개선된 솔루션의 탄생으로 이어졌습니다. 대회에서 압박감과 일정 수준의 참가자끼리 공유가 이루어진다면 개선은 오히려 더 빨라집니다. 캐글이 공유에 인센티브를 도입한 이유가 여기에 있기도 합니다.

대회 그 자체가 CTF의 비법입니다. 경험적으로 성능이 개선되어야 하는 실제 문제를 사용하는 대회는 언제나 새로운 기준점과 데이터, 모델 솔루션이 등장합니다. 이는 문제에 적용된 머신러닝의 향상과 개선으로 이어집니다. 따라서 순위를 놓고 경쟁하는 대회는 예측 문제를 해결하는 새로운 방법이나 새로운 방식의 특징 공학, 새로운 알고리듬, 모델링 솔루션을 제공합니다. 예를 들어 딥러닝은 단순하게 학술 연구를 통해서 등장하지 않았습니다. 처음에는 대회에서 효과를 선보여 큰 동력을 얻었습니다. 앞서 제프리 힌튼이 우승했다고 언급한 머크 대회[20]가 그 예입니다.

사이킷런scikit-learn, 텐서플로TensorFlow, 파이토치PyTorch처럼 강력한 분석 툴을 모두에게 공유한 자유 소프트웨어 운동[21]과 CTF 패러다임의 결합은 대회 참가자들이 모두 같은 수준에서 시작하도록 만들어 더 나은 결과를 가져왔습니다. 반대로 전문화되거나 개선된 하드웨어에 의존하는

---

20 Merck Molecular Activity Challenge. *https://www.kaggle.com/c/MerckActivity*
21 옮긴이_ *https://ko.wikipedia.org/wiki/자유_소프트웨어_운동*

설루션은 결과가 제한되기도 합니다. 그런 리소스를 사용할 수 없는 참가자가 제대로 참가하고 기여하는 일이 제한되고 다른 참가자에게 압력을 가하는 간접적인 역할도 제한되기 때문입니다. 이런 이유로 보자면 왜 캐글이 대회 참가자들에게 무료 클라우드 서비스를 제공했는지 이해가 되기도 합니다. 캐글 노트북은 '1.2.4 컴퓨팅 리소스' 절에서 소개합니다.

대회에서 발생할 수 있는 문제

앞서 설명한 CTF 패러다임만으로는 제대로 된 플랫폼에서 개최되기만 하면 참가자를 위한 긍정적 개선과 스폰서 회사를 위한 뛰어난 모델이 저절로 만들어진다고 속단할지 모르겠습니다. 일이 잘못 진행되면 참가자와 주최측 양쪽에 실망스러운 결과가 나오기도 합니다.

- 데이터에서의 정보 누수
- 리더보드를 통한 (채점 시스템) 조사
- 과대적합overfittig에 따른 리더보드 개편
- 비공개 공유

데이터 자체에서 설루션 일부를 역추적할 수 있다면 데이터에 **누수**leakage가 발생한 것입니다. 예를 들어 특정 변수가 목표변수보다 뒤에 있다면 목표변수가 무엇인지 정보가 드러납니다. 이상거래 탐지fraud detection에서 이상거래가 발생한 후 업데이트된 변수를 사용하거나 판매 예측sales forecasting에서 제품의 효과적인 배급 방법을 담은 정보를 처리할 때 일어납니다(더 많은 배급은 더 많은 수요, 즉 더 많은 판매를 의미합니다).

다른 문제는 훈련과 테스트 예제가 예측 가능한 방식으로 정렬되어 있거나 예제 식별자 값이 설루션의 힌트가 된다는 것입니다. 예를 들면 식별자가 대상의 순서를 기반으로 하거나 시간의 흐름과 상관관계가 있고, 시간이 대상의 확률에 영향을 미칩니다.

이런 식의 설루션 누수(참가자 사이에서는 데이터에서 뉘앙스를 파악하면 금상을 받을 수 있다는 의미로 골든 피처golden feature라고도 함)는 참가자가 상위권에 입상할 특급 티켓이나 다름없지만 예외 없이 추후엔 재사용할 수 없는 설루션이 만들어지는 데 일조합니다. 누수는 스폰서에게 차선의 결과를 제공하지만 결과를 바탕으로 어떤 특징이 문제 해결에 영향을 주는지 알립니다.

다른 문제는 리더 보드를 통한 **설루션 조사**probing a solution 가능성으로, 제시된 평가 지표를 활용하는 방법입니다. 반복해서 제출을 시도하며 리더 보드로 설루션을 훔쳐볼 수 있습니다. 이때 나온 설루션도 마찬가지로 다른 환경에서는 재사용할 수 없습니다. 대표적인 설루션 조사의 예시는 '과대적합 금지 II Don't Overfit II' 대회입니다. 대회에서 우승한 재커리 메이어스 Zachary Mayers는 모든 개별 변수를 하나씩 제출해 가중치를 파악했고 모델을 위한 적절한 계수를 추정[22]했습니다. 일반적으로 시계열 문제나 테스트 데이터 안에 체계적인 움직임이 있는 문제는 리더보드 조사에 취약합니다. 경쟁자가 특정 테스트 세트에서만 높은 점수를 받는 데 가장 적절한 일종의 후처리(예측에 상수를 곱하는 것 등)를 성공적으로 정의하는 데 도움이 되기 때문입니다.

리더보드 과대적합(테스트 세트를 추측해 과대적합함)은 참가자가 자신의 테스트 세트보다 공개 리더보드의 피드백에 더 의존하는 경우 발생합니다. 때로는 이런 상황이 (리더보드의 최종 순위를 전혀 예측할 수 없게 급격한 변동을 초래하기 때문에) 대회 자체의 실패로 이어지기도 합니다. 이런 때는 최적의 설루션이 아닌 다른 설루션이 우연히 우승하게 됩니다. 이로 인해 훈련 세트와 공개 테스트 세트의 잠재적 차이를 분석하는 방법이 탄생했습니다. **적대적 테스트** adversarial testing라는 이 분석은 훈련 세트와 테스트 세트 간의 특징의 차이를 판단해 리더보드에 얼마나 의존해야 하는지, 아니면 완전히 피할지 통찰을 제공합니다. 보얀 툰구즈 Bojan Tunguz가 작성한 노트북[23]을 참고하세요.

리더보드에 과대적합하는 현상을 막는 다른 방법은 지나치게 리더보드에 근거한 설루션을 피하고 안전한 전략을 선택하는 것입니다. 일반적으로 두 설루션을 모두 최종 평가물로 선택할 수 있습니다. 좋은 전략은 리더보드를 기반으로 가장 좋은 성과를 보인 설루션과 교차검증 테스트에서 가장 좋은 성과를 보인 설루션을 제출하는 방법입니다. 캐글은 Code 대회를 기반으로 새로운 개편을 진행해 리더보드를 통한 스누핑과 과대적합 문제를 예방했습니다. 앞서 언급한 것처럼 평가를 두 단계로 나누어 참가자를 실제 테스트 데이터에서 완벽히 차단해 참가자들이 스스로 만든 검증 테스트에 더 집중하도록 유도했습니다.

대회를 왜곡하는 마지막 문제점은 **비공개 공유** private sharing(일부 참가자가 아이디어나 설루션을 폐쇄적으로 공유하는 행위)입니다. 여러 계정으로 참가하거나 여러 팀에 참가하거나 아이디어를 훔치는 등의 부정행위는 참가자 사이에 정보 불균형을 초래하고 일부만 이득을 보고 나머지 참가자에게 부정적인 영향을 미칩니다. 다시 말해 대회 기간 동안 불완전한 정보가 공유되고 일부 팀만 압도적 우위를 행사하게 됩니다. 뿐만 아니라 이런 상황이 다른 참가자에게 알려지

22 https://www.kaggle.com/c/dont-overfit-ii/discussion/91766
23 https://www.kaggle.com/tunguz/adversarial-ieee

면 대회 자체에 불신감이 생겨 해당 대회나 후속 대회 참가율이 줄어듭니다.

1.2.4 컴퓨팅 리소스

일부 대회는 제한을 두어 제품에 적용 가능한 솔루션을 찾도록 유도합니다. 예를 들면 보쉬 생산라인 성능 대회[24]는 실행 시간, 모델 파일 출력, 메모리에 엄격한 제한을 두었습니다. 훈련과 추론이 모두 캐글 노트북에서 실행되는 노트북 기반 대회는 사용해야 하는 리소스 문제를 일으키지 않습니다. 캐글이 필요한 모든 리소스를 제공하기 때문입니다(모든 참가자가 같은 시작점에서 시작해서 더 나은 대회 결과가 나오는 것을 목적으로 합니다).

추론에만 노트북을 사용하도록 제한하는 대회에는 문제가 발생합니다. 이런 경우 참가자가 개인 컴퓨터에서 모델을 훈련하는 경우도 인정되어 테스트 시점에 만드는 모델 수와 복잡성에만 제한이 적용됩니다. 현재 대부분의 대회는 딥러닝 솔루션이 필요하기 때문에 경쟁력 있는 결과를 얻으려면 GPU 같은 특수한 하드웨어가 필요합니다.

심지어 최근에는 생소한 태뷸러 데이터 대회에서도 데이터에 특징 공학을 적용해 실험하고, 모델을 빠르게 제작해야 하므로 꽤 많은 수의 프로세서와 많은 메모리가 필요합니다.

표준은 너무 빠르게 바뀌기에 리그의 다른 팀들과 최소한 대등하게 경쟁하는 데 필요한 하드웨어 기준을 특정하기란 어렵습니다. 다만 다른 참가자가 어떤 컴퓨터나 클라우드 컴퓨터를 사용하는지 살펴보면 최신 표준 사양을 파악할 수 있습니다.

예를 들면 HP는 브랜드의 광고를 위해 소수의 캐글 참가자에게 HP Z4나 Z8을 수여하는 프로그램을 시작했습니다. Z8 컴퓨터는 최대 72개의 코어, 3TB의 메모리, 48TB 스토리지(SSD와 HDD가 혼합), GPU로는 듀얼 NVIDIA RTX를 사용했습니다. 일반적으로는 손에 넣기 힘든 사양이라는 점을 이해합니다. 심지어 구글의 GCP나 아마존의 AWS의 비슷한 컴퓨터의 인스턴스를 짧은 시간 임대하는 것도 사용 대비 비용을 생각하면 고려 대상에서 제외됩니다.

> **NOTE_** 각 대회의 클라우드 비용은 처리하는 데이터 양과 만드는 모델 수에 따라 달라집니다. 캐글 대회에서 증정되는 GCP와 AWS 클라우드 플랫폼 무료 크레딧은 보통 200~300 미국 달러 정도입니다.

---

24 Bosch Production Line Performance. *https://www.kaggle.com/c/bosch-production-line-performance*

따라서 캐글 참가자로 최상의 순위를 향한 여정을 시작한다면 캐글에서 무료로 제공되는 컴퓨터 캐글 노트북을 활용하기를 추천합니다.

캐글 노트북

캐글 노트북은 버전이 지정된 컴퓨팅 환경입니다. 클라우드 컴퓨터에서 작동하는 도커 컨테이너를 기반으로 하며, R과 파이썬으로 작성한 스크립트와 노트북을 실행합니다. 캐글 노트북의 특징은 다음과 같습니다.

- 캐글 환경과 통합(바로 제출할 수 있으며, 노트북이 어떤 제출물과 연관되어 있는지 추적할 수 있음)
- 대부분의 데이터 과학 패키지가 사전 설치됨
- 일부 커스터마이즈 허용(파일을 다운로드하거나 다른 패키지를 추가 설치할 수 있음)

기본 캐글 노트북은 CPU 기반이지만 NVIDIA Tesla P100이나 TPU v3-8에 의해서 업그레이드된 버전을 받을 수 있습니다. TPU는 딥러닝 작업에 특화된 하드웨어 가속기입니다.

사용 횟수와 시간 할당에 제한이 있지만 캐글 노트북은 캐글 대회에서 기본 솔루션을 구축하는 데 필요한 컴퓨팅 자원을 제공합니다.

노트북 타입	CPU 코어	메모리	한 번에 실행할 수 있는 노트북 수	주당 할당 시간
CPU	4	30GB	10	무제한
P100 GPU	2	13GB	2	총 34시간
T4 x2 GPU	2	13GB	2	
TPU	4	16GB	2	총 20시간
TPU 1VM	96	330GB	2	

CPU와 GPU 노트북은 중지되지 않는 이상 세션당 최대 12시간 동안 실행할 수 있습니다(TPU 노트북은 9시간). 이는 디스크에 저장한 데이터 외에는 실행 결과를 얻을 수 없다는 의미입니다. 모델과 결과를 저장하는 디스크 저장 공간은 20GB가 주어집니다. 스크립트 실행 중에는 임시로 사용 가능한 스크래치패드 디스크(20GB 이상)가 추가로 주어집니다.

경우에 따라 캐글 노트북에서 제공하는 GPU로는 부족합니다. 예를 들어 딥페이크 탐지 대회[25]는 대략 500GB의 비디오로 구성된 데이터를 처리했습니다. 주당 30시간의 시간 제한과 두

---

25 Deepfake Detection Challenge. *https://www.kaggle.com/c/deepfake-detection-challenge*

대 이상의 GPU 컴퓨터를 운영할 수 없다는 점을 생각하면 매우 힘든 상황입니다. GPU 대신 TPU를 활용하도록 코드를 변경해[26] 계산 시간을 두 배로 늘려도 딥페이크 탐지 대회처럼 대량의 데이터를 다루어야 하는 대회에서는 충분히 빠른 테스트를 할 수 없을 것입니다.

이런 이유로 3장에서는 제한적인 상황에 성공적으로 대처하고 고성능 컴퓨터를 사지 않고도 괜찮은 결과를 내는 팁과 캐글 노트북을 GCP와 통합하는 방법을 소개합니다. 2장에서는 모든 작업을 다른 클라우드 기반 솔루션인 구글 코랩Google Colab으로 옮기는 방법을 소개합니다.

1.2.5 팀 구성과 네트워킹

캐글에선 컴퓨팅 파워도 중요한 역할을 하지만 오직 사람의 전문 지식과 능력만이 진짜 차이를 만듭니다. 대회가 성공적으로 진행되려면 때로는 팀원들의 협력이 필요합니다. 스폰서가 개인 참가자의 능력을 더 잘 평가하기를 원하는 Recruitment 대회를 제외하면 일반적으로 팀을 짜는 데 제한은 없습니다. 팀은 최대 다섯 명으로 구성합니다.

팀을 구성하면 더 효율적으로 좋은 솔루션을 찾을 수 있어 그 자체로 이점이 있습니다. 팀으로 참가하면 문제를 위해 더 많은 시간을 들이고 각자가 갖춘 다양한 능력을 활용할 수 있습니다. 다양한 모델과 데이터를 다루기에 모든 데이터 과학자가 같은 수준의 스킬을 가질 수는 없습니다.

하지만 팀이 항상 긍정적인 역할만 하진 않습니다. 각자가 가진 다양한 개성과 노력을 잘 조합해 공통의 목표를 향해 나가기란 쉽지 않은 일로 최선의 상황으로만 흘러가지는 않습니다. 일부 구성원이 제대로 참가하지 않거나 게으름을 부리면 문제가 일어납니다. 하지만 최악의 상황은 일부 구성원이 부정행위를 하는 경우입니다. 대회 규칙을 위반해 팀 전체가 실격 처리되거나 앞서 언급했듯 내부 정보를 유출해 다른 팀에 이득을 주는 경우가 있습니다.

팀을 구성하면 단점도 있지만 다른 데이터 과학자를 더 잘 이해하며 함께 목적을 향해 협업할 좋은 기회가 됩니다. 캐글은 개인 참가자보다 팀에 더 높은 점수를 주므로 팀으로 참가하면 더 나은 결과를 얻습니다. 작은 팀이라면 더 높은 비율의 점수를 얻습니다. 캐글에서 팀을 구성하면 네트워크만 늘어나는 게 아니라 더 많은 이득과 재미있는 기회를 얻습니다. 또한 대회 기간 동안 포럼에서 토론하거나 데이터와 노트북을 공유하며 소통할 수 있습니다. 플랫폼의 모든 기

----

26 *https://www.kaggle.com/docs/tpu*

회를 사용해 다른 데이터 과학자들과 친목을 다지고 커뮤니티에 존재를 알릴 수 있습니다.

또한 캐글 플랫폼 밖에서도 다른 캐글러와 네트워킹할 기회가 많습니다. 우선 도움이 되는 슬랙 채널이 있습니다. 예를 들면 2016년에 개설된 KaggleNoobs(*https://www.kaggle.com/getting-started/20577*)는 캐글 대회와 관련해 많은 토론이 이루어지는 채널입니다. 코드나 모델에 특정 문제가 발생했을 때 도움을 요청해도 좋습니다.

캐글 대회나 데이터 과학 관련 주제를 두고 의견을 교환하는 채널도 존재합니다. 일부 채널은 지역이나 국가를 기반으로 운영됩니다. 예를 들면 일본 채널인 Kaggler-ja(*http://kaggler-ja-wiki.herokuapp.com*)나 러시아 커뮤니티 오픈 데이터 사이언스 네트워크(*https://ods.ai*)가 있습니다. 오픈 데이터 사이언스 네트워크는 비러시아권 참가자도 활동이 가능합니다. 슬랙 채널만 제공하는 것이 아니라 인지도 높은 데이터 과학 플랫폼이 개최하는 대회를 안내하기도 하고, 대회에서 좋은 성적을 거두는 방법을 알려주는 수업도 진행합니다.

슬랙 채널 이외에도 캐글 관련 주제 지역 밋업이 있습니다. 보통은 특정 대회 종료 후 모임이 일시적으로 열리거나 자리 잡아 꾸준히 열리기도 합니다. 캐글을 주제로 한 밋업은 자신의 경험이나 아이디어를 공유하려는 참가자의 프레젠테이션으로 구성됩니다. 이런 밋업은 여러 캐글러를 개인적으로 만나 의견을 교환하거나, 데이터 과학 대회에 함께 할 동료를 만날 최선의 방법입니다.

이 분야에서 마리아 파리시Maria Parysz와 파베우 얀키에비치Paweł Jankiewicz가 세운 캐글 데이Kaggle Days(*https://kaggledays.com*)는 전 세계 주요 지역에서 캐글 전문가들의 컨퍼런스를 열며 다양한 나라에서 지역 모임을 지원합니다.

1.2.6 성과 등급과 순위

캐글은 상금과 컵, 티셔츠, 후드티, 스티커 같은 실물 굿즈 이외에도 많은 비물질적인 혜택을 제공합니다. 캐글러는 대회 기간 동안 모든 시간과 노력을 쏟아붓습니다(실제로 대회에서 사용하는 테크닉을 쓰는 개발자는 전체 인구에 비해 한없이 작은 편입니다). 보통 상금은 몇 명의 최상위 캐글러에게만 주어집니다. 만약 최상위에 들지 못했다면 나머지는 놀라울 정도로 많은 시간을 자발적으로 투입해 작은 보상만 받은 꼴이 됩니다. 길게 봤을 때 체감되는 보상 없이 대회에 참가하면, 결국 불만이 쌓이고 흥미를 잃고 노력의 강도를 낮추게 됩니다.

그래서 캐글은 참가자에게 메달과 포인트를 지급하는 명예 시스템honor system을 선택했습니다. 이 시스템 핵심 아이디어는 더 많은 메달이나 포인트를 보유할수록 기술 관련성이 높아짐으로써 구직 기회나 평가에 기반한 관련 활동에 참여할 기회를 열어줍니다.

우선 개별 대회의 모든 리더보드를 합친 종합 리더보드general leaderboard[27]가 있습니다. 캐글러들은 참가한 각 대회의 위치에 기반해서 종합 리더보드의 랭킹에 반영되는 일정 수의 점수를 받습니다. 언뜻 보면 대회 하나에서 얻은 점수를 계산하는 공식은 조금 복잡해 보입니다.

$$\left[\frac{100000}{\sqrt{\text{팀원 수}}}\right] \times \left[\text{순위}^{-0.75}\right] \times \left[log_{10}\left(1 + log_{10}\left(\text{참가팀 수}\right)\right)\right] \times \left[e^{-t/500}\right]$$

하지만 실제로 계산에 영향을 미치는 요소는 단순합니다.

- 대회 순위
- 팀 규모
- 대회 인기
- 대회 개최일로부터 현재까지 기간

인기 있는 대회에서 순위가 높으면 큰 점수를 받는다는 사실은 직관적으로 알 수 있습니다. 팀의 규모가 미치는 영향은 직관적으로 보이지 않더라도 비선형적인 방식으로 영향을 미칩니다. 이건 공식의 $\sqrt{\text{팀원 수}}$ 부분 때문인데 팀원 수에 따라 증가하기 때문에 수정할 수 없습니다.

만약 비교적 작은 규모(2명에서 최대 3명 정도)로 팀을 구성하면 협업을 했을 때 통찰과 컴퓨팅 파워 측면에서 이점이 있으므로 여전히 추천할 만합니다.

점수가 시간에 따라 소멸한다는 점도 기억해야 합니다. 선형적으로 소멸하지는 않지만 일반적으로 1년 뒤에는 점수에서 아주 작게 줄어든다는 점을 기억하세요. 종합 리더보드는 대회에 참가해서 비슷한 결과를 계속 내지 않는 한 일시적입니다. 그나마 프로필에는 항상 도달했던 최상위 순위가 기록됩니다.

순위보다 네 가지 분야에서 부여하는 메달이 더 오래갑니다. 참가자는 결과를 토대로 대회, 노트북, 토론, 데이터 세트 분야에서 메달을 받습니다. 대회에서 메달은 리더보드의 위치에 따라,

---

27 https://www.kaggle.com/rankings

다른 세 가지 영역에서는 다른 참가자의 추천에 기반해서 수여됩니다(덜 객관적이고 인기에 의해서 좌우되므로 실제로 차선의 상황으로 이어집니다). 더 많은 메달을 딸수록 캐글 숙련도 순위에서 더 높은 등급에 오릅니다. 등급은 **노비스**Novice, **컨트리뷰터**Contributor, **엑스퍼트**Expert, **마스터**Master, **그랜드마스터**Grandmaster로 나누어집니다.

메달을 따는 방법과 다음 단계로 오르는 데 필요한 메달의 종류와 수는 캐글 홈페이지의 등급 안내 페이지[28]에서 확인하기 바랍니다.

순위와 명예는 언제나 상대적이고 시간에 따라서 변한다는 사실을 기억하세요. 몇 년 전만 해도 점수 시스템과 순위는 꽤 차이를 보였습니다. 아마 이후에도 높은 등급을 더 희귀하고 중요하도록 순위 시스템을 개편할 것입니다.

1.2.7 비판과 기회

캐글이 등장한 이후 꽤 많은 비판을 받았습니다. 데이터 과학자가 대회에 참가한다는 사실을 두고 긍정적 혹은 부정적 의견이 여전히 존재합니다.

부정적인 비판은 다음과 같습니다.

- 리더보드에 지나치게 중점을 두어 머신러닝 분야에 잘못된 인식을 심어준다.
- 하이퍼파라미터를 최적화하고 많은 모델을 조합해 (실제로는 테스트 세트에 과대적합에 불과한) 작은 정확성을 긁어모으는 플랫폼이다.
- 점수를 얻고 주목을 받아 취직을 하겠다는 미숙한 지망생으로 가득하다.
- 위와 같은 이유로 대회 솔루션은 복잡하고 테스트 세트에만 한정된 성능을 지닌다.

많은 사람은 캐글을 비롯한 데이터 대회 플랫폼이 실제 데이터 과학과 거리가 멀다고 생각합니다. 비판하는 쪽에서 제기하는 요점은 비즈니스 문제는 갑자기 생기지 않으며, 비즈니스의 특정 사항을 개선하고 가까이서 문제를 이해해 데이터 세트를 구축하므로 처음부터 잘 준비된 데이터 세트로 시작하는 경우는 거의 없다는 것입니다. 또한 우승 솔루션이 (모든 대회에서 항상 그렇지는 않지만) 리소스 제한이나 기술 부채에 제약을 받지 않아 캐글러는 현실에 맞는 모델을 만드는 방법을 배우지 못하고 더 능숙해지지 못한다고 강조합니다.

---

28 https://www.kaggle.com/progression

이런 모든 비판은 결국 고용주의 관점에서 캐글의 리더보드를 다른 종류의 경험, 특히 데이터 과학 교육 및 업무 경험과 비교해 나온 것입니다. 캐글이 취업이나 이직에 도움이 되지 않으며 기업은 지원자가 캐글 대회에 참가했어도 전혀 참가하지 않은 지원자와 똑같이 평가하리란 주장은 계속 제기되고 있습니다.

저자들은 캐글 순위가 쓸모없다는 주장은 잘못되었다고 생각합니다. 예를 들면 캐글은 데이터 모델링, 문제, 효과적인 모델 테스트 등 직장을 찾는 데 매우 유용한 역량을 키워줍니다. 또한 캐글 대회에 참가하면 실제 경험과 주 활동 영역comfort zone을 넘어선 많은 기술, 다양한 데이터/사업 문제에 노출됩니다. 하지만 캐글이 한 회사의 데이터 과학자로 성공적으로 자리 잡을 때 필요한 모든 것을 제공할 수는 없습니다.

캐글을 학습에 활용할 수도 있고 (학습에 초점을 둔 코스들이 웹사이트에 정리되어 있음), 구직에서 다른 지원자들과 차별성을 두는 데 활용할 수도 있습니다. 하지만 캐글에서의 경험을 어떻게 평가하는지는 회사에 따라서 다릅니다. 그럼에도 캐글에서 배우는 지식은 경력 전반에 걸쳐 언제나 유용하며 데이터 모델링과 관련된 복잡하고 특이한 문제를 해결해야 할 때 울타리를 제공합니다. 캐글 대회에 참가하면 튼튼한 모델링과 검증을 세우는 역량을 갖추게 됩니다. 또한 다른 데이터 과학자들과 관계를 맺어 구직 과정에 추천을 받거나 다루기 어려운 문제를 해결하는 방법도 배웁니다.

따라서 캐글은 더 간접적이고 매우 다양한 방법으로 참가자의 데이터 과학자 경력에 도움을 줍니다. 물론 때로는 대회의 성공을 통해 캐글에서 직접 채용 후보자로 연락을 받도록 도와줄 수도 있지만 대부분은 구직자나 실무자로 성공하는 데 필요한 지적인 능력과 경험을 제공함으로써 도움을 줍니다.

사실 캐글에서 어느 정도 데이터와 모델을 다루다 보면 시간 압박을 받는 상황에서 다양한 데이터 세트를 다루는 다양한 방법을 접할 기회를 얻습니다. 이를 통해 비슷한 문제를 실제 환경에서 직면했을 때 신속하고 효과적으로 설루션을 찾는 기술을 얻습니다.

이 책을 집필한 이유는 캐글을 통해 데이터 과학 역량을 키우는 법을 알리기 위함입니다. 이 책은 캐글 대회에서 우승하거나 높은 점수를 받는 법 대신 캐글 대회를 다루는 방법과 그 경험을 최대한 활용하는 방법을 담고 있습니다.

캐글과 다른 대회 플랫폼을 영리하게 활용하세요. 물론 캐글은 만능열쇠가 아닙니다. 캐글 대회에서 우승한다고 고연봉 직업이나 캐글 커뮤니티를 넘어선 영광을 보장하지는 않습니다. 하지만 대회에 꾸준히 참가하면 데이터 과학자로서의 관심과 열정을 나타내 구직에 도움이 될 겁니다. 또한 꾸준히 참가하다 보면 데이터 과학자로서 능력이 향상하고, AutoML같이 새롭게 등장한 설루션 앞에서 한물간 사람으로 전락하지 않을 겁니다. 이 책에서 하나씩 안내할 테니 믿고 따라오세요.

1.3 요약

이 장에서는 데이터 과학 대회 플랫폼이 어떻게 인기를 얻게 되었는지, 그리고 (참가자와 대회를 운영하는 기관 양쪽의 관점에서) 어떻게 운영되는지 살펴보았습니다. 설명을 위해 데이비드 도너호 박사의 CTF 패러다임을 일부 인용하기도 했습니다.

캐글이 어떻게 운영되는지를 설명하며 다른 주목할 만한 대회 플랫폼을 언급했고, 캐글 이외의 대회에 참가하는 것이 어떻게 도움이 되는지도 설명했습니다. 캐글과 관련해서는 대회의 여러 단계가 어떻게 운영되는지, 각 대회가 어떻게 다른지, 캐글 플랫폼이 어떤 리소스를 제공하는지 자세히 설명했습니다.

다음 몇 장에 걸쳐 캐글을 더 자세히 알아봅시다. 먼저 데이터 세트를 어떻게 다루어야 하는지 살펴보겠습니다.

- 파룰 판데이|Parul Pandey
- *https://www.kaggle.com/parulpandey*
- H2O.ai 데이터 과학자
- 노트북 그랜드마스터

가장 좋아하는 대회 유형과 이유를 알려주세요. 어떤 대회가 가장 자신있나요?

Analytics 대회를 정말 좋아해요. Analytics 대회는 데이터를 분석하고 마지막에 종합적인 분석 리포트를 제출해요. 여기에는 DS4G^the Data Science for Good 대회, 스포츠 분석 대회(NFL 등), 일반 설문조사 대회^the general survey challenges 등이 포함되죠. 보통 대회와 달리 다른 참가자들과 비교하면서 성과를 추적할 리더보드도 없고 메달이나 포인트를 얻을 수도 없어요.

대신 이 대회는 데이터 클리닝과 데이터 마이닝, 시각화 같은 다양한 데이터 과학 기법을 사용해서 통찰력을 전달하는 엔드투엔드 설루션을 요구해요. 이런 문제를 풀면 실제 시나리오를 모방하는 방법을 알게 되고 새로운 통찰력과 관점을 깨닫게 되죠. 문제를 해결하는 하나의 답은 없지만 잠재적 설루션을 가늠하며 설루션에 녹여낼 수 있습니다.

캐글 대회에서 사용하는 접근법이 있나요? 이 접근법을 일상 업무에서도 사용하나요?

탐색적 데이터 분석^exploratory data analysis(EDA)의 첫 단계는 항상 데이터 분석입니다. 제가 직장에서 루틴으로 활용하는 방법이기도 해요. 데이터를 탐색해서 데이터 불일치, 누락 값, 이상값 같은 잠재적 위험 신호를 찾아요. 다음 단계에서는 훌륭하고 신뢰할 만한 교차검증 전략을 만들어요. 그리고 토론 포럼과 사람들이 공유한 노트북을 읽어보죠. 이 과정은 좋은 출발점 역할을 해요. 이 워크플로에 예전에 깨달은 사항을 추가하기도 해요. 물론 모델의 성능을 추적하는 과정도 필수죠.

하지만 Analytics 대회에서는 문제를 여러 단계로 나누는 것을 좋아해요. 예를 들면 첫 단계는 문제를 이해하는 데 도움이 돼요. 며칠이 걸리기도 하죠. 그 후에는 데이터를 탐색하고 베이스라인 설루션을 만들어보는 편이에요. 한 번에 하나씩 추가하며 설루션을 꾸준히 개선하죠. 이건 레고 블록을 한 조각씩 맞춰 최종 완성된 작품을 만드는 일과 비슷해요.

참가했던 대회 중 특히 어려웠던 대회는 무엇이며, 어떤 통찰로 과제를 해결했나요?

가끔 일반적인 대회에 참가하기도 하지만 앞서 말했듯 Analytics 대회를 가장 좋아합니다. DS4G의 환경적 통찰 탐색 대회[29]를 지목하고 싶네요. 배출계수$^{emissions\ factor}$를 계산하는 현재의 방법론 대신 원격 센싱 기술을 활용해 환경 배출량을 파악하는 대회였습니다.

사용 사례를 보고 매우 놀랐습니다. 지구는 기후 변화라는 큰 위기 앞에 놓였고 대회로 이 문제를 해결하려 했죠. 대회 내용을 조사하며 인공위성의 영상 정보 분야에서 이루어진 진전에 놀랐어요. 이후 해당 주제를 이해하고 더 깊이 들어가는 기회가 되었죠. 랜드셋^{Landsat}, 모디스^{Modis}, 센티넬^{Sentinel} 같은 인공위성이 어떻게 움직이고 인공위성 데이터에 접근하는지 이해할 기회였죠. 대회 전에는 거의 알지 못했던 분야를 배운 매우 훌륭한 대회였어요.

경험에 비추어볼 때, 초보 캐글러가 자주 놓치는 것은 뭘까요? 처음 시작할 때부터 알았으면 좋았겠다고 생각하는 것이 있나요?

캐글을 시작하고 몇 년 동안 했던 실수를 말씀드리죠.

우선 대부분의 초보자가 캐글에는 대회만 있다고 생각해요. 물론 대회를 좋아한다면 아주 많은 기회가 있죠. 하지만 캐글에는 다른 전문 분야를 가진 사람을 위한 메뉴도 있어요. 코드를 쓰고 공유하며 건전하게 토론하고 새로운 관계를 맺을 수도 있죠. 좋은 데이터 세트를 선별하고 커뮤니티와 공유할 수도 있고요. 저는 처음에 캐글을 데이터 세트를 다운로드하는 데에만 사용했어요. 실제로 활동한 건 몇 년 안 됐죠. 지금 돌아보면 전혀 잘못 생각하고 있었어요. 많은 사람이 대회를 두려워합니다. 우선 플랫폼에 익숙해지고 천천히 대회에 참가해도 괜찮아요.

제가 언급하고 싶은 다른 한 가지 실수는 많은 사람이 혼자서 작업하다가 의욕을 잃고 그만둔다는 점이에요. 캐글에서 팀으로 활동하면 숨어있던 이점이 많아요. 팀으로 활동을 하면 팀 안에서 일하고 그 경험을 통해서 제한된 시간 내에 공통의 목표를 향해 나가는 방법을 알게 돼요.

---

29 DS4G – Environmental Insights Explorer. *https://www.kaggle.com/c/ds4g-environmental-insights-explorer*

다른 대회 플랫폼을 사용하나요? 캐글과 비교하면 어떤가요?

지금은 거의 캐글만 사용하지만 예전에는 진디^{Zindi}라는 아프리카 활용 사례에 초점을 맞춘 데이터 과학 대회 플랫폼을 사용했어요. 아프리카에 초점을 둔 데이터 세트에 접근하기에는 아주 좋은 곳이에요. 캐글은 다양성을 갖춘 플랫폼이지만 다른 국가가 지닌 문제에 대한 언급은 모자라죠. 그래도 최근에는 다양한 문제가 등장하기 시작했어요. 예를 들면 최근 개최된 'Chaii 대회'는 인도어에 초점을 둔 NLP 대회입니다. 저는 다양한 나라에 집중하는 대회가 연구나 일반 데이터 과학 커뮤니티에 도움이 된다고 생각해요.

- 파베우 얀키에비치^{Pawel Jankiewicz}
- https://www.kaggle.com/paweljankiewicz
- 로직AI^{LogicAI} 공동 설립자, 최고 데이터 과학자, AI 엔지니어
- 대회 그랜드마스터

가장 좋아하는 대회 유형과 이유를 알려주세요. 어떤 대회가 가장 자신있나요?

Code 대회를 가장 좋아합니다. 제한된 환경에서 작업하면 시간, CPU, 메모리 같은 다양한 자원을 고려해야 하죠. 이전 대회에서는 강력한 가상 컴퓨터를 서너 개까지 이용해야 하는 경우가 너무 많았어요. 그런 자원을 이용해서 우승하면 더 이상 공평한 대회가 아니죠.

캐글 대회에서 사용하는 접근법이 있나요? 이 접근법을 일상 업무에서도 사용하나요?

매 대회마다 접근 방법을 조금씩 바꿉니다. 저는 항상 가능한 한 많은 실험을 할 수 있게 직접 프레임워크를 만들어요. 예를 들면 딥러닝 합성곱 신경망^{convolutional neural network}(CNN)이 필요했던 대회에서 신경망을 C4-MP4-C3-MP3(각 문자는 서로 다른 레이어)로 지정해서 설정하는 방법을 만들었어요. 이미 몇 년 전에 만들어서 지금은 백본 모델을 선택해서 신경망을 구성할 정도죠. 하지만 이 방식은 지금도 제게 도움이 돼요. 프레임워크를 사용하면 파이프라인의 가장 민감한 부분을 빠르게 교체할 수 있어요.

매일 직장에서 하는 업무를 캐글 대회와 비교하면 우선 모델링을 하고 적절한 검증을 진행한다는 점이 어느 정도 겹쳐요. 캐글 대회에서 검증과 데이터 누수 방지의 중요성을 배웠어요. 예를 들면 각 분야 최고의 사람들이 준비한 많은 대회에서 데이터 누수가 일어난다면 훈련에서 데이터 누수가 발생하는 생산 모델의 비율이 얼마나 되는지 궁금해지죠. 개인적으로는 생산 모델의 80% 이상이 아마도 제대로 검증되지 않았을 겁니다. 확실한 수치는 아니니 제 말을 그대로 믿지는 마세요.

일상 업무와 중요한 차이점은 모델링 문제를 어떻게 정의할지 아무도 말해주지 않는다는 데 있기에 이런 고민을 해야 합니다.

- 보고하거나 최적화하는 측정 항목은 RMSE와 RMSLE, SMAPE, MAPE 중 어떤 것을 사용해야 할까?
- 시간에 기반한 문제에서 데이터를 어떻게 나누어 모델을 평가해야 현실과 비슷할까?

사업에는 이외에도 중요한 것이 많습니다. 반드시 자신의 선택과 이유를 전해야 하죠.

참가했던 대회 중 특히 어려웠던 대회는 무엇이며, 어떤 통찰로 과제를 해결했나요?

가장 어려웠지만 재미있었던 건 Code 대회인 메르까리 가격 예측^{Mercari Price Prediction} 대회입니다. 이 대회에서는 계산 시간이 1시간, 사용 자원은 4개의 코어, 16GB 메모리로 제한되어 다른 대회와 매우 달랐어요. 제한 사항을 극복하는 것이 대회의 가장 재미있는 부분이었죠. 태뷸러 데이터에서는 관계를 더 신뢰해야 한다는 교훈을 얻었어요. 콘스탄틴 로푸킨^{Konstantin Lopukhin} (*https://www.kaggle.com/lopuhin*)과 팀을 결성했는데, 저는 신경망과 부스팅 알고리듬을 결합한 매우 복잡한 모델을 가지고 있었죠. 팀을 만들고 보니 콘스탄틴은 (에포크 수, 학습률이) 매우 최적화된 아키텍처 하나만 사용하고 있었죠. 이 대회는 꽤 독특하게도 팀의 설루션을 평준화하기만 해선 충분하지 않았어요. 그저 빠르게 통합하지 않고 일관된 설루션으로 워크플로를 재구성해야 했어요. 설루션을 합치는 데만 3주가 걸렸죠.

경험에 비추어볼 때, 초보 캐글러가 자주 놓치는 것은 뭘까요? 처음 시작할 때부터 알았으면 좋았겠다고 생각하는 것이 있나요?

소프트웨어 공학 기술을 많이 과소평가하는 것 같아요. 모든 대회는 미세하게 다르고 설루션을 간소화하려면 프레임워크를 사용해야 하죠('2020년 구글 랜드마크 인식' 대회[30]에서 2위에 입상한 노트북[31]의 코드가 얼마나 잘 구조화되어 있는지 한번 보세요). 코드에 계속해서 좋은 구조화를 적용하면 결국 더 많은 방법을 시도할 수 있어요.

대회에 참가할 때 해야 하는 일 또는 중요하게 기억해야 할 것은 어떤 것이 있나요?

즐기세요. 그게 가장 중요해요.

30 Google Landmark Recognition 2020. *https://www.kaggle.com/c/landmark-recognition-2020/leaderboard*
31 *https://github.com/bestfitting/instance_level_recognition*

## CHAPTER 2

캐글 데이터 세트

> **이 장의 내용**
>
> * 데이터 세트 준비하기
> * 데이터 수집
> * 데이터 세트로 작업하기
> * 구글 코랩^{Colab}에서 캐글 데이터 세트 사용하기
> * 법적 주의 사항

코난 도일이 지은 『너도밤나무 집The Adventure of the Copper Beeches 』에서 셜록홈즈는 이렇게 외칩니다. "데이터, 데이터, 데이터! 점토가 없는데 어찌 벽돌을 만들란 말인가." 문학 사상 가장 유명한 탐정이 신봉하는 이 사고방식은 모든 데이터 과학자가 갖춰야 할 소양입니다. 그렇기에 데이터에 중점을 둔 이번 장부터 기술적인 내용을 소개하겠습니다. 특히 캐글에서 활용하는 데 초점을 두고 캐글 데이터 세트datasets의 힘을 원하는 방향대로 사용하는 법을 살펴보겠습니다.

2.1 데이터 세트 준비하기

원칙상 사용할 수 있는 모든 데이터는 캐글에 업로드할 수 있습니다(제한 사항은 2.5절을 참조). 작성 시점에서 정확한 제한은 개인 데이터 세트당 100GB이고 총 한도도 100GB입니다. 단일 데이터 세트당 사이즈 제한은 압축하지 않은 상태임을 기억하세요. 압축하면 업로드 속도

는 빨라지겠지만 용량 제한에는 도움이 되지 않습니다. 데이터 세트 공식 문서[1]에서 자세한 내용을 확인하세요.

캐글은 스스로 '데이터 과학의 고향'이라고 홍보하고 있습니다. 사이트에는 인상적인 데이터 세트 컬렉션을 제공하고 있어 확실히 '데이터 과학의 고향'이라 주장할 만합니다. 기름 가격이나 애니메이션 추천 같은 다양한 주제의 데이터가 올라오며, 최신 데이터가 빠른 속도로 올라옵니다. 2021년 4월, 정보공개법Freedom of Information Act에 따라 앤서니 파우치Anthony Fauci의 이메일 내역이 공개되자 48시간 만에 캐글 데이터 세트[2]로 업로드되었습니다.

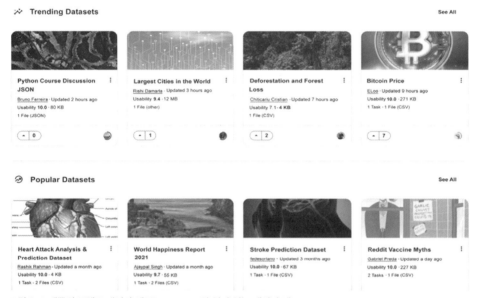

그림 2-1 캐글의 트렌드 데이터 세트Trending dataset와 인기 있는 데이터 세트Popular datasets

프로젝트를 위해 데이터 세트로 업로드하기 전에 이미 있는 건 아닌지 꼭 확인하세요. 몇몇 인기 있는 애플리케이션(이미지 분류, NLP, 금융 시계열)이라면 이미 사이트에 저장되어 있을 가능성이 높습니다.

이 장에서는 프로젝트에 사용할 새 데이터 세트를 만든다고 가정하고 사용법을 안내하겠습니다.

---

1 https://www.kaggle.com/docs/datasets
2 https://www.kaggle.com/datasets/zusmani/anthony-fauci-emails-the-face-of-us-on-covid

01. 왼쪽에서 가로선 세 개 모양의 아이콘을 눌러 메뉴를 열어 [Datasets]를 선택하면 Datasets 페이지로 이동합니다.

그림 2-2 데이터 세트 페이지

02. [+ New Dataset]를 클릭합니다. 데이터 세트의 이름을 입력하고 데이터를 업로드하는 기본 입력창이 나타납니다.

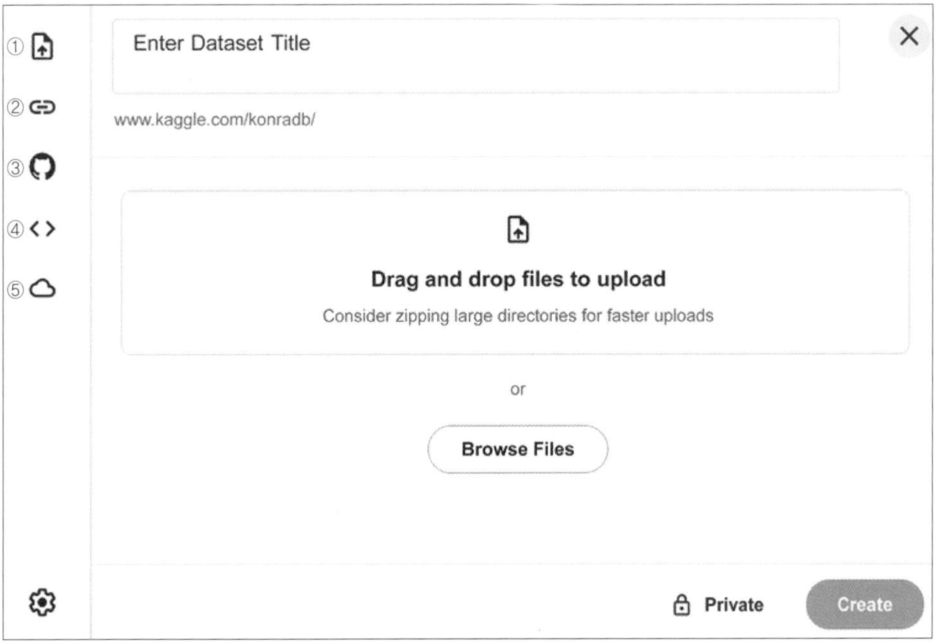

그림 2-3 데이터 세트 세부 사항 입력

[그림 2-3]의 왼쪽에 있는 아이콘은 모두 데이터 세트를 위한 기능입니다.

① 파일을 로컬 드라이브에서 업로드하기(그림 2-3)

② 원격 URL에서 만들기

③ 깃허브 저장소 불러오기

④ 작성한 노트북의 아웃풋 파일 사용하기

⑤ Google Cloud Storage 파일 불러오기

깃허브 저장소를 불러올 때 유념해야 할 중요한 사항이 있습니다. 이 기능은 특히 실험적인 라이브러리를 사용할 때 편리합니다. 코드에서 캐글 환경에 포함되어 있지만 지금까지 사용할 수 없었던 기능을 제공하는 라이브러리를 사용하고 싶다면 Datasets로 가서 [+ New Dataset]를 클릭한 후 다음 순서에 따라 데이터 세트로 불러옵니다.

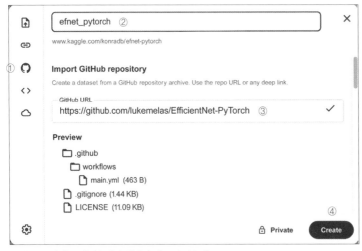

그림 2-4 깃허브 저장소에서 데이터 세트 가져오기

① 깃허브 아이콘 선택

② 데이터 세트 이름 입력

③ 저장소의 링크 입력

④ 오른쪽 다음의 [Create] 클릭

[Create] 옆에 [Private]이라는 버튼이 있습니다. 데이터 세트를 생성할 때 기본 설정은 비공개로, 열람과 수정 권한은 생성자에게만 있습니다. 생성 단계에서는 기본 설정을 유지하고 이후 단계에서 (일부 기여자나 모든 사람이 사용하도록) 공개하는 편이 좋습니다.

캐글은 인기 있는 플랫폼으로 많은 사람이 (비공개인 것을 포함해서) 데이터 세트를 업로드한다는 점을 기억하세요. 그러니 일반적이지 않은 이름을 사용하는 게 좋습니다. 이름만 특이해도 데이터 세트가 주목받을 기회가 늘어납니다.

모든 단계를 완료하고 [Create]를 클릭하면 끝입니다! 첫 데이터 세트가 준비되었습니다.

Easy to understand and includes essential metadata	Rich, machine readable file formats and metadata	Assurances the dataset is maintained
✓ Add a subtitle	○ Add file information Help others navigate your dataset with a description of each file	✓ Specify provenance
✓ Add tags		✓ Specify update frequency
✓ Add a description	○ Include column descriptors Empowers others to understand your data by describing its features	○ Publish a notebook Provide an example of the data in use so other users can get started quickly
✓ Upload an image		○ Add a task Suggest an analysis users can do with this dataset
	✓ Specify a license	
	✓ Use preferred file formats	

그림 2-5 Data 탭

[그림 2-5]에는 데이터 세트에서 제공할 다양한 관련 정보가 나열됩니다. 제공하는 정보가 많을수록 **사용성**usability **지수**가 높아집니다. 이 지수는 데이터 세트를 얼마나 잘 정의했는지를 평가하는 종합 척도입니다. 각 데이터 세트가 가진 사용성 지수는 문서화 수준과 공개 자료 접근 가능 여부, 파일 유형, 핵심 메타데이터 적용 범위 등을 포함한 요소로 구성되어 있습니다.

원칙상으로는 위 이미지에 보이는 모든 영역을 채워 넣을 필요가 없습니다. 물론, 누구든 추가 정보 없이 데이터 세트를 완벽하게 사용할 수 있는 경우에 해당하는 말입니다(개인적인 데이터 세트라면 내장된 정보를 알고 있으므로 추가 정보가 없어도 크게 상관없습니다). 커뮤니티 에티켓에서는 데이터 세트를 공개할 때 모든 추가 정보를 작성하도록 권장합니다. 더욱 자세하게 정의할수록 다른 사람이 더 쓰기 쉬워지기 때문입니다.

2.2 데이터 수집

데이터 세트로 만들 내용은 실질적으로 제한되어 있지 않습니다. 태뷸러 데이터, 이미지, 텍스트 어떤 형태든 사이즈 제한 내에 맞게 저장하면 됩니다. 여기에는 다른 출처에서 불러온 데이터도 포함됩니다. 집필 시점에서 가장 인기 있는 데이터 세트는 해시 태그 또는 주제별 트윗 데이터 세트입니다.

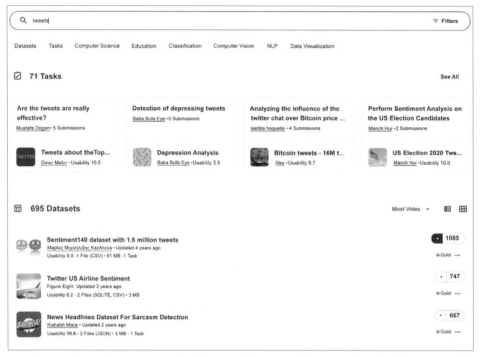

그림 2-6 가장 인기 있는 데이터 세트인 트위터 데이터

소셜미디어(트위터, 레딧 등)에서 데이터를 수집하는 데 사용하는 다양한 프레임워크는 이 책의 범위를 벗어나므로 소개를 생략하겠습니다.

2.3 데이터 세트로 작업하기

데이터 세트를 만들었다면 분석도 해봐야겠죠. 이 절에서 우리는 데이터 세트를 분석에 활용하는 다양한 방법을 설명합니다.

가장 중요한 방법은 데이터 세트를 기본 소스로 사용하는 노트북을 시작하는 방법입니다.

01. 데이터 세트 페이지로 가서 [New Notebook]을 클릭합니다.

그림 2-7 데이터 세트 페이지에서 노트북 만들기

02. 클릭하면 [Notebook] 페이지로 이동합니다.

그림 2-8 데이터 세트를 사용해서 노트북 시작하기

이때 몇 가지 지침이 있습니다.

① 자동으로 생성된 제목은 클릭해 수정합니다.

② 오른쪽 [Data] 패널에서 노트북에 첨부된 데이터 소스 리스트를 확인합니다. 선택한 데이터는 *../input/*이나 */kaggle/input/*에서 확인합니다.

③ 파이썬 노트북에는 (임포트한 패키지, 설명하는 주석, 접근 가능한 파일을 출력하는 시작 블록이 자동으로 추가됩니다.

이렇게 업로드한 데이터 세트를 활용해 분석을 시작할 수 있습니다. 노트북 사용법은 4장에서 자세히 다루겠습니다.

2.4 구글 코랩에서 캐글 데이터 세트 사용하기

캐글 노트북은 무료지만 제한이 있습니다(4장 참조). 가장 먼저 마주치게 될 것은 시간제한입니다. 인기 있는 대안은 무료 주피터 노트북 환경이 클라우드에서 동작하는 구글 코랩Google Colab[3]로 옮기는 것입니다.

계산을 코랩으로 옮기더라도 캐글 데이터 세트는 사용해야 하므로 데이터 세트를 코랩으로 임포트하는 기능을 활용해야 합니다. 이 절의 나머지 부분에서는 캐글 데이터 세트를 코랩에서 사용하는 과정을 설명하겠습니다.

가장 먼저 **계정** 페이지로 접속해 **API 토큰**API token(로그인 세션, 사용자 확인, 권한 등을 위한 보안 인증 자격을 담고 있는 접속 토큰)을 생성해야 합니다(캐글 계정이 없다면 우선 가입을 한 뒤 진행하세요).

01. 계정 페이지[4]에서 [Create New API Token]을 클릭합니다. 이름이 kaggle.json이고 사용자 이름과 토큰을 담고 있는 파일 **kaggle.json**이 생성됩니다.

그림 2-9 새 API 토큰 만들기

02. 구글 드라이브에 **Kaggle**이라는 이름의 폴더를 만들고 이 **.json** 파일을 업로드합니다.

그림 2-10 .json 파일을 구글 드라이브에 업로드하기

---

3 https://colab.research.google.com

4 https://www.kaggle.com/USERNAME/account

03. 새 코랩 노트북을 만들고 다음 코드를 노트북에서 실행시켜 드라이브를 마운트하세요.

```
From google.colab import drive
drive.mount('/content/gdrive')
```

04. URL 프롬프트에서 인증 코드를 가지고 와서 빈 셀에 넣은 후 다음 코드를 실행해 .json 에 경로를 제공합니다.

```
import os

# content/gdrive/My Drive/Kaggle에 kaggle.json 저장
os.environ['KAGGLE_CONFIG_DIR'] = "/content/gdrive/My Drive/Kaggle"

# 작업 디렉터리 변경
%cd /content/gdrive/My Drive/Kaggle

# pwd를 사용해 현재 작업 디렉터리 확인
```

05. 이제 데이터 세트를 다운로드하겠습니다. 캐글에서 데이터 세트 페이지로 가서 [New Notebook] 옆에 있는 ⋮ 아이콘을 선택하고 [Copy API command]를 선택합니다.

그림 2-11 API 커맨드 복사하기

06. API 커맨드를 실행해 데이터 세트를 다운로드합니다(자세한 명령어는 공식 문서[5]를 참조하세요.

```
!kaggle datasets download -d ajaypalsinghlo/world-happiness-report-2021
```

07. 데이터 세트는 Kaggle 폴더에 .zip 형식 파일로 다운로드됩니다. 압축을 풀고 노트북에서 불러와 사용합니다.

앞서 설명한 간단한 과정을 통해 코랩에서 캐글 데이터 세트를 사용할 수 있습니다. 캐글에서 API 토큰을 발급받고 사용 툴을 코랩으로 변경하면, 분석에 더 많은 GPU를 사용하게 됩니다.

2.5 법적 주의 사항

캐글에 올리는 데이터에 제약이 없다고 해서 모든 데이터가 허용되는 건 아닙니다. 한 가지 좋은 예로 People of Tinder 데이터 세트가 있습니다. 2017년 한 개발자가 틴더Tinder의 API를 사용해 관점에 따라 개인정보로 간주되는 데이터를 스크래핑했고 그 결과물을 캐글에 업로드 했습니다. 이 데이터 세트에 사용자들이 문제를 제기하기 시작했고 결국 캐글이 해당 데이터 세트를 삭제[6]했습니다.

무엇이든 캐글에 업로드하기 전에 스스로 다음 질문을 해보세요.

1. 저작권 관점에서 문제가 없는가?
   저작권 관련 규정을 항상 확인하세요. 불확실하다면 상담(https://opendefinition.org/guide/data)을 받거나 캐글에 문의하세요.

2. 이 데이터 세트가 개인정보를 침해할 가능성이 있는가?
   특정 유형의 정보를 게시하는 건 엄밀히 말해 불법이 아니지만 다른 사람의 사생활을 침해할 여지가 있습니다.

제한 사항은 상식적인 내용이므로 여러분이 캐글에서 활동하는 데 제약이 되지는 않을 것입니다.

---

5 https://www.kaggle.com/docs/api
6 https://www.forbes.com/sites/janetwburns/2017/05/02/tinder-profiles-have-beenlooted-again-this-time-for-teaching-ai-to-genderize-faces/

2.6 요약

이번 장에서는 캐글 데이터 세트와 플랫폼에 데이터를 저장하고 사용할 때 지켜야 할 표준적인 방식을 소개했습니다. 데이터 세트 생성 방법과 캐글 밖에서 작업하는 방법, 가장 중요한 기능인 노트북에서 데이터 세트를 사용하는 방법을 설명했습니다. 다음 장에서는 캐글 노트북을 알아보겠습니다.

- 앤드류 마라냥Andrew Maranhão
- *https://www.kaggle.com/andrewmvd*
- 상파울루 알버트 아인슈타인 병원 책임 데이터 과학자
- 데이터 세트 그랜드마스터

가장 좋아하는 대회 유형과 이유를 알려주세요. 어떤 대회가 가장 자신있나요?

의료 영상Medical imaging 관련 대회를 가장 좋아합니다. 제 직업적 이상에 맞는 대회죠. 의료 분야 대회를 살펴보면 NLP 대회는 언어 종속적이고 태뷸러 데이터 대회는 병원마다 차이가 크지만 영상은 대부분 비슷해요. 그러니 영상 분야에서 발생하는 모든 발전은 전 세계에 혜택을 가져 다주죠. 전 이런 잠재적인 영향력을 사랑합니다. 물론, NLP나 태뷸러 데이터 대회도 좋아하지 만 애정도는 꽤 일반적인 수준이라고 생각해요.

참가했던 대회 중 특히 어려웠던 대회는 무엇이며, 어떤 통찰로 과제를 해결했나요?

엑스레이 이미지로 폐결핵을 검출하는 대회가 있었어요. 그때 주어진 이미지가 1000개 정도 됐죠. 폐결핵이란 질병의 징후를 모두 담기에는 너무나 모자란 숫자였죠. 이 부분을 보완하려 고 두 가지 아이디어를 생각해 냈어요.

- 폐렴이 결핵으로 오인되지 않도록 폐렴 검출을 위한 외부 데이터(약 2만 개 이미지)로 사전 훈련하기
- 폐 이상 다중 분류(약 60만 개 이미지)로 사전 훈련한 뒤, 단순한 SSD와 grad-CAM를 함께 사용해 분류 레이블의 바운딩 박스 어노테이션 만들기

이 두 가지 접근 방법을 조합해 1위를 차지했어요. 2위를 차지했던 팀보다 22% 더 나은 결과 를 달성했죠. 약 100개의 팀이 참가했던 의료 컨벤션에서 있었던 일입니다.

데이터 세트 그랜드마스터이고 데이터 세트 부문 1위를 차지했습니다. 캐글에 데이터 세트 를 업로드할 때 주제는 어떻게 선택하고, 데이터는 어떻게 모으나요?

이건 정말 광범위한 질문이네요. 질문을 좀 잘게 나누어볼게요.

첫 번째, 목적 설정하기

주제를 선택할 때는 항상 가장 먼저 목적을 생각합니다.

훌륭한 데이터 세트를 만드는 건 목표가 아니라 목적입니다. ImageNet을 탄생시킨 연구실의 책임자인 페이페이 리[Fei Fei Li]는 테드 강연[7]에서 기계가 아이들처럼 시각을 통해 판단하고 느끼는 세상을 만들고 싶다고 밝혔어요.

마음속에 목적을 간직하고 있다면 시간이 지나도 다시 뛰어들어 개선에 참가할 가능성이 높아지죠. 그렇게 자신과 데이터 세트에 변화를 가져오게 돼요. 일상 주제를 다룬 태뷸러 데이터를 만들고 계속 업데이트해도 되겠지만 지속적인 영향력을 미칠 것 같지는 않네요.

두 번째, 좋은 질문을 구체화해 훌륭한 데이터 세트 만들기

ImageNet 같은 최신 문헌에서 가장 훌륭한 데이터 세트를 보면 우리는 몇 가지 공통된 테마가 담겨있어요.

- 모두를 위한 대담하고 큰 잠재력을 가진 질문(과학적이거나 실제 세상에 적용 가능).
- 잘 수집된 데이터의 품질이 좋으며 문서화가 잘 되어 있다.
- 현재의 하드웨어에 다양성이 있는 충분한 양의 데이터가 있다.
- 지속적으로 그 데이터를 개선하거나 해당 질문을 기반으로 구축된 활성화된 커뮤니티가 있다.

앞서 말했듯 질문은 데이터 과학자가 해야 할 가장 중요한 일이에요. 자동화된 머신러닝이나 딥러닝 솔루션이 발전하면 더 중요해지겠죠. 이런 방식으로 데이터 세트를 만들다 보면 여러분의 실력도 오를 것입니다.

세 번째, 성공을 위한 과정 만들기

양보다는 질입니다. 그랜드마스터가 되는 데는 데이터 세트 15개로 충분해요. AI의 플래그십 데이터 세트는 잘 만들어진 소수뿐이죠.

제가 만든 데이터 세트 중에서 공개한 건 절반 정도입니다. 나머지는 다 버렸어요. 데이터 세트를 만드는 데는 시간이 많이 듭니다. 게다가 많은 사람이 생각하는 것처럼 하나씩 처리하는 식으로 유지할 수 없어요. 데이터 세트는 계속해서 유지하고 개선해야 하죠.

---

7 https://www.ted.com/talks/fei_fei_li_how_we_re_teaching_computers_to_understand_pictures/ transcript?language=ko

사람들이 자주 간과하는 게 있는데 데이터 세트를 이루는 데이터를 중심으로 한 커뮤니티를 지원해야 해요. 노트북과 데이터 세트는 함께 노력해야 하기 때문에 데이터를 분석하는 데 시간을 들이는 사람을 지원하면 데이터 세트에도 큰 도움이 되죠. 다들 어디서 막히는지 어떤 데이터를 선택하는지 분석하면 필요한 전처리 과정과 데이터 제공 방식, 문서 작성 방향도 명확히 파악되죠.

제가 설명하는 과정은 모두 목적을 설정하는 데서 시작돼요. 목표와 주제로 세분화하고 각 주제를 충족하는 질문을 만들어내고 수집할 데이터의 출처를 조사하고, 선택 및 수집을 하고, 전처리, 문서화, 공개, 유지 관리와 지원, 마지막으로 개선 조치를 합니다.

예를 들어 사회 복지를 증진시키고 싶다고 치죠. 한 가지 목표로 세분화해서 인종간 평등에 기여하고 싶다고 칩시다. 목표와 관련된 주제들을 분석해 흑인의 생명은 중요하다^{Black Lives Matter} 운동을 찾았어요. 여기서 질문을 만들어내죠. "이 주제로 발언하는 수백만 명의 목소리를 어떻게 이해할 것인가?"

이렇게 데이터 타입이 NLP로 좁혀집니다. 데이터는 뉴스 기사, 유튜브 댓글, 트윗에서 수집하겠죠(어떤 데이터를 선택하든 여러분의 질문을 더 잘 나타낼 실현 가능한 데이터를 선택하세요). 데이터를 모은 뒤엔 전처리를 합니다. 식별자를 제거하고 모은 과정과 데이터 세트의 목적을 문서로 작성해요.

이 과정을 완료한 후 공개하면 캐글러 몇 명이 주제 모델링을 시도할 거예요. 하지만 트윗에 포함된 다양한 외국어는 인코딩 문제로 어려움을 겪을 거예요. 그때 조언을 주고 그들이 만든 결과물에 주목을 끌어서 도움을 주세요. 그리고 전 단계로 돌아가서 영어 트윗으로 수집 대상을 좁혀 데이터 세트를 개선하는 거죠.

분석이 마무리되면 인종 평등 운동이 요구하는 사항과 촉발된 동기, 운동가가 지닌 두려움 같은 정보를 파악하게 됩니다. 사람들의 노력으로 수백만 명의 트윗을 인종 평등을 개선하는 데 참고할 추천 데이터로 나누게 되는 셈이죠.

네 번째, 최선을 다하기

결국 여러분을 그랜드마스터로 만들어 주는 건 다른 사람들이에요. 항상 노력과 영향력에 따른 결과가 나오는 건 아니죠. 〈사이버펑크 2077〉 관련 데이터 세트는 약 40시간 동안 작업해서 만들었지만 현재까지도 반응이 낮은 데이터 세트 중 하나예요.

하지만 상관없어요. 저는 노력했고 해당 데이터를 취급하는 방법을 배웠어요. 이후에 일어날 사용자의 인기를 끌거나 새로운 분석이 나오는 모든 일은 제 통제 밖의 일이죠. 그리고 무슨 일이 있든 다음 주에는 다시 할 거예요. 최선을 다해서 꾸준히 이어나가세요.

데이터 분석과 머신러닝에 특히 추천하는 툴이나 라이브러리가 있나요?

이상하게 들리겠지만 라이브러리를 권장하기도, 권장하지 않기도 해요. LightGBM은 계산 시간의 성능 비율이 매우 뛰어난 훌륭한 태뷸러 데이터 ML라이브러리입니다. CatBoost를 사용하면 경우에 따라 LightGBM을 뛰어넘는 성능을 보여주지만 새로운 아이디어가 떠올라서 테스트할 때는 계산 시간이 늘어나게 되죠. 이외에도 각 분야별로 하이퍼파라미터 조정에는 Optuna, 프런트엔드에는 Streamlit, 최소기능제품(MVP)에는 Gradio, 마이크로서비스에는 FastAPI, 차트에는 Plotly와 Plotly Express, 딥러닝에는 파이토치와 파이토치에서 파생된 라이브러리 등이 있어요.

라이브러리가 매우 훌륭하긴 해도 실력이 어느 정도로 좋아졌을 시점에는 스스로 라이브러리를 만들어볼 것을 추천해요. 이 조언을 처음에는 앤드류 응Andrew Ng에게 들었지만 이후 비슷한 역량을 가진 많은 사람이 같은 조언을 했어요. 라이브러리를 만들면 모델이 무엇을 하고 튜닝, 데이터, 노이즈 등에 어떻게 반응하는지 매우 깊은 지식과 새로운 시각을 얻게 되죠.

경험에 비추어볼 때, 초보 캐글러가 자주 놓치는 것은 뭘까요? 처음 시작할 때부터 알았으면 좋았겠다고 생각하는 것이 있나요?

지금까지 제가 더 빨리 깨달았으면 좋았을 거라 생각했던 건 두 가지가 있어요.

1. 대회에서 알게 된 모든 지식 흡수하기
2. 대회 우승 설루션 복제하기

마감이 임박한 대회는 압박 속에서 순위표가 다른 때보다 심하게 요동치죠. 이런 상황 속에서 위험을 감수하고 자세히 살펴보려고 시간을 할애하기는 어려워요. 하지만 대회가 끝나면 더 이상 서두를 필요가 없죠. 충분한 시간을 들여 설루션을 공개한 우승자의 논리도 단계별로 따라 할 수 있어요.

이런 원칙을 갖추면 여러분의 데이터 과학 능력에는 놀라운 일이 일어날 겁니다. 대회가 끝났다고 끝내지 말고 스스로 끝났다고 생각될 때까지 살펴보세요. 이 조언 역시 앤드류 응의 키노트에서 들었어요. 앤드류는 AI 실무자로서 역량을 키우는 최선의 방법 중 하나로 논문을 따라 하는 것을 추천했어요.

대회가 끝나면 보통이면 지쳐서 그냥 끝내고 싶을 수도 있어요. 특별히 잘못된 것은 아니죠. 다만 대회가 끝난 후의 포럼은 지구 상에서 가장 지식이 풍부한 곳이 됩니다. 우승한 설루션의 논리와 코드가 주로 거기서 공개되기 때문이죠. 시간을 내서 우승자는 어떤 설루션을 사용했는지 읽어보세요. 다른 것으로 옮겨가고 싶은 욕구에 지지 마세요. 그렇지 않으면 너무도 훌륭한 배움의 기회를 잃게 되니까요.

캐글이 경력에 도움이 되었나요?

캐글은 풍부한 지식과 경험을 주었고 또 포트폴리오를 만드는 데 도움을 주었어요. 데이터 과학자로서 제 첫 번째 직업은 캐글과 드리븐데이터DrivenData 덕이 컸어요. 경력 내내 여러 대회의 설루션을 연구하고 몇몇 대회에 참가하기도 했어요. 데이터 세트와 노트북에 더 깊이 참가하는 것 역시 새로운 기술을 배우고 더 나은 질문을 하는 데 매우 큰 도움이 되었어요.

저는 훌륭한 질문을 하는 것이 데이터 과학자가 직면한 가장 중요한 도전이라고 생각해요. 질문에 답하는 것도 대단하지만 곧 자동화된 설루션 모델링이 점점 더 널리 보급될 미래가 멀지 않았다고 생각해요. 모델링에는 언제나 여지가 있겠지만 많은 작업이 간소화될 거라고 봐요. 하지만 훌륭한 질문을 던지는 건 자동화하기 어렵습니다. 아무리 최고의 설루션이라 해도 질문이 좋지 않으면 의미가 없죠.

캐글 대회에서 나온 결과물을 면접 포트폴리오에 사용한 적이 있나요?

물론 있습니다. 2018년에 처음으로 데이터 과학자 직무를 시작했는데 그때 캐글을 사용해 직무 능력을 입증했어요. 지금도 캐글은 이력서에 훌륭히 사용할 수 있죠. 포트폴리오는 학력과 학위보다 데이터 과학 지식과 경험을 증명하는 데 더 유용하기 때문이죠.

포트폴리오에 넣은 대회 프로젝트는 단순한 경험 이상으로 더 높고 멀리 나가려는 자기 계발을 위한 의지를 나타내죠. 장기적인 성공에 중요한 건 그런 의지잖아요.

다른 대회 플랫폼을 사용하나요? 캐글과 비교하면 어떤가요?

드리븐데이터와 AI크라우드AICrowd도 사용해요. 두 플랫폼은 스타트업이나 연구기관같이 재정 자원의 수준이 다른 기관도 대회를 연다는 장점이 있죠.

훌륭한 대회는 훌륭한 질문과 훌륭한 데이터의 조합에서 나오는데 이건 회사 규모와는 상관이 없어요. 캐글은 더 크고 활동적인 커뮤니티, 데이터와 노트북 역량을 같이 갖춘 하드웨어를 제공함으로써 캐글을 최고의 선택지로 만들어주죠. 하지만 드리븐데이터와 AI크라우드는 흥미로운 도전과제와 더 큰 다양성을 도입하고 있어요.

대회에 참가할 때 해야 하는 일 또는 중요하게 기억해야 할 것은 어떤 것이 있나요?

주된 목표가 개발이라면 흥미로운 주제와 경험하지 못한 과제를 가진 대회를 선택하라고 추천하고 싶네요. 판단력과 역량은 깊이와 다양성을 요구하죠. 집중하고 최선을 다하면 자연스레 늘어날 겁니다. 이전에 취하지 않은 방식을 시도하거나 같은 방식이라도 새로운 방향을 취하면 다양성을 찾게 되죠.

## CHAPTER 3

캐글 노트북

> **이 장의 내용**
>
> - 노트북 설정하기
> - 노트북 실행하기
> - 깃허브에 노트북 저장하기
> - 노트북 최대한 활용하기
> - 캐글 학습 코스

캐글 노트북^{Kaggle Notebook}(전 커널^{kernels})은 브라우저에서 접속하는 무료 주피터 노트북입니다. 캐글 노트북은 어떤 기기에서든 인터넷만 연결된다면 실행할 수 있습니다. 물론 스마트폰보다는 좀 더 큰 장치를 권장합니다. 다음은 캐글에서 설명한 환경의 기술 세부 사양[1]입니다(2023년 1월 기준).

- CPU/GPU의 실행 시간은 12시간, TPU는 9시간
- 20GB의 자동 저장 디스크 공간(/kaggle/working)
- 현재 세션 밖에서는 저장되지 않는 추가 스크래치패드 디스크 공간(외부에서는 /kaggle/working으로 접근)

CPU 사양

- 4 CPU 코어
- 30GB 램

---

1   https://www.kaggle.com/docs/notebooks#technical-specifications

P100 GPU 사양

- 1 엔비디아^{Nvidia} 테슬라^{Tesla} P100 GPU
- 2 CPU 코어
- 13 GB 램

T4 x2 GPU 사양

- 2 엔비디아 테슬라 T4 GPU
- 2 CPU 코어
- 13GB 램

TPU 사양

- 4 CPU 코어
- 16GB 램

TPU 1VM 사양

- 96 CPU 코어
- 330GB 램

긴말 없이 바로 시작하겠습니다. 가장 먼저 노트북을 설정하는 방법을 보겠습니다.

3.1 노트북 설정하기

첫 페이지나 데이터 세트에서 노트북을 생성하는 기본적인 방법은 두 가지가 있습니다.

첫 번째 방법을 진행하려면 캐글의 메인 페이지(*https://www.kaggle.com*) 왼쪽 메뉴에서 [Code](코드) 세션으로 이동하세요. 그리고 [+ New Notebook] 버튼을 클릭하세요. 이 방법은 직접 데이터 세트를 업로드해서 실험할 때 자주 사용합니다.

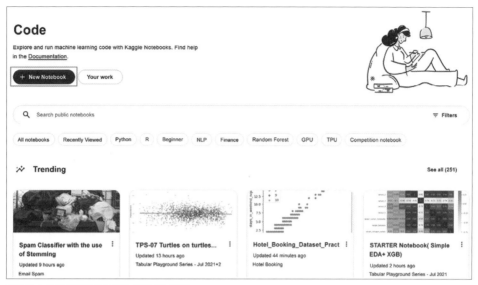

그림 3-1 코드 페이지에서 새 노트북 생성하기

두 번째 방법은 1장에서 설명한 대로 분석할 데이터 세트 페이지에서 [New Notebook] 버튼을 클릭하는 방법도 있습니다.

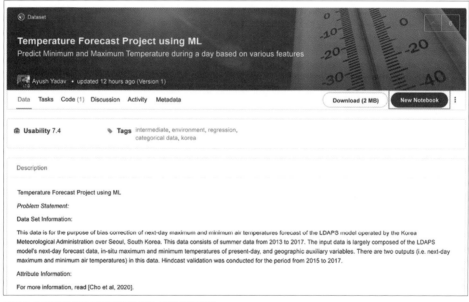

그림 3-2 데이터 세트 페이지에서 새 노트북 생성하기

어떤 방법을 선택하든 [New Notebook]을 클릭하면 **노트북**Notebook 페이지로 이동하게 됩니다.

그림 3-3 노트북 페이지

새 노트북의 오른쪽 부분에서 여러 설정을 조절합니다.

Accelerator: 사용자가 어떻게 코드를 실행할지 선택합니다. None(가속 없음), GPU T4 x2, GPU P100(GPU는 딥러닝이 필요한 애플리케이션에 필요), TPU v3-8, TPU 1VM v3-8을 선택할 수 있습니다. None을 설정했던 노트북에서 GPU를 사용하려면 약간의 코드를 수정해야 하며 시스템 디바이스 감지를 통해서 처리됩니다.

코드에 TPU를 사용하려면 데이터 처리에서 단계부터 더 정교하게 재작성해야 합니다. 노트북에서 작업을 할 때 CPU/GPU/TPU 사이에서 전환이 가능하지만 그때마다 환경은 재시작되고 코드를 처음부터 실행해야 한다는 점을 기억하세요.

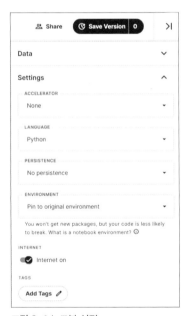

그림 3-4 노트북 설정

Language: 노트북에서 사용할 프로그래밍 언어를 선택합니다. 책의 작성 시점을 기준으로 캐글 환경은 노트북에 사용 가능한 언어로 파이썬(Python)과 R만 지원합니다. 노트북의 기본 설정은 파이썬을 선택한 상태로 초기화됩니다. 만약 R을 선택하고 싶다면 드롭다운 메뉴를 클릭하고 R을 선택하세요.

Persistence: 변수와 파일의 저장 여부를 선택합니다. 선택지로는 저장 안 함(No Persistence), 변수와 파일 모두 저장(Variables and Files), 변수만 저장(Variables only), 파일만 저장(Files Only)이 있습니다. 변수를 저장할 시, 이전 실행에서 변수에 값을 할당하면 추후 노트북을 실행할 때 변수에는 이전 실행에서 저장된 변수가 할당됩니다. 파일을 저장하면 업로드한 파일이 다음 실행까지 유지됩니다.

Environment: 개발환경의 유지 여부를 결정합니다. 노트북을 캐글이 원래 프로그래밍을 진행했던 환경으로 고정할 것인지(Pin to original environment, 안전, 기본 설정) 항상 최신 도커 환경을 사용할 것인지(Always use latest environment, 위험성 높음, 빠르게 업데이트되지만 의존성을 가진 요소가 업데이트로 깨질 가능성 높음) 선택합니다. 매우 활발한 개발 작업을 하고 있지 않은 이상 그걸 바꿀 실질적 이유는 없습니다.

Internet: 온라인 연결 여부를 선택합니다. 만약 인터넷 연결이 필요한 상황에 자동으로 백그라운드에서 수행됩니다(추가 패키지의 설치가 필요한 경우). 인터넷을 비활성화해야 하는 가장 일반적인 상황은 제출 시에 인터넷 접속을 금지하는 대회에 제출할 때입니다.

노트북 사용 시 중요한 부분 중 하나는 기존의 노트북(직접 생성하거나 다른 캐글러에 의해서 생성된 것)에 접근해 자신의 필요에 맞게 수정하도록 복제가 가능하다는 점입니다. 노트북 페이지 오른쪽 위의 [Copy and Edit] 버튼을 클릭하면 됩니다. 캐글에서는 이 과정을 포크[fork]라고 부릅니다.

그림 3-5 기존 노트북 포킹하기

노트북을 처음 만들면 기본 설정은 비공개(자신에게만 보임)입니다. 만약 다른 사람을 노트북에 접근하게 하려면 협력자^{collaborators}를 추가하거나 노트북을 공개하는 방법이 있습니다. 협력자를 추가하면 리스트에 추가된 사용자에게만 노트북을 보고 내용을 수정하는 권한이 부여됩니다. 노트북을 공개하면 모든 사람에게 노트북 접근 권한이 생깁니다.

3.2 노트북 실행하기

노트북이 제대로 동작하는 것 같으니 실행해보겠습니다.

01. 노트북 페이지의 오른쪽 위쪽으로 가서 [Save Version]을 클릭합니다.

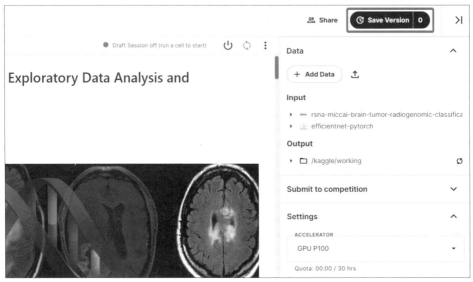

그림 3-6 스크립트 저장하기

02. 스크립트를 실행할 때 주로 [Save & Run All]을 사용합니다. 하지만 제출할 준비가 되기 전 중간 버전을 저장하는 데 사용하는 [Quick Save] 옵션도 있습니다. 원하는 옵션을 선택한 뒤 [Save]를 클릭합니다.

그림 3-7 버전 저장을 위한 옵션

03. 스크립트를 실행하고 나면 왼쪽 하단 모서리 [Active Events]에 진행 현황이 나옵니다(그림 3-8). 이렇게 노트북의 움직임을 모니터링합니다. 제대로 실행되고 있는 경우 Running이라는 메시지가 나오며, 그렇지 않으면 Failed가 표시됩니다. 어떤 이유에 의해서 실행 중인 세션을 종료하기로 결정했다면(예를 들어 가장 최근 데이터를 사용하지 않았다는 것을 깨달았을 때), Active Events 다음의 스크립트 항목 오른쪽에 있는 세 개의 점(⋮)을 클릭해서 [Stop Session]을 눌러 중단합니다(그림 3-9).

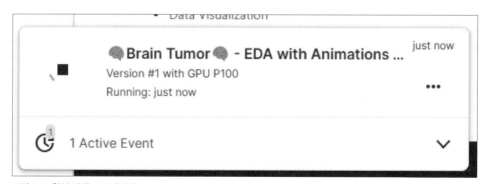

그림 3-8 활성 이벤트 모니터링

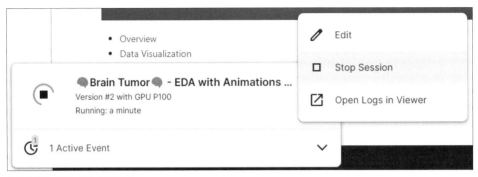

그림 3-9 노트북 실행 취소하기

3.3 노트북 깃허브에 저장하기

캐글에서 작업한 코드와 노트북을 깃허브에 저장하는 기능[2]도 있습니다. 작업을 공개 또는 비공개 저장소에 저장하며, 코드의 버전을 저장할 때 자동으로 저장됩니다. 이런 기능은 캐글 팀원들과 작업을 공유하거나 작업을 더 널리 공개할 때 매우 유용합니다. 이 기능을 활성화해보겠습니다.

01. 노트북에서 [File] 메뉴를 열고 [Link to GitHub] 옵션을 선택합니다.

그림 3-10 깃허브 기능 활성화하기

02. 깃허브 계정을 노트북에 연결합니다. 연결을 처음 시도하면 계정 연결과정이 진행됩니다. 이후 새 노트북을 연결할 때는 이 과정이 자동으로 진행됩니다.

---

2 https://www.kaggle.com/product-feedback/295170

[Tutorial] Feature selection with Boruta-SHAP
Draft saved
Share
File Edit View Run Add-ons Help
Run All
Markdown
Draft Session off (run a cell to start)
+ Code
Link to GitHub
Kaggle needs to sync with your GitHub account for this feature to work. You can review the specific authorization in the next step and can unlik from GitHub at any time.
Link to GitHub
Cancel

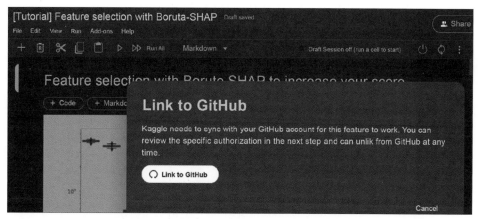

그림 3-11 깃허브에 연결하기

03. 깃허브에 연결하면 노트북의 버전을 저장하면 저장소에 동기화할지 묻는 선택지가 활성화됩니다. 노트북을 저장할 깃허브 저장소와 브랜치(작업의 다양한 개발 단계를 저장)를 선택한 후 저장소에 푸시할 파일의 이름을 바꾸고 커밋 메시지를 수정합니다.

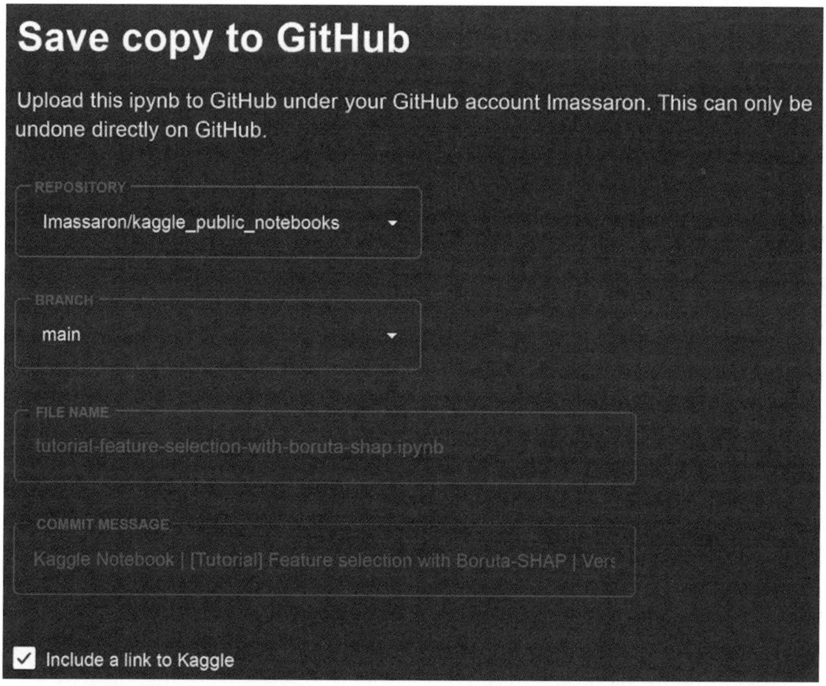

Save copy to GitHub
Upload this ipynb to GitHub under your GitHub account lmassaron. This can only be undone directly on GitHub.
REPOSITORY
lmassaron/kaggle_public_notebooks
BRANCH
main
FILE NAME
tutorial-feature-selection-with-boruta-shap.ipynb
COMMIT MESSAGE
Kaggle Notebook | [Tutorial] Feature selection with Boruta-SHAP | Vers
Include a link to Kaggle

그림 3-12 작업을 깃허브에 커밋하기

만약 일부 노트북을 더 이상 깃허브에 동기화하지 않기로 결심했다면 [File] 메뉴로 돌아가서 [Unlink from GitHub]를 선택하면 됩니다. 마지막으로 캐글과 깃허브의 연결을 중지하고 싶다면 캐글 계정 페이지의 My linked accounts나 깃허브의 설정 페이지(*https://github.com/settings/applications*)에서 연결을 해제합니다.

3.4 노트북 최대로 활용하기

캐글은 주 단위로 일정량의 리소스를 무료로 제공합니다. GPU와 TPU도 일정 시간 제공합니다. TPU는 20시간이지만 GPU는 매주 사용 가능한 시간이 다릅니다.[3] 사용 시간은 언제든 자신의 프로필에서 확인할 수 있습니다.

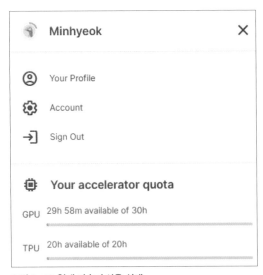

그림 3-13 현재 가속기 사용 상태

처음 보았을 때는 적지 않아 보여도 오래가지 못합니다. 사실 제한량을 너무나 쉽게 소진합니다. 리소스의 사용을 조절하는 방법은 다음과 같습니다.

- 제한량을 측정하는 카운터(선택한 가속기, GPU 또는 TPU를 얼마나 오랫동안 사용하는지 측정)는 노

---

3 *https://www.kaggle.com/product-feedback/173129*

트북을 초기화한 순간부터 동작합니다.

- 설정에서 GPU가 비활성화(Accelerator 옵션을 None으로 설정)되어 있는 걸 확인하고 시작합니다. 우선 보일러플레이트를 작성하고 문법을 확인하고 실제로 GPU 초기화에 의존하는 부분을 추가할 때 GPU를 활성화/비활성화합니다. 다시 말하지만 노트북은 가속기를 바꿀 때 재시작됩니다.
- 실행 시간을 이해하려면 데이터의 작은 부분 집합을 사용해서 처음부터 끝까지 실행해보세요. 어느정도 감을 잡으면 제한을 초과해서 코드가 실행 중 멈추는 일을 방지할 수 있습니다.

때로는 시도하려는 과제에 캐글이 무료로 제공하는 리소스가 부족해서 더 강한 컴퓨터로 옮겨야 하는 경우도 있습니다. 적절한 예로 최근 개최된 종양 분류 대회[4]가 있습니다.

만약 미가공 데이터raw data가 100GB 이상이라면 리사이즈resize하거나 다운샘플링downsampling해야 합니다. 아니면 높은 해상도의 이미지를 처리하는 환경에서 모델을 훈련해야 합니다. 모든 환경을 직접 설정할 수도 있고(2.4 '구글 코랩에서 캐글 데이터 세트 사용하기') 노트북의 프레임워크에 그대로 머무르면서 노트북을 실행하는 컴퓨터를 교체할 수도 있습니다. 여기가 구글 클라우드 AI 노트북이 개입하는 지점입니다.

3.4.1 구글 클라우드 플랫폼(GCP)으로 업그레이드하기

GCP로 업그레이드하면 더 강력한 하드웨어에 접속한다는 이점이 있습니다. (캐글에서 무료로 제공하는) 테슬라 P100 GPU는 많은 애플리케이션에 쓰기에 나쁘지 않지만 성능 면에서 최상위는 아닙니다. 그리고 큰 NLP 모델이나 고해상도 이미지 처리같이 리소스를 많이 요구하는 애플리케이션에 사용할 때는 특히 많은 제한을 받습니다. 실행 시간을 개선하면 분명히 개발 주기의 반복이 빨라지지만 비용이 발생합니다. 따라서 지출할 금액을 정해야 합니다. 강력한 컴퓨터의 시간은 말 그대로 돈입니다.

---

4 RSNA–MICCAI Brain Tumor Radiogenomic Classification. https://www.kaggle.com/c/rsna-miccai-brain-tumor-radiogenomic-classification/data

01. 노트북을 GCP 환경으로 옮기려면 노트북 에디터의 오른쪽 상단의 세 개의 점(⋮)을 눌러 출력되는 메뉴에서 [Upgrade to Google Cloud AI Notebooks]를 클릭합니다.

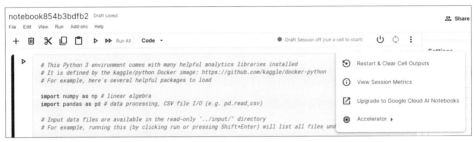

그림 3-14 구글 클라우드 AI 노트북 옵션으로 업그레이드하기

02. 다음과 같은 알림이 나타납니다. [Continue]를 클릭하면 구글 클라우드 플랫폼 콘솔로 이동해 지불 방식을 설정해야 합니다. GCP는 무료가 아닙니다. 처음이라면 튜토리얼 가이드도 완료하세요.

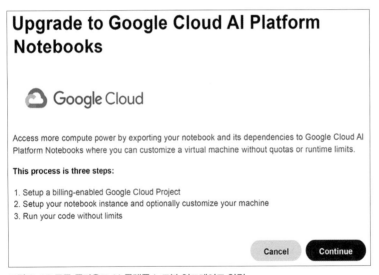

그림 3-15 구글 클라우드 AI 플랫폼 노트북 업그레이드 알림

3.4.2 한 걸음 더 나아가기

이 장의 첫 부분에서 언급했듯 캐글 노트북은 교육과 대회 참가에는 훌륭한 툴이지만 다른 목적으로도 유용합니다. 바로 포트폴리오에 포함해 데이터 과학 역량을 입증하는 데 사용하는 것입니다.

데이터 과학 포트폴리오를 구성할 때 고려할 잠재적 기준은 많습니다(브랜딩, 청중의 범위, 기업에 보일 수준 등). 그렇지만 아무도 포트폴리오를 볼 수 없다면 어떤 기준도 소용없습니다. 캐글은 구글 소속이므로 캐글에서 공개한 노트북은 세상에서 가장 인기 있는 검색엔진에 노출됩니다. 그러니 만약 누군가가 여러분이 올린 코드와 연관된 주제를 검색하면 결과에 노트북이 나올 것입니다.

개인적인 사례로 [그림 3-16]은 구글에서 적대적 검증^{adversarial validation}을 검색한 결과입니다. 두 번째로 나온 결과는 저자가 몇 년 전 적대적 검증 문제를 해결하려고 만든 노트북입니다(검색어에 캐글이나 제 이름 같이 해당 노트북을 찾는 키워드가 들어가 있지 않다는 점을 주목하세요). 이 주제에 익숙하지 않은 분을 위해 짧게 설명하자면 훈련 세트와 테스트 세트의 분포가 유사한지 여부를 확인하는 쉬운 방법은 이것을 구분하는 이진 분류기를 훈련하는 것입니다. 이 개념은 6장 '좋은 검증 설계법'에서 더 자세히 다룹니다.

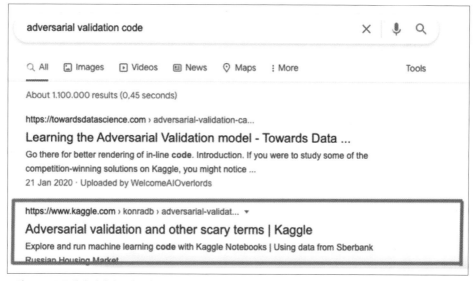

그림 3-16 구글에서 검색된 콘라트의 노트북

노트북으로 역량을 증명하면 추천이나 메달을 받아 대회나 데이터 세트, 토론에 기여한 것과 마찬가지로 성장 시스템progression system과 순위가 변화합니다. 순수하게 높은 퀄리티의 코드에만 집중해도 대회 트랙에 참가하지 않고 엑스퍼트Expert, 마스터Master, 그랜드마스터Grandmaster로 승급하게 됩니다.

성장 요건progression requirements은 캐글 홈페이지[5]에 확인하세요. 다음은 엑스퍼트와 마스터 단계의 조건입니다.

엑스퍼트

하나 이상의 카테고리에서 전문성을 입증한 이용자입니다. 익스퍼트에 오른 이용자는 해당 카테고리에 대한 캐글 전체 순위에 오르게 됩니다.

대회	데이터 세트	노트북	토론
☐ 🥉 동메달 2개	☐ 🥉 동메달 3개	☐ 🥉 동메달 5개	☐ 🥉 동메달 50개

마스터

하나 이상의 카테고리에서 탁월함을 입증한 이용자에게 주어지는 단계입니다. 대회 분야 마스터는 마스터 전용 대회에 참여할 수 있습니다.

대회	데이터 세트	노트북	토론
☐ 🥇 금메달 1개	☐ 🥇 금메달 1개	☐ 🥈 은메달 10개	☐ 🥈 은메달 50개
☐ 🥈 은메달 2개	☐ 🥈 은메달 4개		☐ 메달 총 200개

그림 3-17 단계별 성장 조건

노트북 카테고리에서 성장하기란 힘듭니다. 대회보다 쉽지만 확실히 토론보다는 어렵습니다. 탐색적 데이터 분석, 엔드투엔드 개념 증명 설루션, 리더보드 분석 등 특정 유형의 대회와 연관된 노트북이 인기가 높습니다. 리더보드 분석이란 표현이 의아할지 모르겠습니다. 아쉽지만 사람들이 가장 점수가 높은 공개 노트북을 복제한 뒤 일부 파라미터를 변경해 점수를 높이고 공개해서 더 많은 찬사를 받는 일은 매우 일반적인 형태입니다. 여러분이 질 높은 작업을 캐글에 공개하는 것을 반대하지는 않습니다. 캐글러라면 대부분 새로운 작업에 감사하고, 좋은 품질의

---

5 https://www.kaggle.com/progression

작업은 결국 인정받습니다. 다만, 기대치를 현실적으로 조정해야 합니다.

캐글 프로필에는 팔로우 기능이 있으며, 다른 서비스인 링크드인이나 깃허브와 연결하는 기능이 있어 커뮤니티 안에서 만난 사람과 다른 서비스에서도 연결할 수 있습니다.

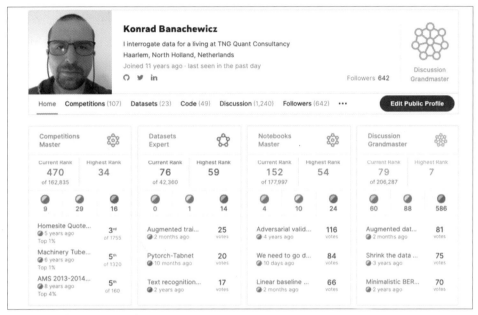

그림 3-18 콘라트의 캐글 프로필

요즘 같은 시대에는 '커뮤니티 구축'이라는 주장에 회의적이기 쉽습니다. 하지만 캐글에서는 그것이 실제로 일어나고 있습니다. 데이터 과학 분야에서 문제를 풀어야 할 실무자와 채용 담당자에게 캐글의 브랜드 인지도는 매우 높습니다. 이는 실제로 (충분히 괜찮은) 캐글 프로필로 채용의 일정 단계를 대신한다는 의미입니다. 물론 모두가 잘 알듯 괜찮은 프로필을 만드는 일이 가장 어렵습니다.

3.5 캐글 학습 코스

캐글에서는 언제나 새로운 지식을 습득할 수 있다는 장점이 있습니다. 대회든, 계속해서 늘어나는 데이터 세트이든 지금까지 알려지지 않은 모델 클래스의 시연이든 항상 새로운 자료가 올라옵니다. 캐글에 가장 새롭게 추가된 페이지는 Kaggle Learn(*https://www.kaggle.com/learn*)으로 다양한 코스를 모은 페이지입니다.

캐글이 준비한 마이크로코스에는 '독립적인 데이터 과학 프로젝트를 수행하는 데 필요한 기술을 익히는 가장 빠른 방법'이란 목표로 다양한 주제에 걸친 단기 집중 과정이 모여있습니다. 각 코스는 코딩 연습 문제가 포함된 작은 장으로 나누어져 있습니다. 각 코스는 노트북을 사용해서 제공되며 노트북에는 필요한 이론과 설명이 직접 코딩하고 구현해야 하는 코드와 함께 포함되어 있습니다.

학습에 유용한 코스를 간략히 정리하겠습니다.

ML 입문^{Intro to ML}: *https://www.kaggle.com/learn/intro-to-machine-learning*
다양한 모델 클래스를 소개하고 과적합, 모델 검증과 같이 다양한 모델이 공통으로 갖는 주제를 알아봅니다.

중급 ML^{Intermediate ML}: *https://www.kaggle.com/learn/intermediate-machine-learning*
중급 ML은 결측값을 처리하고 범주형 변수를 처리하는 특징 공학을 자세히 살펴봅니다. ML을 시작하는 사람들에게 추천합니다.

판다스^{Pandas}: *https://www.kaggle.com/learn/pandas*
현재 데이터 과학에서 사용되는 가장 기초적인 툴에 입문하도록 돕는 단기 코스입니다. 우선 데이터를 어떻게 생성하고, 읽고 쓰는지 배운 다음 데이터 정제^{data cleaning}(색인하기, 선택하기, 결합하기, 그룹화하기 등)로 넘어갑니다. 판다스의 기능이 부담스러울 초보자와 판다스를 복습하고 싶은 실무자 모두에게 유용합니다.

게임 AI^{Game AI}: *https://www.kaggle.com/learn/intro-to-game-ai-and-reinforcement-learning*
이 코스는 학습 모듈에서 캐글이 소개한 커리큘럼 중 기술 집중적인 부분을 훌륭하게 정리합니다. 여기서는 게임을 하는 에이전트를 작성하고 성능을 개선하며 최대최소 알고리듬^{minimax algorithm}을 사용합니다. 이 코스는 강화학습 문제를 기반으로 만든 도입 코스라고 보면 됩니다.

머신러닝 설명 가능성^{Machine Learning Explainability}: *https://www.kaggle.com/learn/machine-learning-explainability*

모델을 만드는 일은 재미있습니다. 하지만 모든 사람이 데이터 과학자는 아닙니다. 그러니 당신이 한 일을 다른 사람들에게 설명해야 하는 상황이 올 가능성이 높습니다. 이날을 위해 모델 설명가능성을 다룬 미니 코스를 수강하세요. 특징의 연관성을 평가하는 세 가지 방법(순열 중요도permutation importance, SHAP, PDPPartial Dependence Plot)을 배우게 됩니다. 프로젝트의 지속 여부를 모델의 효율성으로 결정하는 상업적 환경에서 설명 가능성은 모든 사람에게 매우 유용합니다.

AI 윤리AI Ethics: *https://www.kaggle.com/learn/intro-to-ai-ethics*

이 마지막 코스는 가장 흥미로운 내용입니다. 여기서는 AI 시스템의 도덕적 설계를 가이드하는 실용적인 방법을 소개합니다. AI 모델의 편향을 식별하는 방법, AI 공정성의 개념을 검토하는 방법, ML 모델 정보를 전달해서 투명도를 높이는 방법을 배웁니다. 앞으로는 '신뢰할 만한 AI'라는 표현을 점점 더 많이 듣게 될 것이기에 실무자들에게 매우 유용한 코스입니다.

캐글이 만든 오리지널 콘텐츠 이외에도 플랫폼에 있는 사용자들이 만든 노트북에서 배움의 기회가 생깁니다. 직접 찾아볼 것을 권장합니다.

3.6 요약

이 장에서는 캐글 노트북의 여러 사용법을 살펴보았습니다. 캐글 노트북은 교육과 실험에 사용될 코딩 환경을 설정하고 데이터 과학 프로젝트를 소개하는 데 사용합니다. 이제 여러분은 노트북을 생성해 대회와 개인 프로젝트에 활용할 수 있습니다.

다음 장에서 토론 포럼을 소개하겠습니다. 토론 포럼은 캐글에서 아이디어와 의견을 교환하는 가장 중요한 수단입니다.

인터뷰 | 04 경험과 실수는 성장하는 원동력

- 마틴 헨체Martin Henze
- *https://www.kaggle.com/headsortails*
- 천체 물리학 박사, 에디슨 소프트웨어Edison Software의 데이터 과학자
- 「금주의 노트북: 숨겨진 보석Notebooks of the Week:Hidden Gems」[6] 연재 중
- 노트북, 토론 그랜드마스터

가장 좋아하는 대회 유형과 이유를 알려주세요. 어떤 대회가 가장 자신있나요?

저는 오랫동안 리더보드 예측이 필요한 대회보다 탐색적 데이터 분석(EDA)이 필요한 노트북에 집중했어요. 캐글 이전에는 태뷸러 데이터를 다룬 경험이 많았고 새로 시작하는 태뷸러 데이터 대회에선 복잡한 통찰력을 추출하는 작업을 처리하려고 EDA 노트북을 활용했죠. 저는 여전히 이런 접근 방식이 제가 가지는 강점이라고 생각해요. 저는 노트북의 구조, 데이터 시각화, 스토리텔링을 구성하는 데 상당히 많은 시간을 보냈어요.

캐글 대회에서 사용하는 접근법이 있나요? 이 접근법을 일상 업무에서도 사용하나요?

캐글이 점점 태뷸러 데이터 대회에서 멀어지고 있지만 저는 여전히 데이터 그 자체가 대회의 가장 중요한 부분이라고 깊이 믿어요. 사람들은 보통 모델 아키텍처와 하이퍼파라미터의 튜닝에 너무 일찍 집중하는데요. 많은 대회가 여전히 데이터 세트를 다루는 상세한 지식과 데이터 세트의 특징과 특성을 기반으로 하는 데이터 중심 접근 방식에 달려있어요. 이 사실은 이미지 데이터, NLP, 시계열 등 어떤 데이터 구조에서나 똑같아요. 그래서 저는 언제나 광범위한 탐색적 데이터 분석을 하고 간단한 베이스라인 모델, CV 프레임워크를 만든 뒤 이 과정을 천천히 반복하면서 파이프라인의 복잡성을 높입니다.

제 데이터 과학 업무와 비교했을 때 캐글 대회의 가장 큰 차이는 새로운 대회가 시작되면 가장 경험이 많은 사람은 첫 주 만에 제품에 적용하기에 충분한 베이스라인 모델을 만든다는 점이에요. 많은 경우 점수 지표 관점에서 며칠이 지난 후 최종 우승 설루션까지 80% 이상 가까워지

---

6   캐글에서 큰 관심을 받진 못했지만 훌륭한 내용을 담은 노트북을 소개하는 컨텐츠

죠. 물론 정확성의 마지막 몇 퍼센트를 얻을 창의적인 방법을 찾는 것이 캐글의 즐거움이자 어려움이죠. 하지만 업계에서 일을 할 때는 새로운 프로젝트를 처리하는 데 시간을 더 효율적으로 쓰게 돼요.

경험에 비추어볼 때, 초보 캐글러가 자주 놓치는 것은 뭘까요? 처음 시작할 때부터 알았으면 좋겠다고 생각하는 것이 있나요?

저는 모두가 경험 하나하나를 겪으면서 지속적으로 성장한다고 생각해요. 그러면서 10년 전이나 5년 전, 1년 전보다도 더 현명해졌죠. 그 과정에서 하고 있는 일과 실행할 일에 필요한 계획을 세우고 그 계획을 문서화하는 일을 종종 간과하고는 해요. 신규 캐글러가 이런 실수를 자주 하는데 걱정하지 않아도 돼요. 모든 것이 새롭고 복잡하며 혼란스러우니 당연한 겁니다. 저도 처음 캐글을 시작했을 때 그랬거든요. 포럼에 데이터 세트, 대회 등등 할 게 너무 많아요. 그런데 '신경 세포 인스턴스 분할Neuronal Cell Instance Segmentation', '주식 시장 변동성 예측Stock Market Volatility Prediction' 대회 같은 이름이 있으니 위협적으로 보일 수밖에요. '저것들은 뭐지?' 싶지만 이런 대회가 오히려 시작하기에 가장 좋은 장소이기도 해요.

사실 대회가 시작되면 아무도 그런 의문을 가지지 않아요. 거의 같은 주제로 박사 학위를 마친 사람도 있겠지만 그런 경우는 드물어요. 대부분은 아무것도 없는 상태에서 시작해요. 데이터를 깊이 살피고 손실 함수를 다루고 단순한 초기 모델을 실행하죠. 처음 대회에 참가하면 커뮤니티의 일원으로 모든 성장 곡선을 가속된 방식으로 통과하게 돼요. 그리고 함께 배우는 다른 사람이 수많은 아이디어를 제공합니다. 하지만 여전히 계획이 필요해요.

계획이 없으면 맹목적으로 실험을 반복하면서 GPU와 RAM 사용량을 보고 만족하기 쉽습니다. 그리고 나서는 어떤 모델이 가장 좋은 성능을 보였는지, 로컬 유효성 검사와 리더보드 사이에 연관성이 있었는지를 잊어버리게 되죠. '내가 이 파라미터 조합을 이미 테스트했던가?' 그러니 항상 진행할 테스트와 그 결과를 기록하세요. 기록을 대신할 툴은 수없이 많고 간단히 사용자지정 스크립트custom script를 사용해도 쉽습니다.

머신러닝은 여전히 가장 실험적인 과학입니다. 효율적인 실험을 위해 비교하고 분석할 실험을 계획하고 결과를 기록하는 게 중요해요.

대회에서 실수를 한 적이 있나요?

실수를 많이 했죠. 그저 그 실수에서 많이 배웠으면 좋겠네요. 강력한 교차검증 프레임워크를 활용하지 않은 일, 훈련과 테스트의 차이를 고려하지 않은 일, 탐색적 데이터 분석을 너무 많이 하고 모델 만드는 것을 소홀히 한 일까지 처음 참가했던 몇몇 대회에서 제가 저지른 대표적인 실수였어요. 탐색적 데이터 분석을 충분히 하지 않고 중요한 사항을 놓치는 실수도 했죠. 최종 제출물 두 개를 선택하지 않은 적도 있네요. 결과에는 큰 차이가 없었지만 그래도 다시는 잊지 않을 거예요.

이 모든 실수는 앞서 실험에 계획이 필요한 이유를 알게 해줬어요. 실수를 통해 배우고 성장하고 앞으로 나아간다면 실수를 해도 괜찮아요. 예상을 통해 저지르지 않아도 되는 쉬운 실수는 피하고 싶을 거예요. 하지만 머신러닝(과 과학)에서 실패도 과정의 일부죠. 모든 것이 항상 원하는 대로 작동하지는 않아요. 그건 괜찮아요. 하지만 같은 실수를 계속 반복하고 싶지는 않을 거예요. 자신의 실수에서 배우지 않는 게 진짜 실수입니다. 캐글에만 해당하는 얘기가 아니예요. 인생에서도 중요한 진리입니다.

데이터 분석과 머신러닝에 특히 추천하는 툴이나 라이브러리가 있나요?

파이썬 세상이 점점 침투해오고 있지만 태뷸러 데이터나 데이터 시각화에는 여전히 R과 R의 tidyverse를 선호해요. dplyr, ggplot2, lubridate 등 새로운 tidymodels 프레임워크는 사이킷런sklearn에 도전장을 냈어요. 여러분이 파이썬의 열렬한 애호가라도 판다스pandas와 친구들 외의 라이브러리도 한 번씩 살펴보는 게 좋아요. 다양한 툴은 자주 다양한 관점과 더 많은 창의력으로 이어져요. 딥러닝에는 FastAI 인터페이스와 함께한 파이토치PyTorch가 가장 직관적이라고 생각합니다. 물론 최근에 모든 사람에게 사랑받고 있는 허깅페이스Hugging Face도 있죠.

대회에 참가할 때 해야 하는 일 또는 중요하게 기억해야 할 것은 어떤 것이 있나요?

즐기면서 무언가 배워가야 합니다. 대회 도중이나 대회가 끝난 후에 공유되는 통찰과 지혜의 가치는 말로 설명할 수 없어요. 그 통찰과 지혜를 습득해 성장하지 않는 건 정말 부끄러운 일이죠. 우승이 유일한 목표라 해도 배우고 실험하며 커뮤니티의 어깨에 서야만 해요. 캐글에는 리더보드만 있는 게 아니예요. 일단 커뮤니티에 나누고 되돌려주기 시작하면 여러분은 전방위로 성장하게 될 거예요. 제가 보증하죠.

- 안드라다 올테아누^{Andrada Olteanu}
- *https://www.kaggle.com/andradaolteanu*
- 엔다바^{Endava} 데이터 과학자
- 웨이츠 앤 바이어스^{Weights & Biases} 개발 전문가
- Z by HP 글로벌 데이터 과학 앰배서더
- 노트북 그랜드마스터

가장 좋아하는 대회 유형과 이유를 알려주세요. 어떤 대회가 가장 자신있나요?

캐글에서 제 전문 분야는 데이터 시각화 쪽에 가까워요. 데이터 시각화는 데이터에 예술과 창의성을 결합하기 때문이죠.

가장 좋아하는 대회 유형이 있다기보다는 어떤 것이든 재미있다고 느끼는 대회에 참가하는 편이에요.

캐글의 아름다움은 한 사람이 여러 분야의 데이터 과학(컴퓨터 비전, NLP, 탐색적 데이터 분석, 통계, 시계열 등)을 배우기 좋다는 데 있어요. 그리고 많은 주제(스포츠, 의학 분야, 금융과 암호화폐, 해외 소식 등)를 접해 익숙해지고 편해진다는 점도 장점이죠.

또 대회를 통해 원하는 능력을 연마할 수도 있어요. 만약 텍스트 데이터로 작업하는 데 더 능숙해지고 싶다면 언제든 NLP가 필요한 캐글 대회가 있어요. 만약 오디오 파일을 처리하고 모델을 만드는 법을 배우고 싶다면 그 스킬을 사용하는 대회를 찾으면 돼요.

참가했던 대회 중 특히 어려웠던 대회는 무엇이며, 어떤 통찰로 과제를 해결했나요?

참가한 대회 중 가장 어려웠던 대회는 '캐글 데이터 과학과 머신러닝 연례 조사^{Kaggle Data Science and Machine Learning Annual Survey}'였어요. 리더보드와 튼튼한 머신러닝이 필요한 진짜 대회가 아니라는 것은 알고 있어요. 하지만 진땀을 흘려가며 가장 많이 배운 대회 중 하나예요.

이 대회는 창의성을 발휘해야 하는 노트북 대회였어요. 저는 2년 연속으로 참가했죠. 첫 해(2020)에는 기본적인 시각화에서 어려움을 겪었고 틀에서 벗어난 생각을 하는 데 집중했어요(3위 수상). 두 번째 해(2021)는 데이터 시각화에서 완전히 다른 수준에 도달하고 싶어서 D3

를 배우면서 약 4개월 동안 준비했어요(2위 및 Early Notebook Award 수상). 제가 알려드리고 싶은 통찰은 두 가지예요.

- 데이터 안에서 길을 잃지 말고 가능한 한 정확한 그래프를 작성하세요. 필요하다면 이중 검증 방법을 구축해 보여주고 있는 내용이 명확하고 축약되었는지 확인하세요. 아름답지만 부정확한 통찰을 담고 있는 그래프만큼 나쁜 건 없습니다.
- 주변에서 영감을 찾으세요. 자연에서, 영화에서, 직장에서 영감을 얻으세요. 놀라운 주제와 시각화를 꾸밀 재미있는 방법을 찾게 됩니다.

캐글이 경력에 도움이 되었나요?

네 아주 많이요. 지금 경력의 상당 부분을 캐글에 빚지고 있다고 생각하고 항상 감사하게 생각해요. 캐글을 통해 Z by HP 앰배서더가 되었고 웨이츠앤바이어스Weights & Biases라는 놀라운 머신러닝 실험 플랫폼을 소개받아 그곳에서 개발 전문가Dev Expert로 활동하고 있어요. 마지막으로 지금 일하고 있는 엔다바의 데이터 과학팀 팀장을 캐글에서 만났어요. 그 인연으로 지금까지 같이 일하고 있어요. 요약하면 엔다바에서의 경력과 거대한 회사(HP와 웨이츠앤바이어스)와의 인연은 모두 캐글 플랫폼에서 활동한 직접적인 결과였어요.

캐글에서 가장 저평가되고 있는 부분은 커뮤니티라고 생각해요. 캐글은 데이터 과학에 관심을 가진 사람이 가장 많이 모여 있는 곳이에요. 모두가 편리한 한 장소에 모였죠. 여기서는 모두가 연결되고 교류하고 서로 가르치고 배우죠.

각 캐글 섹션(대회, 데이터 세트, 노트북, 원하는 경우 토론)에서 10명을 선택하고 프로필에 적힌 트위터/링크드인 계정을 팔로우하세요. 이렇게 통찰력과 지식이 풍부한 놀라운 사람들과 정기적으로 교류하는 거죠.

대회에서 어떤 실수를 해봤나요?

제가 한 가장 큰 실수는 대회에 참가하지 않은 것이에요. 플랫폼에 들어온 초보자라면 저지르는 가장 크고 기본적인 실수라고 생각해요.

두려움 때문에 스스로 준비가 되지 않았다고 생각해요. 아니면 어떻게 시작해야 할지 모르기도 하죠. 단순한 원칙만 따르면 어떤 대회든 쉽게 참가할 거예요.

- 좋아하는 대회나 재미있어 보이는 대회에 참가하세요.
- 설명 페이지와 데이터를 살펴보세요.

- 만약 어떻게 시작할지 모르겠어도 걱정하지 마세요! 'Code' 섹션에서 추천을 많이 받은 노트북이나 그랜드마스터와 같이 경험이 많은 사람이 작성한 노트북을 둘러보세요. 다른 사람이 사용한 방식을 모방하고 연구하며 스스로 개선하는 '코드 따라 하기[code along]'를 시작하세요. 캐글에서 학습하는 가장 좋은 방법이라고 생각합니다. 가로막히는 일 없이 특정 프로젝트를 하면서 배우게 되니까요.

대회에 참가할 때 해야 하는 일 또는 중요하게 기억해야 할 것은 어떤 것이 있나요?

실수해도 괜찮습니다. 학습하기 가장 좋은 방법이니까요.

대회 그랜드마스터들에게서 많은 것을 배우세요. 모든 그랜드마스터는 누구도 생각하기 힘든 머신러닝 테크닉을 공유하고 설명해요. 다른 사람이 해낸 과정을 살펴보는 건 무엇인가를 배우는 가장 좋은 방법이에요. 성공으로 향하는 길은 험난하지 않고 덜 힘들고 순탄하고 빨라질 거예요. 정말로 존경하는 그랜드마스터 2~3명을 선택하고 스승으로 삼으세요. 그들이 올린 노트북, 코드를 따라 연구하며 가능한 한 많이 배워보세요.

다른 대회 플랫폼을 사용하나요? 캐글과 비교하면 어떤가요?

다른 플랫폼을 사용한 적은 없어요. 필요한 건 캐글에 다 있거든요(웃음).

## CHAPTER 4

토론 포럼

이 장의 내용

- 포럼이 운영되는 방식
- 예시 대회의 토론에 접근하는 방법
- 네티켓

토론 포럼은 캐글에서 정보를 교환하는 주요 수단입니다. 토론 포럼에서는 진행 중인 대회나 필요한 데이터 세트, 새로운 접근법을 제시한 노트북을 비롯한 여러 가지 주제로 캐글러들의 소통이 이뤄집니다.

4.1 포럼이 운영되는 방식

토론 포럼에 접속하는 방법은 여러 가지가 있습니다. 가장 빠른 방법은 왼쪽 메뉴에 위치한 [Discussions] 버튼입니다.

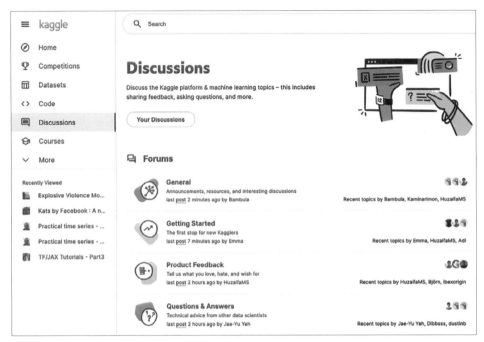

그림 4-1 메인 메뉴에서 Discussions 페이지 들어가기

가장 위에는 일반적인 주제를 모아 놓은 **포럼**이 나열됩니다. 대회 참가가 처음이거나 제안할 사항이 생겼거나 길을 잃은 느낌이 들었거나 일반적인 질문이 생겼다면 포럼을 찾아보세요.

포럼 다음에는 캐글 사용자들이 다양한 관점에서 주고받은 토론을 나열한 [Discussion from across Kaggle]이 있습니다. 많은 토론은 (캐글 활동의 가장 많은 부분을 차지하는) 대회를 주제로 이루어집니다. 노트북이나 주목할 만한 데이터 세트를 둔 토론도 벌어집니다. 기본적으로는 Hotness열기를 기준으로 정렬되어 가장 많은 참가자가 가장 활발하게 활동하는 토론이 가장 상위에 나타납니다. 이 메뉴는 데이터 분석 분야의 역동적인 본질을 선보입니다. 이외에도 특정 기준을 따라 다양한 분야의 토론을 필터링하는 기능도 있습니다.

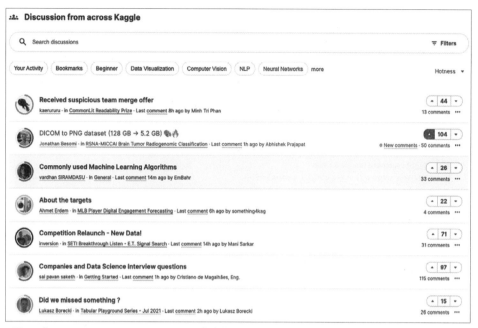

그림 4-2 [Discussion from across Kaggle] 페이지

필터링하는 기준은 다음과 같습니다.

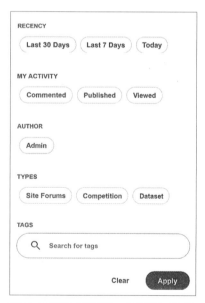

- RECENCY: 확인하려는 정보의 기간을 조절할 수 있습니다.

- MY ACTIVITY: 포럼 전체에서 댓글/발행/읽음 등의 활동을 모아 볼 수 있습니다. 만약 여러 토론에 동시에 참가하고 있다면 유용합니다.

- ADMIN: 캐글 관리자가 안내한 소식을 빠르게 모아볼 수 있습니다.

- TYPES: 토론은 General 포럼, 특정 대회, 데이터 세트 등에서 열립니다.

- TAGS: 일부 토론에는 태그가 붙어 있으며 이 기능을 사용자가 활용할 수 있습니다.

그림 4-3 토론을 필터링하는 데 사용하는 필터들

다음은 토론을 Beginner라는 태그로 필터링한 결과입니다.

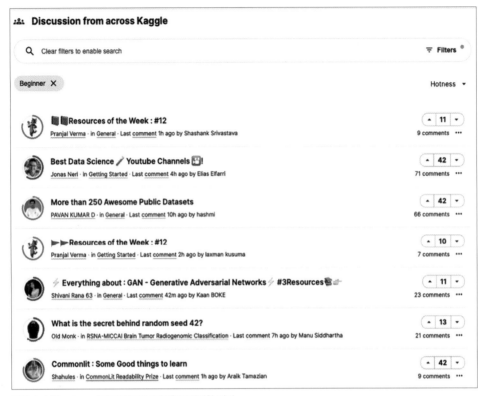

그림 4-4 'Beginner' 태그가 붙은 토론을 필터링한 결과

이외에도 특정한 주제에 초점을 둘 수도 있습니다. 컴퓨터 비전 같은 주제는 관심을 많이 받으므로 이런 주제를 기준으로 정렬하면 유용할 것입니다. Hotness, Recent Comments댓글 게시 시점, Recently Posted게시물 게시 시점, Most Votes추천수, Most Comments댓글수로 정렬할 수도 있습니다.

그림 4-5 일반 토론 포럼 중 컴퓨터 비전 주제의 토론들

사람들은 다양한 이유로 캐글을 찾습니다. 노트북의 인기는 성장세지만 여전히 가장 많은 관심을 받는 주제는 대회입니다. 모든 대회에는 그 대회에만 초점을 둔 토론 포럼이 있습니다. 이 토론은 대회 페이지로 이동해서 [Discussion]을 선택하면 됩니다.

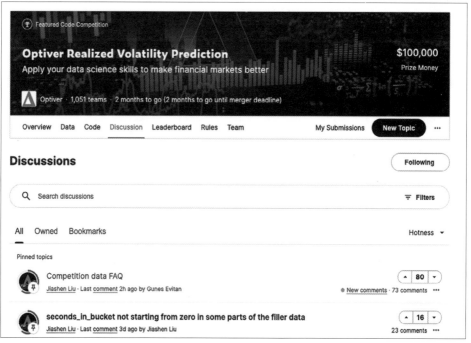

그림 4-6 대회의 토론 포럼

항상 그런 것은 아니지만 최근에는 대부분 대회의 토론 포럼에서 FAQ 주제가 가장 위에 고정되어 있습니다. 이 주제를 먼저 살펴보는 게 좋은 이유가 두 가지 있습니다.

- 많이 묻는 질문이 정리되어 있어 시간이 절약됩니다.
- 포럼에 불필요하거나 중복된 질문이 올라오지 않아 쾌적합니다.

노트북과 마찬가지로 토론 포럼은 나중에 참조할 관련 주제를 북마크에 저장하는 기능이 있습니다.

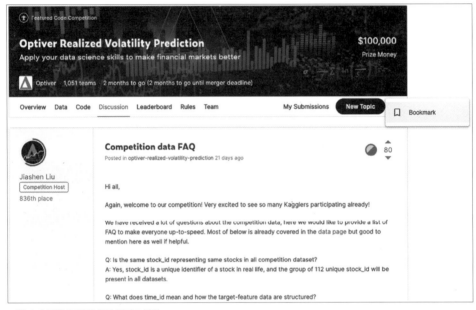

그림 4-7 토론 포럼의 토론 북마크하기

북마크한 모든 주제는 프로필 페이지에서 확인하세요.

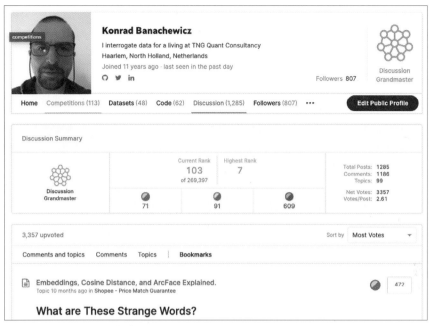

그림 4-8 토론 포럼에서 북마크한 토론 목록

4.2 토론 접근법

대회에서 한순간 길을 잃었다는 기분이 드는 건 정상적인 일입니다. 대회에 참가해 몇 가지 아이디어를 적용하고 리더보드 순위를 약간 올린 후에는 벽에 부딪히게 되죠. 이때 토론 포럼을 찾아보세요.

옵티버 변동성 예측 실현 대회[1]를 예시로 살펴보겠습니다. 주최 측에서는 대회를 다음과 같이 설명했습니다.

첫 3개월 동안 다양한 섹터의 주식 수백 개를 대상으로 단기 변동성을 예측하는 모델을 구축하세요. 수억 행의 매우 세분화된 금융 데이터를 사용합니다. 그 데이터를 이용해 10분 동안의 변동성을 예측하는 모델을 설계하세요. 훈련한 모델을 3개월의 평가 기간 동안 실제 마켓

---

1 Optiver Realized Volatility Prediction. *https://www.kaggle.com/c/optiver-realized-volatility-prediction*

데이터를 대상으로 평가합니다.

이 설명에는 상당한 정보가 숨어 있습니다. 이 대회의 주요 구성 요소를 살펴보고 토론 포럼을 통해 정보에 접근하는 방법을 보여드리겠습니다. 우선 이 대회에 참가하려면 일정 수준 이상의 금융 지식이 필요합니다. 숙련된 트레이더 수준을 요구하지는 않겠지만 변동성을 계산하는 다양한 방식을 이해하기란 비전문가에게는 확실히 쉬운 일이 아닙니다(대부분의 캐글러가 이 문제를 겪습니다). 다행히 대회 주최 측은 이 분야를 처음 접하는 참가자들을 위한 가이드[2]를 제공하며, 대회 기간 동안 매우 활발히 포럼 활동을 했습니다.

만약 이런 지식으로도 시작하기 어렵다면 주저하지 말고 공개적으로 도움을 요청[3, 4]하기 바랍니다.

대회가 진행되면서 많은 참가자가 문제를 더 정교하게 처리하는 모델을 개발하기 시작했습니다. 여기서 균형을 맞추어야 하는 지점이 발생합니다. 이전에 베테랑들이 공유한 내용을 통해 배운 정보가 있다면 되돌려주고 싶은 마음이 듭니다. 하지만 마음 한쪽에는 훌륭한 코드를 남들에게 공개해서 (잠재적인) 이점을 포기하고 싶지 않은 마음도 들 것입니다. 합리적인 타협점으로 자신이 찾은 아이디어를 대회 포럼에 게시해 토론하는 방법[5]이 있습니다.

최근 점점 더 많은 대회가 고정된 데이터 세트 포맷에서 벗어나 다양한 도전을 하고 있습니다. 때로는 캐글 API 사용을 강요하거나(이런 대회는 노트북으로 제출해야 합니다) 일정을 나눠 훈련 단계와 실제 데이터를 대상으로 평가하는 단계를 나누기도 합니다. 옵티버의 대회는 일정을 나누어 운영됐습니다.

> 최종 제출 마감일 이후 선택된 노트북을 대상으로 실행할 시장 데이터 업데이트를 반영하도록 주기적으로 리더보드를 업데이트합니다. 업데이트는 대략 2주마다 진행되며 겨울 휴가를 피하도록 일부 조정됩니다.

공식화는 간단했어도 이 초기 설정이 모델을 재훈련하고 업데이트하는 데 몇 가지 문제를 발생

---

2 https://www.kaggle.com/c/optiver-realized-volatility-prediction/discussion/273923
3 https://www.kaggle.com/c/optiver-realized-volatility-prediction/discussion/263039
4 https://www.kaggle.com/c/optiver-realized-volatility-prediction/discussion/250612
5 https://www.kaggle.com/c/optiver-realized-volatility-prediction/discussion/273915

시켰습니다. 후에 이런 상황에 처한다면 부담 없이 문의[6]하세요.

캐글 대회에서 훈련한 모델의 검증 체계validation scheme는 언제나 중요한 주제입니다. 보통 이 주제는 오랫동안 계속되고 있는 교차검증 vs 리더보드cross-validation versus leaderboard (CV vs LB) 토론이 따라붙습니다. 옵티버 대회도 이 규칙에서 예외는 아니었습니다[7].

스레드가 이미 존재하지 않으면(불필요한 반복을 최소화하도록 항상 확인하길 권합니다) 단일 모델 성능과 관련된 유형의 대화 스레드를 찾아봐도 좋습니다. 대부분 곧 모델을 조합하기 시작하지만 좋은 단일 모델 구성 요소가 없다면 그렇게 효율적이지 않습니다. 지식의 협력적 탐구는 여기서 끝나지 않습니다. 만약 문제에 접근할 더 나은 방법을 찾았다고 생각한다면 공유하는 것이 좋습니다. 그럼 다른 사람이 자신의 아이디어가 틀린 이유를 깨닫거나 도움을 받습니다(시간과 노력이 절약됩니다). 공유하는 사람과 확인하는 사람 양쪽 모두가 무언가를 얻게 됩니다[8].

명확히 보이는 개인적인 이점(다른 참가자가 하는 방식을 참고 가능) 이외에도 이런 대화 스레드는 커뮤니티에서 정보를 교환하고 협업을 촉진해 초보자에게 유용합니다.[9]

앞서서 나열한 주제를 모두 확인해도 '내가 중요한 것을 놓치고 있지는 않을까?' 하는 궁금증이 남습니다. 캐글은 이런 질문[10]에 아주 적합한 장소입니다.

마지막으로 다른 대회로 시야를 좀 넓혀볼까요? 앞서 검증을 언급했습니다. 이 주제는 언제나(최소한 캐글러에게는) 정보 누수information leakage와 과대적합overfitting으로 이어집니다. 누수는 6장에서 검증 체계 설계를 중점적으로 다루며 살펴보겠습니다. 여기서는 토론을 통해서 이 주제에 접근하는 방법을 간단히 다루겠습니다. 캐글은 꼬치꼬치 캐묻기 좋아하는 사람이 모인 커뮤니티인 만큼 누수가 의심되면 분명 누군가가 이야기를 꺼낼 것입니다.

예를 들어 파일의 이름이나 분류 아이디에 타임스탬프가 들어있다고 합시다. 이 타임스탬프를 참고하면 미래를 엿봐 비현실적으로 낮은 오차 값을 생성하는 모델을 설계할 수 있습니다. 투

---

6 https://www.kaggle.com/c/optiver-realized-volatility-prediction/discussion/249752

7 https://www.kaggle.com/c/optiver-realized-volatility-prediction/discussion/250650

8 https://www.kaggle.com/c/optiver-realized-volatility-prediction/discussion/260694

9 https://www.kaggle.com/c/optiver-realized-volatility-prediction/discussion/250695

10 https://www.kaggle.com/c/optiver-realized-volatility-prediction/discussion/262203

시그마가 주최한 대회[11]에서 이런 상황[12]이 발생했습니다. 다른 예는 위성 이미지에서 선박을 찾는 에어버스 선박 탐지 대회[13]에서 일어났습니다. 테스트 이미지 상당 부분이 훈련 이미지를 (무작위로) 잘라낸 이미지였고 두 이미지를 매칭시키기 비교적 간단했습니다. 더 악명이 높은 것은 산탄데르Santander가 후원한 시리즈 대회로 3개의 대회 중 2개에서 데이터 누수[14]가 있었습니다.

데이터 누수에 대응하는 법은 대회마다 달랐습니다. 새로운 데이터나 클리닝한 데이터로 대회를 리셋한 경우도 있었고 레드햇 비즈니스 가치 예측 대회[15]처럼 영향이 아주 적다고 판단해 계속 진행한 경우도 있습니다.

데이터 누수는 대회에 심각한 방해 요소지만 좋은 뉴스가 있습니다. 최근 2~3년 동안 캐글에서 데이터 누수가 모두 사라졌다는 사실입니다. 이 절은 한 번 읽을 뿐이고, 캐글에서 그렇게 중요한 문제가 되지는 않을 것입니다.

4.3 네티켓

인터넷을 15분 정도만 구경하면 사람들은 토론 중에 감정이 격해지고 문명의 범위를 벗어난 대화가 벌어질 수 있다는 사실을 알게 됩니다. 아무리 순수한 주제라도 마찬가지죠. 캐글도 예외가 아니기 때문에 커뮤니티에서 지켜야 할 가이드라인[16]이 있습니다.

이 가이드라인은 토론만이 아니라 노트북이나 다른 형식의 커뮤니케이션에도 적용됩니다. 캐글에서 소통할 때는 다음과 같은 사항들을 항상 기억해야 합니다.

- 다른 사람의 마음을 읽을 줄 안다는 착각에 빠지지 마세요. 캐글은 전 세계에서 매우 다양한 사람이 모인 커뮤니티입니다(그중 많은 사람이 영어를 모국어로 사용하지 않습니다). 그래서 뉘앙스를 유지하기란 매우 어렵습니다. 추측하려 하지 말고 가능한 한 명확하게 소통하려고 노력하세요.

----

11 Two Sigma Connect: Rental Listing Inquiries. https://www.kaggle.com/c/two-sigma-connect-rental-listing-inquiries

12 https://www.kaggle.com/c/two-sigma-connect-rental-listing-inquiries/discussion/31870#176513

13 Airbus Ship Detection Challenge. https://www.kaggle.com/c/airbus-ship-detection

14 https://www.kaggle.com/c/santander-value-prediction-challenge/discussion/61172

15 Predicting Red Hat Business Value. https://www.kaggle.com/c/predicting-red-hat-business-value

16 https://www.kaggle.com/community-guidelines

- 여러 내용을 개인적으로 받아들이지 마세요. 고드윈의 법칙Godwin's law[17]에는 이유가 있습니다. 특히나 절대로 개인이 바꿀 수 없는 특성은 언급하면 안 됩니다.

- 인터넷을 사용한 시간은 모두 다르지만 이 사실은 분명합니다. 매뉴얼을 읽어보라고 면박을 주는 행동이 당연했던 서부 시대 같은 1990년대의 인터넷과 현재의 인터넷은 다릅니다. 비난은 사람을 소외시킵니다.

- (메달 수여의 기준이 되는) 발전 시스템을 조작하려고 하지 마세요. 여기서 조작이란 추천을 요구하거나 공모하는 것부터 명백한 부정행위까지 플랫폼 어뷰징 행위 전체를 의미합니다.

요약하자면 다른 사람들에게 대접받고 싶은 대로 대하세요. 모든 일이 잘 풀릴 것입니다.

4.4 요약

이번 장에서는 캐글에서 가장 중요한 소통 수단인 토론 포럼을 살펴봤습니다. 포럼의 메커니즘을 설명하고, 수준 높은 대회에서 토론을 활용하는 방법도 살펴보았습니다. 또한 토론에 필요한 네티켓도 간단히 설명했습니다.

이로써 캐글 플랫폼을 모두 소개했습니다. 다음 장부터는 캐글에서 얻을 이점을 극대화하는 방법을 깊이 탐구하고, 대회에서 마주할 다양한 작업과 측정 기준을 파악하는 방법을 살펴봅니다.

---

17 옮긴이_ 온라인 상의 토론이 길어지면 인신공격으로 이어진다는 의미

- 이판 시에Yifan Xie
- *https://www.kaggle.com/yifanxie*
- 아리온Arion의 공동 창업자
- 컨설팅 회사의 데이터 과학자
- 토론, 대회 마스터

가장 좋아하는 대회 유형과 이유를 알려주세요. 어떤 대회가 가장 자신있나요?

좋아하는 유형이 따로 있지는 않아요. 저는 모든 종류의 문제를 해결하기 좋아해요. 머신러닝 모듈의 견고한 파이프라인을 구축한 덕분에 모든 데이터 문제에서 전형적인 테크닉과 알고리듬을 빠르게 적용하고 있어요. 제가 대회에서 가지는 강점이죠. 시간이 지나면서 작업 루틴과 결과물의 표준화에 초점을 두고 있어요. 덕분에 더 빠른 반복이 가능해졌고 결과적으로 캐글의 핵심 구성 요소인 데이터 실험의 효율성을 개선했어요.

캐글 대회에서 사용하는 접근법이 있나요? 이 접근법을 일상 업무에서도 사용하나요?

주요 데이터 작업을 위해 정보를 관리하고 수집하는 구체적인 방법을 오랫동안 발전시켰어요. 이 방법은 업무뿐 아니라 캐글 대회, 다른 사이드 프로젝트에도 모두 적용하죠. 일반적으로 북마크, 데이터 사전, 할 일 목록, 유용한 커맨드, 실험 결과 등의 유용한 정보를 각 대회에 맞추어서 수집하고 팀으로 대회에 참여하면 이 정보를 팀원들과 공유해요.

참가했던 대회 중 특히 어려웠던 대회는 무엇이며, 어떤 통찰로 과제를 해결했나요?

대회의 더 큰 맥락을 이해하는 일이 항상 도움이 되었어요. 예를 들면 '우리가 작업하고 있는 데이터를 뒷받침하고 제공하는 사회/엔지니어링/재무 프로세스는 무엇일까?' 같은 질문을 던졌습니다. '딥페이크 탐지Deepfake Detection' 대회같이 개별 데이터 포인트를 의미 있게 관찰(Streamlit를 사용)해야 하는 대회의 경우 개별 데이터 포인트를 확인하는 특정 대시보드를 구축했어요(이 경우 실제 비디오와 가짜 비디오가 한 쌍이었어요). 그리고 대시보드에 정보를 모아 데이터를 더 잘 느끼게 간단한 통계를 구축했어요.

캐글이 경력에 도움이 되었나요?

데이터 과학 컨설턴트 회사의 공동 소유주라는 현재의 경력에 가장 큰 기여를 한 플랫폼이라고 하겠어요. 지난 몇 년 동안 캐글을 통해 다양한 분야의 데이터 문제를 해결하는 능력과 방법을 다졌죠. 최근에는 조금 덜 활동을 하고 있기는 하지만 캐글 대회에서 팀을 만들면서 고객이나 동료를 만나기도 했고 캐글에서의 활동은 언제나 지식의 원천이 되어주었어요.

경험에 비추어볼 때, 초보 캐글러가 자주 놓치는 것은 뭘까요? 처음 시작할 때부터 알았으면 좋았겠다고 생각하는 것이 있나요?

제가 보았던 초보들의 실수는 중요한 비기술적 문제를 간과한다는 점이에요. 팀 만들기, 데이터 사용, 개인정보 공유, 복수 계정 사용 같은 사항이죠. 이런 실수는 다른 팀원이 여러 달에 걸쳐서 한 노력을 물거품으로 만들 수도 있어요.

공개 리더보드의 순위를 매일같이 걱정할 필요가 없다는 점을 미리 알고 있었다면 좋았겠네요. 걱정은 불필요한 압박을 느끼게 하거나 과대적합으로 이어지기 쉬우니까요.

데이터 분석과 머신러닝에 특히 추천하는 툴이나 라이브러리가 있나요?

사이킷런, XGB/LGB, 파이토치 같이 일반적인 라이브러리를 추천해요. 기본적인 사용법 이상을 익혀 마스터하기를 권장하는 툴이 있다면 바로 넘파이^{NumPy}입니다. 정보를 정렬하고 하위 집합을 지정하는 고급 사용법을 알아두는 게 좋아요. 판다스^{pandas}로 게으른 접근 방식을 사용하면 쉽겠지만 넘파이로 더 정교하게 만든 유사한 버전이 훨씬 더 나은 효율성을 보일 거예요.

대회에 참가할 때 해야 하는 일 또는 중요하게 기억해야 할 것은 어떤 것이 있나요?

제가 데이터 과학을 하는 이유는 4가지예요. 이익과 지식, 재미, 선이죠. 캐글은 언제나 저에게 지식의 원천이 되었고 자주 활용할 훌륭한 지식을 주었어요. 순위는 일시적이지만 지식은 영원하다는 사실을 항상 기억하세요.

다른 대회 플랫폼을 사용하나요? 캐글과 비교하면 어떤가요?

뉴머라이^{Numerai}에서 활발하게 활동하고 있습니다. 데이터 과학을 하는 4가지 이유 중 하나인 이익 때문이죠. 뉴머라이는 상금을 암호화폐로 지불해요. 여기서는 팀을 만들어도 큰 이점이 없어서 개인의 노력이 더 중요해요. 물론 팀을 만드는 것을 권장하지도 금지하지도 않아요. 단지 뉴머라이 같은 트레이딩 대회 플랫폼에선 인력이 많다고 늘 이익의 증가로 이어지지 않기 때문이죠.

캐글과 비교하면 뉴머라이는 일정이 바쁠 때도 더 오래 활동할 수 있어요. 매 라운드마다 훈련 데이터가 바뀌지 않기 때문에 한 번 초기 모델을 구성하면 그 뒤로 예측과 제출을 자동화해서 수준 높은 결과물이 나오죠.

뉴머라이는 지속성이란 특성 덕에 태뷸러 데이터 중심 머신러닝 파이프라인을 만들려는 사람에게 좋은 플랫폼입니다.

대회를 위한 테크닉

2부는 데이터 과학 대회에서 좋은 성적을 받기 위한 테크닉을 소개합니다. 먼저 대회의 목적을 파악하고 그 목적에 맞는 평가 지표를 결정하는 방법과 각 대회에 맞는 모델 검증법을 안내합니다. 그 이후부터는 특징 공학부터 최적화, 앙상블 등 대회에 종류에 따라 유용하게 사용할 수 있는 다양한 테크닉을 알아봅니다.

Part II

대회를 위한 테크닉

대회 과제와 지표

이 장의 내용

- 평가 지표와 목적 함수
- 과제의 기본 유형: 회귀, 분류, 서수
- 메타 캐글 데이터 세트
- 처음 보는 지표 처리하기
- 회귀 지표(표준과 서수)
- 이진 분류 지표(레이블 예측과 확률)
- 다중 분류 지표
- 객체 탐지 문제 지표
- 다중 레이블 분류와 추천 문제 지표
- 평가 지표 최적화하기

대회에 참가하면 우선 목표를 검토합니다. 어떤 대회든 높은 점수를 받으려면 모델을 평가하는 기준을 이해해야 합니다. 캐글 플랫폼에 예측이 제출되면 목표 지표를 토대로 실제 정보와 비교합니다.

예를 들어 타이타닉 대회[1]는 제출한 결과물이 승객 생존율을 제대로 예측했는지 정확도^{accuracy}를 기반으로 평가합니다. 대회 주최 측에서 이런 평가 지표를 사용한 이유는 비슷한 환경에서 승객의 생존 가능성을 측정하는 모델을 찾는 것이 대회의 목적이기 때문입니다. 다른 대회인

---

1 Titanic. *https://www.kaggle.com/c/titanic*

주택 가격 대회[2]는 예측과 실제 측정 자료의 차이 평균을 토대로 평가합니다. 이때 로그, 제곱, 제곱근 계산을 사용합니다. 이 대회는 판매되는 집 가격의 순서를 가능한 한 정확하게 수량화 하는 모델을 찾는 것이 목적이기 때문입니다.

실무 데이터 과학 프로젝트도 성공은 지표에 달렸습니다. 실무 현장과 캐글 대회는 분명 차이가 있지만 말이죠. 현장은 더 복잡합니다. 실무 프로젝트는 여러 항목으로 평가됩니다. 일부 지표는 테스트에 사용한 실제 정보를 예측하는 방법과 상관없는 경우도 많습니다. 단순한 예측 성능 이외에도 작업 중인 분야의 지식, 프로젝트의 범위, 모델이 고려하는 특징의 수, 전체 메모리 사용량, (예를 들면 GPU 같은) 특정 하드웨어 요구 사항, 예측 프로세스의 지연시간, 예측 모델의 복잡성 등 매우 다양한 측면이 평가에 포함됩니다.

실제 현장의 문제는 참가하기 전에 예상한 것보다 사업 내용과 기술 기반 시설의 영향을 훨씬 크게 받는 경우가 많습니다.

하지만 실제 현장의 프로젝트와 캐글 대회의 기본 원리는 동일하다는 사실은 바뀌지 않습니다. 모든 작업은 지표와 그 세부 내용의 이해, 모델을 최적화한 방법, 기준에 맞게 선택한 파라미터로 평가합니다. 만약 캐글이 모델을 평가하는 방법을 더 자세히 배운다면 실제 현장에서의 데이터 과학 작업에도 도움이 됩니다.

이번 장에서는 데이터 과학 대회에서 설루션을 구축할 때 특정 유형 문제에서 설정한 평가 지표가 작업 방식에 미치는 영향을 자세히 살펴봅니다. 또한 캐글 대회에서 사용하는 다양한 지표를 소개하며 어떤 부분이 가장 중요한지 알아보겠습니다. 이번 장의 뒷부분에서는 지표가 예측 성능에 미치는 다양한 영향력과 이를 프로젝트에 제대로 적용할 방법을 논의하겠습니다.

5.1 평가 지표와 목적 함수

캐글 대회에서는 오른쪽 메뉴의 [Overview] 페이지에서 평가 지표가 나열됩니다. [Evaluation] 탭을 선택하면 평가 지표를 자세히 설명합니다. 때로는 지표 공식, 재현할 코드, 지표를 다룬 논의도 게시됩니다. 같은 페이지에서 제출 파일 형식과 파일의 헤더와 몇 가지 예제 행이 제공됩니다.

---

2   House Prices – Advanced Regression Techniques. *https://www.kaggle.com/c/house-prices-advanced-regression-techniques*

평가 지표와 제출 파일의 연결은 중요합니다. 모델을 학습시키고 일부 예측을 생성할 때 그 지표가 작동하는 방식을 고려하기 때문입니다. 따라서 첫 시작으로 측정 평가 항목과 목적 함수의 차이를 생각할 필요가 있습니다.

가장 기본으로 돌아가 생각하면 목적 함수는 오차를 최소화(문제에 따라서는 최대화)하는 프로세스에 포함되기 때문에 모델을 학습시키는 데 필요합니다. 반대로 평가 지표는 훈련된 후 점수를 측정하는 역할을 합니다. 따라서 데이터에 모델을 적합하는 과정에는 영향을 미칠 수 없지만 간접적인 방법으로 영향을 미칩니다. 모델이 가장 좋은 성과를 내는 하이퍼파라미터 설정을 선택하거나 제출된 모델 중 어떤 모델이 최고인지 선택을 도와주기 때문입니다. 이 장의 나머지 부분에서는 평가 지표의 간접적인 영향력이 캐글 대회에 영향을 미치는 방식과 대회에서 가장 먼저 캐글 평가 지표의 분석을 하는 이유를 알아봅니다. 그전에 먼저 토론 포럼에서 만나게 될 전문 용어를 살펴보겠습니다.

손실 함수$^{loss\ function}$와 목적 함수$^{objective\ function}$, 비용 함수$^{cost\ function}$라는 용어는 많이 들었으리라 생각합니다. 종종 이 셋을 혼용하기도 하지만 세 용어는 각자 차이가 있습니다.

손실 함수는 단일 데이터 포인트를 위해 정의된 함수로 모델의 예측과 실측 정보를 고려해서 페널티를 계산합니다.

비용 함수는 훈련에 사용된 전체 데이터 세트(또는 배치)을 고려해 데이터 포인트의 손실 페널티의 합계 또는 평균을 계산합니다.

목적 함수는 머신러닝 학습에서 최적화 부분에서 사용하는 가장 일반적인(그리고 안전한) 용어입니다. 목적 함수는 비용 함수를 포함하지만 비용 함수만으로 한정되지는 않습니다. 목적 함수는 목표와 관련 없는 목적을 가질 수도 있습니다. 예를 들면 추정된 모델의 희소 계수$^{sparse\ coefficient}$를 구하거나 L1, L2 정규화 등과 같이 계수의 값을 최소화하는 등의 경우가 있습니다. 게다가 손실 함수와 비용 함수가 최소화를 기반으로 최적화하는 것을 의미하는 데 반해, 목적 함수는 중립적인 의미를 가지고 있어 학습 알고리듬으로 실행되는 최대화와 최소화 활동 양쪽 모두를 의미하기도 합니다.

평가 지표와 관련해서는 점수 함수$^{scoring\ function}$와 오차 함수$^{error\ function}$라는 용어를 자주 듣게 됩니다.

점수 함수는 점수가 높을수록 더 좋은 예측을 의미합니다. 점수를 최대화하는 지표를 찾아야 합니다.

오차 함수는 오차가 적을수록 더 좋은 예측을 의미합니다. 오차를 최소화하는 지표를 찾아야 합니다.

5.2 과제의 기본 유형

모든 목적 함수가 모든 문제에 적합하지는 않습니다. 캐글 대회는 **회귀**regression 과제와 **분류** classification 과제, 두 종류의 문제task로 나뉩니다. 최근에는 **강화학습**reinforcement learning (RL) 과제도 등장하기 시작했지만 강화학습은 평가에 지표를 사용하지 않습니다. 대신 마찬가지로 잘 동작할 것으로 예상되는 설루션을 가진 다른 참가자와 직접적인 대결을 통해 얻은 순위에 의존합니다(대결에서 더 좋은 성능을 보이면 순위가 올라가고 더 나쁜 성능을 보이면 순위가 내려갑니다). 강화학습은 지표를 사용하지 않기에 회귀와 분류로 나뉜다고 보지만 정수로 표시되는 정렬된 레이블을 예측하는 서수ordinal 과제는 이런 구분을 피하고 모든 회귀 및 분류 접근 방식을 활용합니다.

5.2.1 회귀

회귀에서는 실제 숫자를 예측하는 모델을 구축해야 합니다. 일반적으로 양수를 예측하지만 음수를 예측하는 경우도 있었습니다. 회귀 문제의 전형적인 예시는 '주택 가격 – 고급 회귀 기법 대회'입니다. 주택의 가격을 예측해야 하기 때문입니다. 회귀 과제 평가에는 예측과 실측 정보 사이의 차이를 계산합니다. 이 차이는 다양한 방법으로 평가합니다. 예를 들면 페널티제곱을 해 오차가 더 크면 페널티를 주거나 페널티로그를 취해 잘못된 스케일 예측에 페널티를 주기도 합니다.

5.2.2 분류

캐글에서 분류 문제는 클래스에 따라 **이진 분류**binary classification, **다중 클래스 분류**multi-class classification, **다중 레이블 분류**multi-label classification로 나눕니다.

이진 분류 문제에서는 예제가 특정 클래스로 분류되는지 추측합니다(일반적으로 양성 클래스와 음성 클래스로 나누어 부릅니다). 여기서 평가는 어떤 클래스에 속할지 예측하거나 특정 클래스에 속할 확률을 추정하는 식으로 이루어집니다. 전형적인 예시는 생존 여부를 추측하는 타이타닉 대회입니다. 이 대회의 경우 요구사항은 예측밖에 없지만 확률도 제공해야 하는 경우가 많습니다. 특정 분야를 예로 들면 의료 애플리케이션이 최상의 결정을 내리도록 다양한 옵션과 상황을 고려해 양성 예측의 순위를 매겨야 합니다.

이진 분류에서 정확히 일치하는 수를 세는 것이 유효한 접근 방식처럼 보이지만 양성 클래스와 음성 클래스의 예시 수가 달라서 불균형하면 제대로 작동하지 않습니다. 불균형한 분포를 기반으로 한 분류는 모델을 제대로 개선하려면 불균형을 고려한 평가 지표가 필요합니다.

클래스가 2개 이상이라면 **다중 클래스 분류** 문제가 됩니다. 마찬가지로 평가를 위해 알맞은 함수를 사용해야 합니다. 모델의 전체적인 성능을 계속 이끌어 내는 동시에 각 클래스 간의 성능도 비교해야 합니다(예를 들어 특정 클래스에서는 모델 성능이 떨어지기도 합니다). 경우에 따라 하나의 클래스에서만 성능이 떨어지는 일도 있습니다. 좋은 예시로 각 잎 샘플 이미지와 올바른 식물 종을 연결하는 잎 분류 대회[3]가 있습니다.

마지막으로 클래스 예측이 배타적이지 않고 각 예제에 여러 클래스가 존재한다고 예측하면 **다중 레이블**multi-label **분류** 문제가 됩니다. 다중 레이블 문제의 경우 모델이 제대로 클래스를 예측하는지뿐만 아니라 클래스의 수와 혼합을 제대로 예측하는지 여부를 제어하는 추가 평가도 필요합니다. 예를 들어 그리스 미디어 모니터링 다중 레이블 분류(WISE 2014)[4]에서는 주어진 모든 주제와 각 기사를 연결해야 했습니다.

5.2.3 서수

서수 척도의 예측 문제에서는 크기순으로 정렬된 정수 숫자 레이블을 추측해야 합니다. 예를 들어 지진 규모는 서수 척도입니다. 또한 마케팅 조사 설문지의 데이터도 서수 척도(예: 소비자의 선호도 또는 의견 일치도)로 기록됩니다. 서수 척도를 이루는 값에는 순서가 있으므로 서수 과제는 회귀와 분류의 중간 즈음으로 보고 두 방식을 모두 사용해 해결하기도 합니다.

가장 일반적인 방법은 서수 과제를 다중 클래스 문제로 취급해 정수 값의 예측을 얻는 것입니

---

3 Leaf Classification. *https://www.kaggle.com/c/leaf-classification*

4 Greek Media Monitoring Multilabel Classification. *https://www.kaggle.com/c/wise-2014*

다. 하지만 예측에는 특정 순서가 있다는 점은 고려되지 않습니다. 각 클래스의 예측 확률을 본다면 이 문제를 다중 클래스 문제로 접근하는 것이 잘못되었다고 느낄 수도 있습니다. 확률은 값의 범위 전체에 걸쳐 분포되어 다봉 및 비대칭 분포를 나타내는 경우가 있습니다(최대 확률 클래스 중심의 가우스 분포를 기대해야 합니다).

서수 예측 문제를 해결하는 다른 방법으로 회귀 문제로 취급한 후 결과를 후처리하는 방법이 있습니다. 이렇게 하면 클래스 간의 순서가 반영됩니다. 하지만 예측 결과가 점수를 얻는 데 곧바로 유용하진 않습니다. 실제로 회귀에서 서수 클래스를 나타내는 정수가 아닌 소수가 출력됩니다. 또한 결과에는 서수가 분포하는 정수 범위 안의 값 외에 범위 밖의 값도 포함되는 경우가 있습니다. 출력을 다듬고 반올림해서 정수로 변환하면 될 것 같지만 이러면 정교한 후처리가 필요한 상황에서 정확도를 낮추는 원인이 될 수도 있습니다(이 장의 뒷부분에서 더 자세히 설명합니다).

이쯤 되면 캐글에서 성공하려면 어떤 종류의 평가를 마스터해야 할지 궁금할 것입니다. 참가하는 대회의 평가 지표를 마스터해야 하는 것은 명백합니다. 하지만 일부 지표는 다른 지표보다 더 일반적으로 활용되므로 이를 파악하면 이점이 됩니다. 가장 일반적으로 사용하는 지표는 무엇일까요? 유사한 평가 지표를 사용한 대회에서 통찰력을 얻으려면 무엇을 살펴보아야 할까요? 답은 메타 캐글 데이터 세트에 있습니다.

5.3 메타 캐글 데이터 세트

메타 캐글 데이터 세트[5]는 캐글에서 공개한 데이터 세트로 캐글 커뮤니티와 다양한 활동 데이터를 모아둔 데이터 세트입니다. 메타 캐글 데이터 세트에는 대회, 데이터 세트, 노트북, 토론의 공개 활동으로 채워진 CSV 테이블이 들어있습니다. (2~3장에서 보았던 것처럼) 캐글 노트북을 열어 메타 캐글 데이터 세트를 추가하면 데이터를 분석할 준비는 끝납니다. CSV는 매일 업데이트되므로 분석도 자주 업데이트해야 하지만 이 분석은 훌륭한 통찰을 줍니다.

이 책에서는 메타 캐글 데이터 세트를 참조해 캐글 대회의 역학 관계에서 흥미로운 예시를 뽑아낼 영감을 얻거나 학습이나 대회 전략에 사용할 좋은 예시를 선택하는 데 사용하겠습니다.

---

5   Meta Kaggle dataset. *https://www.kaggle.com/kaggle/meta-kaggle*

이번에는 지난 7년간 어떤 평가 지표가 대회에서 가장 자주 사용되었는지 알아보겠습니다. 가장 일반적으로 사용되는 지표를 알게 되면 어떤 대회에서든 시작하기에 견고한 기반을 다지게 됩니다. 그리고 포럼에 올라온 토론을 활용해 대회 특유의 뉘앙스를 찾아 그에 맞는 지표를 파악하겠습니다.

다음은 지표의 데이터 테이블을 생성하고 연 단위로 수를 세는 데 필요한 코드입니다. 캐글 노트북에서 바로 실행해보세요.

```python
import numpy as np
import pandas as pd

comps = pd.read_csv("/kaggle/input/meta-kaggle/Competitions.csv")
evaluation = ['EvaluationAlgorithmAbbreviation',
              'EvaluationAlgorithmName',
              'EvaluationAlgorithmDescription',]

compt = ['Title', 'EnabledDate', 'HostSegmentTitle']

df = comps[compt + evaluation].copy()

df['year'] = pd.to_datetime(df.EnabledDate).dt.year.values
df['comps'] = 1
time_select = df.year >= 2015
competition_type_select = df.HostSegmentTitle.isin(['Featured', 'Research'])

pd.pivot_table(df[time_select&competition_type_select],
               values='comps',
               index=['EvaluationAlgorithmAbbreviation'],
               columns=['year'],
               fill_value=0.0,
               aggfunc=np.sum,
               margins=True
               ).sort_values(
                   by=('All'), ascending=False).iloc[1:,:].head(20)
```

이 코드는 대회와 관련된 데이터를 담고 있는 CSV 테이블을 불러옵니다. 평가를 나타내는 컬럼, 대회 이름, 시작일, 대회 유형을 알려주는 컬럼을 주로 살펴보겠습니다. 2015년 이후에 개최된 대회 중에서 (가장 일반적인) Featured와 Research 유형으로 행을 한정했습니다. 판다스 피봇 테이블을 생성해서 분석하고 각 해의 평가 알고리듬과 대회에서 사용된 횟수를 결합했습니다. 그중 상위 20개 알고리듬만 공개합니다.

평가 알고리듬 \ 연도	2015	2016	2017	2018	2019	2020	2021	총계
AUC	4	4	1	3	3	2	0	17
LogLoss	2	2	5	2	3	2	0	16
MAP@{K}	1	3	0	4	1	0	1	10
CategorizationAccuracy	1	0	4	0	1	2	0	8
MulticlassLoss	2	3	2	0	1	0	0	8
RMSLE	2	1	3	1	1	0	0	8
QuadraticWeightedKappa	3	0	0	1	2	1	0	7
MeanFScoreBeta	1	0	1	2	1	2	0	7
MeanBestErrorAtK	0	0	2	2	1	1	0	6
MCRMSLE	0	0	1	0	0	5	0	6
MCAUC	1	0	1	0	0	3	0	5
RMSE	1	1	0	3	0	0	0	5
Dice	0	1	1	0	2	1	0	5
GoogleGlobalAP	0	0	1	2	1	1	0	5
MacroFScore	0	0	0	1	0	2	1	4
Score	0	0	3	0	0	0	0	3
CRPS	2	0	0	0	1	0	0	3
OpenImagesObjectDetectionAP	0	0	0	1	1	1	0	3
MeanFScore	0	0	1	0	0	0	2	3
RSNAObjectDetectionAP	0	0	0	1	0	1	0	2

앞서 예시에서 나온 변수를 활용해 사용하려는 지표가 어떤 대회에서 사용됐는지 확인할 수 있습니다.

```
metric = 'AUC'
metric_select = df['EvaluationAlgorithmAbbreviation'] == metric
print(df[time_select&competition_type_select&metric_select][['Title', 'year']])
```

위 코드는 AUC 지표를 사용한 대회를 출력합니다. metric 문자열을 선택한 지표로 바꾸면 결과 리스트가 업데이트됩니다.

처음 생성했던 테이블로 돌아가 캐글 대회에서 사용된 지표 중 많이 사용된 지표를 살펴보겠습니다.

AUC와 LogLoss(로그 손실) 지표는 각각 1, 2위로 이진 확률 분류 문제와 연관된 지표로 서로도 밀접한 관계입니다. AUC 지표는 모델의 예측이 높은 확률로 양성인 경우를 예측하는 경향이 있는지 측정하는 데 도움이 되고, 로그 손실$^{log loss}$은 예측된 확률이 실측 정보와 얼마나 떨어져 있는지를 측정하는 데 도움이 됩니다(로그 손실을 최적화를 하면 AUC 지표도 최적화됩니다).

MAP@{K}는 3위로 추천 시스템과 검색 엔진에서 일반적으로 사용하는 지표입니다. 이 지표는 정보 검색 평가 대회에 많이 활용되었습니다. 5번의 시도 안에 고래를 정확히 식별하는 혹등고래 식별 대회[6]와 최대 3회 시도로 스케치의 내용을 추측하는 퀵 드로우! 낙서 인식 대회[7]가 그 예입니다. MAP@{K}는 (함수 이름 속에서 K로 표시되는) 특정 수의 시도 내에 올바른 추측을 했을 때 점수를 얻습니다.

회귀 지표인 평균 제곱근 로그 오차$^{\text{Root Mean Squared Logarithmic Error}}$(RMSLE)는 6위이며, 순서가 있는 정수를 추측하는 문제(서수 척도 문제)에서 모델의 성능을 예측하는 데 유용한 지표인 이차 가중 카파$^{\text{quadratic weighted kappa}}$는 7위입니다.

상위 지표의 리스트를 훑어보면 머신러닝 관련 교재가 일반적으로 다루는 지표가 나옵니다. 우선 한 번도 본 적이 없는 지표를 만났을 때(캐글 대회에서는 예상보다 훨씬 자주 일어남) 무엇을 해야 하는지 설명한 후 회귀와 분류 대회에서 가장 일반적으로 사용되는 지표 몇 가지를 복습하겠습니다.

5.4 처음 보는 지표 처리

테이블의 상위 20개가 대회에서 사용된 모든 지표를 담고 있지는 않다는 점을 인식할 필요가 있습니다. 최근 몇 년간 한 번만 쓰인 지표도 있다는 점을 기억하세요.

---

6 Humpback Whale Identification Challenge. *https://www.kaggle.com/c/humpback-whale-identification*

7 Quick, Draw! Doodle Recognition Challenge. *https://www.kaggle.com/c/quickdrawdoodle-recognition*

어떤 지표인지 앞서 보았던 결과에서 찾아볼까요?

```
counts = (df[time_select&competition_type_select]
            .groupby('EvaluationAlgorithmAbbreviation'))
total_comps_per_year =\
    (df[time_select&competition_type_select].groupby('year').sum())
single_metrics_per_year =\
    (counts.sum()[counts.sum().comps==1].groupby('year').sum())
table = (total_comps_per_year.rename(columns={'comps': 'n_comps'})
            .join(single_metrics_per_year / total_comps_per_year))
print(table)
sum())
table = (total_comps_per_year.rename(columns={'comps': 'n_comps'})
            .join(single_metrics_per_year / total_comps_per_year))
print(table)
```

실행 결과로 다음과 같은 테이블이 출력되었습니다. 이 테이블은 매년 얼마나 많은 대회에서 그 이후 한 번도 사용되지 않은 지표를 사용했는지(n_comps), 그리고 매년 이런 대회의 비율이 얼마나 되었는지(pct_comp)를 보여주고 있습니다.

	n_comps	comps
year		
2015	28	0.142857
2016	19	0.157895
2017	34	0.147059
2018	35	0.200000
2019	36	0.277778
2020	44	0.272727
2021	31	0.354839
2022	29	0.310345

다시 사용된 적이 한 번도 없는 지표를 사용한 대회의 비율을 보면 매년 성장 중이며 최근 몇 년간은 그 비율이 20~30% 수준까지 올라왔습니다. 이는 일반적으로 세네 번의 대회 중에서 한 대회는 지표를 처음부터 연구하고 이해해야 한다는 의미입니다.

다음은 과거에 등장한 지표의 목록을 찾는 간단한 코드입니다.

```
print(counts.sum()[counts.sum().comps==1].index.values)
```

코드를 실행하면 다음과 유사한 출력이 나옵니다.

```
['AHD@{Type}' 'AI4CodeKendallTau' 'AmexGiniAndPercentageCaptureX'
 'CSIROObjectDetectionFBeta' 'CVPRAutoDrivingAveragePrecision'
 'CernWeightedAuc' 'Dice3DHausdorff' 'FScore_1 (deprecated)'
 'GroupMeanLogMAE' 'ImageMatchingChallengeMaa'
 'ImageNetObjectLocalization' 'IndoorLocalization'
 'IntersectionOverUnionObjectSegmentationBeta'
 'IntersectionOverUnionObjectSegmentationWithClassification'
 'IntersectionOverUnionObjectSegmentationWithF1' 'JPXSharpe'
 'JaccardDSTLParallel' 'JaccardFbeta' 'JaneStreetPnl'
 'JigsawAgreementWithAnnotators' 'JigsawBiasAUC' 'LaplaceLogLikelihood'
 'LevenshteinMean' 'Lyft3DObjectDetectionAP' 'M5_WRMSSE' 'MASpearmanR'
 'MCSpearmanR' 'MeanColumnwiseLogLoss' 'MeanColumnwiseMAE'
 'MedicalBoardFBeta' 'MulticlassLossOld' 'NDCG@{K}'
 'NFLHelmetIdentification' 'NQMicroF1' 'NWRMSLE'
 'NvidiaDefconWeightedCategorizationAccuracy' 'PKUAutoDrivingAP'
 'PearsonCorrelationCoefficient' 'R2Score' 'RValue' 'SIIMDice' 'SMAPE'
 'SantaResident' 'SantaRideShare' 'SantaWorkshopSchedule2019'
 'SantasSuperpermutations2021' 'TextOverlapFBeta' 'TrackML'
 'TravelingSanta2' 'TwoSigmaNews' 'WeightedAUC'
 'WeightedCorrelationCoefficient' 'WeightedPinballLoss'
 'WeightedRowwisePinballLoss' 'YT8M_MeanAveragePrecisionAtK' 'ZillowMAE'
 'football' 'halite' 'kore_fleets' 'lux_ai_2021' 'mab']
```

자세히 조사하면 딥러닝, 강화학습 대회와 관련된 많은 지표가 나옵니다.

한 번도 사용한 적이 없는 지표는 어떻게 대응해야 할까요? 먼저 캐글 포럼의 토론을 찾아보세요. 캐글 포럼에는 언제나 좋은 영감을 얻을 가능성이 높고 도와줄 캐글러가 많습니다. 하지만 해당 지표를 구글 검색보다 더 잘 이해하고 싶다면 직접 평가 함수를 코딩해서 실험을 시도하기를 추천합니다. 완벽하지 못하더라도 지표가 모델에서 생성된 다양한 유형의 오차에 반응하는 모습을 시뮬레이션하는 방법도 있습니다. 또한 대회 훈련 데이터의 샘플이나 직접 준비한 합성 데이터를 대상으로 직접 테스트해도 좋습니다.

캐글러들이 사용했던 이 접근 방식의 예시를 몇 가지 소개합니다.

- 카를로 리플라스Carlo Lepelaars가 사용한 스피어먼 상관계수Spearman's Rho
  https://www.kaggle.com/carlolepelaars/understanding-the-metric-spearman-s-rho
- 카를로 리플라스가 사용한 이차 가중 카파
  https://www.kaggle.com/carlolepelaars/understanding-the-metric-quadratic-weighted-kappa

- 로한 라오가 사용한 라플라스 로그 우도
  https://www.kaggle.com/rohanrao/osicunderstanding-laplace-log-likelihood

5.5 회귀를 위한 지표(표준과 서수)

회귀 문제는 (음의 무한대에서 양의 무한대의 범위를 갖는) 연속값을 예측합니다. 가장 일반적으로 측정하는 오차는 **평균 제곱근 오차**^{root mean squared error}(RMSE)와 **평균 절대 오차**^{mean absolute error}(MAE)입니다. 약간 다르지만 유용한 오차 측정 방법인 RMSLE과 MCRMSLE도 있습니다.

5.5.1 평균 제곱 오차(MSE)와 결정계수

평균 제곱근 오차는 평균 제곱 오차^{mean squared error}(MSE)의 제곱근입니다. 평균 제곱 오차는 회귀를 공부하며 배우는 오차 제곱합^{sum of squared errors}(SSE)의 평균입니다.

다음은 MSE의 공식입니다.

$$MSE = \frac{1}{n}SSE = \frac{1}{n}\sum_{i=1}^{n}(\widehat{y_i}-y_i)^2$$

공식이 어떻게 동작하는지 설명하면서 시작할까요? 우선 n은 예제의 수를 의미합니다. y_i는 실측값이고 $\widehat{y_i}$는 예측값입니다. 우선 예측과 실제값 사이의 차이를 얻습니다. 이 차를 제곱해 0 이상의 수로 바꾼 뒤 모두 다 더해 SSE를 구합니다. SSE를 전체 예측의 수로 나누어 평균값인 MSE를 구합니다. 모든 회귀 모델은 일반적으로 SSE를 최소화합니다. MSE 또는 직접 파생되는 **결정계수**^{coefficient of determination}(**R스퀘어**^{R squared})를 최소화하는 데 큰 문제가 없도록 하기 위함입니다. 결정계수를 구하는 식은 다음과 같습니다.

$$R^2 = 1 - \frac{SSE}{SST} = 1 - \sum_{i=1}^{n}\frac{(\widehat{y_i}-y_i)^2}{(y_i-\overline{y}_i)^2}$$

여기서 SSE(오차 제곱합)는 응답response의 분산인 **총 변동**sum of squares total(**SST**)과 비교됩니다. 실제로 통계학에서 SST는 목표값과 평균값의 차를 제곱한 것으로 정의됩니다.

$$SST = \sum_{i=1}^{n}(y_i - \bar{y})^2$$

다르게 말하면 결정계수는 모델의 오차 제곱을 가장 단순한 모델인 응답 평균의 오차 제곱과 비교합니다. SSE와 SST 모두 같은 척도를 가지고 있기 때문에 결정계수(R스퀘어)는 목표를 변환해야 더 나은 예측을 얻는지 여부를 확인할 때 사용합니다.

> **NOTE_** minmax[8] 또는 standardization[9] 같은 선형 변환은 목표의 선형 변환이기 때문에 회귀 모델의 성능을 바꾸지는 않습니다. 대신 제곱근과 세제곱근, 로그, 지수, 이 변환들의 조합을 비롯한 비선형 변환은 (올바른 변환을 선택했다면) 회귀 모델 성능에 영향을 미칩니다.

MSE는 같은 문제에 적용된 회귀 모델을 비교하는 데 좋습니다. 안타깝게도 캐글 대회에서는 RMSE가 선호되기 때문에 MSE가 좀처럼 쓰이지 않습니다. 사실 MSE의 제곱근을 취하면 그 값이 목표의 원본 척도와 비슷해지며 모델이 제대로 작동하는지 한눈에 파악하기 쉬워집니다. 또한 다양한 데이터 문제(예를 들면 다양한 데이터 세트 또는 대회)에서 동일한 회귀 모델을 사용하려는 경우라면 결정계수를 사용하는 편이 더 좋습니다. 결정계수는 MSE와 완벽한 상관관계가 있고 그 값의 범위가 0과 1 사이이므로 모든 비교가 쉽기 때문입니다.

5.5.2 평균 제곱근 오차(RMSE)

평균 제곱근 오차root mean squared error(RMSE)는 MSE의 제곱근이지만 미묘한 차이가 있습니다. RMSE의 공식은 다음과 같습니다.

$$RMSE = \sqrt{\sum_{i=1}^{n}\frac{(\widehat{y_i} - y_i)^2}{n}}$$

---

8 https://scikit-learn.org/stable/modules/generated/sklearn.preprocessing.MinMaxScaler.html

9 https://scikit-learn.org/stable/modules/generated/sklearn.preprocessing.StandardScaler.html

위 공식에서 n은 예제의 수, y_i는 실측 값, $\widehat{y_i}$는 예측을 의미합니다. MSE에서는 제곱을 하기 때문에 오차가 크면 페널티 값이 커집니다. RMSE는 루트가 있어 이런 경향이 약해집니다(하지만 MSE나 RMSE나 어느 쪽을 토대로 평가를 해도 모델 성능에 큰 영향을 미치기 때문에 항상 이상값에는 주의해야 합니다).

결과적으로 문제에 따라 (양수의 값이 필요하기 때문에 가능한 경우에만) 목표에 제곱근을 적용한 다음 MSE를 목적 함수로 사용하고 그 결과를 제곱하는 알고리듬이 더 잘 맞는 경우가 있습니다. 사이킷런의 TransformedTargetRegressor 같은 함수는 평가 지표를 존중해 더 정확한 결과를 얻도록 회귀 목표를 적절하게 변환하도록 도울 것입니다.

NOTE_ RMSE를 지표로 사용한 최근 대회

- 아비토 수요 예측Avito Demand Prediction

  https://www.kaggle.com/c/avitodemand-prediction

- 구글 애널리틱스 고객 수익 예측Google Analytics Customer Revenue Prediction

  https://www.kaggle.com/c/ga-customer-revenue-prediction

- Elo 판매자 카테고리 추천Merchant Category Recommendation

  https://www.kaggle.com/c/elomerchant-category-recommendation

---

5.5.3 평균 제곱근 로그 오차 (RMSLE)

MSE의 또 다른 일반적인 변환은 **평균 제곱근 로그 오차**root mean squared log error (RMSLE)입니다. 여러 COVID-19 예측 대회에서 인기를 얻은 MCRMSLE는 RMSLE의 변종으로 대상이 여러 개 있을 때 각 대상의 RMSLE 값을 모아 열 단위 평균을 구한 값입니다. 다음은 RMSLE의 공식입니다.

$$RMSLE = \sqrt{\frac{1}{n} \sum_{i=1}^{n} (\log(\widehat{y_i} + 1) - \log(y_i + 1))^2}$$

공식에서 n은 예제의 수, y_i는 실측값, $\widehat{y_i}$는 예측을 의미합니다. 다른 제곱, 평균, 제곱근을 구하기 전에 예측과 실측값에 로그 변환을 적용하기 때문에 특히 둘 다 큰 수일 경우 예측과 실제값들 사이의 큰 차이에 페널티를 부과하지 않습니다. 다르게 말하면 RMSLE를 사용할 때 실측값 척도와 비교되는 예측값의 척도를 가장 주의해야 합니다. RMSE와 마찬가지로 회귀를 위한 머신러닝 알고리듬은 적합되기 전에 목표에 로그 변환을 적용해 (그리고 지수 함수로 그 효과를 반전시켜) RMSLE를 더욱 최적화합니다.

NOTE_ RMSLE를 지표로 사용한 최근 대회

- ASHRAE – 훌륭한 에너지 예측기 III^ASHRAE – Great Energy Predictor III
  https://www.kaggle.com/c/ashraeenergy-prediction

- 스탠퍼드 가치 예측^Santander Value Prediction
  https://www.kaggle.com/c/santander-value-prediction-challenge

- 메루카리 가격 제안^Mercari Price Suggestion
  https://www.kaggle.com/c/mercariprice-suggestion-challenge

- 스베르방크 러시아 주택 시장^Sberbank Russian Housing Market
  https://www.kaggle.com/olgabelitskaya/sberbank-russian-housing-market

- 리크루트홀딩스 레스토랑 방문자 예측^Recruit Restaurant Visitor Forecasting
  https://www.kaggle.com/c/recruit-restaurant-visitor-forecasting

현재까지는 RMSLE가 캐글 대회에서 가장 많이 사용된 평가 지표입니다.

5.5.4 평균 절대 오차(MAE)

평균 절대 오차^mean absolute error (MAE)는 예측과 목표 차의 절대값을 구한 것입니다. 다음은 MAE의 공식입니다.

$$MAE = \frac{1}{n} \sum_{i=1}^{n} \left| \widehat{y_i} - y_i \right|$$

공식에서 n은 예제의 수를, y_i는 실측값, $\widehat{y_i}$는 예측을 의미합니다. MAE는 (오차를 제곱하는 MSE와 달리) 특별히 이상값에 민감하지는 않습니다. 그래서 이상값이 존재하는 데이터 세트가 있는 많은 대회에서 평가 지표로 쓰입니다. 그리고 많은 알고리듬이 MAE를 직접 목적 함수

로 사용하므로 사용하기 쉽습니다. MAE를 사용하지 않을 경우 목표의 제곱근을 학습한 다음 예측을 제곱해서 간접적으로 최적화해야 합니다.

단점은 MAE를 목적 함수로 사용하면 수렴이 훨씬 느려진다는 것입니다. 이건 MSE의 최소화에 의해서 발생하는데 사실 평균(L2 놈^{norm}이라고도 불림) 대신 목표값의 중앙값(L1 놈이라고도 부름)을 예측하도록 최적화하기 때문입니다. 그 결과로 최적화를 위한 계산이 더 복잡해지기 때문에 훈련 사례의 수에 따라서 훈련 시간이 기하급수적으로 늘어날 수도 있습니다.[10]

> **NOTE_** MAE를 지표로 사용한 최근 대회
>
> • LANL 지진 예측LANL Earthquake Prediction
>
> `https://www.kaggle.com/c/LANLEarthquake-Prediction`
>
> • 비가 얼마나 내렸을까? IIHow Much Did It Rain? II
>
> `https://www.kaggle.com/c/how-much-didit-rain-ii`

앞서 ASHRAE 대회를 언급했지만 회귀 평가 측정은 예측 대회에도 매우 유용합니다. 최근에 열린 M5 예측 대회[11]가 있습니다. 다른 모든 M 대회$^{M\ competitions}$의 데이터도 공개되어 있으니 참고하세요. 예측 대회에 관심이 있다면 롭 하인드먼$^{Rob\ J\ Hyndman}$이 지금까지 열린 예측 대회를 정리한 글[12]을 추천합니다.

예측 대회가 회귀 대회와 아주 다른 평가를 요구하지는 않습니다. 예측 과제를 처리할 때 WRMSSE$^{Weighted\ Root\ Mean\ Squared\ Scaled\ Error}$[13]나 sMAPE$^{symmetric\ Mean\ Absolute\ Percentage\ Error}$[14]같이 일반적이지 않은 평가 지표가 나오기도 하지만 결국 목표값 변환으로 처리하는 일반적인 RMSE나 MAE의 변형일 뿐입니다.

---

10 `https://stackoverflow.com/questions/57243267/why-is-training-a-random-forest-regressorwith-mae-criterion-so-slow-compared-to`

11 The M5 forecasting competition. `https://mofc.unic.ac.cy/m5-competition`

12 `https://robjhyndman.com/hyndsight/forecasting-competitions`

13 `https://www.kaggle.com/c/m5-forecasting-accuracy/overview/evaluation`

14 `https://www.kaggle.com/c/demand-forecastingkernels-only/overview/evaluation`

5.6 분류를 위한 지표(레이블 예측과 확률)

회귀 문제의 지표들을 살펴보았으니 이제 분류 문제의 지표를 살펴보겠습니다. 먼저 (두 클래스 중 어느 쪽인지 예측해야 하는) 이진 분류 문제에서 시작해서 (2개 이상의 클래스가 있는) 다중 분류, (클래스가 겹치는) 다중 레이블 분류로 차례로 옮겨 가겠습니다.

5.6.1 정확도

이진 분류기의 성능을 분석할 때 가장 일반적이고 이해하기 쉬운 지표는 **정확도**accuracy입니다. 분류 오차misclassification error는 모델이 한 예제의 클래스를 잘못 예측하는 경우를 의미합니다. 정확도는 분류 오차를 보완하는 것일 뿐이고 정답 수를 답변 수로 나누어 계산합니다.

$$정확도 = \frac{정답\ 수}{총\ 답변\ 수}$$

> **NOTE_** 이 지표는 예측 텍스트가 실제 문자열과 일치할 경우에만 올바른 예측 점수를 얻는 다음과 같은 대회에서 활용되었습니다.
>
> - 카사바 잎 질병 분류Cassava Leaf Disease Classification
> https://www.kaggle.com/c/cassava-leaf-disease-classification
>
> - 텍스트 정규화 대회Text Normalization Challenge – English Language
> https://www.kaggle.com/c/text-normalization-challenge-english-language

정확도는 지표로서 모델이 예상대로 작동하는지 알려줍니다. 정확도는 실제 설정에서 모델의 성능이 효과적인지 중점적으로 확인합니다. 하지만 접근 방법이 실제로 얼마나 효과적인지 평가하고 비교하고 분명한 그림을 얻는 것이 목적이라면 정확도를 사용할 때 주의할 필요가 있습니다. 클래스가 (서로 다른 빈도를 가지고 있어서) 불균형하면 잘못된 결론으로 이어지기 때문입니다. 예를 들어 특정 클래스가 데이터를 10%만 구성하고 있다면, 높은 비중의 클래스만 예측하는 모델로도 90%의 정확성을 확보해 높은 정확도에도 불구하고 의미가 없는 수치입니다.

이런 문제를 어떻게 확인할까요? **혼동 행렬**confusion matrix을 사용하면 쉽습니다. 혼동 행렬에서는 행의 실제 클래스와 열의 예측된 클래스를 비교하는 이원분류표를 만듭니다. 사이킷런의 confusion_matrix 함수를 사용하면 간단히 만들어집니다.

```
sklearn.metrics.confusion_matrix(
    y_true, y_pred, *, labels=None, sample_weight=None,
    normalize=None
)
```

y_true와 y_pred 벡터만 제공해도 의미 있는 테이블을 반환받기에 충분하지만, 행/열 레이블, 샘플 가중치를 제공하고 실제 사례(행)나 예측된 사례(열) 혹은 전체 사례를 (합계가 1이 되도록 한계값을 설정해서) 정규화해 제공해도 좋습니다. 완벽한 분류 모델은 모든 사례가 혼동 행렬의 주대각선principal diagonal 위에 놓일 것입니다. 대각선 셀 중 하나에 사례가 얼마 없거나 아예 없는 경우는 예측 모델의 유효성에 심각한 문제가 있는 것으로 간주됩니다. 사이킷런에서 제공하는 그래프로 된 예제[15]로 혼동 행렬이 작동하는 방식을 확인하세요.

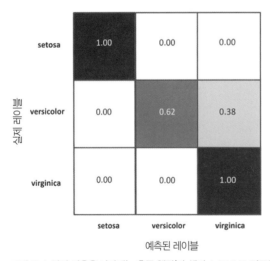

예측된 레이블

그림 5-1 일치 비율을 나타내는 혼동 행렬(각 셀이 1.00으로 정규화됨)

각 클래스가 가진 정확도를 고려하고 평균화하면 활용성이 개선되지만 정밀도와 재현율, F1 점수 같은 다른 지표에 의존하는 편이 유용합니다.

....

15 *https://scikit-learn.org/stable/auto_examples/model_selection/plot_confusion_matrix.html#sphx-glr-auto-examples-model-selection-plot-confusionmatrix-py*

5.6.2 정밀도와 재현율

정밀도와 재현율을 얻으려면 다시 혼동 행렬에서 시작해야 합니다. 우선 각 셀에 이름을 붙여야 합니다.

표 5-1 셀 이름과 혼동 행렬

		예측값	
		양성	음성
실제값	양성	참 양성(TP)	거짓 음성(FN)
	음성	거짓 양성(FP)	참 음성(TN)

각 셀의 정의는 다음과 같습니다.

- TP(참 양성true positives): 올바르게 양성으로 예측된 예제가 포함되는 왼쪽 상단에 위치해 있습니다.
- FP(거짓 양성false positives): 양성으로 예측되었지만 실제로는 음성인 예제가 포함되는 왼쪽 하단에 위치해 있습니다.
- FN(거짓 음성false negatives): 음성으로 예측되었지만 실제로는 양성인 예제가 포함된 오른쪽 상단에 위치해 있습니다.
- TN(참 음성true negatives): 올바르게 음성으로 예측된 예제가 포함되는 오른쪽 하단에 위치해 있습니다.

실제로 분류 모델이 어떻게 작동하며, 모델을 더 잘 조절할지 더 정확한 정보를 얻는 데 이 셀을 이용하면 좋습니다. 우선 쉽게 정확도 공식을 수정하겠습니다.

$$정확도 = \frac{(TP + TN)}{(TP + TN + FP + FN)}$$

첫 번째 정보 지표는 정밀도precision(또는 특이도specificity)입니다. 정밀도는 양성인 사례들의 정확도입니다.

$$정밀도 = \frac{TP}{TP + FP}$$

계산에는 오직 참 양성(TP) 수와 거짓 양성(FP) 수만 포함됩니다. 본질적으로 이 지표는 긍정을 예측할 때 얼마나 자주 정답을 맞히는지 알려줍니다.

신뢰도가 높은 사례만 양성으로 예측해서 점수를 높이겠습니다. 모델이 확실하다고 판단할 때만 양성 클래스를 예측하도록 만드는 것이 이 측정의 목적입니다.

하지만 양성을 가능한 한 많이 예측하는 것에 관심이 있다면 재현율(또는 적용 범위coverage, 민감도sensitivity, 참 양성 비율true positive rate) 지표 역시 살펴보아야 합니다.

$$재현율 = \frac{TP}{TP + FN}$$

재현율에서는 거짓 음성(FN)도 알아야 합니다. 정밀도와 재현율, 이 두 지표의 흥미로운 점은 사례 분류를 기반으로 하고 이 분류는 실제로는 확률(일반적으로 양성 클래스와 음성 클래스를 구분하는 임계값을 0.5로 설정)에 기반을 두고 있어 임계값을 변경하면 두 지표 중 하나를 희생해서 다른 하나를 개선합니다.

예를 들어 임계값을 높이면 정밀도가 높아지지만(분류 모델은 예측에 더 확신) 재현율이 떨어집니다. 만약 임계값을 낮춘다면 정밀도가 낮아지지만 재현율이 높아집니다. 이것은 **정밀도/재현율 트레이드오프**precision/recall trade-off라고 부릅니다.

이 트레이드오프를 자세히 알고 싶다면 사이킷런 홈페이지[16]를 참고하기 바랍니다. 이 자료는 **정밀도/재현율 곡선**precision/recall curve를 추적하고 필요에 맞게 두 측정값을 어떻게 교환할지 이해하는 데 도움을 줍니다.

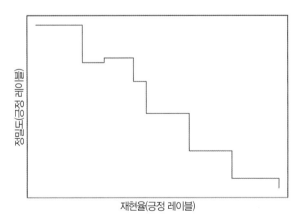

그림 5-2 두 클래스 정밀도-재현율 곡선과 그 특징적인 단계

16 https://scikitlearn.org/stable/auto_examples/model_selection/plot_precision_recall.html

정밀도/재현율 트레이드오프와 관련이 있는 지표는 평균 정밀도average precision입니다. 평균 정밀도는 (임계값을 1에서 0 사이에서 바꾸기 때문에) 0에서 1까지의 재현율 값이 갖는 평균 정밀도를 계산합니다. 평균 정밀도는 나중에 살펴볼 객체 탐지 관련 과제에서 매우 인기가 높습니다. 하지만 평균 정밀도는 태뷸러 데이터의 분류에서도 매우 유용합니다. 실제로 (데이터가 극도로 불균형해서) 매우 드문 클래스를 찾는 모델의 성능을 더 정확하게 모니터링할 때 유용합니다. 이런 사례는 이상 거래 탐지 문제[17]에서 자주 등장합니다.

5.6.3 F1 점수

이 시점에서 이미 정밀도나 재현율은 평가 지표로서는 이상적인 선택이 아니라는 것을 눈치채셨을 것입니다. 하나를 최적화하려면 다른 하나를 희생해야 하니까요. 이런 이유로 이 두 지표 중 하나만 사용하는 캐글 대회는 없습니다. (평균 정밀도에서처럼) 두 가지를 조합해야 합니다. 정밀도와 재현율의 조화 평균인 F1 점수F1 score가 일반적으로 가장 좋은 설루션으로 꼽힙니다.

$$F1 = 2 * \frac{정밀도 * 재현율}{정밀도 + 재현율}$$

F1 점수가 높아진다면 모델이 정밀도, 재현율, 또는 양쪽 모두에서 개선되었다는 의미입니다. 이 지표의 좋은 사용 예시는 쿼라의 불성실 질문 분류 대회[18]입니다.

일부 대회에서 F-베타 점수F-beta score도 사용하는데 정밀도와 재현율의 조화 평균에 가중치가 부과된 것입니다. 그리고 베타는 조합된 점수에서 재현율의 가중치를 결정합니다.

$$F_{\beta} = \frac{(1 + \beta^2) * 정밀도 * 재현율}{(\beta^2 * 정밀도 + 재현율)}$$

임계값과 분류 확률은 이미 소개했기 때문에 꽤 일반적으로 사용되는 분류 지표인 로그 손실과 ROC-AUC를 살펴보겠습니다.

---

17 http://gael-varoquaux.info/interpreting_ml_tuto/content/01_how_well/01_metrics.html#average-precision
18 Quora Insincere Questions Classification. https://www.kaggle.com/c/quora-insincere-questions-classification

5.6.4 로그 손실과 ROC-AUC

딥러닝 모델에서 교차 엔트로피cross-entropy로도 알려져 있는 **로그 손실**log loss에서 시작하겠습니다. 로그 손실은 예측된 확률과 실측 확률의 차입니다.

$$\text{로그 손실} = -\frac{1}{n} \sum_{i=1}^{n} \left[y_i \log\left(\widehat{y_i}\right) + (1 - y_i) \log\left(1 - \widehat{y_i}\right) \right]$$

위 공식에서 n은 예제의 수를, y_i는 i번째 사례의 실측값, $\widehat{y_i}$는 예측을 의미합니다.

대회에서 로그 손실을 사용하면 목표가 양성 클래스의 예제인 확률을 가능한 한 정확하게 추정하는 대회입니다. 실제로 꽤 많은 대회에서 로그 손실을 사용합니다.

- 딥페이크 탐지Deepfake Detection : *https://www.kaggle.com/c/deepfake-detection-challenge*
- 쿼라 질문 짝짓기Quora Question Pairs : *https://www.kaggle.com/c/quora-question-pairs*

ROC 곡선 또는 수신자 조작 특성 곡선receiver operating characteristic curve은 이진 분류 모델의 성능을 평가하거나 여러 모델을 비교하는 데 활용하는 도표 차트입니다. 이 지표는 ROC 곡선 다음으로 구분된 영역이기 때문에 ROC-AUC를 구성하는 요소입니다. ROC 곡선은 (양성으로 잘못 분류된 음성 사례들의 비율인) 거짓 양성 비율에 대비해 그려진 참 양성 비율(재현율)로 구성됩니다. 1에서 (올바르게 분류된 음성 예제들의 비율인) 참 음성 비율을 뺀 것과 같습니다. 다음에 몇 가지 예가 있습니다.

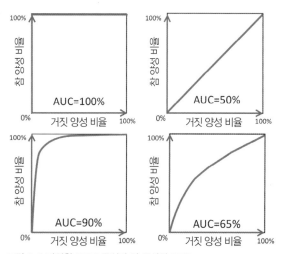

그림 5-3 다양한 ROC 곡선과 각 곡선의 AUC

이상적으로 성능이 좋은 분류 모델의 ROC 곡선은 거짓 양성 비율의 값이 낮고 참 양성 비율 (재현율)이 빠르게 상승해야 합니다. ROC-AUC가 0.9에서 1.0 사이라면 매우 좋은 모델로 간주됩니다.

성능이 나쁜 분류 모델은 [그림 5-3]의 오른쪽 위처럼 순전히 무작위 분류 모델의 성능을 나타내는 차트와 (동일하지는 않더라도) 매우 유사하게 나타난 대각선 모양의 ROC 곡선을 나타냅니다. 0.5에 가까운 ROC-AUC 점수는 거의 무작위 결과나 마찬가지입니다. 만약 여러 분류 모델을 비교하는 데 곡선 아래 면적^{area under the curve}(AUC)을 기준으로 사용한다면 해당 면적이 더 큰 모델이 더 성능 기준에 맞습니다.

만약 클래스가 균형을 갖추고 있거나 지나치게 불균형하지 않다면 AUC의 증가는 훈련된 모델의 효율성과 비례합니다. 이는 모델이 더 높은 확률로 참 양성을 판별하는 능력을 가져, 예시를 양성부터 음성까지 더 잘 정렬한다는 의미입니다. 하지만 양성 클래스가 드물다면 AUC는 매우 높게 시작하며 그 값이 증가해도 드문 클래스를 더 잘 예측하는 부분에 그렇게 큰 의미가 없게 됩니다. 이런 경우 앞서 언급한 것처럼 평균 정밀도가 더 도움이 되는 지표입니다.

> **NOTE_** AUC는 최근 꽤 많은 대회에서 사용되었습니다. 다음 세 대회를 참고할 것을 추천합니다.
>
> - IEEE-CIS 이상 거래 탐지^{IEEE-CIS Fraud Detection}
> https://www.kaggle.com/c/ieee-frauddetection
>
> - 뤼이드 답변 정확성 예측^{Riiid Answer Correctness Prediction}
> https://www.kaggle.com/c/riiidtest-answer-prediction
>
> - 직쏘 다국어 유해 댓글 분류^{Jigsaw Multilingual Toxic Comment Classification}
> https://www.kaggle.com/c/jigsaw-multilingual-toxic-comment-classification/

이를 다룬 논문[1]도 있으니 참고하세요.

5.6.5 매튜스 상관계수 (MCC)

매튜스 상관계수 ^{Matthews correlation coefficient}(MCC)를 마지막으로 이진 분류 지표의 개요를 마치고자 합니다. 매튜스 상관계수는 VSB 송전선 오류 탐지 대회[19]와 보쉬 생산라인 성과 대회[20]에

---

19 VSB Power Line Fault Detection. https://www.kaggle.com/c/vsb-power-line-fault-detection
20 Bosch Production Line Performance. https://www.kaggle.com/c/bosch-production-line-performance

서 활용된 바 있습니다.

MCC의 공식은 다음과 같습니다.

$$MCC = \frac{(TP \cdot TN) - (FP \cdot FN)}{\sqrt{(TP + FP) \cdot (TP + FN) \cdot (TN + FP) \cdot (TN + FN)}}$$

앞서 정밀도와 재현율을 살펴볼 때와 마찬가지로 위 공식에서 TP는 참 양성, TN은 참 음성, FP는 거짓 양성, FN은 거짓 음성을 나타냅니다. 상관계수는 +1(완벽한 예측)에서 −1(정반대 예측) 사이에 값을 갖습니다. 이 지표는 클래스 분포가 불균형할 때도 분류의 질을 측정하는 데 사용합니다.

꽤 복잡한 공식이지만 Jung이 정리한 방식[21]을 따라 단순화하겠습니다. Jung은 매우 모범적으로 접근해 평가 지표의 비율을 이해했습니다. 그가 재구성한 MCC는 다음과 같습니다.

$$MCC = (Pos_{precision} + Neg_{precision} - 1) \cdot PosNegRatio$$

공식의 각 요소는 다음과 같습니다.

$$Pos_{precision} = \frac{TP}{TP + FP}$$

$$Neg_{precision} = \frac{TN}{TN + FN}$$

$$PosNegRatio = \sqrt{\frac{PosPredictionCount \cdot NegPredictionCount}{PosLabelCount \cdot NegLabelCount}}$$

$$PosPredictionCount = TP + FP$$

$$NegPredictionCount = TN + FN$$

재구성한 공식은 원본과 비교하면 양성과 음성 클래스의 정밀도를 모두 개선하면 성능이 높아

---

21 https://www.kaggle.com/ratthachat/demythifying-matthew-correlation-coefficients-mcc

진다는 점을 명확히 나타냅니다. 하지만 이것만으로는 충분하지 않은데, 실측 값들과 비례하게 양성과 음성 예측을 해야 합니다. 그렇지 않을 경우 제출을 했을 때 큰 불이익을 받게 됩니다.

5.7 다중 분류를 위한 지표

다중 분류로 이동하려면 앞서 살펴본 이진 분류 지표를 사용하면 됩니다. 각 클래스에 적용한 후 멀티 클래스 상황에서 일반적으로 사용되는 평균화 전략을 사용해서 요약합니다.

F1 점수를 토대로 솔루션을 평가할 때 사용하는 평균화 전략은 세 가지입니다.

매크로 평균화macro averaging: 각 클래스의 F1 점수를 계산한 후 모든 결과의 평균을 구합니다. 이 방식에서는 클래스의 양성 사례가 얼마나 자주 나오는지, 각 클래스가 문제에 얼마나 중요한지에 관계없이 다른 클래스들과 마찬가지로 계산하므로 어떤 클래스든 성과가 좋지 않으면 같은 페널티를 받습니다.

$$macro = \frac{F1_{class1} + F1_{class2} + \cdots + F1_{classN}}{N}$$

마이크로 평균화micro averaging: 각 클래스의 기여도를 합산해 집계된 F1 점수를 계산합니다. 모든 계산은 각 클래스에 관계없이 이루어지기 때문에 특정 클래스에 더 유리하거나 불리하지 않습니다. 그래서 클래스의 불균형을 보다 정확히 설명합니다.

$$micro = F1_{class1 + class2 + \cdots + classN}$$

가중치 적용weighting: 매크로 평균화처럼 우선 각 클래스의 F1 점수를 계산합니다. 그런 다음 각 클래스의 참 레이블 수에 따라 달라지는 가중치를 사용해서 모든 F1 점수의 가중 평균을 구합니다. 이런 가중치 집합을 이용해 각 클래스의 양성 사례 빈도나 해당 클래스와 문제 사이 연관성을 확인합니다. 이 접근 방식은 클래스 수가 많은 경우 유용하며 계산에 가중치를 더 많이 부여합니다.

$$가중치 적용 = F1_{class1} \cdot W_1 + F1_{class2} \cdot W_2 + \cdots + F1_{classN} \cdot W_N$$

캐글 대회에서 마주칠 다중 클래스 지표는 다음과 같습니다.

- **다중 클래스 정확도**Multiclass accuracy (weighted): Bengali.AI 손글씨 문자소 분류 대회[22]
- **다중 클래스 로그 손실**Multiclass log loss (MeanColumnwiseLogLoss): 작용기전(MoA) 예측 대회[23]
- **매크로-F1**Macro-F1, **마이크로-F1**Micro-F1 (NQMicroF1): 리버풀 대학 이온 스위칭 대회[24], 인간 단백질 지도 이미지 분류 대회[25], 텐서플로우 2.0 질문 답변 대회[26]
- **평균-F1**Mean-F1: 샤피 가격 일치 보장 대회[27] (모든 예측된 행마다 F1 점수를 계산한 후 평균을 구하며, 매크로-F1은 클래스/레이블별 F1 점수 평균으로 정의됩니다)

나중에 서수 예측 문제의 평가 지표로 살펴볼 **이차 가중치 카파**quadratic weighted kappa도 있습니다. 가장 단순한 형태인 **코헨 카파 점수**Cohen kappa score는 예측값과 실측값 사이의 일치를 측정합니다. **어노테이션 일치도**inter-annotation agreement를 측정하려 만들어졌지만 훨씬 다재다능하고 더 좋은 활용법이 발견되었습니다.

어노테이션 일치도란 무엇일까요? 레이블링 과제를 하나 가정하겠습니다. 이미지를 보고 해당 이미지가 고양이 이미지인지 개 이미지인지 둘 다 아닌 이미지인지 분류해야 합니다. 몇 사람에게 해당 작업을 요청하면 레이블이 잘못 붙는 경우가 있습니다. (이런 과제에서는 심사원judge이라고 불리는) 누군가가 개를 고양이로 잘못 보거나 고양이를 개로 잘못 보는 일이 벌어지기 때문입니다. 이 작업을 제대로 처리하는 방법은 여러 심사원이 같은 사진에 레이블을 달도록 일을 나누고 코헨 카파 점수에 기반해서 일치도의 수준을 측정하는 것입니다.

코헨 카파는 레이블링(분류) 문제에서 두 어노테이션 사이의 일치 수준을 나타내는 점수로 고안되었습니다.

$$k = (p_0 - p_e) / (1 - p_e)$$

식에서 p_0는 평가자 간에 상대적으로 관찰된 일치이고 p_e는 우연히 일치할 가상의 확률입니다. 혼동 행렬의 명명법을 활용하여 식을 다시 쓰면 다음과 같습니다.

---

22 Bengali.AI Handwritten Grapheme Classification. *https://www.kaggle.com/c/bengaliai-cv19*

23 Mechanisms of Action (MoA) Prediction. *https://www.kaggle.com/c/lish-moa*

24 University of Liverpool-Ion Switching. *https://www.kaggle.com/c/liverpool-ion-switching*

25 Human Protein Atlas Image Classification. *https://www.kaggle.com/c/human-protein-atlas-image-classification*

26 TensorFlow 2.0 Question Answering. *https://www.kaggle.com/c/tensorflow2-questionanswering*

27 Shopee-Price Match Guarantee. *https://www.kaggle.com/c/shopee-productmatching*

$$k = \frac{2 \cdot (TP \cdot TN - FN \cdot FP)}{(TP + FP) \cdot (FP + TN) + (TP + FN) \cdot (FN + TN)}$$

이 공식은 점수가 우연히 일치할 경험적 확률을 고려하므로 측정값은 최적 분류에 보정이 적용된다는 점이 특이합니다. 지표는 심사 결과가 완전히 일치한다는 의미의 1부터 판단이 완전히 반대된다는 의미의 −1 사이의 값으로 정해집니다. 0 근처의 값일 경우 이 심사 결과의 일치 또는 불일치는 우연에 불과하다는 의미입니다. 이를 통해 모델이 대부분의 상황에서 무작위로 찍는 것보다 나은 성능을 보이는지 확인할 수 있습니다.

5.8 객체 탐지를 위한 지표

최근 몇 년간 딥러닝 대회가 점점 더 많아졌습니다. 대부분의 대회는 이미지 인식과 자연 언어 처리 과제에 초점을 두었고 이미 살펴본 지표 외에 크게 다른 평가지표가 요구되지 않았습니다. 하지만 객체 탐지와 분할 관련 문제는 제대로 된 평가를 위해 특별한 지표를 요구했습니다.

분류 + 위치 식별(고양이)

객체 검출(개, 고양이)

그림 5-4 컴퓨터 비전 과제
(출처: *https://cocodataset.org/#explore?id=38282*, *https://cocodataset.org/#explore?id=68717*)

객체 탐지object detection는 이미지를 분류할 필요는 없지만 대신 사진에서 객체가 있는 부분을 찾고 그에 맞춰서 레이블을 지정해야 합니다. 예를 들어 [그림 5-4]에서 객체 탐지 분류 모델은 사진에서 개나 고양이가 있는 부분을 찾고 각각 적절한 레이블로 분류합니다. 왼쪽 예시는 직사각형 상자(**경계 상자**^{bounding box})를 이용해 고양이의 위치를 식별합니다. 오른쪽 예시는 사진에서 다수의 고양이와 개가 경계 상자에 의해 탐지되고 제대로 분류되는지를 표기합니다(상자는 고양이, 빗금친 상자는 개를 표시합니다).

> **NOTE_** 객체 탐지에서는 객체의 공간적인 위치를 나타낼 때 객체가 놓이는 직사각형 영역을 나타내는 경계 상자를 사용합니다. 경계 상자는 일반적으로 왼쪽 상단과 오른쪽 하단의 두 (x, y) 좌표를 사용해서 특정됩니다. 머신러닝 알고리듬의 측면에서 경계 상자의 좌표를 찾는 일은 회귀 문제를 여러 목표값에 적용하는 것과 같습니다. 하지만 뼈대부터 세우기보다 R–CNN(*https://arxiv.org/abs/1703.06870*), *RetinaNet*(*https://arxiv.org/abs/2106.05624v1*), FPN(*https://arxiv.org/abs/1612.03144v2*), YOLO(*https://arxiv.org/abs/1506.02640v1*), Faster R–CNN(*https://arxiv.org/abs/1506.01497v1*), SDD(*https://arxiv.org/abs/1512.02325*)처럼 미리 구축되고 사전 훈련까지 된 모델을 사용하길 추천합니다.

분할^{segmentation}에서는 픽셀 수준에서 분류를 진행하므로 320x200의 이미지가 있는 경우 실제로는 64000 픽셀을 분류해야 합니다. 과제에 따라 사진의 모든 픽셀을 분류해야 하는 시맨틱 분할^{semantic segmentation}과 특정 유형의 관심 객체를 나타내는 픽셀만 분류하면 되는 인스턴스 분할^{instance segmentation}(그림 5–5의 고양이)을 활용합니다.

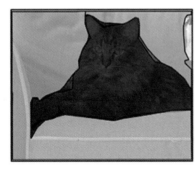 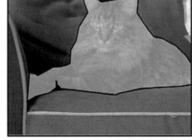

시맨틱 분할(고양이와 소파를 분할) 인스턴스 분할(고양이만 분할)

그림 5-5 같은 이미지에 시맨틱 분할과 인스턴스 분할을 적용한 결과
(출처: *https://cocodataset.org/#explore?id=338091*)

이런 과제에 사용하는 특정 지표를 살펴보겠습니다. 우선 두 문제 모두에서 잘 작동하는 지표가 있습니다. 모두 사진에서 (객체 탐지에서는 정사각형, 분할에서는 다각형으로 된) 전체 영역을 예측해야 하고 마찬가지로 영역으로 표현된 실측값과 비교합니다. 분할에서 사용하기 가

장 쉬운 지표는 **픽셀 정확도**pixel accuracy입니다. 픽셀 정확도는 이름 그대로 픽셀 분류의 정확도지만 그렇게 훌륭한 지표는 아닙니다. 이진 및 다중 클래스 문제의 정확도와 마찬가지로 관련 픽셀이 이미지의 많은 부분을 차지하지 않으면 점수가 좋게 나옵니다(다수인 것만 예측하므로 분할한 것이 아닙니다).

그래서 특히 대회에서 더 많이 사용된 두 지표가 **IoU**와 **다이스 계수**입니다.

5.8.1 IoU

IoUIntersection over union는 **자카드 지수**Jaccard index라고도 알려져 있습니다. 분할 문제에서 IoU를 사용하면 두 이미지를 비교한다는 의미입니다. 하나는 예측이고 다른 하나는 실측값을 드러내는 마스크입니다(보통은 실측값을 나타내는 1과 그렇지 않은 0으로 구성된 이진 행렬입니다). 객체가 여러 개라면 각 객체마다 클래스로 레이블이 지정된 마스크가 제공됩니다.

객체 탐지 문제에서 IoU를 활용하면, 꼭지점 좌표로 표현된 두 직사각형 영역(예측값과 실측값)의 경계를 가지게 됩니다. 분류된 각 클래스에 예측값과 실측값의 마스크가 겹쳐진 부분의 넓이를 계산하고 이 값을 예측값과 실측값의 합집합 넓이로 나눕니다. 이러한 방식으로 계산했을 때 실제보다 더 큰 영역을 예상(분모가 더 큼)하거나 실제보다 더 작은 영역(분자가 더 큼)을 예상했다면 페널티를 받습니다.

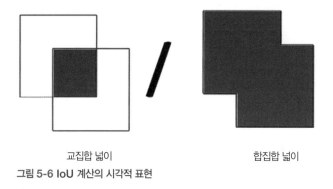

교집합 넓이   합집합 넓이

그림 5-6 IoU 계산의 시각적 표현

[그림 5-6]은 계산을 시각적으로 표현했습니다. 사각형이 더 많이 겹치는 상황을 상상하면 예측값이 심지어 실측값을 초과할 때(합집합 영역이 더 커짐) 이 지표가 설루션에 어떻게 효율적으로 페널티를 주는지 이해될 겁니다.

5.8.2 다이스

다른 유용한 지표로 다이스 계수가 있습니다. **다이스 계수**^{Dice coefficient}는 예측값과 실측값이 겹치는 면적에 2를 곱하고 이 값을 예측값과 실측값 면적의 합으로 나눕니다.

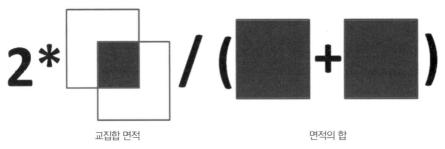

그림 5-7 다이스 계산의 시각적 표현

자카드 지수와 달리 이 경우는 분모에서 예측값과 실측값의 교집합 면적을 빼지 않습니다. 대신 겹치는 부분의 넓이가 최대가 되면 올바른 면적 크기를 예측한 것으로 생각합니다. 마찬가지로 예측값이 예측해야 할 값보다 크면 페널티를 받게 됩니다. 사실 두 지표는 긍정적인 상관관계에 있으며 단일 분류 문제에서 거의 같은 결과를 생성합니다.

차이는 다중 클래스 작업을 할 때 발생합니다. IoU와 다이스 계수 모두 다중 클래스를 가지고 있으면 모든 결과의 평균을 냅니다. 하지만 이렇게 할 때 IoU 지표는 단일 클래스 예측이 틀렸을 때 전체 평균에 더 많은 페널티를 주는 경향이 있습니다. 반면 다이스 계수는 더 관대하게 평균 성능을 나타내는 경향이 있습니다.

IoU와 다이스는 더 복잡한 분할과 객체 탐지 지표의 기반을 구성합니다. IoU 또는 다이스에 적절한 임계값(보통 0.5)을 선택한다면 탐지 확정 여부를 결정해 분류가 가능해집니다. 현재는 Pascal VOC[28]나 COCO[29]와 같이 유명한 객체 탐지나 분할 대회에서 사용한 정밀도나 재현율, F1 같은 분류를 위한 지표도 있습니다.

5.9 다중 레이블 분류와 추천을 위한 지표

추천 시스템은 데이터 분석과 머신러닝의 인기 있는 응용 분야로 캐글에서도 추천 접근 방식을 활용한 대회가 꽤 많이 개최됩니다. 예를 들면 퀵 드로우! 낙서 인식 대회[30]는 추천 시스템으로 평가된 대회였습니다. 다른 일부 대회에서는 실제로 효율적인 추천 시스템을 구축하려 노력했습니다(익스피디아 호텔 추천 대회[31]). 그리고 추천 시스템 콘퍼런스인 RecSYS[32]는 연례 콘테스트를 캐글에서 개최하기도 했습니다.

---

28 http://host.robots.ox.ac.uk/pascal/VOC/voc2012

29 https://cocodataset.org

30 Quick, Draw! Doodle Recognition Challenge. https://www.kaggle.com/c/quickdraw-doodle-recognition

31 Expedia Hotel Recommendations. https://www.kaggle.com/c/expedia-hotel-recommendations

32 https://recsys.acm.org

MAP@{K}[mean average precision at k]는 일반적으로 추천 시스템의 성과를 평가하는 지표로 선택됩니다. 추천 시스템을 구축하거나 문제 접근 방식으로 활용하는 모든 대회에서 마주치는 가장 일반적인 지표입니다.

P@K[precision at k], **AP@K**[average precision at k] 같은 다른 지표도 있습니다. 이 지표는 손실 함수로 각 단일 예측의 수준을 계산합니다. 두 지표가 가진 원리를 잘 이해하면 MAP@K라는 지표와 이 지표는 어떻게 추천과 다중 레이블 분류 양쪽에서 성능을 내는지도 이해하게 됩니다.

실제로 추천 시스템과 유사하게 다중 레이블 분류는 일련의 클래스 예측을 출력합니다. 이런 결과는 일부 이진 분류 지표의 평균을 사용해서 평가합니다. 그리스 미디어 모니터링 다중 분류 대회(WISE2014)[33]는 평균 F1 점수[mean F1 score]를 사용했습니다. 또한 추천 시스템에서 더 일반적인 MAP@K 같은 지표도 사용합니다. 결국은 추천과 다중 레이블 예측을 순위 과제로 처리하게 됩니다. 이는 추천 시스템에서 순위가 매겨진 추천의 집합으로 바뀌고 다중 레이블 분류에서는 (정확한 순서가 없는) 레이블 집합이 됩니다.

5.9.1 MAP@{K}

MAP@K는 매우 복잡한 식으로 많은 계산을 통해 유도됩니다. 가장 단순한 구성 요소인 P@K부터 시작해서 MAP@K 지표까지 살펴보겠습니다. 이 경우 예측은 (가능성이 높은 순서대로) 순위가 매겨진 예측이므로 함수는 상위 k개의 예측만 실측값과 얼마나 많은 일치 항목이 있는지 계산하고 그 수를 k로 나눕니다. 간단히 말해서 예측 k개만 평균을 낸 정확도 측정과 상당히 유사합니다.

AP@K[average precision at k]는 계산 면에서 복잡하지만 개념 자체는 간단합니다. AP@K는 1에서 k까지의 모든 P@K 값을 계산한 P@K의 평균입니다. 이러한 방식으로 지표는 먼저 최상위 예측, 다음은 상위 2개 예측, 이런 식으로 상위 K개 예측까지 이용해서 전체적으로 얼마나 잘 작동하는지를 평가합니다.

마지막으로 MAP@K는 예측된 모든 샘플에서 구한 AP@K의 평균이고 평가에서 모든 예측을 포함하므로 지표입니다. 다음은 '익스피디아 호텔 추천' 대회에서 사용된 MAP@5 공식입니다.

---

33 Greek Media Monitoring Multilabel Classification. *https://www.kaggle.com/c/wise-2014*

$$MAP@5 = \frac{1}{|U|} \sum_{u=1}^{|U|} \sum_{k=1}^{min(5,n)} P(k)$$

공식에서 $|U|$는 사용자 추천 수이고 $P(k)$는 k개로 잘린 정밀도, n은 예측된 호텔 클러스터의 수입니다(각 추천에서 5개의 호텔을 예측합니다). 분명 설명에 비해서 조금 더 힘들겠지만 공식을 보면 MAP@K는 모든 예측에서 구한 AP@K 평가의 평균입니다.

다양한 회귀와 분류의 지표로서 여러 특정 지표의 개요를 살펴보았으니 이제는 캐글 대회에서 지표를 어떻게 처리할지 이야기할까요?

5.10 평가 지표 최적화

지금까지의 내용을 요약하자면 목적 함수는 학습 알고리듬 안에서 알고리듬 내부의 모델이 제공된 데이터에 얼마나 잘 적합되었는지 측정하는 역할을 하는 함수입니다. 또한 목적 함수는 학습을 반복하는 동안 더 잘 적합하도록 알고리듬에 피드백을 제공합니다. 모든 알고리듬의 활동은 목적 함수에 기반해서 더 좋은 성과를 내려고 선택하기에 만약 캐글 평가 지표가 알고리듬의 목적 함수와 완벽하게 일치한다면 최상의 결과를 얻습니다.

아쉽게도 그런 일이 자주 있지는 않습니다. 제공된 평가 지표는 종종 기존의 목적 함수로만 근접합니다. 좋은 근사치를 얻거나 평가 기준에 맞춰 더 좋은 예측 성과를 얻도록 노력하는 것이 캐글 대회에서 좋은 성과를 내는 비결입니다 목적 함수가 평가 지표에 맞지 않을 경우 몇 가지 대안이 있습니다.

1. 학습 알고리듬을 수정해 평가 지표와 일치하는 목적 함수를 포함하게 합니다. 물론 모든 알고리듬에서 가능한 일은 아닙니다(예를 들어 LightGBM과 XGBoost 같은 알고리듬에는 사용자가 정의한 목적 함수를 허용하지만 대부분의 사이킷런 모델은 허용하지 않습니다).
2. 모델의 하이퍼파라미터를 조절해 평가 지표를 사용할 때 가장 좋은 성과를 내는 것으로 바꿉니다.
3. 평가 기준에 더 잘 맞도록 후처리를 합니다. 예를 들면 예측값을 변환하는 최적화 함수를 코딩하는 방법이 있습니다. 이번 장 끝부분에서 다루는 확률 보정 알고리듬probability calibration algorithms이 한 예입니다.

대회 지표를 머신러닝 알고리듬에 포함시키면 실제로 더 나은 예측을 달성하는 가장 효율적인 방법이지만 대회 지표를 목적 함수로 사용하도록 해킹하는 알고리듬은 많지 않습니다. 따라서 두 번째 접근 방법이 더 일반적인데 많은 대회에서 결국 평가 지표 상에서 모델이 성과를 내는 최적의 하이퍼파라미터를 찾다가 끝나는 경우가 많습니다.

이미 평가 함수를 코딩했다면 올바른 교차검증을 하거나 적절한 테스트 세트를 선택하는 것이 핵심적인 역할을 합니다. 만약 아직 코딩한 함수가 없다면 우선 캐글이 제공하는 공식을 따라 적절하게 코딩해야 합니다.

다음 내용을 실행에 옮기면 차이가 생깁니다.

- 평가 지표와 이를 코딩한 함수와 관련된 정보를 검색엔진에서 검색
- 가장 일반적인 패키지 탐색(사이킷런[34], 텐서플로[35])
- 깃허브 프로젝트 탐색(벤 해머[Ben Hammer]의 지표 프로젝트[36])
- 현재 대회나 비슷한 대회와 관련된 포럼이나 공개된 캐글 노트북에서 질문하거나 검색
- 앞서 소개했던 메타 캐글 데이터 세트[37]의 대회 테이블에서 같은 평가 지표를 사용한 다른 대회를 찾아 즉시 유용한 코드와 시도할 아이디어를 찾습니다.

평가 지표가 알고리듬의 목적 함수와 일치하지 않을 때 선택할 대안을 자세히 알아볼까요? 사용자 정의 지표로 시작하겠습니다.

5.10.1 사용자 정의 지표와 사용자 정의 목표 함수

목적 함수가 평가 지표와 일치하지 않을 때 첫 번째 선택지가 사용자 정의 목적 함수를 만들어 이 문제를 해결한다고 배웠지만 특정 목적 함수를 포함하도록 수정되는 알고리듬은 소수에 불과합니다.

좋은 소식은 수정을 허용하는 소수의 알고리듬이 캐글 대회나 데이터 과학 프로젝트에서 가장 효율적이라는 점입니다. 물론 직접 목적 함수를 만들기가 어렵게 느껴질 수도 있습니다. 하지만 대회에서 점수를 얻는 데 매우 효율적인 접근 방법입니다. 예를 들면 XGBoost, CatBoost, LightGBM 같은 그레이디언트 부스팅 알고리듬이나 텐서플로나 파이토치를 기반으로 한 딥러닝 모델에는 이 옵션이 있습니다.

------

34 *https://scikitlearn.org/stable/modules/model_evaluation.html#model-evaluation*
35 *https://www.tensorflow.org/api_docs/python/tf/keras/losses*
36 *https://github.com/benhamner/Metrics*
37 *https://www.kaggle.com/kaggle/meta-kaggle*

텐서플로나 파이토치에서 사용자 정의 지표나 목적 함수를 사용하는 방법은 다음 튜토리얼을
참고하기 바랍니다.

- https://towardsdatascience.com/custom-metrics-in-keras-and-how-simple-they-are-to-use-in-tensorflow2-2-6d079c2ca279
- https://petamind.com/advanced-keras-custom-loss-functions/
- https://kevinmusgrave.github.io/pytorch-metric-learning/extend/losses/

여기서는 기본 함수 템플릿과 사용자 정의 목적 함수, 평가 함수를 코딩하는 유용한 방법을 소
개합니다.

> **TIP** 캐글러 RNA는 다양한 대회에서 등장한 텐서플로와 파이토치의 광범위한 사용자 정의 손실 함수를 정리한 노
> 트북[38]을 공유했습니다. 문제 해결에 필요한 사용자 정의 목적 함수를 확인하세요.

LightGBM, XGBoost, CatBoost에서 각 문서에 표시된 대로 사용자 정의 손실 함수를 만들
려면 예측값과 실측값을 입력받고 그레이디언트^{gradient}와 헤시안^{hessian}을 반환하는 함수를 코딩
해야 합니다.

> **NOTE_** 그레이디언트와 헤시안이 무엇인지 더 잘 이해하고 싶다면 다음 포스트를 참고하세요.
>
> https://stats.stackexchange.com/questions/231220/how-to-compute-the-gradient-and-hessian-of-logarithmic-lossquestion-is-based

코드 구현 관점에서는 함수만 생성하면 됩니다. 만약 예측된 레이블과 실제 레이블의 벡터 외
에 더 많은 파라미터를 전달해야 하는 경우는 클로저를 사용합니다. 다음은 초점 손실$^{focal\ loss}$ 함
수(손실 계산에서 소수 클래스에 큰 가중치를 주는 것을 목표로 하는 손실 함수[ii])의 간단한 예
제입니다. 사용자 정의 함수의 모델로 사용하겠습니다.

```
from scipy.misc import derivative
import xgboost as xgb

def focal_loss(alpha, gamma):
    def loss_func(y_pred, y_true):
```

---

38 https://www.kaggle.com/bigironsphere/loss-function-library-keras-pytorch/notebook

```
        a, g = alpha, gamma
        def get_loss(y_pred, y_true):
            p = 1 / (1 + np.exp(-y_pred))
            loss = (-(a * y_true + (1 - a)*(1 - y_true)) *
                    ((1 - (y_true * p + (1 - y_true) *
                    (1 - p)))**g) * (y_true * np.log(p) +
                    (1 - y_true) * np.log(1 - p)))
            return loss
        partial_focal = lambda y_pred: get_loss(y_pred, y_true)
        grad = derivative(partial_focal, y_pred, n=1, dx=1e-6)
        hess = derivative(partial_focal, y_pred, n=2, dx=1e-6)
        return grad, hess
    return loss_func

xgb = xgb.XGBClassifier(objective=focal_loss(alpha=0.25, gamma=1))
```

위 코드에는 새로운 비용 함수 focal_loss가 정의되어 있는데 이 함수는 XGBoost 인스턴스의 객체 파라미터로 입력됩니다. 초점 손실이 문제에서 제대로 작동하려면 일부 파라미터를 지정해야 하므로 예시를 살펴보겠습니다(alpha와 gamma). 함수를 직접 코딩해서 값을 입력한 솔루션은 단순하지만 바람직하지 않은데, 모델을 조절할 때 체계적으로 바꿔야 하기 때문입니다. 대신 제시된 함수에서는 focal_loss 함수에 파라미터를 입력하면 XGBoost로 반환되는 loss_func 함수가 참조합니다. 따라서 반환된 비용 함수는 처음에 정의한 alpha와 gamma를 참조해 작동됩니다.

또, 예시에서 흥미로운 점은 사이파이SciPy의 도함수로 비용 함수의 그레이디언트와 헤시안을 정말 쉽게 계산한다는 점입니다. 비용 함수가 미분 가능하다면 직접 계산하게 될까 걱정할 필요가 없습니다. 하지만 사용자 정의 목적 함수를 만들고 목적에 맞게 제대로 동작하는지 확인하려면 일정 수준 이상의 수학적 지식과 꽤 많은 노력을 필요로 합니다. 맥스 할포드Max Halford는 LightGBM 알고리듬을 위해 초점 함수를 구현하면서 경험한 어려움과 이를 극복한 방법[39]을 공유했습니다. 어려움을 이겨내고 사용자 정의 손실을 생각해 낸다면 모델에서 최대의 결과를 이끌어내야 하는 캐글 대회에서 성공하는 데 결정적인 역할을 할 것입니다.

만약 목적 함수를 제대로 구축하지 못했다면 욕심을 살짝 낮춰 최적화 함수로 사용되는 목적 함수를 구축하는 대신 함수를 사용자 정의 평가 지표로 코딩해보세요. 비록 모델이 이 함수에

---

39 https://maxhalford.github.io/blog/lightgbm-focal-loss

의해서 직접적으로 최적화되지는 않겠지만 이 함수를 기반으로 하이퍼파라미터를 최적화해서 예측 성과를 향상합니다. 이것이 앞 절에서 이야기했던 두 번째 선택지입니다.

이것만 기억하세요. 만약 지표를 밑바닥부터 작성한다면 때로는 함수가 제대로 작동하도록 특정 코드 규약code conventions을 따라야 할 수도 있습니다. 예를 들어 사이킷런을 사용한다면 make_scorer를 사용해서 함수를 변환해야 합니다. make_scorer 함수는 평가 함수를 사이킷런 API와 함께 동작하기에 변환하는 래퍼wrapper입니다. make_scorer는 최적화의 방향성을 고려하면서 함수를 래핑합니다. 이 과정에는 확률 추정과 예측의 사용 여부와 예측을 위한 임계값 지정 여부, 반환되는 점수의 최대/최소화 여부를 결정합니다.

```
from sklearn.metrics import make_scorer
from sklearn.metrics import average_precision_score

scorer = make_scorer(average_precision_score,
            average='weighted', greater_is_better=True, needs_proba=False)
```

위 예시에서는 APaverage precision 지표를 기반으로 한 scorer를 준비하고 다중 분류 문제를 처리할 때 가중된 계산을 쓰도록 지정합니다.

> **NOTE_** 평가 지표를 최적화할 때 그리드 서치나 랜덤 서치를 적용하기도 하지만 베이지언 최적화Bayesian optimization같이 더 복잡한 최적화 방법을 적용하고 알고리듬이 다른 비용 함수와 함께 작동할 때도 평가 지표에 최적의 성과를 내는 파라미터 집합을 찾는 방법도 있습니다. 모델 검증을 살펴본 다음 어떻게 파라미터 최적화를 가장 잘 처리하고 캐글 대회에서 최고의 결과를 얻는지 알아보겠습니다. 이 장에서는 태뷸러 데이터 문제 처리를 중심으로 확인하겠습니다.

5.10.2 예측 후처리

후처리 조율은 예측이 어떤 함수에 의해서 더 좋은 평가를 제공하도록 변환된다는 의미입니다. 평가 지표를 위한 사용자 정의 손실 또는 최적화를 구축한 다음 예측에 평가 지표의 특성을 활용하는 특정 함수를 적용해 결과를 개선했습니다. 이중 가중치 카파를 예로 들어보겠습니다. 앞서 이 지표가 서수 값 예측을 처리할 때 유용하다고 언급했습니다. 요약하면 원래 카파 계수는 알고리듬과 실측값 사이의 우연의 일치를 보정한 지수입니다. 이것은 예측과 실측값이 운이 좋아서 일치할 확률로 보정되는 일종의 정확도 측정입니다.

다음은 원래 카파 계수입니다.

$$k = (p_0 - p_e) / (1 - p_e)$$

공식에서 p_0는 평가자들 사이에서 상대적으로 관찰된 일치며, p_e는 우연히 일치할 가상의 확률입니다. 여기서 두 가지 지표가 필요합니다. 하나는 관찰된 점수, 다른 하나는 우연히 일치할 확률을 기반해서 예측된 점수입니다. 카파 계수에 가중치가 부여되면 가중치 행렬도 고려해서 공식은 다음과 같이 바뀝니다.

$$k = (p_0 - p_e) / (1 - p_p)$$

행렬 p_p는 오류에 가중치를 다르게 부여한 페널티가 적용됩니다. 이 지표는 예측값이 실측값에서 많이 벗어날 경우 더 심하게 페널티를 부여해 서수 예측에 매우 유용합니다. 결과값인 k를 제곱해서 2차식 꼴로 사용하면 더욱 강한 페널티를 부과하는 효과를 냅니다. 하지만 손실 함수로 구현하기 어렵기에 이런 지표를 최적화하기란 정말 쉽지 않지만 후처리가 도움을 줍니다.

PetFinder.my 입양 예측 대회[40]를 예시로 설명하겠습니다. 이 대회는 결과를 (0, 1, 2, 3, 4)의 5가지로 평가하고 분류나 회귀를 사용해 처리했습니다. 회귀를 사용할 때 회귀 출력의 후처리 변환은 이차 가중치 카파 지표로 측정한 모델의 성능을 향상시키고 분류에서 직접 출력되는 이산 예측보다 나은 결과를 얻었습니다. PetFinder 대회에서 후처리는 최적화 과정으로 구성되었습니다. 최적화 과정은 회귀 결과를 정수로 변환하는 것으로 시작했고 처음에는 경계 [0.5, 1.5, 2.5, 3.5]를 임계값으로 사용하고 성능을 극대화하는 더 좋은 경계 집합을 찾으려 미세 조정을 반복했습니다. 경계의 미세 조정에는 넬더-미드 알고리듬Nelder-Mead algorithm에 기반한 사이파이의 `optimize.minimize` 같은 최적화 함수의 계산이 필요합니다. 최적화 함수에 의해 발견된 경계는 교차검증 계획으로 검증되었습니다. 대회 기간 중에 아비섹 타쿠르Abhishek Thakur가 직접 쓴 글[41]에서 이 후처리를 자세히 설명했습니다.

---

40 PetFinder.my Adoption Prediction. *https://www.kaggle.com/c/petfinder-adoption-prediction*

41 *https://www.kaggle.com/c/petfinder-adoption-prediction/discussion/76107*

아쉽게도 후처리는 사용하는 지표(좋은 후처리를 고안하려면 지표를 이해해야 함)와 데이터에 크게 의존합니다. 그 예시로 시계열 데이터나 누수가 있습니다. 따라서 어떤 과정도 일반화를 통해 모든 대회에서 적합한 후처리로 활용하기 어렵습니다. 그렇지만 대회에서 항상 이런 가능성을 인지하도록 후처리 결과가 주는 긍정적인 힌트에 주의를 기울이세요. 언제나 이전에 열린 유사 대회나 (누군가 후처리를 주제로 이야기를 꺼낼 것이므로) 포럼 토론에서 후처리의 힌트를 찾아야 합니다.

예측된 확률과 조정

지표 최적화(예측의 후처리) 이야기를 마무리하며 올바른 확률을 예측해야 하는 상황에서 사용하는 알고리듬이 제대로 동작하고 있는지 확신하지 못하는 경우를 가정하겠습니다. 앞서 자세히 살펴본 것처럼 분류 확률은 이진 분류 문제와 다중 분류 문제 모두에 영향을 미칩니다. 그리고 일반적으로 이진 또는 다중 클래스 각각 버전의 (교차 엔트로피 손실이라고도 불리는) 로그 손실을 사용해서 평가합니다. 더 자세한 내용은 5.6절과 5.7절을 참조하세요.

하지만 로그 손실을 평가하고 최적화한다고 충분하지 않습니다. 모델로 정확한 확률적 예측을 달성하려면 다음과 같은 문제를 특히 주의해야 합니다.

- 진짜 확률적 추정을 반환하지 않는 모델들
- 문제에서 분포가 불균형한 클래스
- 훈련 데이터와 테스트 데이터에서 다른 클래스 분포(공개 리더보드와 비공개 리더보드 양쪽)

첫 번째 문제만으로도 모델의 불확실성 관점에서 분류 예측의 질을 확인하고 검증해야 할 이유가 됩니다. 심지어 많은 알고리듬이 predict_proba 메서드와 함께 사이킷런 패키지에서 제공돼도 사실 이것이 진짜 확률을 반환한다는 것을 보장하지는 못합니다.

태뷸러 데이터를 모델링하는 많은 효율적인 방법의 기초가 되는 의사결정 트리^{decision tree}를 예로 들어볼까요? 의사결정 트리[42]에 의해서 출력되는 확률은 말단 노드를 기반으로 합니다. 즉 예측할 사례가 포함된 말단 노드의 클래스 분포에 의존하게 됩니다. 만약 트리가 완전히 자랐다면 사례는 다른 사례들과 함께 매우 작은 말단 노드에 있을 가능성이 높습니다. 따라서 예측된 확률은 매우 높습니다. 만약 `max_depth`, `max_leaf_nodes`, `min_samples_leaf` 같은 파라미터를 바꾸면 결과값인 확률은 트리의 성장에 따라서 높은 값과 낮은 값 사이에서 매우 심하게 변할 것입니다. 의사결정 트리는 배깅bagging 모델이나 랜덤 포레스트random forests 같은 앙상블과 (고성능 구현인 XGBoost, LightGBM, CatBoost를 포함하는) 그레이디언트 부스팅 같은 부스팅 모델들의 가장 일반적인 기초 모델입니다. 하지만 (확실한 확률적 추정을 기반으로 하지 않은 확률적 추정이라는) 동일한 이유로 이 문제는 서포트 벡터 머신support-vector machines과 k-최근접 이웃k-nearest neighbors과 같이 일반적으로 사용되는 다른 많은 모델에도 영향을 미칩니다. 이러한 문제는 오토 그룹 제품 분류 대회[43]에서 크리스토프 부기뇽Christophe Bourguignat과 몇 사람이 언급[44]하기 전에는 대부분의 캐글러가 알아내지 못했습니다. 이는 당시 보정 함수calibration function를 사용해서 쉽게 해결했으며 최근에는 사이킷런에도 추가되었습니다.

두 번째로, 사용할 모델 외에도 문제의 클래스 사이에 불균형이 있으면 결과적으로 모델을 신뢰하기 어렵습니다. 따라서 불균형한 분류 문제는 언더샘플링undersampling과 오버샘플링oversampling 전략을 사용하거나 알고리듬에 의해 손실이 계산될 때 각 클래스의 가중치를 다르게 정의해서 적용하며 접근하는 편이 좋습니다. 이 모든 전략은 모델을 더 효율적으로 만들지만 확률 추정치를 왜곡하게 되어 리더보드에서 더 좋은 모델 점수를 얻으려면 조정이 필요합니다.

마지막으로, 테스트 세트의 배포 방식에서 발생하는 문제는 공개되지 않지만 추정으로 알아내는 경우가 많습니다. 1.2.3절에서 언급한 공개 리더보드로 채점 시스템을 추측하는 시도도 한 예입니다.

이런 일은 iMaterialist 가구 대회[45]와 퀴라 질문 짝짓기 대회[46]에서 일어났습니다. 두 대회는 테스트의 기대에 맞게 확률을 조절하도록 후처리하는 방법을 두고 다양한 토론[47]이 일어났습

42 https://scikit-learn.org/stable/modules/generated/sklearn.tree.DecisionTreeClassifier.html

43 Otto Group Product Classification Challenge. https://www.kaggle.com/c/otto-group-product-classification-challenge

44 https://www.kaggle.com/cbourguignat/why-calibration-works

45 iMaterialist Challenge (Furniture) at FGVC5. https://www.kaggle.com/c/imaterialist-challenge-furniture-2018

46 Quora Question Pairs. https://www.kaggle.com/c/quora-question-pairs

47 https://www.kaggle.com/dowakin/probability-calibration-0-005-to-lb

니다. 일반적인 관점에서 예측할 클래스의 테스트 분포를 모른다고 가정해도 훈련 데이터에서 미리 얻은 정보에 기반해서 정확하게 예측하는 것은 여전히 매우 유용합니다(반례가 나오기 전까지 모델은 이 확률 분포를 흉내 내야 합니다). 예측 확률 분포가 훈련 세트의 확률 분포와 일치한다면 예측 확률을 수정하는 편이 훨씬 더 쉽습니다.

예측된 확률이 목표의 훈련 분포와 어긋나면 사이킷런에서 제공하는 CalibratedClassifierCV 라는 **보정 함수**calibration function를 사용해 해결합니다.

```
sklearn.calibration.CalibratedClassifierCV(base_estimator=None, *,
    method='sigmoid', cv=None, n_jobs=None, ensemble=True)
```

보정 함수는 실측값에서 보이는 경험적인 확률에 더 가까워지도록 예측된 확률에 후처리 함수를 적용합니다. 모델이 사이킷런 모델이거나 비슷하게 동작한다면 보정 함수는 모델의 래퍼 역할을 하고 예측을 후처리 함수로 바로 보냅니다. 후처리에는 두 가지 방법이 있습니다. 첫 번째는 **시그모이드**sigmoid method(플랫 스케일링Platt scaling)로 로지스틱 회귀를 한 번 더 적용하는 방법입니다. 두 번째는 **등위 회귀**isotonic regression로 비모수 회귀non-parametric regression입니다. 비모수 회귀는 예제가 적은 경우 과적합하는 경향이 있으니 주의가 필요합니다.

보정기calibrator를 적합할 방법도 선택해야 합니다. 이 보정기는 모델의 결과에 적용되는 모델이라는 사실을 기억하고 예측을 체계적으로 재작업해 과대적합을 피해야 합니다. **교차검증**cross-validation(6장에서 더 자세히 설명)을 사용한 다음 평균을 내면 예측을 제공하는 여러 모델을 생성합니다(ensemble=True). 아니면 자주 활용하는 **OOF 예측**out-of-fold prediction(다음 장에서 더 자세히 설명)에 기대어 사용 가능한 모든 데이터를 사용해서 보정합니다(ensemble=False).

CalibratedClassifierCV가 대부분의 상황을 처리해도 테스트로 확률 추정을 수정해 최상의 성능을 얻는 경험적인 방법이 있습니다. 직접 만든 함수부터 유전 알고리듬에서 파생된 복잡한 함수까지 어떤 변환 함수든 사용합니다. 유일한 제한 사항은 교차검증을 해야 하고 가능하면 공개 리더보드에서 좋은 결과를 얻어야 한다는 점입니다(다음 장에서 설명하겠지만 직접 실행한 교차검증을 더 신뢰해야 하기 때문에 반드시 그런 것은 아닙니다). 마이크로소프트 악성 소프트웨어 분류 대회[48]에 참가했던 캐글러 Silogram이 좋은 예시를 제공하고 있습니다. Silogram은 랜덤 포레스트의 신뢰할 수 없는 확률적 출력을 변환하도록 그리드 서치로 선택

---

48 Microsoft Malware Classification Challenge (BIG 2015). *https://www.kaggle.com/c/malware-classification*

한 제곱수를 적용[49]했습니다.

5.11 요약

이번 장에서는 캐글 대회의 평가 지표를 살펴보았습니다. 우선 평가 지표가 목적 함수와 어떻게 다른지 설명했으며, 회귀와 분류 문제의 차이도 짚어보았습니다. 캐글에서 두 유형의 문제에 자주 활용되는 지표를 분석했습니다.

다음은 대회에서 생소한 지표를 설명했습니다. 마지막으로 이전 캐글 대회에서 사용된 예시들을 보며 공통적으로 활용된 다양한 지표를 살펴보고 학습했습니다. 평가 지표를 최적화하는 몇 가지 전략도 제안했습니다. 특히 비용 함수를 직접 코딩해서 정의하기를 제안했고 유용한 후처리 단계를 제안했습니다.

지금까지 캐글 대회에서 평가 지표의 역할을 파악했습니다. 과거 대회를 추적하며 지표가 작동하는 방식을 이해해 일반적인 지표와 일반적이지 않은 지표까지 대비할 전략을 세웠습니다. 다음 장에서는 평가 지표를 사용하는 방법과 유효성 검사 전략으로 솔루션의 성능을 적절하게 추정하는 법을 살펴봅니다.

---

49 *https://www.kaggle.com/c/malware-classification/discussion/13509*

전분야 그랜드마스터의 문제 접근법

- 로한 라오^{Rohan Rao}
- *https://www.kaggle.com/rohanrao*
- H2O.ai의 책임 데이터 과학자
- 대회, 데이터 세트, 노트북, 토론 그랜드마스터

가장 좋아하는 대회 유형과 이유를 알려주세요. 어떤 대회가 가장 자신있나요?

저는 다양한 유형의 대회에 두루두루 참가하는 것을 좋아합니다. 하지만 가장 좋아하는 대회는 역시 시계열 데이터 관련 대회예요. 저는 업계에서 시계열 데이터를 대하는 전형적인 접근법이나 개념을 별로 좋아하지 않아요. 그래서 혁신적이고 독창적인 방식으로 설루션을 구축하는 경향이 있는데 다행히 성공적인 결과를 가져다줬죠.

캐글 대회에서 사용하는 접근법이 있나요? 이 접근법을 일상 업무에서도 사용하나요?

어떤 대회에 참가하든 제 워크플로우는 똑같아요.

- 문제 설명을 이해하고 규칙, 포맷, 일정, 데이터 세트, 결과와 관련된 모든 정보를 읽기
- 문제에 깊이 뛰어들기, 가능한 한 모든 방법으로 세분화해 어떤 문제든 답할 만큼 데이터를 자세히 탐험하고 시각화하기
- 베이스라인 모델로 파이프라인을 구축하고 제출해 잘 작동하는지 확인하기
- 특징 관리와 하이퍼파라미터 조절, 다양한 모델 실험을 통해 영향을 미치는 요소 찾기
- 데이터 분석, 포럼 토론 살펴보기, 특징과 모델 최대한 비틀기 세 단계를 계속해서 반복하기
- 일정 시점에서 팀을 짜기
- 여러 모델을 조합한 뒤 최종 제출물 선택하기

데이터 과학 업무에서도 대부분 과정이 비슷해요. 하지만 결정적으로 두 가지 과정이 추가로 필요하죠.

- 문제 설명을 위해 데이터 세트를 수집 및 분류한 후 구조화해서 준비하기
- 상품으로 최종 모델 또는 설루션을 배포하기

과거에 참가했던 대부분의 프로젝트에서 이 두 활동에 가장 많은 시간을 소비했어요.

캐글이 경력에 도움이 되었나요?

저는 머신러닝의 많은 부분을 캐글에서 배웠어요. 커뮤니티와 플랫폼에 있는 콘텐츠는 엄청난 가치가 있습니다. 캐글에는 정말 놀라울 정도로 배울 게 많아요.

특히 캐글 대회에 참가한 경험이 가장 큰 도움이 되었습니다. 다양한 분야에서 문제를 이해하거나, 구조화하고 해결하는 데 엄청난 자신감을 주었어요. 덕분에 이 경험을 협업했던 많은 회사나 프로젝트에 성공적으로 적용했죠.

많은 헤드헌터가 캐글에서 얻은 (주로 대회에서 얻은) 성과를 보고 연락을 했습니다. 캐글에서 얻은 성과는 후보의 데이터 과학 문제 해결 능력을 꽤 잘 보여주기 때문에 자기 능력을 선보이고 포트폴리오를 만드는 데 훌륭한 플랫폼이죠.

대회에서 어떤 실수를 해봤나요?

모든 대회에서 조금씩 실수를 했어요. 그게 배우고 성장하는 방식이죠. 어떨 때는 코딩 버그가 있고, 어떨 때는 결함이 있는 검증을 설정하기도 하고, 어떨 때는 제출할 모델을 잘못 선택하기도 하죠.

실수에서 교훈을 얻고 다시 저지르지 않는 게 중요합니다. 이 과정을 반복하다 보면 자연스럽게 캐글 전체 성과가 개선될 거예요.

데이터 분석과 머신러닝에 특히 추천하는 툴이나 라이브러리가 있나요?

어떤 기술이든 지나치게 신용하는 것은 좋지 않다고 믿어요. 무엇이 됐건 가장 잘 작동하는 것, 가장 편한 것, 가장 효과적인 것을 사용하세요. 하지만 계속 새로운 툴과 라이브러리를 배우도록 열린 자세를 유지해야 합니다.

- 안드레이 루키아넨코^{Andrey Lukyanenko}
- *https://www.kaggle.com/artgor*
- MTS 그룹 머신러닝 엔지니어 겸 개발팀장
- 노트북, 토론 그랜드마스터
- 대회 마스터

가장 좋아하는 대회 유형과 이유를 알려주세요. 어떤 대회가 가장 자신있나요?

다른 데이터 세트나 다른 분야에도 적용할 만큼 설루션이 충분히 보편적인 대회를 좋아합니다. 다양한 신경망 아키텍처, 최신 접근 방법, 후처리 트릭을 시도하는 데 관심이 있어요. 역공학이 필요하거나 골든 피처를 만들어야 하는 대회는 좋아하지 않아요. 이런 접근 방식은 다른 데이터 세트에는 적용할 수 없으니까요.

캐글에서 대회도 참여하지만, 노트북(1위)과 토론 분야에서 그랜드마스터도 획득하셨어요. 이 두 가지 분야에도 따로 시간을 투자했나요?

노트북을 작성하는 데는 많은 시간과 노력을 들였어요. 하지만 토론 그랜드마스터 순위는 따로 노력하지 않았는 데 자연스럽게 따라온 것 같아요.

먼저 노트북 순위부터 설명을 시작해 볼까요?

2018년에 DonorsChoose.org 지원서 심사 대회[50]가 열렸어요. DonorsChoose는 전국의 공립학교 교사들이 학생들에게 꼭 필요한 물건이나 경험을 요청하는 기금이에요. DonorsChoose는 리더 보드 점수가 아닌 노트북의 추천수를 기준으로 우승 설루션을 선발하는 대회를 열었어요. 재미있어 보여서 대회를 위해 노트북을 작성했죠. 많은 참가자가 각자의 분석을 소셜 미디어에 공유했고 저도 마찬가지였어요. 저는 2등을 했고 상품으로 픽셀북을 받았죠(지금도 쓰고 있어요!).

이 경험이 큰 동기 부여가 되었고 이후에도 계속 노트북을 작성했어요. 처음에는 단순히 내가

---

50 DonorsChoose.org Application Screening. *https://www.kaggle.com/c/donorschoose-application-screening*

분석한 내용을 나누고 피드백을 받고 싶었어요. 내 분석과 시각화 능력을 다른 사람들과 비교하고 싶었거든요. 능력을 보여주고 사람들이 어떻게 생각하는지 알고 싶었어요. 사람들이 제가 올린 노트북을 좋아하니 계속 제 역량을 더 발전시키고 싶었죠. 또 다른 동기는 빠른 MVP(최소 기능 제품)를 만드는 능력을 향상하고 싶다는 열망이었어요. 새 대회가 시작되면 많은 사람이 노트북을 쓰기 시작해요. 가장 먼저 노트북을 쓰는 사람이 되고 싶다면 빠르고 질 좋은 내용을 작성해야 하죠. 매우 어렵지만 재미있고 보람도 있습니다.

2019년 2월에 노트북 그랜드마스터에 올랐어요. 이후에 1위에 올랐고 1년 넘게 그 자리를 유지했죠. 지금은 노트북을 덜 작성하고 있지만 여전히 즐기고 있어요.

토론은 사실 특별한 노력을 했다기보다는 자연스럽게 되었다는 느낌이에요. 노트북의 질문에 답변을 올리고 대회를 두고 아이디어를 나누고 토론했어요. 다른 분들과 다를 바 없었죠. 이런 활동 덕분에 제 순위가 꾸준히 올랐어요.

참가했던 대회 중 특히 어려웠던 대회는 무엇이며, 어떤 통찰로 과제를 해결했나요?

특히 어려웠던 대회는 분자 특성 예측 대회[51]였어요. 블로그[52]에 자세한 내용을 담아 두었어요. 이 대회는 분자 내 원자 간의 상호작용을 예측하는 대회라서 특정 분야 지식이 필요했어요. 핵자기공명Nuclear Magnetic Resonance(NMR)은 MRI와 유사한 원리를 사용해서 단백질과 분자의 구조와 역학을 이해하는 기술이에요. 환경 과학, 제약 과학, 재료 과학과 같은 분야는 전 세계의 연구자가 분자의 구조와 역학을 더 깊이 이해하려 NMR 실험을 하고 있죠. 이 대회에서 우리는 자기적 상호작용(스칼라 결합 상수)을 예측하고자 했어요. 양자 역학의 최첨단 방법으로 3D 분자 구조만 인풋으로 넣어주면 결합상수를 계산하는 방법이죠. 하지만 이런 계산은 리소스 집약적이었기 때문에 언제나 사용할 수는 없어요. 만약 머신러닝 접근 방식으로 이 값을 예측한다면 의약 화학자들이 더 빠르고 저렴하게, 그리고 구조적으로 통찰력을 얻는 데 큰 도움이 될 거예요.

저는 새로운 캐글 대회에 참가할 때 보통 탐색적 데이터 분석Exploratory Data Analysis(EDA) 노트북을 작성하는 데 이 대회에서도 마찬가지였어요. 캐글 대회에서 태뷸러 데이터는 보통 광범위한 특징 공학과 그레이디언트 부스팅 모델을 사용해요. 저도 초반에는 LGBM을 사용하려 했지만

---

51 Predicting Molecular Properties. *https://www.kaggle.com/c/champs-scalar-coupling*

52 *https://towardsdatascience.com/a-story-of-my-first-gold-medal-in-one-kagglecompetition-things-done-and-lessons-learned-c269d9c233d1*

그래프로 작업하는 더 나은 방법이 필요하다고 느꼈죠. 해당 분야의 전문성이 큰 이점을 줄 거란 사실을 깨닫고 관련 정보를 찾아다녔죠. 그러다 포럼에 글을 쓰고 노트북을 공유하는 여러 전문가를 알고 관련 글을 모조리 읽었어요. 그러던 어느 날 서로가 가진 기술로 서로를 보완할 거라고 생각한 분야 전문가가 메일을 보냈어요. 보통 저는 대회에서 혼자 작업하는 것을 선호해요. 하지만 이 경우는 협력이 필요하였고 좋은 결정이었어요. 시간이 지나면서 우리는 놀라운 팀워크를 보여줬죠.

얼마 후 유명한 캐글러 Heng이 MPNN(메시지 전달 신경망^{Message Passing Neural Network})을 사용한 예시를 게시했고, 그 덕에 신경망이 가진 가능성을 깨닫게 되었어요. 얼마 후 저도 MPNN을 구현했지만 다른 모델들에 비해서 성능이 떨어졌어요. 그럼에도 팀에서는 이 신경망으로 작업해야 좋은 성적을 내리란 걸 알았죠. 크리스토프 헨켈^{Christof Henkel}이 빠르게 새 신경망을 구축하는 모습을 보고 모두 놀랐어요. 곧 모두가 그 모델을 발전시키는 데 집중하게 됐죠.

그 후 제 역할은 서포터로 바뀌었어요. 신경망으로 정말 많은 실험을 했어요. 하이퍼파라미터와 아키텍처, 훈련 스케줄을 모두 다양하게 바꾸어보고. 흥미롭거나 잘못된 사례를 찾으려 예측 결과를 탐색적 데이터 분석(EDA)한 다음 이 정보를 사용해서 모델을 개선하기도 했어요.

우리 팀은 8위를 했고 저는 이 대회에서 아주 많은 걸 배웠죠.

캐글이 경력에 도움이 되었나요?

캐글은 확실히 큰 도움이 됐어요. 특히 제 기술 실력을 키우고 개인 브랜딩을 하는 데 큰 도움이 됐죠. 캐글 노트북을 쓰고 공개하면서 탐색적 데이터 분석(EDA)과 머신러닝 스킬을 익혔어요. 무엇보다도 적응력을 키워줬어요. 새로운 주제와 과제를 빠르게 이해하고, 여러 접근 방식을 반복해서 효율적인 테스트를 하게 됐죠. 동시에 사람들이 제 작업을 높이 평가했기 때문에 자신을 드러내는 창구가 되기도 했어요.

제 첫 포트폴리오[53]에는 매우 다양한 노트북이 있는데 그중 절반은 오래전 참가한 캐글 대회가 기반이에요. 첫 직장을 갖는 데 큰 도움이 되었죠. 캐글에서 얻은 성과로 좋은 회사에 어필하기도 했어요. 때로는 면접 단계를 면제받기도 했고 몇 가지 컨설팅에 참가하기도 했죠.

---

[53] https://erlemar.github.io

경험에 비추어볼 때, 초보 캐글러가 자주 놓치는 것은 뭘까요? 처음 시작할 때부터 알았으면 좋았겠다고 생각하는 것이 있나요?

저는 초보 캐글러를 두 부류로 나눠야 한다고 생각해요. 데이터 과학 전반에 익숙하지 않은 캐글러와 캐글 자체에만 익숙하지 않은 캐글러가 있죠.

데이터 과학 전반에 익숙하지 않은 캐글러는 몇 가지 다양한 실수를 해요. 이런 실수는 괜찮아요. 누구든 시작은 그렇게 하니까요.

- 비판적 사고가 부족해 연구를 시작하지 못하는 것
- 적재적소에 맞는 툴이나 접근 방식 모르는 것
- 공개된 노트북을 가져와서 작동방식을 이해하지 않고 맹목적으로 사용하는 것
- 한 가지 아이디어에 집착해 효과가 없어도 거기에 매달리는 것
- 실험이 실패했다고 절망하고 의욕을 잃는 것

데이터 과학은 알아도 캐글 경험이 없는 캐글러는 캐글의 어려움을 과소평가하는 경우가 많아요. 캐글은 매우 치열한 공간이라 성공하려면 다양한 시도가 필요하고 대회에서만 통하는 비법과 대회에 전문적으로 참가하는 사람이 있다는 것을 예상하지 못하죠. 또 사람들은 특정 분야의 지식을 과대평가하는 경우가 많아요. 몇 대회에서 특정 분야의 전문가가 있는 팀이 금메달을 따기는 했죠. 하지만 대부분 경우는 경험이 많은 캐글러가 우승을 차지해요.

캐글에서 우승하기 매우 쉽고 자신(또는 자신이 속한 그룹)이 가까운 시일 내에 금메달을 딸 것이라 자신하는 사람도 자주 봤어요. 하지만 현실은 달랐죠.

대회에서 어떤 실수를 해봤나요?

데이터를 충분히 관찰하지 않았어요. 가끔씩 이런 문제로 더 나은 특징을 생성하거나 후처리를 적용하지 못했습니다. 데이터를 잘 살피지 않으면 역공학을 하거나 '골든 피처'를 찾을 기회도 놓치게 되죠.

아이디어 하나에 너무 많은 시간을 소비했어요. 매몰 비용 오류라 하죠.

충분히 실험하지 않았어요. 노력은 결실로 이어집니다. 만약 대회에 충분한 시간과 자원을 사용하지 않으면 리더보드에서 높은 위치에 오르지 못합니다.

'잘못된' 대회에 참가했어요. 누수나 역공학 등에 영향을 받은 대회가 있습니다. 공개 테스트와 비공개 테스트의 데이터가 불합리하게 분할되어 있거나 완전히 바뀌는 대회도 있죠. 재미없는

대회는 처음부터 참가하지 않아야 합니다.

좋지 못한 사람들과 팀을 결성했어요. 팀원들이 기대만큼 활동적이지 않아서 성적이 좋지 못했습니다.

대회에 참가할 때 해야 하는 일 또는 중요하게 기억해야 할 것은 어떤 것이 있나요?

목표를 기억하고 투자할 자원이 준비가 되었는지 알고 결과를 예측하는 게 중요하다고 생각합니다. 대회에 참가해서 얻을 목표가 여러 가지 있어요.

- 상금 혹은 메달
- 새 기술의 습득 혹은 현재 기술 능력의 향상
- 새로운 과제/분야 경험
- 네트워킹
- 홍보
- 기타

앞서 말한 투자할 자원이란 시간이나 노력, 가지고 있는 하드웨어를 의미해요. 결과는 대회가 끝났을 때 어떤 일이 일어날지를 말하죠. 많은 것을 투자하면 대회에서 우승할 가능성은 분명 있어요. 하지만 반대로 실패할 수도 있죠. 이 사실을 받아들일 준비가 되었나요? 특정 대회에서 우승하는 게 아주 중요한가요? 그렇다면 더 많은 노력을 투자해야 할 거예요. 한편으로는 장기적인 목표가 필요하죠. 그렇다면 한 번의 실패가 큰 영향을 미치지 않을 거예요.

인터뷰 | 09 핵심은 꾸준함

- 수달라이 라지쿠마르Sudalai Rajkumar
- https://www.kaggle.com/sudalairajkumar
- 애널리틱스 비디야Analytics Vidhya 1위
- 스타트업 대상 AI/ML 어드바이저
- 데이터 세트, 노트북 그랜드마스터
- 토론 마스터

가장 좋아하는 대회 유형과 이유를 알려주세요. 어떤 대회가 가장 자신있나요?

적절한 분량의 특징 공학을 포함하는 대회를 좋아합니다. 제 전략이기도 하죠. 저는 데이터를 깊이 이해하려 데이터를 탐색하고 이를 기반으로 특징을 생성하는 데 관심이 많아요. 제가 공개한 노트북[54]을 보면 쉽게 알 거예요.

캐글 대회에서 사용하는 접근법이 있나요? 이 접근법을 일상 업무에서도 사용하나요?

대회를 위한 프레임워크로 데이터 탐색, 올바른 검증 방법 찾기, 특징 공학, 모델 구축, 앙상블/스태킹을 사용해요. 이 모든 작업은 일상 업무에서도 활용합니다. 하지만 일상 업무에는 이외에도 업무와 관련된 많은 이해 관계자들과의 토론, 데이터 수집, 데이터 태깅, 모델 배포, 모델 모니터링, 데이터 스토리텔링 등이 포함됩니다.

참가했던 대회 중 특히 어려웠던 대회는 무엇이며, 어떤 통찰로 과제를 해결했나요?

산탄데르 상품 추천 대회[55]가 기억에 남아요. 로한과 함께 많은 특징 공학을 시도했고 여러 모델을 구축했어요. 최종 앙상블을 했을 때 다양한 상품에 여러 가중치를 사용했고 일부는 합이 1이 되지 않았어요. 데이터 탐색과 이해를 통해서 이런 가중치를 직접 선택했고 도움이 되었죠. 이 과정을 통해 해당 분야 지식과 데이터가 문제 해결에서 중요하고 데이터 과학이 과학만큼 예술적인 속성을 가지고 있다는 사실을 깨달았어요.

---

54 https://www.kaggle.com/sudalairajkumar/code
55 Santander Product Recommendation. https://www.kaggle.com/c/santander-product-recommendation

캐글이 경력에 도움이 되었나요?

캐글은 경력에서 아주 중요한 역할을 했어요. 이전 2번의 취업 기회를 거의 캐글 덕분에 얻었죠. 그리고 캐글에서 성공한 경험 덕분에 데이터 과학 분야의 다른 사람들과 쉽게 관계를 맺고 그들에게서 많은 것을 배웠어요. 캐글이 실력의 신뢰성을 담보해서 현재 직업인 AI/ML 어드바이저 활동에도 도움을 주고 있어요.

경험에 비추어볼 때, 초보 캐글러가 자주 놓치는 것은 뭘까요? 처음 시작할 때부터 알았으면 좋았겠다고 생각하는 것이 있나요?

데이터를 깊이 이해하는 데 소홀한 경우가 많은 것 같아요. 사람들은 바로 모델 구축에 들어가죠. 어떤 대회든 데이터 탐색은 매우 중요합니다. 데이터 탐색은 제대로 된 교차검증을 만들고 더 나은 특징을 생성하고 데이터에서 통찰을 끌어내죠.

대회에서 어떤 실수를 해봤나요?

다 얘기하면 아주 길어질 거예요. 실수는 배움의 기회라고 말하고 싶어요. 모든 대회에서 아이디어 20~30개를 시도하면 하나 정도만 작동할 거예요. 사실 성공하거나 작동한 때보다 실수나 실패가 일어났을 때 훨씬 더 많은 것을 배울 수 있어요. 예를 들어 초창기에 참가했던 대회에서는 상위 10%에서 하위 10%로 떨어지는 힘든 실패를 경험하면서 과대적합을 배웠어요. 하지만 그 교훈은 영원히 잊지 못하죠.

데이터 분석과 머신러닝에 특히 추천하는 툴이나 라이브러리가 있나요?

태뷸러 데이터에는 주로 XGBoost/LightGBM을 사용해요. 최근에는 초기 기준점을 얻도록 오픈 소스 AutoML 라이브러리와 Driveless를 사용해요. 딥러닝 모델을 위해서는 케라스, 트랜스포머, 파이토치를 사용하죠.

대회에 참가할 때 해야 하는 일 또는 중요하게 기억해야 할 것은 어떤 것이 있나요?

꾸준함이 핵심입니다. 매 대회마다 기복이 있을 테고 며칠 동안 진척이 보이지 않는 때도 있을 거예요. 하지만 포기하지 않고 계속 시도해야 합니다. 사실 캐글 대회만이 아니라 다른 모든 일에도 마찬가지겠네요.

다른 대회 플랫폼을 사용하나요? 캐글과 비교하면 어떤가요?

애널리틱스비디아 데이터핵Analytics Vidhya DataHack 플랫폼, 드리븐데이터Driven Data, 크라우드애널리틱스CrowdAnalytix 같은 곳에서도 활동하고 있어요. 하지만 캐글은 더 많은 사람들의 선택을 받고 있고 본질적으로 글로벌하기 때문에 다른 플랫폼에 비해 대회 수가 훨씬 많죠.

좋은 검증 설계법

> ### 이 장의 내용
>
> - 셰이크업(급격한 순위 변동)
> - 다양한 종류의 검증 전략
> - 적대적 검증
> - 누수를 발견하고 이용하는 방법
> - 최종 제출을 선택할 때 필요한 전략

캐글 대회에 참가해 열정적으로 모델링과 제출을 반복하다 보면 어느새 공개 리더보드에 나온 결과만으로 충분하다고 느낄지 모릅니다. 물론 대회에서 중요한 것은 순위라고 생각할지도 모르겠지만 맹신해서는 안 됩니다. 실제 리더보드(비공개 리더보드)는 대회가 종료되기 전까지 알 수 없으며 공개 리더보드는 잘못된 정보를 주는 경우가 많으므로 신뢰하지 않는 것이 좋습니다.

모델링에서 성능을 모니터링하고 과대적합이 발생했는지 구분하는 능력은 데이터 과학 대회를 비롯한 모든 데이터 프로젝트에서 핵심적인 역량입니다. 모델을 제대로 검증하는 능력은 캐글 대회에서 익혀야 할 중요한 역량으로 전문가 사이에서도 높게 쳐주는 능력입니다.

6.1 리더보드 분석

앞서 언급한 것처럼 캐글 대회는 테스트 세트를 일부만 공개합니다. 공개한 테스트 세트는 리더보드에서 계속 시각화되고 공개하지 않은 테스트 세트는 최종 점수 계산에 사용됩니다. 일반적으로 어떤 테스트 세트를 공개할지는 무작위로 결정됩니다(다만 시계열 대회에서는 시간을 기준으로 결정됩니다). 그리고 전체 테스트 세트를 공개할 때는 공개 여부에 관계없이 한꺼번에 공개합니다.

> **NOTE_** 심지어 최근에는 특정 대회에서 테스트 데이터를 면밀히 조사하지 못하도록 테스트 데이터를 공개하지 않고 일부 예제만 제공한 대회도 있습니다. 이 대회는 제출 시점에 예제를 실제 테스트 데이터로 바꾸었습니다. 이렇게 예측 자체를 제출하지 않고 예측을 생성하는 코드가 포함된 노트북을 제출하는 대회는 **코드** 대회라고 부릅니다.

하나의 모델에서 나온 제출물은 전체 테스트 세트를 대상으로 실행됩니다. 하지만 공개된 테스트 세트의 점수만 반영됩니다. 공개되지 않은 테스트 세트의 점수는 대회가 끝나면 공개됩니다.

이 상황에는 세 가지 사항을 고려합니다.

- 성공적인 대회 운영을 위해서는 훈련 데이터와 테스트 데이터가 **같은 분포**에 속해야 합니다. 또한 공개된 테스트 데이터와 공개되지 않은 테스트 데이터는 분포가 유사해야 합니다.
- 만약 훈련 데이터와 테스트 데이터의 분포가 비슷해 보여도 **예제가 충분하지 않으면** 훈련 데이터와 공개, 비공개 테스트 데이터 사이에서 일관된 결과를 얻기 어렵습니다.
- 공개 테스트 데이터는 데이터 과학 프로젝트에서 최종 검증에서만 사용되는 홀드아웃[1] 테스트로 취급해야 합니다. 이 데이터로 쿼리를 많이 할 경우 특정 테스트 세트에만 잘 작동하고 다른 테스트 세트에서는 성능이 낮은 **적응적 과대적합**adaptive overfitting이라는 현상이 발생하므로 주의해야 합니다.

대회의 역학dynamics을 이해하는 데는 이 세 가지 사항이 무엇보다 중요합니다. 대부분의 대회 토론 포럼에는 훈련 데이터, 공개, 비공개 테스트 데이터의 연관을 묻는 질문이 올라옵니다. 공개 리더보드로만 효율성을 평가한 수백 개의 설루션이 제출되는 것도 매우 일반적입니다.

순위에 큰 변동이 일어나는 현상인 **셰이크업**shake-up을 주제로 한 토론도 많이 일어납니다. 최종 순위에 맞게 재정렬되면 공개 리더보드보다 성적이 떨어진 많은 사람이 실망합니다. 참고로 셰이크업은 보통 훈련 데이터와 테스트 데이터의 차이 혹은 테스트 데이터의 공개 부분과 비공개

---

1 옮긴이_ 모델의 학습에 의도적으로 사용하지 않은 데이터로 모델의 일반화 능력을 평가하는 테스트. 홀드아웃 데이터의 예로는 검증 데이터와 테스트 데이터가 있다.

부분의 차이에 의해 발생합니다. 이 차이는 주로 참가자가 예상했던 개인 테스트 점수와 리더보드 점수로 추측한 상관관계와 다음 두 수치를 기반으로 분석해 측정합니다.

- 전체 셰이크업 수치(셰이크업 수치 = $\dfrac{|비공개\ 순위 - 공개\ 순위|}{전체\ 팀\ 수}$ 의 평균)
- 공개 순위의 상위 10%만 고려한 상위 리더보드 셰이크업 수치

> **NOTE_** 셰이크업 수치와 두 수치 기준은 스티브 도너호Steve Donoho가 처음 고안[2]했습니다. 스티브는 최악의 캐글 셰이크업의 순위를 매기기도 했습니다. 5장에서 소개한 메타 캐글 데이터 세트를 토대로 재창조된 노트북이 많아 셰이크업 수치[3]를 쉽게 찾을 수 있습니다. 이 수치를 살펴보면 북미영상의학회 뇌내출혈 검출RSNA Intracranial Hemorrhage Detection 대회가 특히 상위 순위에서 일어났던 셰이크업 때문에 많은 사람이 얼마나 끔찍한 경험을 했는지 예상됩니다.

셰이크업이 발생하면 사후 분석 외에도 몇 가지 교훈을 얻게 됩니다. 캐글 대회에도 도움이 되는 내용이죠. UC 버클리에서 온 몇 연구자는 NIPS 2019에 게재된 논문[i]을 통해 수천 개의 캐글 대회를 자세하게 연구해 공개-비공개 리더보드의 역학관계를 연구했습니다. 비록 참가자가 어느 정도 있는, 이진 분류 대회에 한정한 120개 대회만 분석했지만 몇 가지 흥미로운 사실을 발견했습니다.

- 적응적 과대적합은 거의 일어나지 않습니다. 즉, 공개된 순위는 일반적으로 비공개 리더보드에서도 유지됩니다.
- 대부분의 셰이크업은 무작위 변동과 과대 밀집 때문에 일어납니다. 참가자가 서로 너무 가까이 붙어 있어서 붐비는 순위층이 있었고 비공개 테스트 세트를 대상으로 한 작은 성능 차이가 순위에 큰 변화를 초래했습니다.
- 셰이크업은 훈련 세트가 매우 작거나 훈련 데이터가 **독립항등분포**independent and identically distributed (i.i.d.)가 아닐 때 일어납니다.

하지만 캐글을 오랫동안 경험하면서 적응적 과대적합과 관련된 문제는 초기부터 꽤 많이 봐왔습니다. 예를 들면 2012년에 열린 사이코패스 예측 대회[4]가 있습니다. 이때 일어난 일은 그렉 파크Greg Park의 블로그[5]에 자세히 기록되어 있으니 참조하세요. 과대적합은 많은 캐글러가 지속

---

2 https://www.kaggle.com/c/recruit-restaurant-visitor-forecasting/discussion/49106#278831

3 https://www.kaggle.com/jtrotman/meta-kaggle-competition-shake-up

4 Psychopathy Prediction Based on Twitter Usage. https://www.kaggle.com/c/twitter-psychopathy-prediction

5 https://gregpark.io/blog/Kaggle-Psychopathy-Postmortem

적으로 저지르는 일반적인 실수이므로 공개 리더보드 결과를 곧이곧대로 따르기보다는 조금 더 복잡한 전략을 추천합니다.

- 항상 신뢰할 만한 교차검증 시스템을 구축해서 직접 채점하기
- 항상 상황에 맞는 최고의 검증 체계를 사용해 독립항등분포가 아닌 경우도 제어하기
- 직접 채점하는 테스트와 공개 리더보드 사이의 연관성을 확인하기
- 적대적 검증을 사용해 분포가 훈련 데이터와 비슷한지 확인하기
- 앙상블을 사용해서 솔루션을 더 견고하게 만들기

다음 절에서는 모든 아이디어를 하나씩 살펴봅니다(앙상블은 9장에서 살펴봅니다). 그리고 특히 비공개 데이터 세트에서 최고의 결과를 얻을 최고의 툴과 전략을 소개합니다.

6.2 대회에서 검증의 중요성

대회를 하나의 거대한 실험 시스템으로 가정하죠. 이 실험을 실행하는 데 가장 체계적이고 효율적인 방법을 만드는 사람이 승리합니다. 사실 이론적인 지식을 가졌더라도 거의 비슷한 역량을 가진 수백, 수천 명의 데이터 전문가와 경쟁해야 합니다.

게다가 모두 같은 데이터를 사용하고, 데이터를 학습할 때도 비슷한 툴(텐서플로, 파이토치, 사이킷런 등)을 사용합니다. 일부는 분명 더 나은 컴퓨팅 자원을 가지고 있을 것입니다. 하지만 캐글 노트북이 있으며, 클라우드 컴퓨팅 가격은 전체적으로 하락하고 있어 그 차이가 이전만큼 크지는 않다 보니 지식, 데이터, 모델, 사용 가능한 컴퓨터 등에서 차이를 찾는다면 대회에서 큰 성능 차이를 내는 원인을 찾기는 어렵습니다. 그렇지만 꾸준히 다른 사람들보다 더 좋은 결과를 내는 일부 참가자가 있기 때문에 겉으로 드러나지 않은 성공 요인이 있음을 예상하게 됩니다.

인터뷰나 밋업에서 일부 캐글러는 이 성공 요인을 '끈기, 인내력'이라 설명했고 또다른 일부 캐글러는 '다방면 접근법', 또는 '가지고 있는 모든 것을 대회에 쏟아부을 마음'이라 표현하기도 했습니다. 이런 표현은 조금 모호하고 신비하게 느껴지기도 합니다. 이 책에서는 **체계적인 실험** systematic experimentation이라 부르겠습니다. 성공적인 결과의 핵심은 시도하는 실험의 수와 그 실험을 운영하는 방법에 달려 있다고 생각합니다. 더 많은 실험을 시도할수록 다른 참가자들보다

문제를 더 잘 해결할 기회를 많이 얻습니다. 실험의 수는 들이는 시간, 컴퓨팅 자원(빠르면 빠를수록 좋지만 앞서 언급한 것처럼 그 자체로 아주 중요한 요인은 아님), 팀 규모와 팀원의 참가도 등의 요인에 의해 결정됩니다. 성공의 핵심인 이런 요인이 일반적으로는 끈기와 열정이라 불립니다.

하지만 이 요인들만 결과에 영향을 미치는 것이 아닙니다. 실험을 운영하는 방법 역시 영향을 미친다는 점에 주의해야 합니다. 빠르게 시행착오를 겪는 것은 중요합니다. 물론 실패를 반영하든 성공을 반영하든 경험에서 무엇인가를 배울 때는 신중해야 합니다. 그렇지 않으면 제대로 된 설루션이 나오길 기대하면서 무작위로 시도를 계속하는 정도에 지나지 않을 테니까요.

따라서 특별한 이유가 없는 이상 제대로 된 검증 전략의 유무는 성공하는 캐글 참가자와 리더보드에 과대적합해서 예상한 것보다 낮은 순위로 전락하는 캐글 참가자를 가르는 중요한 차이점이 됩니다.

> **NOTE_** 검증은 모델이 생성하는 오류를 제대로 평가하고 실험을 토대로 성능이 향상하거나 감소하는지 측정하는 방법입니다.

보통 적절한 검증 선택의 영향력은 너무 자주 과소평가됩니다. 대신 최신, 또는 가장 강력한 GPU 또는 제출물을 생산하는 큰 팀과 같이 양적인 요인을 더 선호합니다.

하지만 만약 실험의 화력이나 리더보드 결과에만 신경 쓴다면 그건 '벽에 진흙을 던져 놓고 뭐라도 붙기를 기대하는 격'입니다. 가끔은 이런 전략도 통하지만 실험을 옳은 방향으로 진행할 기회를 놓치고 빛나는 보석이 앞서 던진 진흙에 덮여 찾기 어렵게 됩니다. 예를 들어 공개 리더보드에 너무 집중해서 운을 실험하듯 무작위로 체계적이지 않은 전략을 사용한다면 대단한 설루션을 만들었어도 최종 제출물을 제대로 선택하지 못해 비공개 리더보드에서 최고의 점수를 받을 설루션을 놓치게 될 것입니다.

올바른 검증 전략은 비공개 테스트 세트상에서 더 나은 순위를 얻으려면 어떤 모델을 제출해야 할지 선택할 때 도움을 줍니다. 공개 리더보드에서 가장 높은 순위를 얻은 모델을 제출하고 싶은 유혹이 크겠지만 언제나 직접 검증한 점수를 고려하세요. 최종 제출물을 선택할 때는 상황과 리더보드 신뢰 여부에 따라 리더보드를 기준으로 한 최고의 모델과 개인적으로 검증한 결과를 기준으로 한 최고의 모델을 선택하세요. 만약 리더보드를 신뢰하지 않는다면 (특히 훈련 샘플이 적거나 예제가 독립항등분포가 아닌[non-i.i.d.] 경우) 두 개의 매우 다른 모델 또는 앙상블을 선택하고 가장 좋은 점수를 받은 것 중 2개를 제출하세요. 이 방법으로 비공개 테스트 세트를 대상으로 성능을 발휘하지 못하는 솔루션은 선택하지 않게 됩니다.

실험하는 방법의 중요성은 이미 지적했으니 이제 남은 것은 검증의 실용성입니다. 사실 솔루션을 모델링할 때는 일련의 연관된 결정을 내리게 됩니다.

1. 어떻게 데이터를 처리할 것인가?
2. 어떤 모델을 적용할 것인가?
3. 어떻게 모델(특히 딥러닝 모델)의 아키텍처를 바꿀 것인가?
4. 모델의 하이퍼파라미터를 어떻게 설정할 것인가?
5. 예측의 후처리를 어떻게 할 것인가?

만약 공개 리더보드가 비공개 리더보드와 완전한 연관성이 있다고 해도 (모든 대회에 있는 제한사항인) 일일 제출 수 제한 때문에 앞서 언급한 모든 영역에서 수행할 테스트 중 극히 일부만 실행하게 됩니다. 제대로 된 검증 시스템은 어떤 것이 리더보드에서 작동할지 미리 알려줍니다.

6.2.1 편향과 분산

좋은 검증 시스템은 훈련 데이터 세트에서 얻을 오류 측정보다 더 신뢰도 높은 지표를 사용하는 데 도움을 줍니다. 사실 훈련 세트에서 얻는 지표는 각 모델의 용량과 복잡성에 영향을 받습니다. **용량**[capacity]은 모델이 데이터로부터 학습할 때 사용하는 메모리라 생각해도 됩니다.

각 모델은 데이터에서 얻은 패턴의 기록을 돕는 내부 파라미터 집합을 가지고 있습니다. 모든 모델은 패턴을 얻는 고유 기술을 가지고 있고 일부 모델은 다른 모델이 발견하지 못한 특정 규칙이나 연관성을 찾기도 합니다. 모델은 데이터에서 패턴을 추출해 '메모리'에 기록합니다.

편향[bias]과 **분산**[variance] 관련 문제에서도 모델의 용량이나 표현력이라는 용어를 사용합니다. 이 경우 모델의 편향과 분산은 예측과 관련이 있지만 근본적인 원리는 모델의 표현력과 관련이 있습니다. 모델은 입력(관측된 데이터)을 결과(예측)와 매핑하는 수학적 함수입니다. 일부 수학적 함수는 내부 파라미터나 사용하는 방법이 다른 함수들보다 더 복잡합니다.

- 모델의 수학적 함수가 풀려는 문제의 복잡성을 포착할 만큼 복잡하지 않거나 표현력이 충분하지 않을

경우 **편향**bias 문제가 발생합니다. 모델 자체가 지닌 한계에 의해서 예측은 '편향된' 제한을 받을 것이기 때문입니다.

- 모델의 핵심적인 수학적 함수가 현재 문제에 비해서 너무 복잡하면 **분산**variance 문제가 발생합니다. 모델이 훈련 데이터에서 필요한 것보다 더 많은 세부 내용과 잡음을 기록하고 모델의 예측은 여기에 크게 영향을 받아 불규칙해지기 때문입니다.

요즘은 머신러닝의 진보와 컴퓨팅 리소스의 접근성을 고려하면 문제는 언제나 분산 때문에 발생합니다. 가장 일반적으로 사용되는 설루션인 심층 신경망이나 그레이디언트 부스팅은 일반적으로 마주할 문제 대부분을 초과하는 수학적 표현력을 지녔기 때문입니다.

특정 모델이 모든 유용한 패턴이 포착했을 때 그 모델의 용량이 고갈되지 않았다면 문제와 관계없는 데이터의 특성과 신호(잡음noise)를 기억하기 시작할 것입니다. 초기에 추출된 패턴은 모델이 테스트 세트를 일반화하고 예측을 더 정확하게 하도록 돕지만 훈련 세트에서 구체적으로 배운 모든 것이 도움이 되는 것은 아닙니다. 오히려 성능을 손상시키기도 합니다. 일반화 값을 가지고 있지 않은 훈련 세트의 요소를 학습하는 과정을 일반적으로 **과대적합**overfitting이라 부릅니다.

검증의 핵심 목적은 훈련 세트의 특성에 과대적합된 값과 구분되는 일반화 가능한 부분의 값을 점수 또는 손실 값으로 명시적으로 정의하는 것입니다.

이것이 **검증 손실**validation loss입니다. 다음 그림은 그래프로 나타낸 학습 곡선의 상황입니다.

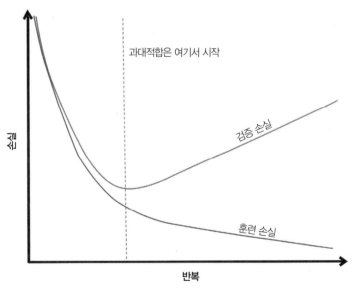

그림 6-1 훈련 데이터에서 더 많이 배우는 것이 항상 예측을 배운다는 것을 의미하지는 않음

그래프 y축에는 손실 측정값을 놓고 x축에는 모델의 학습 횟수(신경망에서는 에포크, 그레이디언트 부스팅에서는 라운드)를 놓으면, 훈련 데이터 세트에서 항상 학습이 일어나는 것처럼 보이지만 다른 데이터에서는 그렇지 않습니다.

심지어 하이퍼파라미터를 바꾸거나 데이터 처리를 하거나 완전히 다른 모델을 적용하기로 결정해도 같은 일이 일어납니다. 곡선의 모양은 바뀌지만 항상 과대적합이 시작되는 정점sweet point이 있을 것입니다. 그 지점은 모델과 모델링 작업 시의 다양한 선택에 따라서 달라집니다. 만약 올바른 검증 전략 덕분에 과대적합이 시작되는 순간을 제대로 계산한다면 모델의 성능은 확실히 (공개와 비공개) 리더보드의 결과와 연관성을 보여주고 검증 지표는 제출을 하지 않고도 작업을 평가하는 역할을 할 것입니다.

다양한 수준에서 일어나는 과대적합은 다음과 같습니다.

- 훈련 데이터 수준: 문제에 비해 너무 복잡한 모델을 사용
- 검증 데이터 세트 수준: 특정 검증 데이터 세트를 너무 중시해서 모델을 많이 조절
- 공개 리더보드 수준: 훈련을 통해서 예상했던 것과 차이가 큼
- 비공개 리더보드 수준: 공개 리더보드에서 좋은 결과를 얻었지만 비공개 리더보드 점수가 안 좋음

의미에 미세한 차이가 있지만 모두 모델이 일반화되지 않았다는 의미입니다. 이번 절에서 언급했던 것처럼 말이죠.

6.3 다양한 분할 전략 시도

앞서 설명했듯 검증 손실은 훈련 데이터 세트에 포함되지 않은 데이터 샘플로 측정합니다. 검증 손실은 모델이 얼마나 잘 예측하는지 나타내는 실증적인 방법으로, 훈련으로 확인할 때보다 정확한 점수를 측정합니다. 이 점수는 모델이 훈련 데이터의 패턴을 얼마나 잘 기억했는지 판단하는 기준이 됩니다. 검증을 시행할 때는 항상 여러분이 사용할 검증 전략에 맞는 데이터 샘플을 선택하세요.

모델을 검증하고 성능을 제대로 측정하는 전략은 다음과 같습니다.

- **홀드아웃 시스템**holdout system **사용**: 이 경우 대표 샘플 데이터를 제대로 선택하지 못하거나 검증 홀드아웃에 과대적합될 위험성이 동반됩니다.

- **확률적 접근 방식**probabilistic approach **사용**: 일정 수의 샘플에 의존해 모델의 평가를 이끌어내는 방법입니다. 확률적 접근 방식으로 교차검증cross-validation, **LOO**leave-one-out, 부트스트랩bootstrap 등이 있습니다. 교차검증 전략은 데이터의 특성과 데이터에 적용하는 샘플링 전략에 따라 다양한 뉘앙스(단순 무작위 샘플링simple random sampling, 계층화 샘플링stratified sampling, 그룹별 샘플링sampling by groups, 시간 샘플링time sampling)를 가집니다.

이 모든 전략은 **샘플링 전략**sampling strategy이라는 공통점이 있습니다. 샘플링 전략은 무작위로 선택된 데이터의 작은 일부분을 근거로 전반적인 척도(모델 성능)를 추측합니다. 샘플링은 통계학에서 가장 중요한 부분이지만 정확한 절차는 아닙니다. 샘플링 방법이나 접근 가능한 데이터, 샘플의 일부가 될 특정 데이터 선택의 무작위성으로 인해 일정 수준의 오류가 발생하기 때문입니다.

예를 들어 편향된 샘플에 의존하면 평가 지표는 부정확하게 (과대평가 또는 과소평가된) 추정을 하게 됩니다. 하지만 샘플링 전략을 제대로 설계하고 구현한다면 전반적인 측정에 적절한 추정을 제공합니다.

또 모든 전략은 **칸막이**partition로서 훈련이나 검증에 활용될 사례를 배타적으로 나눈다는 공통점이 있습니다. 사실 설명한 것처럼 대부분의 모델은 일정 기억 용량을 가지고 있기 때문에 같은 사례를 훈련과 검증에서 모두 사용하면 과장된 추정으로 이어집니다. 이는 모델이 기억 능력을 발휘할 기회가 주어지기 때문이죠. 하지만 아직 학습하지 않은 예제에서도 작동하는 패턴과 기능을 이끌어내는 능력을 평가해야 합니다.

6.3.1 기본 훈련 세트 분할

처음으로 분석할 전략은 **훈련 세트 분할**train-test split입니다. 이 전략은 (홀드아웃으로도 알려져 있는) 훈련 세트의 일부를 샘플링해 훈련한 모든 모델에 테스트 세트로 사용하는 방식입니다.

이 전략은 매우 간단합니다. 데이터의 일부를 선택하고 그 부분으로 작업 성과를 확인합니다. 훈련을 위해서 일반적으로 80:20의 비율로 데이터를 나눕니다.

사이킷런에서는 `train_test_split` 함수로 구현되어 있습니다. 이 방법의 몇 가지 특성을 소개합니다.

- 대량의 데이터가 있다면 추출한 테스트 데이터의 분포가 전체 데이터 세트를 대표하는 기존 분포와 유

사할 것으로 예상합니다. 하지만 추출 과정이 무작위성을 기반 삼으므로 언제나 대표성을 가지지 못한 샘플이 추출되었을 가능성이 있습니다. 특히 훈련 샘플이 작으면 그 가능성은 높아집니다. (몇 개의 절에서 추가로 설명하게 될) **적대적 검증**adversarial validation을 활용해 추출한 홀드아웃을 비교한다면 작업이 옳은 방법으로 평가되고 있는지 확인하는 데 도움이 됩니다.

- 테스트 샘플이 대표성을 가지고 있는지, 특히 목표변수가 훈련 데이터와 어떤 관계를 가지고 있는지 확인하려면 샘플링된 데이터가 특정 특징의 비율을 준수하도록 **계층화**stratification해야 합니다. train_test_split 함수에 stratify 파라미터를 사용하면 클래스 분포가 보존된 배열을 제공합니다.

대표성을 가진 홀드아웃을 사용하는 경우라도 대회에서 작업이 제대로 진행되고 있는지 확인하는 데 단순한 훈련 세트 분할 충분하지 않은 경우가 존재한다는 점에 주의하세요.

같은 테스트 세트로 계속해서 확인하다 보면 공개 리더보드로 자주 평가하면 과대적합이 일어나듯 선택이 다른 말로 하면 훈련 세트의 잡음을 신호로 잘못 선택하는 과대적합이 일어납니다. 이런 이유로 컴퓨팅 리소스를 더 많이 소비하는 단점이 있음에도 확률적 평가가 대회에 더 적합합니다.

6.3.2 확률적 평가 방법

머신러닝 모델의 성능은 샘플 분포의 통계적 특성을 토대로 평가합니다. 원본 데이터를 샘플링해 같은 특성을 보유하리라 예상되는 작은 집합을 만듭니다. 또한 샘플링에 포함되지 않은 데이터 또한 마찬가지로 원본 데이터와 같은 특성을 보유하는 샘플이 됩니다. 이 샘플링된 데이터로 모델을 훈련하고 테스트하는 절차를 많은 횟수 반복하면 모델의 성능을 측정하는 통계적 추정기가 만들어집니다. 모든 샘플에는 어느 정도 '오류'가 존재합니다. 즉, 원본 데이터의 실제 분포를 완벽하게 나타내지는 않습니다. 하지만 샘플을 더 많이 만들면 여러 샘플을 추정한 평균이 추정한 결과의 실제 측정값 평균에 수렴하게 됩니다(이는 확률적으로 관찰된 결과로 큰 수의 법칙law of large numbers이라는 정리로 설명됩니다).

확률적 추정기는 단순한 훈련 세트 분할에 비해 일반적으로 더 많은 계산이 필요하지만 모델의 전반적인 성능을 제대로 추정하기도 용이해집니다.

k-분할 교차검증

가장 많이 쓰이는 확률적 검증 방법은 **k-분할 교차검증**k-fold cross-validation입니다. k-분할 교차검증은 학습하지 않은 (동일한 분포의) 테스트 데이터로 예측해서 모델 성능을 제대로 예측하는

능력을 가지고 있다고 인정받고 있습니다.[ii]

k-분할 교차검증은 예측 모델을 비교하는 데 활용할 수도 있고, 테스트 세트에서 가장 좋은 성과를 내는 하이퍼파라미터를 선택하는 데 활용할 수도 있습니다.

k-분할 교차검증에는 다양한 변형이 있지만 사이킷런에서 구현된 가장 단순한 형태인 **KFold** 함수는 사용할 훈련 데이터를 k개의 파티션으로 분할합니다. 그런 다음 분할 검증을 k번 반복하는 동안 k개 중 하나는 테스트 세트로 활용되고 나머지는 모델을 훈련하는 데 활용됩니다.

k개 검증 점수로 평균을 구하고 이 평균 점수는 학습하지 않은 데이터에서 모델이 낼 평균 성능을 추정한 k-분할 검증 점수가 됩니다. 점수의 표준편차는 추정의 불확실성을 나타냅니다. [그림 6-2]는 5-분할 교차검증의 구성을 보여줍니다.

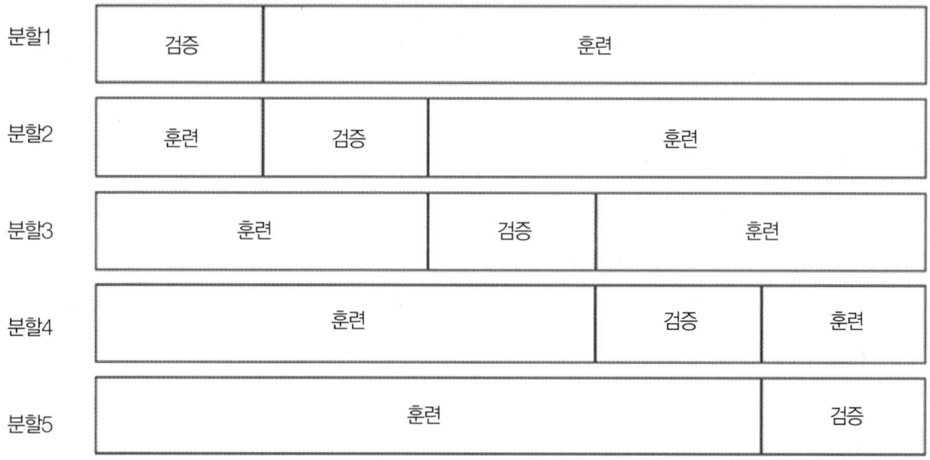

분할1	검증	훈련		
분할2	훈련	검증	훈련	
분할3	훈련	검증	훈련	
분할4	훈련	검증	훈련	
분할5	훈련	검증		

그림 6-2 5-분할 검증 계획의 구성

k-분할 교차검증 점수는 데이터를 k-1 분할하고 같은 양의 데이터로 모델을 학습시킨 뒤 그 평균 점수를 추정합니다. 이후에 모델을 전체 데이터로 학습시키면 이전 검증 추정값은 더 이상 유지되지 않습니다. k가 예제의 수 n에 가까워질수록 전체 훈련 데이터 세트에서 이끌어내는 모델의 추정값에 점점 더 가까워지지만 각 분할에서 얻은 추정 간의 상관관계도 증가하므로 검증의 확률적 추정이 손상됩니다. 이 경우 훈련 데이터에 한정한 모델의 성능을 보여주는 수치를 얻게 됩니다(비교를 위해서는 유용한 추정값이지만 모델의 전반적인 능력을 정확하게 추정하는 데는 도움이 되지 않습니다).

k=n에 도달하면 사용하는 방법으로 LOO 검증이 있습니다. LOO는 사용할 사례가 적을 때 유용합니다. 이 방법은 가능한 모든 데이터를 훈련에 사용하고 테스트에는 하나의 예시만 사용하기 때문에 편향되지 않은 적합 측정치가 나옵니다. 하지만 학습하지 않은 데이터로 성능을 예측하면 잘 예측하지 못합니다. 모든 데이터 세트를 대상으로 반복된 테스트는 서로 높은 상관관계를 갖고 결과인 LOO 지표는 학습하지 않은 데이터에서 모델의 성능보다 훈련 데이터 세트 자체에 대한 모델의 성능을 대표하게 됩니다.

파티션의 k 개수를 올바르게 선택하려면 사용 가능한 데이터에서 고려할 사항이 있습니다.

- k가 작을수록(최솟값은 2) 분할은 더 적어지며 결과적으로 k-1 분할에서 학습된 모델에 편향이 더 많아집니다. 더 작은 k로 검증된 모델은 더 큰 k로 학습한 모델에 비해 성능이 떨어집니다.
- k가 클수록 데이터가 더 많아지고 검증 추정값의 상관관계가 높아집니다. 학습하지 않은 데이터에서 성능을 추정할 때 k-분할 검증이 보여줄 흥미로운 특성을 잃어버리게 될 것입니다.

일반적으로 k를 5, 7, 10으로 설정하며 가끔 20 분할을 사용하기도 합니다. 대회에서는 보통 k=5 또는 k=10를 선택하는 편이 좋습니다. k=10의 경우 각 훈련에 더 많은 데이터(사용 가능한 데이터의 90%)를 사용하기 때문에 전체 데이터 세트로 다시 훈련할 때의 모델의 성능을 파악하는 데 더 적합합니다.

대회의 특정 데이터 세트에서 어떤 k를 고를지 결정할 때 다음 두 가지 관점이 도움이 됩니다.

첫째, 목표를 반영해 분할 수를 결정해야 합니다.

- 목적이 성능 추정이라면 추정값의 편향이 낮은 모델이 필요합니다(추정의 체계적인 왜곡이 없다는 의미). 일반적으로 10에서 20 사이의 높은 분할 수로 조절합니다.
- 파라미터 조율이 목적이라면 편향과 분산의 조합이 필요합니다. 따라서 중간 숫자인 5에서 7 사이의 분할을 사용하기를 권장합니다.
- 마지막으로 변수 선택을 적용하고 데이터 세트를 단순화하는 것이 목적이라면 분산 추정값이 낮은 모델이 필요합니다(아니면 충돌이 발생). 따라서 3에서 5 사이의 낮은 분할 수면 충분합니다.

둘째, 성능 추정이 목적이라면 더 많은 분할을 사용할수록 더 적은 사례가 검증 데이터 세트에 포함되기 때문에 각 분할의 추정값이 더 많은 상관관계를 가지게 된다는 점을 고려하세요. 특정 지점을 넘어가면 k를 늘릴수록 학습하지 않은 데이터에서 교차검증 추정값의 정확성이 떨어지지만 모델이 훈련 세트에 얼마나 좋은 성능을 보이는지 나타내게 됩니다. 이것은 더 많은 분할을 사용하면 스태킹을 목적으로 하는 완벽한 OOF[out-of-fold] 예측을 얻는다는 의미입니다

(9장 '블렌딩과 스태킹 설루션을 사용한 앙상블'에서 더 자세히 설명합니다).

> **NOTE_** 캐글 대회에서 k-분할 교차검증은 설루션 접근 방법이나 모델의 성능을 확인할 때뿐만 아니라 예측을 생성할 때도 자주 사용됩니다. 교차검증을 할 때 서브샘플링을 하고 데이터의 서브샘플에서 구축된 여러 모델의 결과의 평균을 구하는 것은 분산에 대항하는 효과적인 전략이고 보통 사용하는 모든 데이터를 대상으로 훈련하는 것보다 더 효과적입니다(9장에서 더 자세히 다룹니다). 그래서 많은 캐글 참가자는 교차검증 과정에서 구축된 모델을 사용해 테스트 세트를 예측해 평균을 내는 설루션을 활용합니다.

k-분할 변형

무작위 샘플링을 사용하기 때문에 다음과 같은 경우 k-분할은 적절하지 않게 나누어집니다.

- 목표 수준과 특징 수준에서 소규모 클래스의 비율을 유지해야 하는 경우: 일반적으로 목표값의 불균형이 심한 경우입니다. 전형적인 예는 스팸 메일 데이터 세트입니다(스팸 메일의 경우 일반적인 메일에 비해 규모가 작기 때문입니다). 또 채무 불이행이라는 비교적 드물게 일어나는 사례를 예측해야 하는 신용 위험 데이터 세트도 한 예입니다.

- 목표 수준과 특징 수준에서 수치 변수의 분포를 유지해야 하는 경우: 상당히 편향된 분포를 가지고 있거나 긴 꼬리 분포long-tailed distribution, 두터운 꼬리 분포heavy-tailed distribution를 가진 회귀 문제에서 일반적으로 발생합니다. 전형적인 예는 주택 가격 예측으로, 평균적인 주택보다 훨씬 더 많은 비용이 드는 판매 주택이 일관되게 작은 비율을 차지합니다.

- 사례가 독립항등분포가 아닌(Non-i.i.d.) 경우(특히 시계열 예측을 다룰 때).

처음 두 경우의 해결책은 **계층화 k-분할**stratified k-fold입니다. 계층화 k-분할에서는 원하는 분포를 보존하는 통제된 방식으로 샘플링이 이루어집니다. 한 클래스의 분포를 보존해야 한다면 층화 변수를 사용하는 사이킷런의 `StratifiedKFold`를 사용합니다. 계층화 변수로는 일반적으로 목표변수를 사용하지만 분포를 보존해야 하는 다른 특징도 사용하기도 합니다. 이 함수는 적절하게 데이터를 분할하는 데 도움이 되는 색인 집합을 생성합니다. `pandas.cut`이나 사이킷런의 `KBinsDiscretizer`를 활용해서 수치 변수를 이산화해도 같은 결과를 얻습니다.

다중 레이블 분류와 같이 여러 변수나 겹치는 레이블을 기반으로 계층화해야 하는 경우 조금 더 복잡해집니다. 이때 scikit-multilearn 패키지(*http://scikit.ml*)를 사용하세요. 특히 `IterativeStratification`[6]의 커맨드는 유지하려는 순서(여러 변수의 결합된 비율 수)를 조절합니다.iiiiv

---

6 *http://scikit.ml/api/skmultilearn.model_selection.iterative_stratification.html*

분류 문제가 아닌 회귀 문제인 경우에도 계층화를 활용합니다. 회귀 문제에 계층화를 사용하면 유사한 분포를 가진 목표값(또는 예측값)으로 교차검증을 하면서 회귀 변수regressor가 전체 샘플의 분포에 적합하도록 도와줍니다. 이 경우 StratifiedKFold가 제대로 동작하도록 이산형 프록시를 사용해 연속형 목표값 대신 이산형 목표값을 얻어야 합니다.

가장 단순한 방법은 판다스의 cut 함수를 사용해 목표값을 10이나 20과 같이 충분히 큰 수의 빈bin으로 나누는 것입니다.

```
import pandas as pd
y_proxy = pd.cut(y_train, bins=10, labels=False)
```

전 세계 최초의 캐글 전 분야 그랜드마스터 아비섹 타쿠르Abhishek Thakur는 예제 수를 토대로 스터지스의 법칙Sturges' rule을 사용해 해당 값을 사용되는 빈의 수로 설정해 판다스 cut 함수에 제공[7] 합니다.

```
import numpy as np
bins = int(np.floor(1 + np.log2(len(X_train))))
```

또 다른 방법으로 훈련 데이터 세트의 특징 분포에 초점을 맞추고 복제하는 접근법이 있습니다. 여기서는 훈련 데이터 세트를 대상으로 (비지도 접근 방식인) **군집 분석**cluster analysis이 필요합니다. 따라서 목표변수와 식별자를 제외하고 예측된 클러스터를 계층으로 사용[8]합니다. 여기서는 우선 주성분 분석principal component analysis(PCA)을 한 후 k-평균 군집 분석k-means cluster analysis을 합니다. 사용할 클러스터 수는 실증적인 테스트를 실행해 상관관계를 제거합니다.

k-분할의 분할이 적절하지 않은 경우의 설명을 이어가면, 독립항등분포가 아니지만(Non-i.i.d.) 예제 사이에서 그룹화가 일어나는 세 번째 상황은 조금 까다롭습니다. Non-i.i.d. 예제는 예제들의 특징과 목표에 상관관계가 있기에 그중 하나를 알고 있다면 다른 모든 예제를 예측하기 쉬워진다는 문제가 있습니다. 사실 같은 그룹이 훈련과 테스트로 나뉘어 있다면 모델은 목표 자체가 아니라 그룹을 구별하는 법을 배우고 매우 좋은 검증 점수를 얻지만 리더보드에서는 매우 나쁜 결과를 냅니다. 해결 방법은 GroupKFold를 사용하는 것입니다. GroupKFold는

---

7 https://www.kaggle.com/abhishek/step-1-create-folds
8 https://www.kaggle.com/lucamassaron/are-you-doing-cross-validation-the-best-way

그룹화된 변수를 제공해서 각 그룹이 훈련용 분할이나 검증용 분할 중 어느 한쪽에 위치하도록 보장합니다. 훈련과 검증 양쪽으로 분할되는 일이 없어지는 것이죠.

> **NOTE_** 데이터를 Non–i.i.d.로 만드는 데이터 규격을 발견하기는 쉽지 않습니다. 문제 내에 정의되지 않은 이상 (군집 분석 같은 비지도 학습 기술을 활용해서) 데이터를 조사하는 능력과 문제와 관련된 분야를 조사하는 능력에 의지해야 합니다. 예를 들어 휴대전화 사용과 관련된 데이터는 특징 속에서 일련의 유사한 값 때문에 일부 예제가 같은 사용자의 것이라는 사실을 눈치채게 됩니다.

시계열 분석에서도 같은 문제가 발생합니다. 데이터가 독립항등분포가 아니기 때문에 무작위 샘플링을 통해 검증할 수 없습니다. 무작위로 샘플링할 경우 다양한 시간 프레임을 섞게 될 것이고 뒤쪽 시간 프레임이 앞쪽 시간 프레임의 흔적을 지니는 경우가 있습니다(통계학에서는 **자기상관**auto-correlation이라는 특징). 시계열의 검증에 접근하는 가장 기본적인 방법은 [그림 6-3]에서 표현하듯 시간에 기반해서 훈련과 검증을 나누어 사용하는 것입니다.

그림 6-3 시간을 토대로 분할한 훈련 데이터와 검증 데이터

하지만 검증이 특정 시간에 고정되기 때문에 검증 능력은 제한됩니다. 더 복잡한 접근을 위해 사이킷런 패키지(`sklearn.model_selection.TimeSeriesSplit`)에서 제공하는 `TimeSeriesSplit`을 시간 분할 검증에 사용합니다. `TimeSeriesSplit`은 시계열 데이터에서 훈련과 테스트 부분의 시간 프레임 설정을 도와줍니다.

훈련 데이터의 시간 프레임의 경우 `TimeSeriesSplit` 함수를 사용하면 테스트 시간 프레임 이전의 모든 과거 데이터를 포함시키거나 (예를 들면 훈련을 위해서 항상 테스트 시간 프레임보다 3개월 전의 데이터만 사용하도록) 고정된 기간을 되돌아보게 제한한 훈련 데이터를 설정합니다.

[그림 6-4]는 점차 증가하는 훈련 데이터 세트와 이동하는 검증 데이터 세트를 포함한 시간 기

반 검증 전략의 구조입니다.

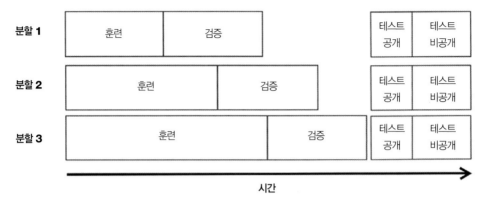

그림 6-4 시간이 지나면서 훈련 테스트 세트가 증가하고 있다

[그림 6-5]에서는 훈련 데이터 세트의 회상 기간을 고정하도록 전략을 수정하면 어떻게 되는지를 나타냅니다.

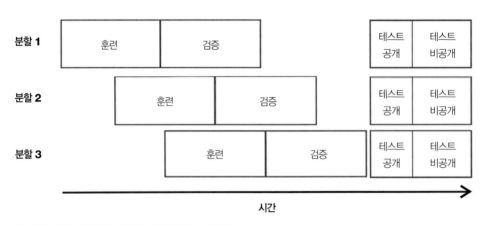

그림 6-5 시간에 따라 훈련 분할과 검증 분할이 이동한다

경험상 길이가 고정된 회상은 항상 같은 크기의 훈련 세트를 기대하므로 더 공평한 시계열 모델 검증을 제공하는 데 도움이 되었습니다.

시간에 따라 크기가 증가하는 훈련 데이터 세트를 사용하면 시간 조각 전반에 모델 성능이 미치는 영향과 (더 많은 예제는 더 낮은 편향을 의미하기 때문에) 모델의 편향 감소를 혼동하게 됩니다.

마지막으로 TimeSeriesSplit은 훈련 데이터와 테스트 데이터 사이 격차를 (훈련 데이터 이후 1개월 같은 형식으로) 사전에 설정한 기간만큼 유지한다는 점을 기억하세요. 테스트 세트가 미래 시간의 특정 기간이라 정해졌을 경우나 모델이 먼 미래까지 예측할 만큼 충분히 견고한지 테스트할 때 매우 유용합니다.

중첩 교차검증

이제 **중첩 교차검증**nested cross-validation을 소개하겠습니다. 지금까지는 최종 성능을 중요시하는 모델 테스트만 언급했지만 하이퍼파라미터를 조정할 때 중간 성능의 테스트가 필요한 경우도 많습니다. 특정 모델의 파라미터가 테스트 세트에 어떻게 작동하는지 테스트한 다음 최종 성능을 평가할 때 같은 데이터를 사용할 수는 없습니다. 테스트 세트에서 동작하는 최고의 파라미터를 찾았기 때문에 같은 데이터로 평가 측정을 할 경우 너무나 낙관적인 결과가 나오기 때문입니다. 다른 테스트 세트에서는 아마 정확히 같은 결과를 얻지 못할 것입니다. 이 경우 다양한 모델과 하이퍼파라미터의 성능을 평가하는 데 사용하는 **검증 데이터 세트**validation set와 모델의 최종 성능 평가를 도와주는 **테스트 데이터 세트**test set를 구분해야 합니다.

만약 테스트-훈련 분할을 사용한다면 테스트 부분을 새롭게 나누면 됩니다. 일반적으로는 훈련, 검증, 테스트를 각각 70/20/10의 비율로 나눕니다(다르게 나눌 수도 있습니다). 만약 교차검증을 사용한다면 다른 교차검증의 분할을 토대로 교차검증을 하는 중첩 교차검증이 필요합니다. 보통 일반적인 교차검증을 실행하지만 다른 모델이나 다른 파라미터를 평가할 때는 분할을 다시 분할해 교차검증을 수행합니다.

[그림 6-6]의 예시는 내부와 외부 교차검증 구조를 보여줍니다. 외부 파트에서는 평가 지표를 테스트하는 데 사용할 데이터 부분을 결정합니다. 내부 파트에서는 외부 파트에서 입력된 훈련 데이터를 모델 선택이나 하이퍼파라미터 값 선택과 특정 모델의 선택을 최적화하도록 훈련과 검증으로 나누어 배열합니다.

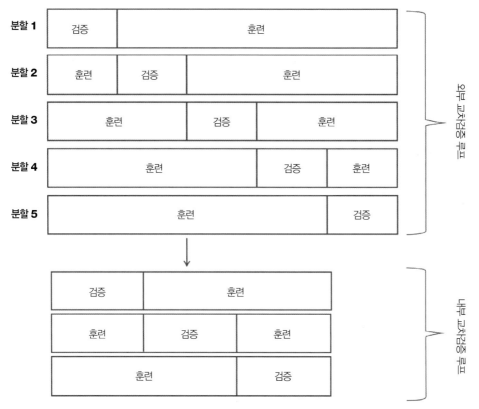

그림 6-6 중첩 교차검증의 외부 교차검증 루프와 내부 교차검증 루프의 구성

이 접근 방식은 테스트와 파라미터 탐색을 완전히 신뢰하게 만드는 장점이 있지만 몇 가지 문제가 발생합니다.

- 교차검증을 위해 나눈 데이터를 다시 나누기 때문에 훈련 데이터 세트가 줄어듭니다.
- 대규모의 모델 구축이 필요합니다. 이중 중첩 10-분할 교차검증을 실행한다면 100개의 모델이 필요합니다.

특히 두 번째 이유 때문에 일부 캐글러는 중첩 교차검증을 무시하고 모델과 파라미터 탐색, 그리고 성능 평가에 동일한 교차검증을 사용하거나 최종 평가에 고정된 테스트 샘플을 사용해 과대적합의 위험을 무릅쓰기도 합니다. 경험상 이 접근 방식으로 효과를 볼 수도 있지만 (다음 절에서 살펴볼) 연속적인 모델링에 사용되는 OOF 예측을 생성한다면 모델 성능은 과대평가나 과대적합됩니다. 언제나 자신의 모델을 테스트하는 데 가장 적절한 방법을 시도하세요. 모델의 성능을 제대로 추정해서 예측을 다른 모델에서 재사용하는 것이 목적이라면 (가능한 경우) 중첩 교차검증을 사용하면 과대적합이 적은 설루션을 찾고 특정 대회에서 차이를 만든다는 점을 기억하세요.

OOF 예측 생성

평가 지표의 성과 측정 외에도 테스트 예측과 OOF$^{out-of-fold}$ 예측을 생성해 교차검증을 응용하기도 합니다. 실제로 훈련 데이터의 일부분으로 학습시키고 나머지 부분으로 예측을 한다면 다음과 같은 작업이 가능합니다.

- 테스트 데이터 세트로 예측: 모든 예측의 평균을 내는 것이 같은 모델을 전체 데이터에 다시 훈련시키는 것보다 더 효과적인 경우가 많습니다. 이것은 9장에서 살펴볼 블렌딩과 관련된 앙상블 테크닉 중 하나입니다.
- 검증 데이터 세트로 예측: 결국 전체 훈련 데이터의 예측 얻게 될 것이고 이 예측을 원본 훈련 데이터와 같은 순서로 정렬됩니다. 일반적으로 OOF 예측이라고 하는 이러한 예측은 매우 유용하게 활용합니다.

OOF의 첫 번째 활용 방법은 성능을 추정하는 데 사용합니다. OOF 예측에서 평가 지표를 직접 계산해 얻은 성능은 (샘플을 기반으로 하는) 교차검증 추정과 다르므로 같은 확률적 특성은 없습니다. 따라서 일반화 성능을 측정하는 데 유효하지 않습니다. 하지만 현재 훈련에 사용하는 특정 데이터 세트에서 모델의 성능을 알 수 있습니다.

두 번째 활용 방법은 실측값이나 다른 모델의 예측과 대비해 플롯을 그려 시각화하는 데 사용하는 것입니다. 시각화를 통해 각 모델이 어떻게 동작하는지 이해하고 예측이 상관관계를 가지고 있는지 파악할 때 좋습니다.

마지막 활용 방법은 메타 특징이나 메타 예측 변수를 생성합니다. 이에 대해 9장에서 자세히 설명합니다. 하지만 OOF 예측은 교차검증의 부산물이고 교차검증을 하는 동안 모델은 항상 학습을 할 때는 접하지 못했던 예제로 예측을 하기 때문에 효과가 있다는 점은 기억할 필요가 있습니다.

OOF 예측의 모든 예측은 다른 데이터를 대상으로 훈련된 모델에 의해 생성되었기 때문에 편향되지 않았고 과대적합을 걱정하지 않고 사용합니다(몇 가지 주의사항이 있는데 다음 장에서 자세히 다룹니다).

OOF 예측은 다음의 두 가지 방법으로 생성합니다.

- 검증 예측을 하나의 예측 벡터에 모으는 프로시저를 코딩해서 훈련 데이터의 예제와 같은 인덱스 위치에 정렬하도록 하기
- 자동으로 OOF 예측을 생성하는 사이킷런 함수 cross_val_predict를 사용하기

두 번째 테크닉은 이 장의 뒷부분에서 적대적 검증을 살펴볼 때 실제로 사용해 보겠습니다.

서브샘플링

k-분할 교차검증 이외의 다른 검증 전략도 있지만 k-분할 교차검증과 같은 일반화 특성을 가지고 있지는 않습니다. 앞서 k = n(n이 사례의 수)인 경우인 LOO를 언급했습니다. 다른 선택지로 **서브샘플링**[subsampling]이 있습니다. 서브샘플링은 k-분할과 비슷하지만 고정된 분할 수를 가지지 않고 필요하다고 생각하는 만큼 사용합니다(다르게 표현하면 학습된 추측을 하는 것입니다). 훈련 데이터로 샘플링한 데이터와 검증을 위해 샘플링하지 않은 데이터를 사용할 때마다 반복해서 데이터를 서브샘플링을 합니다. 모든 서브샘플의 평가 지표 점수의 평균을 내서 모델 성능의 검증 추정값을 얻습니다.

k-분할처럼 모든 예제를 체계적으로 테스트하기 때문에 모든 예제를 테스트할 기회를 얻으려면 꽤 많은 시도가 필요합니다. 이런 이유로 충분한 서브샘플링을 적용하지 않으면 일부 사례는 다른 사례들보다 더 많이 테스트됩니다. 이런 종류의 검증을 실행할 때는 사이킷런의 ShuffleSplit을 사용합니다.

부트스트랩

마지막으로 다른 선택지인 **부트스트랩**[bootstrap]이 있습니다. 부트스트랩은 통계학에서 추정값의 오류 분포를 판단하려 고안되었고 같은 원리로 성과 측정에도 활용합니다. 부트스트랩을 사용하려면 사용 가능한 데이터와 동일한 크기의 샘플을 대용품으로 추출해야 합니다.

이 시점에서 두 가지 방법으로 부트스트랩을 사용합니다.

- 여러 번 부트스트랩을 한 뒤 샘플로 모델을 학습시키고 훈련 데이터 자체에서 평가 지표를 계산합니다. 부트스트랩의 평균이 최종 평가가 됩니다.
- 부트스트랩한 샘플을 훈련에 사용하고 샘플링되지 않은 남은 데이터를 테스트 데이터 세트로 사용합니다.

첫 번째 방법은 통계학에서 선형 모델의 계수와 오류 분포의 값을 추정할 때 자주 사용됩니다. 부트스트랩한 훈련 데이터를 대상으로 평가 지표를 계산하는 이 방법은 경험상 머신러닝에서는 덜 유용했습니다. 그 이유는 많은 머신러닝 알고리듬이 훈련 데이터에 과대적합하는 경향이 있고 훈련 데이터를 부트스트랩을 한다고 해도 결코 유효한 지표 평가를 얻을 수 없기 때문입니다. 이런 이유로 에프론Efron과 팁시라니Tibshirani는 **632+ 추정량**632+ estimator▾을 제안했습니다.

우선 632 부트스트랩이라는 단순한 버전을 제안했습니다.

$$Err_{.632} = 0.368 \times err_{fit} + 0.632 \times err_{bootstrap}$$

이 공식에서 평가지표 err이 있는데 err_{fit}은 훈련 데이터에서 계산된 지표이고 $err_{bootstrap}$은 부트스트랩에서 계산된 지표입니다. 하지만 과대적합된 훈련 모델의 경우 err_{fit}이 0이 되는 경향이 있고 이로 인해 추정량이 그다지 유용하지 않게 됩니다. 그래서 632+ 부트스트랩의 두 번째 버전을 개발했습니다.

$$Err_{.632} + (1 - w) \times err_{fit} + w \times err_{bootstrap}$$

$$w = \frac{0.632}{1 - 0.632R}$$

$$R = \frac{err_{bootstrap} - err_{fit}}{g - err_{fit}}$$

여기에는 새 파라미터 g가 있습니다. g는 목표변수와 예측 변수로 가능한 모든 조합으로 예측 모델을 평가해서 추정한 **무작위성 오류 비율**no-information error rate입니다. g를 계산하는 것은 사이킷런 개발자들도 말했듯 상당히 까다롭습니다[9].

고전적인 통계학에서 부트스트랩 사용에 한계가 있고 다루기 어렵다는 점을 고려해서 머신러닝 애플리케이션에서는 부트스트랩으로 샘플링되지 않은 나머지 예제로 평가하는 두 번째 방법을 대신 사용합니다.

부트스트랩은 교차검증의 대안이지만 서브샘플링과 마찬가지로 교차검증보다 더 많은 모델을

---

9 *https://github.com/scikit-learn/scikit-learn/issues/9153*

구축하고 테스트해야 합니다. 하지만 교차검증이 평가 지표에서 너무 높은 분산을 보이고 여러 번의 테스트를 통해서 집중적으로 확인해야 하는 경우 이런 대안이 도움이 될 것입니다.

이 방법은 과거 사이킷런에서 구현되었으나 현재는 삭제되었습니다.[10] 더 이상 사이킷런에서 부트스트랩을 사용할 수 없지만 기존에 구현된 방법이 테스트 데이터까지 부트스트랩했으므로 이를 직접 구현해 사용하겠습니다.

```python
import random
def Bootstrap(n, n_iter=3, random_state=None):
    """
    교차검증을 대체하는 랜덤샘플링.
    각 반복마다 [0,n) 범위에서 부트스트랩을
    진행하며 추출한 샘플과 제외된 인덱스를
    정리한 리스트를 반환합니다.
    """
    if random_state:
        random.seed(random_state)
    for j in range(n_iter):
        bs = [random.randint(0, n-1) for i in range(n)]
        out_bs = list({i for i in range(n)} - set(bs))
        yield bs, out_bs
```

부트스트랩은 교차검증의 대안입니다. 통계학이나 금융 분야에서는 확실히 더 널리 사용되고 있습니다. 머신러닝에서는 k−분할 교차검증을 사용하는 것이 황금률입니다. 하지만 이상값 혹은 너무 다양하게 구성된 예제 때문에 교차검증에서 큰 표준 오차가 있는 상황이라면 부트스트랩을 기억하세요. 이럴 때는 부트스트랩이 모델을 검증하는 데 더 유용합니다.

6.4 모델 검증 시스템 조정

모든 검증 전략의 개요를 살펴보았습니다. 대회에 접근한다면 검증 전략을 고안해서 구현해야 하며, 선택한 전략이 적절한지 테스트해야 합니다.

대회 주최자가 데이터를 훈련 세트와 공개/비공개 테스트 세트로 나누는 데 사용한 접근 방식

---

10 *https://github.com/scikit-learn/scikit-learn/blob/0.16.X/sklearn/cross_validation.py#L613*

을 복제한다는 사고방식을 적용해 검증 전략을 고안하는 것이 황금률입니다. 주최자가 어떻게 데이터를 나누었는지 스스로에게 질문해보세요. 무작위로 샘플을 선택했을까요? 데이터 일부의 특정 분포를 보존하려고 했을까요? 테스트 데이터 세트는 실제로 훈련 데이터와 같은 분포로 추출되었을까요?

이런 질문은 실제 현장의 프로젝트에서 고민할 필요가 없습니다. 무슨 수를 써서라도 일반화해야 하는 실제 프로젝트와는 다르게 대회는 주어진 (특히 비공개) 테스트 데이터 세트에서 좋은 성능을 내야 한다는 훨씬 좁은 초점을 가지고 있습니다. 처음부터 이 아이디어에 초점을 맞춘다면 대회에서 순위를 높이는 데 도움이 되는 최고의 검증 전략을 찾기 쉬워집니다.

시행착오 과정이 필요하기 때문에 대회에 맞는 최고의 검증 전략을 찾을 때는 올바른 방향으로 향하고 있는지 파악하도록 다음의 두 일관성 검사를 체계적으로 적용할 수 있습니다.

1. 직접 진행하는 테스트가 일관성이 있는지 확인합니다. 단일 교차검증 분할의 경우 에러끼리 서로 차이가 많이 나지 않는지 확인하고 단순한 훈련 세트 분할을 사용한다면 여러 번 활용해서 결과가 재현되는지 확인합니다.
2. 직접 진행한 검증의 에러가 공개 리더보드의 결과와 일관적인지 확인합니다.

직접 진행하는 테스트가 일관성이 없다면 다음과 같은 원인을 예상됩니다.

1. 훈련 데이터가 많지 않음
2. 데이터의 다양성이 너무 높고 각 훈련 데이터 분할이 다른 분할과 매우 다름(우편번호와 같이 많은 수준에서 카디널리티가 너무 높은 특징이 있거나 다변량 이상값을 가지고 있을 때)

두 경우 모두 모델과 관련된 데이터가 부족합니다. 데이터의 다양성이 너무 높아 문제가 발생할 때도 학습 곡선을 그려보면 모델에 더 많은 데이터가 필요함이 나타납니다.

이 경우 더 단순한 알고리듬으로 변경해야 평가 지표에 효과가 있다는 근거가 발견되지 않은 이상 (항상 그런 것은 아니지만 편향을 분산과 맞바꾸면 모델의 성능을 악화됨) 가장 좋은 선택은 광범위한 검증 접근 방식을 사용하는 것입니다. 광범위한 검증 접근 방식은 다음과 같은 방법으로 구현됩니다.

- 큰 k값 사용하기(k=n인 LOO 접근). 접하지 않은 데이터에서 모델의 역량 검증 결과는 낮게 나오지만 더 큰 부분의 훈련 데이터를 사용해 더 안정적인 평가라는 이점을 얻습니다.
- 여러 k-분할 검증 결과의 평균을 구하기(다양한 무작위 시드 초기값 설정으로 선택된 다양한 데이터 분할을 기반으로 함)
- 반복적인 부트스트랩 사용하기

직접 진행한 검증 결과가 불안정하다면 혼자 고민하고 있을 문제는 아닐 거란 점을 꼭 기억하세요. 이 문제는 일반적으로 데이터의 출처와 특성으로 인해서 발생합니다. 토론 포럼에 계속 관심을 두고 있으면 적용 가능한 해결책에 필요한 힌트를 얻습니다. 예를 들어 특징의 카디널리티가 높아 발생한 문제에는 목표 인코딩target encoding을 사용하며, 이상값을 처리할 때는 계층화를 적용합니다.

직접 진행한 검증의 에러가 공개 리더보드의 결과와 일관적이지 않다면 상황은 다릅니다. 직접 진행한 교차검증은 일관성을 보이지만 리더보드에는 적용이 되지 않은 것이죠. 이런 문제를 파악하려면 검증 테스트 유형, 사용된 무작위 시드, (결과 예측을 제출했다면) 리더보드 결과 등 모든 실험을 성실히 기록해야 합니다. 이를 이용해 단순한 산점도scatterplot를 그려 선형 회귀 적합을 시도하거나, 더 단순하게 직접 진행한 테스트 결과와 관련된 리더보드 점수 사이의 상관관계를 계산하는 방법이 있습니다. 물론 시간도 걸리고 모든 것에 주석을 달고 분석하는 인내심이 필요하지만 대회 성과를 지속적으로 추적하는 가장 중요한 메타 분석입니다.

직접 진행한 검증 점수가 체계적으로 리더보드 점수보다 낮거나 높은 불일치가 일어나면 검증 전략에서 무엇인가 빠졌다는 강력한 신호를 받은 셈입니다. 하지만 이 문제가 모델 개선에 방해로 작용하지는 않습니다. 실제로 모델을 계속 개선시키면 노력에 완전히 비례하지는 않겠지만 리더보드에 개선 사항이 반영되리라 예측하게 됩니다. 하지만 체계적인 차이는 항상 여러분이 진행하고 있는 테스트와 주최자가 모델을 테스트하는 방법에 무엇인가 차이가 있다는 경고 신호인 것은 분명합니다.

더 나쁜 상황은 직접 구한 교차검증 점수가 리더보드의 피드백과 상관관계가 없을 때입니다. 이는 심각한 경고 신호로 상황을 파악하는 즉시 여러 테스트를 실행하고 그 이유를 찾아내려 조사를 해야 합니다. 일반적인 문제든 그렇지 않든 이 상황이 최종 순위에 심각한 위협이 되기 때문입니다. 다음은 이런 상황이 일어나게 한 원인일 가능성이 있는 것들입니다.

- 테스트 데이터 세트가 훈련 데이터 세트와 다른 분포로 된 경우. (다음 절에서 살펴볼) 적대적 검증 테스트가 이런 상황에 있다는 것을 파악하는 방법입니다.
- 데이터가 독립항등분포가 아니지만 명시적이지 않은 경우. 예를 들어 네이처 컨저번시 어업 모니터링 대회[11]에서 훈련 데이터 세트의 이미지는 유사한 상황(어선)에서 촬영되었습니다. 이 대회에서는 모델이 이미지의 맥락이 아닌 대상을 식별하지 않도록 이미지를 정렬하는 방법을 스스로 알아내야 했습

---

11 The Nature Conservancy Fisheries Monitoring. https://www.kaggle.com/c/the-nature-conservancy-fisheries-monitoring

니다.[12]

- 특징의 다변량 분포는 같지만 일부 그룹이 테스트 세트에 다르게 분포되어 있는 경우. 만약 그 차이를 파악하면 거기에 맞추어 훈련 세트를 설정해서 우위를 점하게 됩니다. 설정한 후에는 공개 리더보드에서 효과가 있는지 확인할 필요가 있습니다.
- 시계열 예측에서 테스트 데이터에 추이나 경향이 보이는 경우 마찬가지로 점수를 높일 후처리 방법을 알아내려면 리더보드를 조사해야 합니다. 예를 들면 예측에 곱셈을 적용해서 감소하거나 증가하는 데이터 속의 추세를 모방하는 방법이 있습니다.

앞서 언급한 것처럼 공개 테스트 세트의 구성을 파악하려 특별히 고안한 제출물을 만들어 리더보드를 조사하는 방법이 있습니다. 이 방법은 특히 비공개 테스트 세트가 공개 테스트 세트와 비슷할 때 효과가 있습니다. 일반화된 조사 방법은 없으므로 문제의 종류에 따라 조사 방법을 생각해내야 합니다.

제이콥 화이트힐[Jacob Whitehill]은 논문을 통해 훈련 데이터도 다운로드하지 않고 대회에서 4위를 차지한 방법[vi]을 소개했습니다.

회귀 문제와 관련해서는 헝 코이[Hung Khoi]가 최근 캐글에서 주최한 '30 Days of ML'에서 리더보드를 조사하는 것이 훈련 세트와 공개 테스트 세트 사이에서 목표 열 평균의 차이와 목표 열 표준 편차의 차이를 이해하는 데 어떻게 도움이 되었는지 설명했습니다.[13] 이때 사용한 방정식은 다음과 같습니다.

$$RMSE^2 = MSE = variance + \left(mean - guessed_{value} \right)^2$$

방정식에서 분산과 평균을 미지항으로 사용하므로 2번 이상 제출해야 합니다.

크리스 디오트[Chris Deotte]는 리더보드를 조사하는 다른 아이디어[14]를 제시했습니다. 이 포스트는 과대적합 금지 II 대회[15]를 바탕으로 작성되었습니다.

---

12 https://www.kaggle.com/anokas/finding-boatids

13 https://www.kaggle.com/c/30-days-of-ml/discussion/269541

14 https://www.kaggle.com/cdeotte/lb-probingstrategies-0-890-2nd-place

15 Don't Overfit! II. https://www.kaggle.com/c/dont-overfit-ii

6.5 적대적 검증 사용

앞서 언급했듯 교차검증은 훈련 데이터와 분포가 동일한 접하지 않은 데이터에서도 모델의 일반화 능력을 테스트합니다. 캐글 대회는 공개와 비공개 데이터 세트에서 예측하는 모델을 만들라고 요구하기 때문에 훈련 데이터와 동일한 분포의 테스트 데이터가 나올 것으로 예상됩니다. 하지만 실제로 항상 그렇지는 않습니다.

리더보드 결과에만 기대지 않고 직접 진행한 교차검증을 충분히 고려해 테스트 데이터에 과대적합 되지 않았다고 해도 예상 못한 결과가 나오기도 합니다. 테스트 세트가 모델의 기반이 된 훈련 세트와 약간이라도 다르면 이런 상황이 일어납니다. 사실 목표 확률과 목표 확률 분포, 그리고 예측 변수가 목표 확률에 연관되어 있는 방식은 훈련을 하는 동안 테스트 데이터가 훈련 데이터와 다른 경우 충족될 수 없는 특정 기대치를 모델에게 알려줍니다.

따라서 지금까지 살펴본 것들로는 리더보드에 과대적합되는 것을 피할 수 없습니다. 하지만 우선 테스트 데이터가 훈련 데이터와 비슷한지 알아내는 것은 좋은 시도입니다. 만약 다르다면 훈련 데이터와 테스트 데이터 사이의 다른 분포를 완화할 방법을 찾아야 합니다. 그리고 해당 테스트 세트에서 성능을 발휘하는 모델을 구축해야 합니다.

적대적 검증adversarial validation은 이런 목적을 위해 개발된 방법으로 훈련 데이터와 테스트 데이터 사이의 차이가 어느 정도인지 쉽게 추정합니다. 이 테크닉은 캐글 참가자들 사이에 오랜 소문으로 떠돌며 팀에서 팀으로 전해졌고 이후 지그문트 자야치Zygmunt Zając가 블로그[18]에 공개했습니다.

---

16 LANL Earthquake Prediction competition. *https://www.kaggle.com/c/LANL-Earthquake-Prediction*

17 *https://towardsdatascience.com/how-to-lb-probe-on-kaggle-c0aa21458bfe*

18 *http://fastml.com/adversarial-validation-part-one*, *http://fastml.com/adversarial-validation-part-two*

아이디어는 단순합니다. 훈련 데이터에서 목표를 제거하고 훈련 데이터와 테스트 데이터를 조합한 후 테스트 데이터에 양성 레이블을 할당한 새로운 이진 분류 목표를 만듭니다. 이 시점에서 분류 머신러닝을 실행하고 ROC-AUC 지표(5.6.4절 참조)로 평가를 합니다.

ROC-AUC가 0.5 근처라면 훈련 데이터와 테스트 데이터는 쉽게 구분하기 어렵다는 의미로 같은 분포에서 나왔다고 판단해도 좋습니다. ROC-AUC 값이 0.5보다 높고 1.0에 가깝다면 어떤 것이 훈련 세트에서 왔고 어떤 것이 테스트 세트에서 왔는지 알고리즘이 파악하기 쉽다는 의미입니다. 이런 경우 명백하게 다른 분포에서 나왔기 때문에 테스트 세트에 쉽게 일반화되리라 기대할 수 없습니다.

> **NOTE**_ 스베르방크 러시아 주택 시장 대회[20]에 참가한 노트북에서 적대적 검증의 실용적인 예시[21]를 확인하세요.

(수치나 문자열 레이블 등) 데이터의 타입이 다르거나 누락된 경우가 있기 때문에 분류 모델을 성공적으로 실행하려면 사전에 데이터 처리가 필요합니다. 이때 랜덤 포레스트 분류 모델의 사용을 제안합니다. 이유는 다음과 같습니다.

- 실제 확률을 출력하지는 않지만 결과는 순위를 매기도록 의도하기 때문에 ROC-AUC 점수에 적합합니다.
- 랜덤 포레스트는 모든 데이터를 숫자로 만들면서 자체적으로 의사결정 트리[decision tree]에 근거해 특징을 선택하고, 전처리 없이 다양한 유형의 특징을 운영하는 유연한 알고리듬입니다. 또한 과대적합에도 강하며 하이퍼파라미터를 고정시키는 데 지나치게 신경 쓰지 않아도 됩니다.
- 트리를 기반으로 하는 특성 덕분에 많은 데이터 처리가 필요하지 않고 결측 데이터의 경우 그 값을 단순히 -999와 같이 극단적인 음수로 대체하고, 문자열 변수는 문자열을 숫자로 변환해서 처리합니다 (사이킷런의 레이블 인코더 sklearn.preprocessing.LabelEncoder를 사용). 솔루션으로서는 원-핫 인코딩보다 성능이 떨어지지만 매우 빠르고 문제에 효과적일 것입니다.

분류 모델 구축이 테스트 데이터 세트를 적대적으로 검증하는 가장 직접적인 방법이지만 다른 접근 방법도 있습니다. 한 가지 접근 방법은 훈련 데이터와 테스트 데이터 양쪽을 저차원 공간에 매핑하는 것[21]입니다. 조율 작업이 더 필요해도 t-SNE와 PCA에 기반한 접근 방식은 매력

---

19 Sberbank Russian Housing Market. *https://www.kaggle.com/c/sberbank-russian-housing-market*

20 *https://www.kaggle.com/konradb/adversarial-validation-and-other-scary-terms*

21 *https://www.kaggle.com/nanomathias/distribution-of-test-vs-training-data*

적이고 이해하기 쉬운 그래픽으로 표현한다는 장점이 있습니다.

우리의 뇌가 숫자보다 시각적 표현에서 패턴을 발견하는 데 더 능숙하다는 점[22]을 잊지 마세요.

> **NOTE_** 데이터의 차원을 축소하고 시각화하는 툴은 PCA와 t-SNE만 있지 않습니다. UMAP[24]은 자주 더 빠른 저차원 솔루션과 뚜렷한 데이터 군집을 제공합니다. 변이형 오토 인코더variational auto-encoder(7장 '태뷸러 데이터 대회를 위한 모델링' 참조)는 비선형 차원축소를 처리하고 (설정하고 조율하기 더 복잡하긴 하지만) PCA 보다 더 유용한 표현을 제공합니다.

6.5.1 구현 예시

지그문트의 블로그와 노트북에 적대적 검증의 예시가 정리되어 있지만 태뷸러 플레이그라운드 시리즈 – 2021년 1월 대회[24]를 토대로 새로운 예시를 살펴보겠습니다.

대회에서 파이썬 패키지를 임포트하고 훈련 데이터와 테스트 데이터를 가져옵니다.

```
import numpy as np
import pandas as pd
from sklearn.ensemble import RandomForestClassifier
from sklearn.model_selection import cross_val_predict
from sklearn.metrics import roc_auc_score

train = pd.read_csv("../input/tabular-playground-series-jan-2021/train.csv")
test = pd.read_csv("../input/tabular-playground-series-jan-2021/test.csv")
```

데이터 준비는 짧고 간결합니다. 모든 특징은 수치이므로 레이블 인코딩이 필요 없습니다. 하지만 결측값을 음수(보통 −1)로 채워야 합니다. 식별자가 있으면 적대적 검증은 높은 ROC-AUC 점수를 반환하므로 식별자(id)와 목표(target)를 삭제(drop)합니다.

---

22 *https://onlinelibrary.wiley.com/doi/full/10.1002/qua.24480*

23 *https://github.com/lmcinnes/umap*

24 Tabular Playground Series – Jan 2021. *https://www.kaggle.com/c/tabular-playground-series-jan-2021*

```
train = train.fillna(-1).drop(["id", "target"], axis=1)
test = test.fillna(-1).drop(["id"], axis=1)

X = train.append(test)
y = [0] * len(train) + [1] * len(test)
```

이제 cross_val_predict 함수를 사용해서 RandomForestClassifier 예측을 생성하기만
하면 됩니다. cross_val_predict 함수는 자동으로 교차검증 체계를 생성하고 예측을 검증
분할에 저장해 줍니다.

```
model = RandomForestClassifier()
cv_preds = cross_val_predict(model, X, y, cv=5, n_jobs=-1, method='predict_proba')
```

결과적으로 편향이 없는(훈련한 데이터에서 예측한 것이 아니기 때문에 과대적합되지 않음)
예측을 얻게 되고 오류 추정에 사용됩니다. cross_val_predict는 인스턴스화된 모델을 적합
하지 않는다는 점을 기억하세요. 따라서 사용된 특징 같은 정보를 얻을 수 없습니다. 만약 그런
정보가 필요하다면 먼저 model.fit(X, y)을 호출해서 적합할 필요가 있습니다. 드디어 예측
으로 ROC-AUC 점수를 출력하겠습니다.

```
print(roc_auc_score(y_true=y, y_score=cv_preds[:,1]))
```

이상적인 점수는 0.49~0.50 정도입니다(cross_val_predict는 고정된 random_seed를 사
용하지 않으면 예측한 대로 동작하지 않습니다). 그 정도의 값이 테스트 데이터와 훈련 데이터
를 쉽게 구분할 수 없다는 것을 의미하기 때문입니다. 즉, 같은 분포에서 나왔다는 것이죠.

6.5.2 훈련 데이터와 테스트 데이터의 분포 차이 처리

ROC-AUC 점수가 0.8 이상일 경우 테스트 데이터 세트가 특이하고 훈련 데이터와 구분된다
는 경고 신호입니다. 이런 경우 사용하는 몇 가지 전략이 있습니다.

- 억제
- 테스트 데이터 세트와 가장 유사한 사례로 훈련
- 테스트 데이터 세트를 모방한 검증

억제suppression는 적대적 테스트 데이터 세트에서 결과에 가장 큰 영향을 미치는 변수를 분포가 다시 같아질 때까지 제거합니다. 그러려면 반복적인 접근 방식이 필요합니다. 먼저 모델을 모든 데이터에 적합합니다. 그리고 (사이킷런 RandomForest의 feature_importances_method) 중요한 측정값과 ROC-AUC 점수를 확인합니다. 이 시점에서 모델에 가장 중요한 변수를 데이터에서 제거하고 모든 과정을 다시 실행합니다. ROC-AUC 점수가 적합되어 0.5 근처로 낮아질 때까지 학습시킨 후 ROC-AUC 적합도를 측정하고 데이터에서 가장 중요한 변수를 드롭하는 사이클을 반복합니다.

이 방법의 유일한 문제는 데이터에서 중요한 변수 대다수를 제거한다는 점입니다. 그래서 이렇게 변수가 검열된 데이터에서 구축한 모델이 유용한 정보를 주는 특징이 부족해서 충분히 정확하게 예측하지 못할 수도 있습니다.

테스트 데이터 세트와 가장 유사한 사례로 훈련할 때는 변수 대신 훈련에 사용하는 샘플에 집중해야 합니다. 이 경우 테스트 데이터의 분포에 맞는 샘플만 선택해서 학습을 합니다. 학습된 모델은 모두 (다른 데이터에는 일반화되지 않겠지만) 테스트 분포에 맞춰지고 대회 문제에서 가장 잘 테스트됩니다. 이 접근 방식의 한계는 데이터 세트의 규모를 축소하게 된다는 점과 테스트 데이터의 분포에 맞는 샘플 수에 따라 훈련 예제가 부족해져 크게 편향된 모델이 나오기도 한다는 점입니다. 앞서 예제에서 살펴본 적대적 예측에서 확률이 0.5 이상인 훈련 데이터만 선택해서 다 더하면 결과는 오직 1495 사례뿐입니다(테스트 데이터 세트와 훈련 데이터 세트가 큰 차이가 나지 않기 때문에 수가 너무 작음).

```
print(np.sum(cv_preds[:len(X), 1] > 0.5))
```

마지막으로 **테스트 데이터 세트를 모방한 검증** 전략에서는 모든 데이터를 대상으로 훈련하지만 검증을 할 때는 적대적 예측에서 확률이 0.5(또는 0.9 등 더 높은 임계값)를 넘는 훈련 데이터만 선택합니다.

테스트 데이터 세트에 조율된 검증 데이터 세트를 활용하면 모든 가능한 하이퍼파라미터와 모델을 선택해 리더보드 순위를 높일 수 있습니다.

예제에서는 다음 코드의 출력을 통해 feature_19와 feature_54가 훈련/테스트 분할 사이에서 가장 다르다는 사실을 확인했습니다.

```
model.fit(X, y)

ranks = sorted(list(zip(X.columns, model.feature_importances_)),
               key=lambda x: x[1], reverse=True)

for feature, score in ranks:
    print(f"{feature:10} : {score:0.4f}")
```

적대적 검증에서 기억할 사항이 몇 가지 있습니다. 첫째, 적대적 검증을 활용하면 일반적으로 대회에서 더 좋은 성과를 내는 데 도움이 되지만 항상 그렇지는 않습니다. 캐글 코드 대회와 테스트 데이터 세트에 접근할 수 없는 다른 대회에서는 적대적 검증을 사용할 수 없습니다. 게다가 적대적 검증은 테스트 데이터 전체의 정보를 제공해도 비공개와 공개 테스트 데이터 세트 분할 정보는 알 수 없습니다. 리더보드에 과대적합되고 결과적으로 급격한 셰이크업이 일어나게 되는 가장 일반적인 이유입니다.

마지막으로 적대적 검증은 대회에 맞추어서 고안된 방법이지만 실제 현장에서 실용적으로 사용되기도 합니다. 모델을 검증할 테스트 데이터 세트를 잘못 선택하는 경우가 얼마나 되나요? 지금 소개한 방법은 테스트 데이터와 검증 데이터를 올바르게 사용하고 있는지 확인합니다. 실제 환경에서는 데이터 변경과 모델이 이런 변화에 영향을 받아 다시 훈련하지 않으면 예측을 제대로 생성하지 못하는데 이를 **개념 표류**concept drift라 부릅니다. 이때 적대적 검증을 사용하면 즉시 제품화할 새로운 모델을 다시 훈련해야 하는지, 아니면 운용 중인 것을 그대로 두어도 되는지 판단할 수 있습니다.

6.6 누수 처리

캐글 대회를 진행할 때 결과에 영향을 미치는 가장 흔한 문제는 **데이터 누수**data leakage입니다. 줄여서 **누수**leakage라고 부르거나 (골든 피처 같은) 화려한 이름으로도 자주 불리는 데이터 누수는 예측 시에는 사용할 수 없는 훈련 단계의 정보가 포함되어 발생합니다. 이런 정보의 출현(누수)은 모델이 훈련과 테스트에서 지나친 성능을 보이고, 대회에서 높은 순위에 오르게 합니다. 하지만 스폰서의 관점에서는 누수를 토대로 만들어진 솔루션은 사용할 수 없거나 잘해도 차선

책에 불과합니다.[25]

NOTE_ 누수는 마이클 킴[Michael Kim]이 2019년 캐글데이 샌프란시스코 발표[26]에서 언급했듯 '훈련 특징 데이터나 훈련 메타데이터 안에 의도적으로 또는 의도치 않게 실측값 정보가 도입되는 경우'로 설명됩니다.

스폰서와 캐글 팀의 세심한 체크에도 불구하고 캐글 대회에서 누수는 자주 발생합니다. 이런 상황은 누수의 자연스러운 특성인 미묘함과 교활함 때문입니다. 누수는 언제나 대회에서 더 좋은 점수를 얻을 방법을 찾는 캐글러들이 치열한 수색을 하다보면 예기치 않게 등장합니다.

NOTE_ 데이터 누수[data leakage]를 누수된 검증 전략[leaky validation strategy]과 혼동하지 마세요. 누수된 검증 전략의 문제점은 훈련 데이터에서 일부 정보가 누출되기 때문에 더 나은 검증 점수를 얻는 방식으로 검증 전략을 배열했다는 것으로, 대회 자체와는 아무 관련이 없습니다. 대신 참가자가 검증을 어떻게 처리했는지와 관련이 있죠. 누수된 검증 전략은 훈련, 검증, 또는 테스트 데이터를 분할하기 전에 데이터를 수정하는 (정규화, 차원 축소, 결측값 대체 등) 전처리를 실행할 때 일어납니다.

데이터를 조작하고 처리하는 데 사이킷런을 사용하고 있다면 검증 데이터를 모든 적합 작업에서 배제해 누수된 검증 전략을 예방해야 합니다. 검증에 사용하는 데이터에 적용하는 경우 적합 작업은 누수를 생성하는 경향이 있습니다. 이것을 피하는 최선의 방법은 사이킷런 pipeline[27]입니다.

사이킷런 pipeline은 데이터 처리와 모델을 모두 포함하고 있기 때문에 데이터 누수를 발생시키는 변환을 실수로 적용하는 위험을 예방합니다.

데이터 누수는 검증 작업과 엄밀하게 관련되지는 않아도 심각한 영향을 미칩니다. 이번 장에서는 주로 검증 전략에 집중했지만 이 시점에서 데이터 누수를 살펴봐야 합니다. 이 문제는 모델을 평가하는 방법과 대회 테스트 세트를 넘어 일반화하는 능력에 큰 영향을 미치기 때문입니다.

일반적으로 누수는 특징이나 예시 수준에서 일어납니다. 지금까지는 **특징 누수**[feature leakage]가 가장 일반적이었습니다. 특징 누수는 목표의 대용물이 있거나 목표 자체의 사후 특징[posterior feature]이 있을 때 발생합니다. 목표 대용물은 레이블 처리나 테스트 분할 과정에서 파생되는 모든 것입니다. 예를 들면 식별자를 정의할 때 (예를 들면 숫자 호[numeration arc] 같은) 특정 식별자는 특정 목표 응답에 영향을 받아 올바른 방법으로 처리된 정보로 제대로 입력하면 모델이 쉽게 예

---

25 https://www.youtube.com/watch?v=rrWmmqAt6Ts
26 https://scikit-learn.org/stable/modules/generated/sklearn.pipeline.Pipeline.html

측합니다. 데이터 처리가 누수를 유발할 더 교묘한 상황은 대회 주최자가 데이터를 훈련 세트와 테스트 세트로 나누기 전에 같이 처리를 했을 때입니다. 캐글 대회에서 누수가 발견된 기록을 보면 다음과 같습니다.

1. 주최측의 데이터 준비 처리 실수. 특히 훈련 데이터와 테스트 데이터를 함께 사용한 경우. 대출 채무 불이행 예측 대회[27]의 주최 측에서 모두 합친 기록 데이터로 만든 특징을 사용했다가 후에 공개할 정보를 유출했습니다.

2. 행 순서가 시간 색인이나 특정 데이터 그룹과 연결되어 있는 경우. 텔스트라 네트워크 중단 대회[28]에서는 숨겨진 정보를 통해 한 특징의 레코드 순서가 예측됐습니다. 숨겨진 정보란 위치 정보로 데이터에 존재하지 않았지만 예측하기 너무 쉬웠습니다.

3. 열 순서가 시간 색인과 연결되어 있는 경우. 열을 행으로 사용해 힌트를 찾습니다.

4. 연속된 행에서 특징이 중복되는 경우. 연관관계에 있는 응답을 암시하기 때문입니다. 보쉬 생산 라인 성능 대회의 1위를 한 Beluga의 설루션[29]을 보면 이 누수를 사용했습니다.

5. 이미지 메타데이터에 정보가 포함된 경우. 투시그마 커넥트, 임대 목록 조회 대회[30]는 제공한 이미지 내 메타데이터로 정보가 제공됐습니다.

6. 인코딩 및 식별자에 깨기 쉬운 다른 익명화 관례(예: 해시)가 사용된 경우

사후 특징의 발생은 시간의 영향과 시간 전체에 걸쳐 존재하는 원인과 결과의 순서를 고려하지 않고 정보를 처리하는 경우 일어나게 됩니다. 과거를 돌아보는 문제를 풀고 있으면 지금 이해하는 특정 변수가 과거에는 아무 소용이 없다는 사실을 잊어버리는 경우가 많습니다. 예를 들어 한 은행에서 새로운 회사에 대출을 심사하며 신용 점수를 계산한다고 칩시다. 대출한 돈을 늦게 상환하는 경우가 많다는 걸 알게 되면 대출자는 신뢰성이 낮고 위험성이 높다는 훌륭한 지표가 생겨납니다. 하지만 돈을 빌려주기 전까지는 이 사람이 돈을 제때 상환할지 알기 어렵습니다. 이건 프로젝트를 진행하며 회사 데이터베이스를 분석할 때도 흔히 발견되는 문제입니다. 쿼리 데이터가 과거의 상황이 아닌 현재의 상황을 나타내는 셈입니다. 특정 시간에 있었던 정보만 검색하도록 지정할 수 없다면 과거 정보를 재구성하는 것도 어려운 작업이 됩니다. 이런 이유로 매우 많은 노력을 들여 이런 누수 특징을 찾고 모델을 구축하기 전에 배제하거나 조정합니다.

---

27 Loan Default Prediction. *https://www.kaggle.com/c/loan-default-prediction*

28 Telstra Network Disruptions. *https://www.kaggle.com/c/telstra-recruiting-network*

29 *https://www.kaggle.com/c/bosch-production-line-performance/discussion/25434*

30 Two Sigma Connect: Rental Listing Inquiries. *https://www.kaggle.com/c/two-sigma-connect-rental-listing-inquiries*

캐글 대회에서도 같은 종류의 데이터(예를 들면 은행, 보험 등)를 기반으로 하는 경우 비슷한 문제가 자주 발생합니다. 대회를 위한 데이터를 준비하는 데 세심하게 고려했기에 더 미묘한 방법과 형태로 나타나지만 말이죠. 일반적으로 목표와 강한 상관관계를 보이기 때문에 이런 누수 특징을 발견하기는 쉽습니다. 그리고 해당 분야의 전문가는 이유를 쉽게 찾아냅니다(예를 들면 어떤 단계에서 데이터베이스에 기록되었는지 알 때). 따라서 대회에서 이런 명백한 특징을 결코 찾을 수 없습니다. 하지만 주로 변환되거나 처리된 특징들과 같이 주최자의 통제에서 빠져나가서 파생된 정보가 존재합니다. 주최자는 사업을 보호하려 특징을 익명화하기 때문에 다른 것들 사이에 정보가 녹아듭니다. 이런 상황 때문에 누수가 드러나도록 데이터 세트의 기존 특징을 조합해서 찾는 골든 피처 사냥이 생기게 되었습니다.

> **NOTE_** 코리 레비슨Corey Levison이 작성한 포스트에는 산탄데르 고객 거래 예측 대회[32]에 참가하는 동안 그의 팀이 골든 피처를 사냥하게 된 이야기[33]를 서술하고 있습니다. 캐글러 dune_dweller는 데이터가 정렬된 모습을 보고 시간 순서대로 정렬되어 있을 가능성이 크다는 것을 발견하고 이를 새로운 특징으로 입력해 점수가 높았습니다.[34]

누수가 일어나는 또 다른 방향은 훈련 예제 누수입니다. 이는 특히 독립항등분포가 아닌 데이터에서 자주 발생합니다. 이는 일부 사례가 같은(또는 인접한) 시기에 뽑았거나 같은 그룹에서 왔기 때문에 서로 상관관계를 가진다는 의미입니다. 이런 사례는 훈련 데이터나 테스트 데이터에 모두 모여 있지 않고 그 사이에 나뉘어 있다면 높은 확률로 머신러닝 알고리듬이 일반적인 규칙을 활용하기보다는 이 사례를 어떻게 발견할지(그리고 예측을 끌어낼지) 학습합니다. 자주 언급되는 예시로 앤드류 응Andrew Ng의 팀이 경험한 사례가 있습니다. 2017년 앤드류 응 교수의 팀은 환자 30,000명의 엑스레이를 찍은 100,000개 데이터 세트를 사용해 논문을 작성했습니다. 논문에서는 무작위 분할을 사용해 훈련 데이터와 테스트 데이터를 나눴습니다. 같은 환자의 엑스레이가 일부는 훈련 데이터 세트에 일부는 테스트 데이터 세트에 포함된다는 사실을 인지하지 못했죠. 의사인 닉 로버츠Nick Roberts가 이 사실을 발견했고 모델의 성능에 영향을 미치는 누수가 있을 거라고 지적[34]했습니다. 그리고 결국 논문은 상당 부분 수정되었습

31 Santander Customer Transaction Prediction. https://www.kaggle.com/c/santander-customer-transaction-pre-diction

32 https://www.linkedin.com/pulse/winning-13th-place-kaggles-magic-competition-corey-levinson

33 https://www.kaggle.com/c/telstra-recruiting-network/discussion/19239#109766

34 https://twitter.com/nizkroberts/status/931121395748270080

니다.

캐글 대회에서 데이터 누수가 발견되면 어떤 일이 일어날까요? 캐글이 명시한 정책을 따르면 다음 중 한 가지 조치가 취해집니다.

- 대회를 그대로 계속 진행(누수가 미치는 영향이 작은 경우)
- 데이터 세트에서 누수를 제거하고 대회를 다시 시작
- 누수가 없는 새로운 테스트 데이터 세트를 생성

특히 캐글에서는 의무 사항이나 제재 대상이 아니지만 누수가 발생했다면 공개하기를 권장하고 있습니다. 하지만 경험상 대회에 누수가 있다면 금방 알아챌 겁니다. 토론 포럼이 골든 피처 같은 주제로 활발해지니까요. 포럼에서 어떤 이야기를 하고 있는지 관심 갖고 지켜보고 다른 캐글러가 제공하는 힌트를 조합한다면 금방 찾아냅니다.

하지만 일부 참가자는 토론에서 다른 참가자가 모델링에 집중하지 못하도록 방해하는 데 골든 피처를 사용하기도 하니 주의하세요. 예를 들어 산탄데르 고객 거래 예측 대회에는 일부 캐글러가 다른 참가자를 골든 피처에 관심을 갖도록 부추겨 잘못된 방향으로 이끄려 한 일[35]도 있었습니다.

대회 포럼에서는 누수나 골든 피처를 주제로 토론이 등장하면 주의 깊게 읽고 대회에 참가하는 동기와 관심에 따라 연구하고 발견된 누수를 사용할 것인지 결정하라고 권합니다. 누수를 탐색하면 확실히 학습 경험에 방해가 되지만 전혀 탐색하지 않아도 최종 순위에 심각한 영향을 받습니다(누수는 큰 영향을 끼치고 이를 사용한 모델에 아무런 주장도 할 수 없기 때문입니다). 만약 명성을 얻거나 나중에 취업에 활용하려는 목적이 없다면 어떤 누수를 만나든 사용해도 문제 되지 않습니다. 하지만 그런 목적을 가졌다면 누수는 무시하고 계속 모델 작업에 열중하세요. 캐글이 대회를 수정하거나 다시 시작해 누수의 영향을 무효화하기도 합니다. 이 경우 누수를 사용한 참가자는 매우 허탈하겠죠.

....

35 https://www.kaggle.com/c/santander-customer-transaction-prediction/discussion/87057#502362
36 https://www.kaggle.com/c/predicting-red-hat-business-value/discussion/22807
37 https://www.kaggle.com/c/talkingdata-mobile-user-demographics/discussion/23403
38 https://www.kaggle.com/c/two-sigma-connect-rental-listinginquiries/discussion/31870

6.7 요약

이번 장에서 설명한 조언을 통해 검증 전략을 정리하고 대회 막바지에 제출하기 적절한 모델을 선택하는 데 도움이 되길 바랍니다.

이번 장에서는 우선 적응적 과대적합이나 셰이크업 같은 문제를 살펴보며 공개 리더보드의 역학을 분석했습니다. 그런 다음 데이터 과학 대회에서 신뢰할 시스템을 구축하고 리더보드에 맞추어서 조율하고 노력의 성과를 추적하는 데 검증이 필요한 이유를 살펴보았습니다.

다양한 검증 전략을 알아보았고 적대적 검증으로 하이퍼파라미터를 조율하고 테스트 데이터나 검증 분할을 확인하는 최선의 방법을 살펴보았습니다. 마지막으로 캐글 대회에서 경험한 다양한 누수를 살펴보았고 누수를 다루는 방법도 조언했습니다.

- 대회에 참가하면 항상 신뢰할 검증 체계부터 세우세요. 확률적 특성을 통해 접하지 않은 데이터에도 일반화하는 능력을 고려할 때 훈련 세트 분할보다는 k-분할을 더 추천합니다.
- 검증 체계가 불안정하다면 더 많은 분할을 사용하거나 다양한 데이터 분할로 여러 번 반복해서 실행하세요. 테스트 세트를 항상 적대적 검증으로 확인하세요.
- 검증 체계와 리더보드 모두를 기반으로 결과를 계속 추적하세요. 최적화나 (골든 피처나 누수 같은) 돌파구 탐색을 위해 검증 점수를 더 신뢰하세요.
- 대회 최종 제출물을 선택할 때는 검증 점수를 사용하세요. 최종 제출 시 상황과 리더보드 신뢰 여부에 따라서 직접 교차검증을 실행한 모델에서 가장 좋은 모델과 리더보드 제출에서 가장 좋은 점수를 얻은 모델 중에서 선택하세요. 직접 진행한 한 교차검증에서 좋은 점수를 받은 모델을 권장합니다.

이제 (행이 예제를 나타내고 열이 특징을 나타내는) 행렬에 정렬된 숫자나 범주 데이터인 태뷸러 데이터를 사용한 대회에 접근하는 방식을 살펴볼 준비가 되었습니다. 다음 장에서는 캐글이 매달 태뷸러 데이터를 사용해서 주최하는 대회인 플레이그라운드 시리즈^{Playground Series}를 살펴보겠습니다.

또한 이런 대회에서 두각을 나타내도록 돕는 몇 가지 테크닉을 소개하겠습니다. 특징 공학, 목표 인코딩, 잡음 제거 오토인코더^{denoising autoencoder}, 그리고 태뷸러^{tabular}(테이블 형식 데이터) 문제에서 최신 학습 알고리듬으로 인식된 그레이디언트 부스팅 알고리듬(XGBoost, LightGBM, CatBoost 등)의 대안으로 사용할 태뷸러 데이터에 맞는 신경망을 소개합니다.

- 드미트리 라코^{Dmitry Larko} Dmitry Larko
- *https://www.kaggle.com/dmitrylarko*
- H2O의 최고 데이터 과학자
- 대회 그랜드마스터

가장 좋아하는 대회 유형과 이유를 알려주세요. 어떤 대회가 가장 자신있나요?

대부분 태뷸러 데이터 세트를 활용하는 대회에 참가했지만 컴퓨터 비전 대회도 즐기고 있어요.

캐글 대회에서 사용하는 접근법이 있나요? 이 접근법을 일상 업무에서도 사용하나요?

단순하게 시작하고, 더 작고 단순한 모델로 우선 제출 파이프라인을 구축하려고 노력해요. 여기서 견고한 방식으로 아이디어를 검증하도록 적절한 검증 계획을 만드는 것이 중요하죠. 그리고 데이터를 자세히 보고 분석하는 데 가능한 한 많은 시간을 투자하세요. 일상 업무에서는 AutoML 플랫폼을 구축하고 있어요. 캐글에서 시도한 많은 방법을 이 플랫폼의 일부로 구현하고 있어요.

참가했던 대회 중 특히 어려웠던 대회는 무엇이며, 어떤 통찰로 과제를 해결했나요?

특별히 생각나는 게 없네요. 그런데 크게 상관없는 것 같아요. 저에게 기술적으로 매우 어려웠던 일이 누군가에게는 정말 쉽기도 하니까요. 기술적인 어려움은 그렇게 중요하지 않아요. 정말 중요한 건 대회를 단거리 경주가 아니라 마라톤으로 생각하는 거예요. 단거리 경주의 마라톤이라고 볼 수도 있겠네요. 그래서 지치지 않아야 해요. 잘 자고 운동을 하고 산책을 해서 뇌가 새로운 아이디어를 떠올리도록 회복하는 게 중요합니다. 캐글 대회에서 우승하려면 창조력과 전문성, 그리고 가끔은 약간의 운이 필요하죠.

캐글이 경력에 도움이 되었나요?

현재 직장은 캐글 대회 그랜드마스터였던 덕분에 얻었어요. 현재의 고용주에게 이 사실이 전문성을 증명하기에 충분했던 거죠.

경험에 비추어볼 때, 초보 캐글러가 자주 놓치는 것은 뭘까요? 처음 시작할 때부터 알았으면 좋았겠다고 생각하는 것이 있나요?

경험이 적은 캐글러는 올바른 검증 계획을 무시하고 공개 리더보드의 피드백을 중요시하는 경우가 많아요. 이건 대부분 나쁜 결과로 이어지죠. 캐글에서 셰이크업이라고 알려진 급격한 순위 변동을 경험하게 되는 거죠.

대회에서 어떤 실수를 해봤나요?

경험이 부족한 사람들이 하는 실수와 다르지 않아요. 내부 검증이 아니라 리더보드 점수에 의존했죠. 그렇게 결정할 때마다 리더보드 순위는 혹독한 대가를 치렀죠.

데이터 분석과 머신러닝에 특히 추천하는 툴이나 라이브러리가 있나요?

흔히 떠오르는 것들이에요. 태뷸러 데이터에는 LightGBM과 XGBoost, CatBoost, 딥러닝에서는 파이토치와 파이토치 라이트닝$^{PyTorch-Lightning}$, 파이토치 이미지 모델(timm)을 추천해요. 그리고 사이킷런은 항상 필요하죠.

대회에 참가할 때 해야 하는 일 또는 중요하게 기억해야 할 것은 어떤 것이 있나요?

단순하게 시작하세요. 언제나 검증하세요. 리더보드 점수가 아니라 직접 검증한 점수를 신뢰하세요.

- 라이언 체슬러^{Ryan Chesler}
- *https://www.kaggle.com/ryches*
- H2O.ai 데이터 과학자
- 샌디에이고의 머신러닝 그룹 밋업[39] 오거나이저
- 토론 그랜드마스터
- 노트북, 대회 마스터

가장 좋아하는 대회 유형과 이유를 알려주세요. 어떤 대회가 가장 자신있나요?

저는 모든 유형의 대회에 조금씩 참가하곤 해요. 컴퓨터 비전이나 자연어 처리같이 특정 분야만 전문적으로 다루는 것보다 훨씬 재미있어요. 제가 재미있게 느낀 대회들은 보통 데이터나 예측의 오류에서 깊은 통찰을 끌어내는 대회였어요. 오류 분석은 이해력을 키우는 데 도움이 돼요. 모델이 실패하는 부분을 이해하고 약점에 대처하는 데이터 표현이나 모델을 개선할 방법을 찾게 되죠.

캐글 대회에서 사용하는 접근법이 있나요? 이 접근법을 일상 업무에서도 사용하나요?

캐글이나 일상 업무에서나 사용하는 접근법은 비슷합니다. 보통 모델을 만들기 전에 탐색적 데이터 분석을 선호하는데 저는 보통 모델링에 사용할 데이터를 준비하는 프로세스 정도면 충분했어요. 저는 먼저 수동으로 데이터를 관찰하고 어떻게 데이터를 가장 잘 모델링하고 탐색할 다른 옵션이 있는지 몇 가지 예비 결정을 내립니다. 그런 다음 모델을 만들고 성능을 평가하죠. 그다음은 오류 분석과 모델 어디에서 오류가 생기고 있는지 추측을 근거로 다음 모델링 단계를 판단해요.

캐글이 경력에 도움이 되었나요?

네, 지금 다니고 있는 직장은 캐글 덕에 들어왔어요. H2O는 캐글에서의 성과를 높게 평가했어요. 전 직장에서도 제가 대회에서 좋은 성과를 낸 것을 좋아했고요.

---

39 *https://www.meetup.com/San-Diego-Machine-Learning*

2000명 이상이 참가하는 샌디에이고 밋업을 운영 중인데 캐글에서의 경험이 영향을 미쳤나요?

네. 처음 캐글에 들어왔을 때 아주 지식이 적어서 시험 삼아 대회에 참가했지만 좋은 성적은 얻지 못했어요. 그러다가 로컬 밋업에 나갔고 사람을 만나 함께 팀을 짜고 학습의 기회를 얻었죠. 훨씬 실력이 좋은 사람들과 함께 작업한 대회에서 정말 좋은 성적을 거뒀습니다(약 4500팀 중 3위).

그 밋업이 계속되지 못했지만 저는 커뮤니티에 계속 참가하고 싶었어요. 그래서 직접 그룹을 만들고 이벤트를 기획하기 시작했죠. 이제 거의 4년 차가 되었는데 다른 사람이 데이터과학을 시작하도록 돕고 있어요. 원래는 캐글 대회와 팀 구성에만 초점을 둔 모임이었지만 자연스럽게 확장되어서 천천히 독서 모임이나 다양한 관심 주제를 주제로 강연도 진행 중이죠. 매주 머신러닝을 생각하고 공부하는 시간을 가진 덕분에 실력이 좋아졌다고 생각해요.

경험에 비추어볼 때, 초보 캐글러가 자주 놓치는 것은 뭘까요? 처음 시작할 때부터 알았으면 좋았겠다고 생각하는 것이 있나요?

제 경험상 많은 사람이 편향-분산 트레이드오프와 과대적합의 중요성을 과장하고 있어요. 여기에 너무 걱정하는 모습을 보았죠. 훈련 성능과 검증 성능을 가깝게 만드는 데만 신경쓰지 말고 검증 성능을 높이는 데 초점을 두어야 해요.

대회에서 어떤 실수를 해봤나요?

제가 반복해서 실수했던 것은 충분히 탐색하지 않았다는 거예요. 가끔 아이디어가 무의미하다고 너무 일찍 판단해 버리는 경우가 있죠. 그렇게 외면한 아이디어가 나중에 성능을 향상하는 데 중요한 역할을 했을 텐데 말이죠. 첫 시도로 경쟁력 있는 성능에 근접하는 경우도 자주 있지만 조금 다른 기술이 필요한 새로운 방법을 반복하다보면 자연스레 능력이 좋아질 겁니다.

데이터 분석과 머신러닝에 특히 추천하는 툴이나 라이브러리가 있나요?

저는 XGBoost, LightGBM, 파이토치, 텐서플로, 사이킷런같이 표준적인 툴을 많이 사용해요. 특별히 선호하는 툴이나 라이브러리는 없어요. 어떤 것이든 문제에 적절한 것을 사용하죠.

대회에 참가할 때 해야 하는 일 또는 중요하게 기억해야 할 것은 어떤 것이 있나요?

저는 가장 중요하게 생각해야 하는 부분은 좋은 검증이라고 생각합니다. 성능이 개선되고 있다고 자신을 기만하는 사람을 자주 봐요. 하지만 리더보드에 제출한 후 예상처럼 되지 않은 것을 깨닫죠. 아직 접하지 않은 새로운 데이터에서도 추정을 일치시키는 방법을 이해하고 새로운 조건에서도 견고하게 작동하는 모델을 구축하는 것은 중요한 능력이에요.

- 줄리아노 얀손Giuliano Janson
- *https://www.kaggle.com/adjgiulio*
- 질로우 그룹Zillow Group ML 및 NLP 책임 응용 과학자
- 대회 그랜드마스터

가장 좋아하는 대회 유형과 이유를 알려주세요. 어떤 대회가 가장 자신있나요?

제게 완벽한 대회란 다음 세 가지 조건을 갖춰야 합니다.

- 문제가 흥미로운가
- 데이터 세트의 크기가 적당한가 – 데이터 세트가 메모리에 맞을 정도로 충분히 작으면서 과대적합 문제가 발생하지 않을 정도로 큰가
- 특징 공학 측면에서 창의성을 발휘할 여지가 있는가

이 세 가지 조건을 만족하면 기술적 제약을 걱정할 필요 없이 엄격함과 창의성을 발휘할 방법이 있다고 느끼고 대회에 최선을 다하게 돼요.

캐글 대회에서 사용하는 접근법이 있나요? 이 접근법을 일상 업무에서도 사용하나요?

캐글 대회는 마라톤입니다. 대회에 들어가서 며칠간 작업을 하면 마지막 최고 점수의 90~95%는 얻게 되죠. 나머지는 끈기 있는 노력이 필요하죠. 유일한 성공 기준은 점수뿐이에요. 다른 것은 상관없어요.

일상 업무는 이어지는 단거리 달리기와 비슷해요. 모델의 성능은 제가 고려해야 하는 부분의 작은 일부일 뿐이죠. 출시일도 마찬가지로 중요하고 해석 능력, 확장성, 유지보수성 같은 다른 측면이 규모를 전혀 다른 방향으로 이끌 수도 있어요. 매번 전력 질주한 후 우선 사항이 재평가받고 최종 제품은 기존에 상상했던 것과 완전히 다르게 보일 수도 있어요. 또한 모델링은 하루 일과의 아주 작은 부분이에요. 저는 다른 일에 훨씬 더 많은 시간을 사용해요. 사람들과의 대화나 우선순위 관리, 사용 사례 구축, 데이터 정리 같은 것들이요. 특히 프로토 타입 모델을 성공적인 제품 설루션으로 만들 때 필요한 사항을 고민하죠.

참가했던 대회 중 특히 어려웠던 대회는 무엇이며, 어떤 통찰로 과제를 해결했나요?

우승했던 두 대회 중에서 '제넨테크 암^{Genentech Cancer}' 대회는 마스터 이상만 참가하는 대회였어요. 제공된 데이터는 가공되지 않은 업무 데이터였죠. 멋진 태뷸러 데이터가 처음부터 있는 게 아니었어요. 제가 정말 좋아하는 유형의 작업이죠. 저는 특징 공학을 좋아하거든요. 대회 당시는 건강관리 분야에 10년 넘게 일하고 있었기 때문에 해당 데이터 관련 사업이나 임상 관련 지식을 가지고 있었어요. 하지만 무엇보다 이런 종류의 데이터의 복잡성을 제대로 처리할 기술적 통찰력이 있었어요. 이런 종류의 가공되지 않은 업무 데이터는 신중하게 처리하지 않으면 모든 것이 잘못된다는 것도 알고 있었죠. 누수 가능성을 염려했던 초기의 가정 하나가 사실인 것이 드러났고 모델에 최종 추진력을 더해준 '골든 피처^{golden feature}'도 찾아냈어요. 그 대회를 통해 특징 공학을 할 때 언제나 더 주의를 기울이거나 검증 접근 방법을 설정해야 한다는 사실을 배웠어요. 누수는 감지하기 매우 어려워요. 모델에 일반적인 훈련/검증/테스트 방식으로 접근하는 것은 대부분의 경우 누수를 찾는 데 도움이 되지 않기 때문에 모델의 제품 성능이 저하될 위험이 있어요.

캐글이 경력에 도움이 되었나요?

캐글은 두 가지 면에서 도움이 되었어요. 우선 현대 머신러닝의 진입 장벽을 낮추어서 수많은 최신 모델링 기술을 접하기 쉽게 만들었고, 모델 검증의 예술과 과학을 전문가 수준으로 이해하도록 몰아붙여주었죠. 그리고 응용 머신러닝의 가장 눈부신 사고방식은 캐글에서 접했어요. 최고의 캐글 참가자들과 팀을 짜면서 배운 모든 교훈이 제 보물이라 항상 팀원들과 나누려고 노력해요.

캐글로 포트폴리오를 만드는 방법은 무엇인가요?

제 경력은 캐글에 직접적인 영향을 받지는 않았어요. 제가 캐글 순위 결과로 취업 제안이나 인터뷰 제안을 받지는 않았다는 의미입니다. 캐글을 시작했을 때 머신러닝에 집중하던 직군은 아니었지만 이미 책임 데이터 과학자로 일하고 있었어요. 캐글에서 배운 것들 덕분에 저는 머신러닝에 중점을 둔 직군으로 이동을 쉽게 요청했어요.

지금도 같이 일하는 많은 동료가 ML 대회를 주제로 이야기하기 좋아하고 제 캐글 경력의 팁과 테크닉을 궁금해하죠. 하지만 ML 커뮤니티에서 캐글이 무엇인지도 모르는 사람들의 비중이 큰 것도 사실이에요.

경험상 초보 캐글러가 자주 놓치는 것은 뭘까요? 처음 시작할 때부터 알았으면 좋았겠다고 생각하는 것이 있나요?

대회에 새롭게 참가한 사람들은 적절한 교차검증의 중요성을 쉽게 간과하곤 해요. 견고한 교차검증 프레임워크를 사용하면 객관적으로 성능 향상이 보장되죠. 길면 6개월도 걸리는 대회에서 최고의 모델은 보통 초기 아이디어가 가장 좋았던 사람이 아니라 데이터에서 얻은 경험적 피드백을 기반으로 계속해서 조정을 반복하는 사람이 만들죠. 훌륭한 검증 프레임워크는 모든 것의 기초랍니다.

대회에서 어떤 실수를 해봤나요?

머신러닝 분야에 처음 들어온 사람에게 언제나 들려주는 교훈 하나가 '너무 복잡한 아이디어에 매몰되지 말라'는 말입니다. 새롭고 복잡한 문제를 만나면 복잡한 설루션을 만들고 싶은 유혹에 빠지기 쉽죠. 복잡한 설루션은 보통 개발하는 데 시간이 많이 필요해요. 중요한 문제는 복잡한 설루션은 보통 한계값을 가지며 견고한 베이스라인을 조건으로 하고 있어요. 예를 들어 한 선거의 결과를 모델링하고 싶고 관찰 가능하고 잠재적인 지리적, 사회경제적, 시간적 특징 사이의 복잡한 조건 관계를 포착하려 일련의 특징을 생각하기 시작한다고 합시다. 모든 조건이 큰 영향력을 지닐 거라 고려하고 이 특징을 개발하면 몇 주가 걸릴지도 몰라요.

일련의 단순한 특징들과 고도로 최적화되고 데이터 기반으로 심층 상호작용을 이미 구축한 모델을 조건으로 복잡한 특징은 종종 자체로도 매우 강력해요. 시간과 노력을 투자해 구축한 복잡한 특징이 거의 또는 전혀 개선되지 않는다는 점을 간과해서는 안 돼요. 제 조언은 오컴의 면도날[40]을 준수하고 더 복잡한 접근 방법에 마음을 빼앗기기 전에 쉬운 것부터 시도하라는 것입니다.

데이터 분석과 머신러닝에 특히 추천하는 툴이나 라이브러리가 있나요?

저는 데이터를 쉽게 다루고 탐색하는 판다스^{pandas}와 몇 분 만에 모델 프로토타입을 만드는 사이킷런을 정말 좋아해요. 대부분의 프로토타입 작업은 이 두 라이브러리를 사용해서 작업했어요. 그래도 최종 모델은 종종 XGBoost를 기반으로 만들어요. 딥러닝에서는 케라스를 좋아하고요.

---

40 옮긴이_ 어떤 사항을 설명하는 가설 체계는 간결해야 한다는 원리

태뷸러 데이터 대회를 위한 모델링

이 장의 내용

- 플레이그라운드 시리즈
- 재현성을 위한 랜덤 상태 설정
- 탐색적 데이터 분석의 중요성
- 데이터 사이즈 줄이기
- 특징 공학 적용하기
- 의사 레이블링
- 오토인코더로 잡음 제거하기
- 태뷸러 데이터 대회를 위한 신경망

2017년까지는 대회 유형을 크게 구분할 필요가 없었습니다. 대부분의 대회가 태뷸러 데이터를 기본으로 하고 있었기 때문입니다. 이때까지는 캐글 포럼에서 '태뷸러 데이터 대회'라는 언급은 찾을 수 없었습니다. 하지만 갑자기 변화가 찾아왔습니다. 상대적으로 딥러닝 대회가 우세해지고 태뷸러 데이터 대회가 점점 드물어져 많은 사람이 아쉬워했습니다.[1] 심지어 캐글에서 최근 합성 데이터를 기반으로 태뷸러 데이터 대회를 개최해야 했을 정도입니다. 무슨 일이 일어난 것일까요?

2017~2018년까지 데이터 과학이 성숙해지자 많은 회사가 데이터 과학에 발을 들이기 시작했습니다. 데이터 과학은 여전히 뜨거운 주제였지만 더 이상 드물지는 않았죠. 많은 기업이 겪은 문제가 여러 해 동안 캐글을 가득 채웠던 문제와 비슷해 대회의 설루션이 많은 회사의 표준 사

---

1 https://www.kaggle.com/general/49904

례가 되었습니다. 이런 상황에서 기업이 유사한 문제는 내부적으로 처리할 능력을 갖춰 외부에 태뷸러 데이터 대회를 주최할 이유가 줄었습니다. 이에 반해 딥러닝은 여전히 발견되지 않은 미지의 영역이기에 외부에 많은 대회를 주최하게 되었죠. 이런 상황은 오랫동안 계속될 것입니다. 따라서 기업이 최신 기술에 도전하는 대회를 열고 새로운 기법이 나오는지 보는 것도 충분히 이해가 되죠.

이번 장에서는 태뷸러 데이터 대회를 살펴볼 것입니다. 일부 유명하고 기록적인 대회를 언급하고 플레이그라운드 시리즈Playground Series의 현황을 살펴봅니다. 태뷸러 데이터 문제는 대부분의 데이터 과학자가 사용하는 표준 사례로 캐글에서 배울 것이 정말 많기 때문입니다. 먼저 이 대회들에서 가장 일반적인 활동인 **탐색적 데이터 분석**exploratory data analysis (EDA)과 **특징 공학**feature engineering을 살펴보면서 시작하겠습니다.

특징 공학의 핵심 전략을 소개한 후 범주형 인코딩categorical encoding, 특징 선택feature selection, 목표 변환target transformations, 의사 레이블링pseudo-labeling 등 특징 공학과 관련된 많은 주제로 확장해 나갈 것입니다. 마지막에는 태뷸러 데이터를 위한 딥러닝 방법론을 살펴보겠습니다. TabNet같이 특화된 심층 신경망을 살펴보고 잡음 제거 오토인코더를 설명합니다. 오토인코더가 실제 현장에서는 적용이 거의 되지 않지만 최근 캐글 대회에서 유의미하게 사용하기 시작한 이유도 설명합니다.

이번 장에서 태뷸러 데이터 대회와 관련된 모든 것을 다루지는 않지만 데이터 과학의 핵심인 만큼 다른 많은 책에서 많이 소개합니다. 이 챕터에서는 캐글의 태뷸러 데이터 대회의 특징을 정의하고, 캐글 포럼 이외에서는 쉽게 찾을 수 없는 다양하고 특별한 테크닉과 접근 방법을 소개합니다.

7.1 플레이그라운드 시리즈

앞서 말했듯 캐글에 태뷸러 데이터 관련 대회가 줄어들자 많은 사람이 태뷸러 데이터 문제를 요구했고, 2021년 캐글은 태뷸러 플레이그라운드 시리즈Tabular Playground Series라는 월간 대회를 열어 반응을 확인했습니다. 대회는 공개 데이터나 이전 대회의 데이터를 합성한 데이터를 기반으로 열렸습니다. 합성 데이터는 **CTGAN**이라는 딥러닝 생성 네트워크에 의해 생성되었습니다.

캐글은 2021년 13개의 대회를 개최했고 성공적인 결과를 거뒀습니다. 점수, 메달, 상을 제공하지 않음에도 많은 캐글러가 모였습니다. 2021년도에 열린 대회 목록을 정리했습니다. 유형이나 지표로 특정 문제를 찾거나 집중 토론 및 노트북 등의 관련 리소스를 찾는 데 활용하세요.

월	문제	변수	지표	결측 데이터
2021년 1월	특정되지 않은 문제의 회귀	숫자형	RMSE	없음
2021년 2월	보험 청구액을 예측하는 회귀	숫자형과 범주형	RMSE	없음
2021년 3월	보험 청구를 예측하는 이진 분류	숫자형과 범주형	AUC	없음
2021년 4월	원본 타이타닉 데이터 세트와 매우 유사한 복제 데이터 이진 분류	숫자형과 범주형	정확도	있음
2021년 5월	다양한 속성이 주어진 목록을 대상으로 전자 상거래 제품의 카테고리를 예측하는 다중 분류	범주형	다중 클래스 로그 손실	없음
2021년 6월	다양한 속성이 주어진 목록을 대상으로 전자 상거래 제품의 카테고리를 예측하는 다중 분류	숫자형과 범주형	다중 클래스 로그 손실	없음
2021년 7월	(예를 들어 시계열 등) 다양한 센서 값 입력을 통해 도시의 공기 오염을 예측하는 다중 회귀	숫자형, 시간	RMSLE	있음
2021년 8월	대출 채무불이행과 관련된 손실을 계산하는 회귀	숫자형	RMSE	없음
30 Days of ML	보험 청구액의 회귀	숫자형과 범주형	RMSE	없음

---

2 https://github.com/sdv-dev/CTGAN

2021년 9월	보험 정책에 청구가 일어날지 예측하는 이진 분류	숫자형	AUC	있음
2021년 10월	다양한 화학적 특성이 주어진 분자의 생물학적 반응을 예측하는 이진 분류	숫자형과 범주형	AUC	없음
2021년 11월	이메일에서 추출한 다양한 특징을 통해 스팸 메일을 정의하는 이진 분류	숫자형	AUC	없음
2021년 12월	원본 산림 피복 유형 예측Forest Cover Type Prediction 대회에 기반한 다중 분류	숫자형과 범주형	다중 클래스 분류 정확도	없음

2022년에도 태뷸러 플레이그라운드 시리즈 대회는 계속되어 더 복잡하고 어려운 문제가 등장했습니다. 2023년부터는 대회가 플레이그라운드 시리즈Playground Series란 이름으로 바뀌어 태뷸러 데이터뿐 아니라 다양한 형식의 데이터를 다루는 시즌제 대회로 변경되었습니다.

과거에 유명했던 대회도 있지만 이번 장에서는 위 대회에서 등장한 코드와 관련 토론을 중점적으로 설명했습니다. 앞서 언급했듯 태뷸러 데이터 대회는 업계 환경이 변화하며 영원히 사라진 셈으로, 과거보다는 현재와 관련된 제안과 힌트를 보는 편이 더 유용하기 때문입니다.

캐글 점수와 메달이 있는 다른 대회들과 마찬가지로 태뷸러 데이터 대회에서도 이 책의 다른 장에서 언급한 간단하지만 효과적인 파이프라인을 따를 것을 권장합니다.

- 탐색적 데이터 분석(EDA)
- 데이터 준비
- 모델링(모델 검증에는 교차검증 전략을 사용)
- 후처리
- 제출

일반적으로 재현성을 유지해야 하기 때문에 (모든 분할에서) 모든 모델과 파라미터 목록, 모든 분할의 예측과 OOF 예측, 그리고 모든 데이터로 훈련한 모델의 예측을 저장합니다.

모든 정보는 다시 찾기 쉬우며 재구성하기 쉬운 방식으로 저장해야 합니다. 예를 들면 적절한 레이블링 사용, MD5 해시 값 추적 유지[3], 각 실험에서 교차검증 점수와 리더보드 결과를 추적하는 방법 등이 있습니다. 대부분의 캐글러는 .txt 파일이나 엑셀 스프레드 시트와 같은 간단한 툴을 사용하지만 다음과 같이 더 복잡한 방법들도 존재합니다.

----

3 https://stackoverflow.com/questions/16874598/howdo-i-calculate-the-md5-checksum-of-a-file-in-python

- DVC(*https://dvc.org*)
- 웨이츠앤바이어스(*https://wandb.ai/site*)
- MLflow(*https://mlflow.org*)
- Neptune(*https://neptune.ai/experiment-tracking*)

결국 사용하는 툴보다 결과가 중요합니다. 그러니 경쟁의 열기 속에서도 더 나은 실험과 모델의 결과를 보존하도록 최선을 다하면 됩니다.

나아가기 전에 캐글이 이 대회에서 사용할 데이터를 생성하는 데 사용한 기술을 알아보면 어떨까요? 데이터가 어떻게 생성되었는지 제대로 이해하면 매우 유리해집니다. 또한 합성 데이터가 어떻게 작동하는지 이해하면 실제 현장에서 데이터 과학을 하는 방식도 큰 영향을 받습니다. 이 방식이 학습에 필요한 훨씬 다양한 데이터를 얻는 방법이 되어줄 수도 있으니까요.

> **NOTE_** 예를 들어 구글 브레인 산소 호흡기 압력 예측 대회[4]를 살펴볼까요? 이 대회는 인공호흡기에 사용할 머신러닝을 개발하는 대회입니다. 제공된 데이터를 딥러닝으로 모델링해 좋은 결과를 얻을 수도 있지만 준 코다Jun Koda는 합성 데이터의 출처를 고려해 생성 프로세스를 역설계해 리더보드에서 최고의 결과[5]를 얻었습니다.

다리우시 바라미Dariush Bahramii가 작성한 아이디어[6]에서 볼 수 있듯, 인공 데이터를 직접 생성하고 합성 데이터를 이해하는 일은 그 어느 때보다 쉬워졌습니다.

7.2 재현성을 위한 랜덤 상태 설정

태뷸러 데이터 대회에서 사용할 단계나 모델을 살펴보기 전에 앞서 언급한 **재현성**reproducibility이라는 주제를 살펴보겠습니다.

캐글 노트북의 코드 속에는 숫자, 즉 시드seed를 랜덤 상태로 선언하는 파라미터가 있습니다. 이

---

4 Google Brain–Ventilator Pressure Prediction competition. *https://www.kaggle.com/c/ventilator-pressure-prediction*

5 *https://www.kaggle.com/c/ventilator-pressure-prediction/discussion/285278*

6 *https://www.kaggle.com/lucamassaron/how-to-use-ctgan-to-generate-more-data*

설정은 결과의 재현성에 중요합니다. 알고리듬은 결정론적이지 않고 임의성을 기반으로 하기 때문에 시드를 설정하면 랜덤 생성기의 동작에 영향을 주어서 무작위성을 예측 가능하게 만듭니다. 동일한 랜덤 시드는 같은 순서를 의미합니다. 다른 말로 하면 같은 코드를 실행하면 같은 결과를 얻습니다.

그래서 모든 사이킷런의 머신러닝 알고리듬이나 사이킷런과 호환이 가능한 모델(가장 인기 있는 모델을 예로 들면 XGBoost, LightGBM, CatBoost 등)이 랜덤 시드 설정 파라미터를 지원합니다.

결과의 재현성은 실제 현장 프로젝트에서도 캐글 대회에서와 마찬가지로 중요합니다. 실제 현장에서 재현 가능한 모델이 있다면 모델 개발과 일관성을 더 잘 추적할 수 있습니다. 캐글 대회에서 재현성은 모델 속의 모든 변동을 통제해 가설을 더 잘 테스트하도록 도와줍니다. 예를 들어 새로운 특징을 생성해서 재현 가능한 파이프라인에 넣는다면 그 특징이 도움이 되는지 알 수도 있습니다. 모델의 어떤 개선이나 악화가 이전에 그 모델을 실행한 후 변경한 어떤 임의 프로세스의 영향이 아니라 그 특징에 의해 일어났다는 것을 확신할 것입니다.

재현성은 공개 노트북을 다룰 때도 이점으로 작용합니다. 대부분의 노트북은 0이나 1, 42 같은 고정된 시드를 가지고 있을 것입니다. 42라는 값은 더글라스 아담의 『은하수를 여행하는 히치하이커를 위한 안내서』(책세상, 2005)에서 나온 번호로 많이 쓰입니다. 이 책에 등장하는 거대한 슈퍼 컴퓨터 깊은 생각이 무려 750만 년 동안 계산한 "삶, 우주 그리고 모든 것에 대한 궁극적인 질문에 대한 해답"이 42였습니다. 만약 대회에서 모두가 같은 랜덤 시드를 사용한다면 두 가지 영향이 있을 것입니다.

- 랜덤 시드가 공개 리더보드에서 너무 잘 작동할 것입니다. 과대적합이 일어났다는 의미입니다.
- 많은 캐글러가 유사한 결과를 생성해서 비공개 리더보드의 순위에 비슷한 영향을 미칠 것입니다.

랜덤 시드를 변경하면 과대적합을 피하고 순위가 급격히 낮아지는 일을 예방합니다. 다르게 표현하면 모두와 다른 결과를 얻어 결국 이점으로 작용할 겁니다. 또한 캐글 대회를 우승하게 되었다면 우승한 제출 모델을 어떻게 만들었는지 증명해야 합니다. 따라서 상을 받으려면 무엇보다 모든 것을 완벽하게 재현 가능해야 합니다.

텐서플로와 파이토치 모델은 랜덤 시드 파라미터를 전혀 사용하지 않기 때문에 완벽한 재현성을 보장하는 것이 더 어렵습니다. 다음 코드에서는 텐서플로와 파이토치 모델을 실행할 때 같은 랜덤 시드를 설정합니다.

```
def seed_everything(seed,
                    tensorflow_init=True,
                    pytorch_init=True):
    """
    결과를 재현하는 시드를 설정
    """
    random.seed(seed)
    os.environ["PYTHONHASHSEED"] = str(seed)
    np.random.seed(seed)
    if tensorflow_init is True:
        tf.random.set_seed(seed)
    if pytorch_init is True:
        torch.manual_seed(seed)
        torch.cuda.manual_seed(seed)
        torch.backends.cudnn.deterministic = True
        torch.backends.cudnn.benchmark = False
```

사이킷런은 클래스나 함수에서 허용하면 random_state 파라미터를 사용하므로 랜덤 시드를 직접 설정하기를 권장합니다.

7.3 EDA의 중요성

EDA라는 용어는 현대 통계 방법론의 가장 중요한 학자 중의 한 명인 존 와일더 튜키[John W. Tukey]가 만들었습니다. 1977년 튜키는 EDA를 데이터를 탐구하고 증거를 알아내고 가설을 발전시키는 방법이라 주장했고, 이는 나중에 통계학 실험으로 사실임이 확인되었습니다.

튜키의 아이디어는 수학적 계산을 기반으로 한 순차적인 테스트 대신 관찰과 추론을 기반으로 통계학적 가정을 정의한다는 것이었으며, 이 아이디어는 머신러닝 세계에 잘 전달되었습니다. 다음 절에서 살펴보겠지만 데이터는 머신러닝 알고리듬이 더 잘, 효율적으로 작동하도록 개선되거나 미리 단순화되기 때문입니다.

캐글 대회를 위한 EDA에서 다음과 같은 사항이 확인됩니다.

- 결측값과, 목표와 상관관계를 가진 결측값 패턴
- 왜곡된 수치형 변수와 가능한 변환

- 함께 그룹화되는 범주형 변수의 희귀 범주
- 단변량과 다변량의 잠재적 이상값
- 높은 상관관계를 가진(또는 심지어 중복된) 특징
- 문제를 가장 쉽게 예측 가능하게 만드는 특징

EDA는 다양한 기술적 분석, 그래프, 차트를 통해 실행합니다. 먼저, 확연히 드러나는 특징들을 하나씩 조사하고(**단변량 분석**univariate analysis), 몇 가지 변수를 매치(산점도scatter plot 같은 **이변량**bivariate 분석)한 뒤, 마지막으로 더 많은 특징을 한 번에 고려(**다변량**multivariate 접근 방식)하는 식입니다.

만약 조금 귀찮거나 어디서 어떻게 시작할지 확신이 서지 않는다면 초기에 도움을 주는 자동화된 전략을 사용합시다. 예를 들면 EDA 프리웨어 툴로 시간을 절약한다는 장점으로 인기를 모으고 있는 AutoViz[7]가 있습니다. 다음 명령을 실행해 노트북에 AutoViz를 설치합니다.

```
$ pip install git+git://github.com/AutoViML/AutoViz.git
```

NOTE_ 댄 로스Dan Roth가 미디엄에 쓴 글[8]이나 게오르기 비스니아Georgii Vyshnia가 작성한 노트북[9] 같은 재미있는 공개 노트북에 접속해 AutoViz를 어떻게 쓰는지 확인하세요.

노트북은 Sweetviz[10]도 사용합니다. Sweetviz의 사용법을 타이타닉 데이터 세트를 기반으로 설명한 튜토리얼[11]이 있으니 참고하세요.

또 다른 유용한 툴로는 고전 통계학적 기술 통계학과 시각화에 더 의존[12]하는 Pandas Profiling[13]이 있습니다.

---

7 https://github.com/AutoViML/AutoViz

8 https://towardsdatascience.com/autoviza-new-tool-for-automated-visualization-ec9c1744a6ad

9 https://www.kaggle.com/gvyshnya/automating-eda-and-feature-importance-detection

10 https://github.com/fbdesignpro/sweetviz

11 https://towardsdatascience.com/powerful-eda-exploratory-data-analysis-in-just-two-lines-of-code-using-sweetviz-6c943d32f34

12 https://medium.com/analytics-vidhya/pandas-profiling-5ecd0b977ecd

13 https://github.com/pandas-profiling/pandas-profiling

다른 캐글러가 재미있는 EDA 노트북을 공개하는 걸 기다리는 것도 하나의 방법이니 항상 노트북 섹션을 주의깊게 지켜보세요. 가끔은 귀중한 힌트가 나타나기도 합니다. 다른 캐글러들의 노트북을 읽어 모델링 단계를 시작하고 대회에서 해야 할 일과 해서는 안 될 일을 파악합니다. 하지만 EDA는 다루고 있는 문제에 고도로 특화된다면 유용한 기법을 넘어서 대회 우승에 중요한 자산이 된다는 사실을 기억하세요. 이런 경우는 자동화된 설루션에서는 거의 찾을 수 없고 공개 노트북에서도 매우 찾아보기 어렵습니다. 스스로 EDA를 진행해 핵심을 파악하고 높은 점수를 받을 통찰을 모아야 합니다.

모든 것을 고려하더라도 자동화 툴은 배우거나 실행하기 쉽기 때문에 어느 정도 살펴보는 것이 좋습니다. 시간을 많이 절약하여, 그 시간을 차트를 보거나 가능성이 있는 통찰을 추론하는데 사용하는 것이 좋습니다. 대회 성과도 확실히 올라갈 겁니다. 하지만 그다음에는 맷플롯립 Matplotlib과 시본 Seaborn을 선택해 제공된 표준적이지 않은 데이터 타입과 문제에 따라 달라지는 플롯을 직접 만들어야 합니다.

> **TIP** 시간별로 측정된 일련의 결과가 주어졌다면, 연속 함수의 그래프를 그리는 것이 측정값을 시간순으로 표시하는 것만큼 유용한 효과가 있습니다. 예를 들어 한 측정값과 다른 측정값의 측정 시간 차이만 살펴봐도 더 나은 예측을 위한 통찰을 이끌어낼 수 있습니다.

7.3.1 t-SNE과 UMAP으로 차원 축소하기

EDA로 만들어지는 그래프는 많지만 그 모든 그래프를 나열하지는 않겠습니다. 하지만 데이터에 맞추어 특화된 차트만큼 많은 정보를 제공하는 두 가지 차원축소 **t-SNE**[14]와 **UMAP**[15]을 살펴보겠습니다.

t-SNE과 UMAP은 데이터 과학자들이 자주 사용하는 방법으로 다변량 데이터를 더 낮은 차원에 투영합니다. 주로 데이터의 복잡한 집합을 2차원으로 표현하는 데 사용됩니다. 2D UMAP와 t-SNE는 이상값의 존재와 데이터 문제에 유의미한 군집을 드러냅니다.

실제로 결과로 나온 2D 투영을 산포도로 그린 후 목표값에 따라 색을 칠하면, 산포도는 하위 그룹을 처리할 가능성이 있는 전략을 알려줍니다.

---

14 *https://lvdmaaten.github.io/tsne*
15 *https://github.com/lmcinnes/umap*

비록 이미지 대회와 관련된 것이기는 하지만 UMAP과 t-SNE으로 데이터를 더 이해하기 쉽게 만드는 좋은 예로 크리스 디오트Chris Deotte가 SIIM-ISIC 흑색종 분석 대회[16]에서 분석한 토론이 있습니다. 크리스는 관련 훈련 데이터와 테스트 데이터를 똑같이 저차원 투영해서 가지고 있었고 테스트 예제에만 존재하는 부분만 표기했습니다.

> **TIP** UMAP과 t-SNE는 찾기 힘든 데이터 속의 패턴을 발견하는 데 매우 유용하지만 모델링을 할 때 특징으로서 사용할 수도 있습니다. 재미있는 사용 방법 예시는 오토 그룹 제품 분류 대회[17]에서 입증되었습니다. 이 대회에서 마이클 킴Michael Kim은 t-SNE 투영을 특징으로 사용해 학습을 진행했습니다.

t-SNE를 효과적으로 사용하는 방법[ii]을 다룬 논문에서 언급하듯 t-SNE를 사용하면 실제로는 존재하지 않는 위치에서 군집이나 패턴을 발견하기 쉬워져 적절히 사용해야 합니다. UMAP 역시 잘못 해석할 가능성이 있는 그래프가 생성되는 경우가 있어 적절히 사용해야 합니다. 실제 데이터를 토대로 UMAP과 t-SNE의 성능에 대한 조언과 주의사항을 적은 안내서[18]를 읽어 보세요.

여러 위험성에도 불구하고 이 접근 방법은 PCA나 SVD 같이 선형 결합linear combination에 의한 분산 재구성을 기반으로 하는 전통적인 방법들에 비해 확실히 더 많은 것을 드러냅니다. 전통적인 접근 방법들에 비해 UMAP과 t-SNE는 차원을 극도로 줄이도록 노력하면서 데이터의 지형을 유지하고, 그 결과는 비주얼 차트로 그립니다. 적합이 훨씬 느리다는 부작용이 있지만 추후 엔비디아가 CUDA에 기반한 RAPIDS suite[19]을 공개했으며, GPU 기반 노트북이나 스크립트를 사용하면 UMAP과 t-SNE의 결과를 매우 합리적인 시간 안에 되돌려주어 EDA 툴로서 유용합니다.[20]

> **NOTE_** 30 Days of ML 대회에서 데이터 탐색에 RAPIDS 구현과 GPU로 UMAP과 t-SNE를 적용하는 유용한 예시[20]를 확인하세요.

---

16 SIIM-ISIC Melanoma Classification competition. `https://www.kaggle.com/c/siim-isic-melanoma-classification/discussion/168028`

17 Otto Group Product Classification Challenge. `https://www.kaggle.com/c/otto-group-product-classification-challenge/discussion/14295`

18 `https://pair-code.github.io/understanding-umap`

19 `https://developer.nvidia.com/rapids`

20 `https://www.kaggle.com/lucamassaron/interesting-eda-tsne-umap`

다음 그림은 앞서 제시한 예시 노트북의 출력입니다. 그림은 여러 군집이 어떻게 데이터 세트를 채우고 있는지 나타내지만 어떤 것도 목표와 특정 관계를 드러냈다고 보기는 어렵습니다.

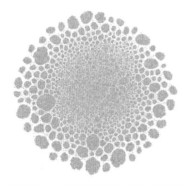

그림 7-1 t-SNE 플롯에서 보이는 여러 군집

다른 노트북[21]에서는 같은 방법을 결측값의 이진 지시자binary indicator에 적용해 응답의 특정 유형이 차지하는 특정 개별 영역을 암시하는 형태를 나타냅니다. 실제로 이 예에서 누락된 샘플들은 무작위로 발생하지 않았으며 상당한 비율로 예측이 가능했습니다.

그림 7-2 이 t-SNE 플롯은 양성 타깃이 우세한 영역을 쉽게 드러낸다

---

21 https://www.kaggle.com/lucamassaron/really-not-missing-at-random

7.4 데이터 사이즈 축소하기

캐글 노트북에서 직접 작업을 해보면 신경 써야 할 제한사항이 많고 처리하는 데 시간도 많이 듭니다. 이 제한사항 중 하나는 메모리 초과out-of-memory 에러로 이 에러가 발생하면 실행을 멈추고 스크립트를 처음부터 다시 실행해야 하죠. 많은 대회에서 흔하게 일어나는 일입니다. 하지만 데이터를 디스크에서 소량씩 검색해 처리하는 텍스트나 이미지 기반 딥러닝 대회와 달리 태뷸러 데이터로 작동하는 대부분의 알고리듬은 모든 데이터를 메모리에서 처리합니다.

가장 일반적인 상황은 CSV 파일을 판다스의 `read_csv`를 사용해서 업로드할 때 일어납니다. DataFrame은 특징 공학과 머신러닝을 목적으로 캐글 노트북에서 다루기에는 너무 큽니다. 이때 판다스 DataFrame의 사이즈를 아무런 정보의 손실 없이 압축(**무손실 압축**lossless compression)하는 방법을 사용하면 좋습니다. 무손실 압축은 기욤 마틴Guillaume Martin의 작업[22]을 응용한 다음 스크립트를 활용해서 적용하면 쉽습니다.

```python
def reduce_mem_usage(df, verbose=True):
    numerics = ['int16', 'int32', 'int64',
                'float16', 'float32', 'float64']
    start_mem = df.memory_usage().sum() / 1024**2
    for col in df.columns:
        col_type = df[col].dtypes
        if col_type in numerics:
            c_min = df[col].min()
            c_max = df[col].max()
            if str(col_type)[:3] == 'int':
                if c_min > np.iinfo(np.int8).min and \
                    c_max < np.iinfo(np.int8).max:
                    df[col] = df[col].astype(np.int8)
                elif c_min > np.iinfo(np.int16).min and \
                    c_max < np.iinfo(np.int16).max:
                    df[col] = df[col].astype(np.int16)
                elif c_min > np.iinfo(np.int32).min and \
                    c_max < np.iinfo(np.int32).max:
                    df[col] = df[col].astype(np.int32)
                elif c_min > np.iinfo(np.int64).min and \
                    c_max < np.iinfo(np.int64).max:
                    df[col] = df[col].astype(np.int64)
            else:
```

---

22 *https://www.kaggle.com/gemartin/load-data-reduce-memory-usage*

```
                        if c_min > np.finfo(np.float32).min and \
                            c_max < np.finfo(np.float32).max:
                                df[col] = df[col].astype(np.float32)
                        else:
                                df[col] = df[col].astype(np.float64)
        end_mem = df.memory_usage().sum() / 1024**2
        if verbose: print('Mem. usage decreased to {:5.2f} Mb ({:.1f}% reduction)'
                            .format(end_mem, 100 * (start_mem - end_mem) / start_mem))
        return df
```

> **NOTE_** 판다스 DataFrame을 압축하는 이 아이디어를 처음 제안한 캐글러는 질로우 대회[23]에서 축소 함수reducing function를 작성한 아르얀 흐룬Arjan Groen입니다.

이 스크립트는 데이터 세트의 모든 수치형 특징이 특정 범위 내에 있다는 사실을 활용합니다. 파이썬은 정수나 부동소수점 변수를 저장할 때 그 수가 메모리에서 차지하는 바이트에 기반해 데이터 타입을 선택합니다. 스크립트는 각 특징이 가지고 있는 값을 각 데이터 타입이 허용하는 최대, 최솟값과 비교합니다. 이 작업은 특징을 저장할 수 있는 가장 용량이 적은 데이터 타입을 판단해 특징을 저장합니다.

이 접근 방식은 캐글 노트북에서도 경쾌하게 작동합니다. 하지만 몇 가지 주의 사항이 있습니다. 일단 가장 잘 맞는 수치 유형으로 각 특징을 압축하면 결과가 수치 유형의 용량을 초과하는 어떤 특징 공학도 적용할 수 없습니다. 그런 식으로 운용하면 잘못된 결과가 나타나는 경우가 있으므로 특징 공학이 끝난 후 적용하거나, 주요 변환을 하기 전에는 기존 데이터의 크기를 바꾸지 않을 것을 권장합니다. 이때, 사이즈 축소와 쓰레기 수집garbage collection 라이브러리 gc, gc.collect() 메서드를 조합해 캐글 노트북의 메모리 상황을 개선하는 방법이 있습니다.

데이터의 사이즈를 줄이는 다른 (특히 뛰어난) 방법은 특징 공학(특히 특징 선택과 데이터 압축)을 사용하는 것입니다.

---

23 Zillow competition. *https://www.kaggle.com/arjanso/reducing-dataframe-memory-size-by-65*

7.5 특징 공학 적용하기

실제로 프로젝트를 진행할 때 성공적인 ML 모델과 평범한 ML 모델을 판가름하는 기준은 모델 그 자체가 아닌 데이터입니다. 결측값이나 값의 신뢰성(데이터의 '질'), 사용 가능한 예제의 수(데이터의 '양')로는 데이터가 '나쁜'지 '좋은'지 '훌륭한'지 구분할 수 없습니다. 경험상 데이터를 구분하는 정말 중요한 차이점은 특징의 유형으로 표현되는 내용 자체의 정보 가치였습니다.

데이터 과학 프로젝트에서는 특징이 실질적인 구성 재료입니다. 특징은 모델이 분류하거나 값을 예측할 때 사용하는 정보를 담고 있기 때문입니다. 하지만 만약 특징적인 면에서 부족함이 있다면 어떤 모델도 저절로 당신을 성공으로 이끌거나 더 나은 예측을 제공할 수 없습니다. 모델은 데이터를 명확하게 만들지만 그 자체로 마법을 부릴 수는 없습니다.

캐글에서는 외부에서 추가 데이터를 얻을 수 있는 소수의 대회를 제외하면 모든 참가자는 대회 시작 후 동일한 데이터에 접근합니다. 대부분의 차이는 그때 데이터를 어떻게 다루는지에 따라 발생합니다. 많은 캐글러가 주어진 데이터를 개선하는 방법을 미처 생각해내지 못하는 실수를 저지릅니다. 데이터를 모델에 더 유용한 정보로 변형시키는 기술을 모아둔 특징 공학은 대회에서 더 좋은 성적을 내는 데 항상 중요한 요소입니다. 강력한 모델이라도 데이터를 처리해서 더 이해하기 쉬운 형태로 만들어야 합니다.

특징 공학은 **사전 지식**(주로 관련 분야 전문 지식)을 데이터에 적용하는 방법이기도 합니다. 기존 특징을 더하거나 빼거나 나누어서 현재 다루고 있는 문제를 더 잘 설명할 지표나 추정값을 얻습니다. 특징 공학을 사용하면 캐글 대회에서는 성능이 모자라도 실제 현장에서 빛을 발하는 효과를 얻습니다. 먼저, 훈련 데이터의 사이즈를 줄이는 효과가 있습니다(노트북 등을 사용해 메모리가 제한된 대회에서도 유용합니다). 다음으로 사람이 이해하기 좋은 특징을 사용해서, 생성된 모델의 해석을 쉽게 만드는 효과가 있습니다.

증명된 것은 아니지만 각 영역은 그 분야의 전문가들에게는 잘 알려진 특정 변수 변환으로 인코딩되어있습니다. 금융 분야를 예로 들어보면 시장과 회사 데이터를 나타내는 다양한 특징 세트에서 칼만 필터나 웨이블릿 변환 등의 특정 변환을 적용해서 노이즈에서 신호를 분리해야 합니다. 접근 가능한 영역의 수가 매우 많고 특징 공학 절차가 복잡하므로 이 절에서 특정 분야의 전문 지식이나 특징을 다루는 일부 방법을 살펴보지는 않지만, 어떤 태뷸러 데이터 대회^{tabular} competition에서든 통용되는 가장 일반적인 테크닉을 설명하겠습니다.

7.5.1 쉽게 파생된 특징

변환으로 특징을 파생하는 방법은 가장 단순하지만 대체로 가장 효과적인 접근법이기도 합니다. 예를 들어 특징 비율 계산(한 특징을 다른 특징으로 나누는 것)은 꽤 효율적인 방법임이 증명되었는데, 대부분의 알고리듬이 나눗셈을 모방할 수 없거나(예: 그레이디언트 부스팅 gradient boosting) 어려워하기(예: 심층 신경망 deep neural networks) 때문입니다. 다음은 가장 널리 쓰이는 변환 방법들입니다.

- **시간 특징 처리**time feature processing: 날짜를 연, 월, 일의 요소로 나누기, 주나 요일로 변환하기, 날짜 간의 차이 계산하기, 핵심 이벤트(예: 휴가)와의 기간 계산하기.
  날짜나 시간에서 시간 요소를 추출해 날짜를 변환하는 방법도 많이 사용합니다. (사인과 코사인 변환을 기반으로 하는) 순환 연속 변환은 시간의 연속성을 나타내거나 주기적 특성을 생성하는 데 유용합니다.

```
cycle = 7
df['weekday_sin'] = np.sin(2 * np.pi * df['col1'].dt.dayofweek / cycle)
df['weekday_cos'] = np.cos(2 * np.pi * df['col1'].dt.dayofweek / cycle)
```

- **수치형 특징 변환**numeric feature transformations: 스케일링, 정규화, 로그나 지수 변환, 정수 부분과 소수 부분을 분리하기, 두 수치형 특징의 사칙연산, 수치형 특징을 표준화(통계에서 쓰이는 Z점수 방식) 혹은 정규화(min-max 스케일링이라고 부르기도 함)해서 스케일링하는 방법은 인공 신경망처럼 특징의 스케일에 민감한 알고리듬을 사용한다면 의미가 있습니다.
- **수치형 특징 비닝**binning of numeric features: 비닝은 연속형 변수를 빈에 분배해서 이산형으로 바꿀 때 사용됩니다. 비닝은 데이터 안의 노이즈와 에러 제거에 도움이 되며 원-핫 인코딩과 함께 활용하면 비닝된 특징과 대상 변수 사이의 비선형 관계를 쉽게 모델링합니다(그 예로 사이킷런의 구현[24]을 참고하세요).
- **범주형 특징 인코딩**categorical feature encoding: 원-핫 인코딩, 두 개나 세 개의 범주형 특징을 병합하는 범주형 데이터 처리, 또는 더 정교한 대상 인코딩(다음 절에서 더 자세히 다룹니다).
- **단계에 따른 범주형 특징**categorical feature **분할 및 통합**: 예를 들면 타이타닉 대회[25]에서 성과 이름 혹은 이니셜로 나누어 새로운 특징을 만듭니다.
- **다항식 특징**polynomial features: 특징을 제곱해서 만듭니다. 사이킷런 함수 PolynomialFeatures[26]를 예로 참고하세요.

특징 공학이 아닌 데이터 정제 기술에 가깝지만 누락된 데이터와 이상치 처리에는 특징을 변환

---

24 *https://scikit-learn.org/stable/modules/generated/sklearn.preprocessing.KBinsDiscretizer.html*
25 *https://www.kaggle.com/c/titanic*
26 *https://scikit-learn.org/stable/modules/generated/sklearn.preprocessing.PolynomialFeatures.html*

하는 데이터 변경 과정이 포함되고 데이터에서 신호가 나타나게 합니다.

- **결측값 처리**missing values treatment는 결측값이 드러나도록 이진 특징binary feature으로 만듭니다. 때로 누락은 무작위로 일어나지 않아 결측값에 몇 가지 중요한 이유가 깔려 있을 수도 있기 때문입니다. 보통 누락은 마치 다른 대용 변수처럼 데이터가 기록된 방법을 드러냅니다. 마치 통계 조사와 비슷합니다. 만약 누군가에게 자산 소득을 물었을 때 답하지 않는다면 그 사람은 극단적으로 가난하거나 극단적으로 부유하다고 짐작하게 됩니다. 만약 학습 알고리듬에 필요하다면 결측값을 최솟값, 중앙값, 최빈값으로 대체하세요(때에 따라 더 정교한 방법을 쓸 필요가 있습니다).

  TIP 파룰 판데이Parul Pandey가 결측값 처리를 정리한 완벽한 가이드[27]를 참조하세요.

  몇몇 모델은 자체적으로 결측값을 처리하고 많은 표준 접근 방식들보다 더 나은 결과를 냅니다. 결측값 처리는 최적화 절차의 일부이기 때문입니다. 결측값을 자체적으로 처리하는 모델은 모두 그레이디언트 부스팅을 활용합니다.
  - XGBoost: *https://xgboost.readthedocs.io/en/latest/faq.html*
  - LightGBM: *https://lightgbm.readthedocs.io/en/latest/Advanced-Topics.html*
  - CatBoost: *https://catboost.ai/docs/concepts/algorithm-missing-valuesprocessing.html*

- **이상값**outlier **범위 설정 및 제거**: 데이터에서 최댓값과 최솟값을 정해서 그 외의 값을 배제하거나 이상값을 수정합니다. 이렇게 하면 사이킷런처럼 정교한 다변량 모델을 사용[28]하게 됩니다.
  혹은 평균으로부터의 표준편차 수 또는 사분위수 범위(IQR) 경계로부터의 거리를 판단해 이상값 샘플을 단변량 방식으로 찾을 수도 있습니다. 사분위수 범위(IQR) 경계로부터의 거리를 활용할 경우 아마 단순하게 1.5 * IQR + Q3(상한 기준값upper outliers) 보다 큰 값이나 Q1 - 1.5 * IQR(하한 기준값 lower outliers) 보다 작은 값을 배제할 것입니다. 일단 이상값을 찾았다면 이진 변수로 표시해 처리합니다.

이 모든 데이터 변환은 모델의 예측 성능을 높여주지만 대회에서 결정적인 역할을 하는 경우는 거의 없습니다. 기본적인 특징 공학이 필요하긴 하지만 이것에만 의존할 수는 없습니다. 다음 절에서는 데이터에서 값을 추출하는 더 복잡한 절차를 제안합니다.

7.5.2 행과 열에 기반한 메타 특징

경쟁력 있는 성능을 갖추려면 까다로운 특징 공학이 필요합니다. 먼저 각 행에 기반한 특징들

---

27 *https://www.kaggle.com/parulpandey/a-guide-to-handling-missing-values-in-python*
28 *https://scikit-learn.org/stable/modules/outlier_detection.html*

을 살펴보면 좋습니다.

- 모든 수치(또는 그 부분 집합)의 평균, 중앙값, 합, 표준편차, 최솟값, 최댓값을 구합니다.
- 결측값을 셉니다.
- 행에서 발견한 공통된 값의 빈도를 계산합니다(예: 이진 특징 고려하기와 양수 세기).
- k-평균k-means 같은 군집 분석에서 나온 군집에 각 행을 배치합니다.

(단일 특징 집합을 대표하는 특징이기에 부르는 명칭인) 메타 특징meta-feature은 알고리듬에 샘플이 특정 그룹임을 알림으로써 데이터 안의 여러 종류의 샘플을 구분하는 데 도움을 줍니다.

메타 특징은 열을 기반으로 만들어질 수도 있습니다. 단일 특징의 집계와 요약 작업의 목적은 수치 특징 값 및 범주 특징 값과 관련된 추가적인 정보를 제공하는 것입니다. (이 특성은 일반적일까요? 아니면 희귀할까요?) 모델은 특징의 범주형 인스턴스를 셀 수 없기에 이 정보를 포착할 수 없습니다.

(최빈값, 평균, 중앙값, 합, 표준편차, 최솟값, 최댓값, 수치형 특징의 왜도skewness와 첨도kurtosis 등) 열 통계라면 어떤 유형이든 메타 특징이 됩니다. 몇 가지 다른 방법을 실행해 열과 관련된 메타 특징을 얻습니다.

- **빈도 인코딩**frequency encoding: 범주형 특징 값의 빈도를 세고 그 값을 빈도로 대체한 새로운 특징을 만듭니다. 자주 반복되는 값이 있다면 수치형 특징에 빈도 인코딩을 적용해도 좋습니다.
- **유효한 그룹을 대상으로 계산한 빈도와 열 통계**: 데이터 안에서 구별되는 그룹을 이용하므로 수치형 특징 값과 범주형 특징 값 모두에서 새로운 특징을 생성합니다. 그룹은 군집 분석에 의해 산출된 군집이나 특징을 사용해서 정의한 그룹이 됩니다(예를 들어 나이는 나이대별 그룹을 생산하고, 장소는 지역별 그룹을 만듭니다). 각 그룹을 형성하는 메타 특징은 해당하는 그룹을 토대로 각 샘플에 적용됩니다. 예를 들어 판다스의 groupby 함수를 사용하면 메타 특징을 만든 다음 그룹별로 나누고자 하는 변수를 토대로 원본 데이터와 병합합니다. 이 특징 공학 테크닉은 특징을 계산할 데이터에서 유의미한 그룹을 찾아야 한다는 부분이 다소 까다롭습니다.
- 더 많은 그룹을 결합해서 더 많은 열 빈도와 통계를 파생하는 방법도 있습니다.

완벽한 목록은 아니겠지만 특징 수준과 행 수준에서 빈도와 통계를 사용해서 새로운 특징을 찾는 데는 충분할 것입니다.

아마존 직원 액세스 대회[29] 데이터를 토대로 간단한 예시를 살펴볼까요? 우선 ROLE_TITLE 특

---

29 Amazon.com – Employee Access Challenge. *https://www.kaggle.com/c/amazon-employee-access-challenge*

징에 빈도 인코딩을 적용하겠습니다.[30]

```python
import pandas as pd
train = pd.read_csv("../input/amazon-employee-access-challenge/train.csv")

# 특징 관측 빈도
feature_counts = train.groupby('ROLE_TITLE').size()
print(train['ROLE_TITLE'].apply(lambda x: feature_counts[x]))
```

특징 클래스가 관측된 빈도로 대체된 결과가 출력됩니다.

다음은 여러 직책이 특정 부서에서 더 일반적이거나 더 희소할 것으로 예상되기 때문에 ROLE_TITLE 특징을 ROLE_DEPTNAME으로 그룹화한 뒤 인코딩을 진행하겠습니다.

값의 빈도를 세는 데 사용한 두 가지 특징으로 구성된 새 특징이 결과로 생성됩니다.

```python
feature_counts = train.groupby(['ROLE_DEPTNAME', 'ROLE_TITLE']).size()
print(train[['ROLE_DEPTNAME', 'ROLE_TITLE']]
        .apply(lambda x: feature_counts[x[0]][x[1]], axis=1))
```

7.5.3 목표 인코딩

범주형 특징은 사이킷런에서 제공하는 함수로 어렵지 않게 처리합니다.

- LabelEncoder
- OneHotEncoder
- OrdinalEncoder

이 함수들은 범주를 수치형 특징으로 변환한 다음 머신러닝 알고리듬이 쉽게 처리하는 이진 특징으로 변환합니다. 하지만 처리해야 하는 카테고리의 수가 너무 많다면 원-핫 인코딩 전략의 결과로 생성되는 데이터 세트의 밀도가 (대부분의 값이 0이 될 것이기에) 너무 희박해지면서 크고 무거워지기에 컴퓨터나 노트북의 메모리나 프로세서가 다루기 힘들어질 것입니다. 이런 상황에서는 특별한 처리가 필요한 **카디널리티가 높은 특징**high-cardinality feature이 필요한데, 관련 내

---

30 전체 노트북: *https://www.kaggle.com/lucamassaron/meta-features-and-target-encoding*

용을 살펴보고자 합니다.

NOTE_ 캐글 대회 초기부터 카디널리티가 높은 변수는 다니엘 미치 바레카의 논문을 따라 계산된 인코딩 함수[iii]를 사용해서 전처리를 해왔습니다.

이 접근 방식의 바탕에는 범주형 특징의 많은 범주를 해당하는 예상 목표값으로 변환한다는 아이디어가 있었습니다. 회귀의 경우 해당 카테고리의 평균 예상 값이, 이진 분류의 경우 해당 범주에 주어진 조건부 확률이 목표값이 됩니다. 다중 분류의 경우 각 가능성이 있는 출력의 조건부 확률이 목표값이 됩니다.

예를 들어 각 승객의 생존 확률을 구해야 하는 타이타닉 대회[31]에서 성별 특징 같은 범주형 특징을 목표 인코딩하면 성별 값을 해당 생존 확률 평균으로 대체한다는 의미입니다.

이 방식을 사용하면 범주형 특징을 크고 밀도가 낮은 데이터 세트로 바꾸지 않고도 수치형 특징으로 변환합니다. 요약하면 **목표 인코딩**target encoding은 카디널리티가 높은 특징을 기반으로 한 누적 예측stacked prediction과 유사하기 때문에 매우 많은 상황에서 효과적입니다. 하지만 다른 모델의 예측을 특징으로 사용하는 누적 예측과 마찬가지로 목표 인코딩은 과대적합의 위험을 초래합니다. 실제로 일부 범주가 너무 드물 경우 목표 인코딩을 사용해도 거의 목표 레이블을 제공합니다. 이를 피하는 방법도 있습니다.

직접 불러와서 자신의 코드에서 사용하는 구현을 보기 전에 목표 인코딩의 실제 코드 예시를 한번 볼까요? 이 코드는 PetFinder.my 입양 예측PetFinder.my Adoption Prediction competition 대회의 최고 점수 제출물이기도 합니다.

```
import numpy as np
import pandas as pd
from sklearn.base import BaseEstimator, TransformerMixin

class TargetEncode(BaseEstimator, TransformerMixin):


    def __init__(self, categories='auto', k=1, f=1,
            noise_level=0, random_state=None):
```

---

[31] https://www.kaggle.com/c/titanic

```python
        if type(categories)==str and categories!='auto':
            self.categories = [categories]
        else:
            self.categories = categories
        self.k = k
        self.f = f
        self.noise_level = noise_level
        self.encodings = dict()
        self.prior = None
        self.random_state = random_state


    def add_noise(self, series, noise_level):
        return series * (1 + noise_level *
                np.random.randn(len(series)))

    def fit(self, X, y=None):
        if type(self.categories)=='auto':
            self.categories = np.where(X.dtypes == type(object()))[0]

        temp = X.loc[:, self.categories].copy()
        temp['target'] = y
        self.prior = np.mean(y)
        for variable in self.categories:
            avg = (temp.groupby(by=variable)['target']
                .agg(['mean', 'count']))
            # 평활 효과 계산
            smoothing = (1 / (1 + np.exp(-(avg['count'] - self.k) /
                    self.f)))
            # count가 크면 full_avg가 감소
            self.encodings[variable] = dict(self.prior * (1 -
                    smoothing) + avg['mean'] * smoothing)
        return self

    def transform(self, X):
        Xt = X.copy()
        for variable in self.categories:
            Xt[variable].replace(self.encodings[variable],
                    inplace=True)
        unknown_value = {value:self.prior for value in
                X[variable].unique()
                if value not in
                self.encodings[variable].keys()}
        if len(unknown_value) > 0:
```

```
                Xt[variable].replace(unknown_value, inplace=True)
            Xt[variable] = Xt[variable].astype(float)
            if self.noise_level > 0:
                if self.random_state is not None:
                    np.random.seed(self.random_state)
                Xt[variable] = self.add_noise(Xt[variable],
                        self.noise_level)
        return Xt

    def fit_transform(self, X, y=None):
        self.fit(X, y)
        return self.transform(X)
```

함수의 입력 파라미터는 다음과 같습니다.

- categories: 목표 인코딩하고자 하는 특징의 열 이름. 'auto'로 놔두면 클래스가 객체 문자열을 선택 할 것입니다.
- k(int): 범주 평균을 고려할 최소 샘플 수
- f(int): 사전 확률이나 전체 훈련 예시의 평균값과 범주 평균이 균형을 맞추는 평활 효과smoothing effect
- noise_level: 과대적합을 방지하도록 목표 인코딩에 추가할 잡음의 양
- random_state: noise_level > 0 일 때 같은 목표 인코딩을 재현하는 재현성 시드

파라미터 k와 f의 존재를 기억하세요. 사실 범주형 특징의 수준 i는 단일 인코딩 변수를 사용해서 목표를 더 잘 예측하도록 만드는 근사값을 찾습니다. 이 수준을 관측된 조건부 확률로 대체해 해결하는 방법이 있지만 관찰이 거의 없는 수준에서는 효과가 없기도 합니다. 해결 방법은 람다 인자lambda factor를 사용해서 해당 수준에서 관찰된 사후 확률posterior probability (인코딩된 특징의 특정 값이 주어졌을 때 목표의 확률)을 사전 확률priori probability (전체 샘플에서 관찰된 목표의 확률)을 섞는 것으로, 이를 **경험적 베이지언 방법**empirical Bayesian approach이라 부릅니다.

실용적인 면을 생각해서 주어진 범주형 변수 수준에 조건부 목표값, 평균 목표값 또는 두 값을 혼합해서 사용할지를 결정하는 함수를 사용하고 있습니다. 이는 람다 인자에 의해 결정되는데 람다 인자는 k 파라미터(보통 단위 값을 가지고, 두 샘플의 최소 셀 빈도cell frequency를 의미함)가 고정되었을 때 선택하는 f 값에 따라 다른 출력 값을 갖습니다.

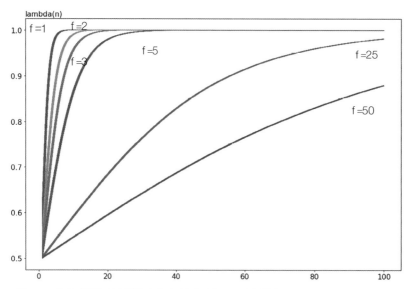

그림 7-3 f 값과 범주형 값의 샘플 사이즈(x축)에 따른 람다 값(y축)을 그린 그래프

차트에서 x축은 주어진 범주형 수준의 사례 수를, y축은 조건 목표값의 가중치를 나타냅니다. f 값이 작을수록 평균 목표에서 조건부 값을 사용하도록 급격히 전환되는 경향이 있습니다. 범주 수준의 샘플 사이즈가 크지 않는 한 f 값이 높을수록 조건부 값과 평균을 혼합하는 경향이 있습니다.

따라서 k가 고정되었을 때 f 값이 높을수록 관측된 경험적 빈도를 덜 신뢰하고 모든 셀에서 나온 경험적 확률에 더 의존하게 됩니다. f 파라미터 자체가 하이퍼파라미터로 간주되기도 하므로 f의 올바른 값은 일반적으로 (교차검증의 지원을 받는) 테스트에 의해 결정됩니다.

이 개념을 이해하면 이 클래스를 사용하기 쉽습니다. 목표 인코딩하고자 하는 특징의 이름과 사용하고자 하는 파라미터로 초기화해 일부 훈련 데이터에 적합합니다. 그러면 어떤 데이터 조각이든 적합한 특징만 목표 인코딩해서 변환할 수 있습니다.

```
te = TargetEncode(categories='ROLE_TITLE')
te.fit(train, train['ACTION'])
te.transform(train[['ROLE_TITLE']])
```

예제는 이전에 사용한 것과 동일한 아마존 직원 액세스 대회 데이터상에서 작동하며, 오직 ROLE_TITLE 특징만 목표 인코딩합니다.

TIP 코드를 직접 작성하지 않더라도 Category Encoder[32] 패키지에서 제공하는 `category_encoders.target_encoder.TargetEncoder`[33]를 사용합니다. 즉시 사용할 수 있는 솔루션으로 이번 절에서 사용한 코드와 똑같이 작동합니다.

7.5.4 특징의 중요도 활용해서 작업 평가하기

특징 공학을 너무 많이 적용할 경우 부작용이 나타납니다. 연관성이 있는 특징이나 문제에 중요하지 않은 특징을 너무 많이 생성한다면 모델이 학습을 완료하는 데 오랜 시간이 걸리게 되고 결과가 더 안 좋을 수도 있습니다. 역설적으로 들릴지 모르겠지만 모든 변수가 어느 정도의 잡음(측정 오류나 기록 오류로 인한 무작위 요소)을 가지고 온다는 사실로 설명됩니다. 이 잡음은 모델의 실수에 의해 선택될 수도 있는데 더 많은 변수를 사용할수록 모델이 신호 대신 잡음을 선택할 확률도 높아집니다. 따라서 훈련을 하는 데이터 세트에 유효한 특징만 남기려는 노력이 필요하고 특징 선택을 특징 공학 과정의 일부(가지 치기 단계)로 생각해야 합니다.

남겨야 할 특징을 찾아내는 것은 어려운 문제입니다. 사용할 특징이 늘어나면 조합의 수도 늘어나기 때문입니다. 특징을 선택하는 다양한 방법이 있지만 우선 데이터 준비 파이프라인의 어느 단계에서 선택이 이루어질지 고려하는 것이 중요합니다.

경험상 데이터 준비 파이프라인의 끝에 선택 과정을 두는 것이 더 효과가 좋았습니다. 특징들은 분산의 일부를 다른 특징과 공유하기에 한 번에 하나씩 실험해서 효과를 평가할 수 없기 때문입니다. 어떤 특징을 사용할지를 제대로 판단하려면 모든 특징을 한 번에 고려해야 합니다.

또한 선택한 특징의 유효성을 교차검증으로 테스트해야 합니다. 따라서 일관성 있는 파이프라인과 작동하는 모델(완벽하게 최적화된 모델이 아니어도 되지만 제대로 작동하며, 대회에서 용인될 결과를 반환해야 함)을 갖춰야 합니다. 이 시점에서 특징 선택을 시행하는 다양한 방법이 있습니다.

통계학에서 사용되는 전통적인 방법에서는 예측 변수 집합에 포함되거나 빠지는 각 특징을 테스트하는 전진 대입이나 후진 제거에 의존합니다. 하지만 이런 방식은 변수의 내부 중요도 측정이나 특정 지표로 측정한 모델 성능에 미치는 효과에 의존하고, 모든 특징을 대상으로 각 프

---

32 https://github.com/scikit-learn-contrib/category_encoders
33 http://contrib.scikit-learn.org/category_encoders/targetencoder.html

로세스 단계마다 다시 계산해야 하기 때문에 시간을 많이 소비합니다.

회귀 모델의 경우 라쏘 선택lasso selection을 사용해 안정성 선택stability selection[34] 절차로 상관관계를 가진 모든 중요한 특징(이 절차는 실제로 매우 높은 상관관계의 특징을 유지할 수도 있음)을 파악합니다. 안정성 선택에서는 모든 특징을 (배깅 절차를 사용해) 여러 번 테스트해서 (각 테스트에서 계수가 0이 아닌 특징만 고려해서) 투표 시스템을 적용하며, 0이 아닌 계수가 가장 자주 할당된 특징을 유지합니다.

랜덤 포레스트나 그레이디언트 부스팅 같은 트리 기반 모델의 경우 불순도 감소나 분할을 기반으로 하는 목표 지표에서의 이득이 특징 순위를 정하는 데 사용하는 일반적인 방법입니다. 임계값은 가장 중요하지 않은 특징을 잘라냅니다.

트리 기반 모델의 경우 다른 모델들에도 쉽게 일반화되는 항상 유효한 특징의 테스트 기반 무작위화test-based randomization (또는 다른 무작위 특징들과 단순 비교)가 잡음이나 불필요한 특징들 속에서 모델에 도움이 되는 특징을 구별하도록 도와줍니다.

크리스 디오트는 산소 호흡기 압력 예측 대회에서 특징 무작위화를 사용해 중요한 특징을 선택[35]했습니다. 이 노트북은 LSTM 기반 신경망으로 특징의 역할을 테스트합니다. 모델을 구축하고 베이스라인 성능을 기록한 뒤, 각 특징을 셔플링하고 모델을 이용해 다시 예측합니다. 예측 결과가 나빠졌다면 중요한 특징을 변경했다는 의미입니다. 반대로 예측 성능이 유지되거나 심지어 향상되었다면 셔플링한 특징은 모델에 영향력을 가지고 있지 않거나 오히려 해가 된다는 의미입니다.

> NOTE_ 모든 일이 그렇듯 중요도 평가 역시 공짜가 아닙니다. 셔플링에는 재훈련이 요구되지 않아서 시간을 많이 소모하는 새로운 모델을 훈련할 때 큰 장점이 되지만 특정 상황에서는 실패할 수도 있습니다. 셔플링은 가끔 평가할 의미가 없는 비현실적인 입력 조합을 생성할 수도 있습니다. 또, 매우 연관성이 높은 특징들의 존재(하나는 중요하지만 다른 하나는 중요하지 않다며 잘못된 결정을 내리는 경우)에 속는 경우도 있습니다. 이 경우 (셔플링하는 대신) 해당 특징을 제거하고 모델을 다시 훈련한 후 베이스라인과 비교해서 성능을 평가하는 것이 가장 좋은 해결 방법입니다.

---

34 https://github.com/scikit-learn-contrib/stability-selection
35 https://www.kaggle.com/cdeotte/lstm-feature-importance

특징 셔플에 기반한 다른 접근 방법인 **보루타**Boruta[36]에서는 무작위로 특징을 사용해서 모델의 유효성을 반복적인 방식으로 테스트합니다. 보루타 선택 절차의 대체 버전인 **보루타샤프** BorutaShap[37]는 특징 선택을 결합하고 설명 가능성을 위해 SHAP 값을 활용합니다. 특징의 중요성을 통계적으로 증명할 때까지 특징을 무작위 특징과 비교해서 테스트하기 때문에 일반적으로 선택 결과는 단순한 제거나 무작위화보다 더 안정적입니다. 보루타나 보루타샤프는 최대 100번의 반복이 필요하며 트리 기반 머신러닝 알고리듬을 통해서만 수행됩니다.

선형 모델을 위해 특징을 선택한다면 보루타가 특징이 주요 영향과 다른 특징과의 상호작용 모두에 중요하다고 보고 오버슈팅하기도 합니다(하지만 선형 모델에서는 주요 영향력과 상호작용에서 선택된 부분집합에만 관심이 있습니다). 최대 깊이가 트리 하나로 설정된 그레이디언트 부스팅으로 선형 모델을 선택할 때 보루타를 사용하면 상호작용이 아닌 특징의 주요 영향력만 고려할 수 있습니다.

보루타샤프 특징 선택은 간단하고 빠릅니다. 30 Days of ML 대회에서 발표한 튜토리얼 노트북[38]을 살펴보세요.

7.6 의사 레이블링

훈련에 사용된 데이터 수가 큰 영향을 미치는 대회에서 **의사 레이블링**pseudo-labeling을 사용하면 테스트 세트에서 더 많은 예제를 만들어 제공해 점수를 크게 높입니다. 예측에 자신이 있는 테스트 세트를 훈련 세트에 추가한다는 아이디어입니다.

우선 산탄데르 고객 거래 예측 대회에서 **Wizardry** 팀이 소개한 의사 레이블링[39]은 더 많은 데이터를 제공해 모델 계수를 개선하지만 항상 효과가 있는 것은 아니며, 일부 대회에서는 필요가 없는 방법입니다. 의사 레이블을 추가하는 것이 결과에 영향을 미치지 않거나 의사 레이블 데이터에 포함된 잡음이 있다면 결과를 악화시킬 수도 있습니다.

---

36 *https://github.com/scikit-learncontrib/boruta_py*

37 *https://github.com/Ekeany/Boruta-Shap*

38 *https://www.kaggle.com/lucamassaron/tutorial-feature-selection-with-boruta-shap*

39 *https://www.kaggle.com/c/santander-customer-transaction-prediction/discussion/89003*

TIP 대회에서 의사 레이블링의 효과를 미리 알 수 없지만(경험적으로 테스트를 해야 합니다) 학습곡선을 그리면 데이터가 많을수록 유용한지는 파악됩니다.[40]

두 번째로 테스트 세트 예측의 어떤 부분을 추가할지 정하거나 최선의 결과를 위해 전체 절차를 어떻게 조율할지 결정하기란 쉽지 않습니다. 일반적인 절차는 다음과 같습니다.

1. 모델 훈련
2. 테스트 세트를 대상으로 예측하기
3. 신뢰도 측정값 설정
4. 추가할 테스트 세트 요소를 선택
5. 결합된 데이터로 새 모델 만들기
6. 해당 모델을 사용해서 예측하고 제출하기

의사 레이블링을 얻는 좋은 예시는 크리스 디오트가 즉각적 만족 대회[41]에서 작성한 노트북[42]에서 확인하세요. 의사 레이블링을 적용하려면 몇 가지 비법만 알면 됩니다.

의사 레이블링을 적용하고자 할 때 고려해야 할 주의사항이 몇 가지 있습니다.

훈련에 사용할 만큼 좋은 예측을 생산하는 좋은 모델이 있어야 합니다. 모델 성능이 충분히 좋지 않다면 잡음을 추가하는 셈이 됩니다.

모든 테스트 세트를 대상으로 완벽한 예측을 얻기란 불가능하기 때문에 좋은 데이터와 쓰지 않을 데이터를 구분해야 합니다. 교차검증 분할을 사용해서 예측을 한다면 예측의 표준편차를 확인하고(이 방법은 회귀와 분류 문제 모두에서 효과가 있음) 표준편차가 가장 낮은 테스트 예제들만 선택합니다. 만약 확률을 예측한다면 가장 높거나 가장 낮은 예측 확률만 사용하세요(모델이 실제로 더 자신 있는 사례들).

두 번째 단계로 훈련 예제를 테스트 예제들과 합칠 때 테스트 예제를 50% 이상 넣지 마세요. 기존 훈련 예제는 70%, 의사 레이블링 예제는 30% 정도가 이상적인 비율입니다. 만약 의사 레이블링한 예제를 너무 많이 넣게 되면 새로운 모델이 원본 데이터에서는 약간만 학습하고 더 쉬운 테스트 예제들에서 더 많이 학습할 위험이 있으며, 이 경우 모델은 기존 모델에 비해 성능이 떨어지게 됩니다.

....

40 https://scikit-learn.org/stable/auto_examples/model_selection/plot_learning_curve.html
41 Instant Gratification. https://www.kaggle.com/c/instant-gratification
42 https://www.kaggle.com/cdeotte/pseudo-labelingqda-0-969

TIP 의사 레이블을 완전히 믿을 수는 없다는 점을 기억하세요. 테스트 예측을 훈련 예제로 사용할 경우 데이터를 부분적으로 못쓰게 만들고 있음을 항상 염두에 두세요. 비법은 이렇게 해서 부정적인 영향 보다 이점을 더 많이 얻을 때 효과를 발휘합니다.

만약 검증을 통해 조기 종료 혹은 하이퍼파라미터 고정 여부를 결정하거나 모델을 평가하려면 검증에서 의사 레이블을 사용하지 마세요. 아주 잘못된 방향으로 흐를지도 모릅니다. 앞서 언급한 것과 같은 이유로 반드시 원본 훈련 사례들만 사용하세요.

의사 레이블을 추정하려 훈련할 때와 기존 레이블과 의사 레이블을 모두 사용해서 최종 모델을 훈련할 때 다른 종류의 모델을 사용하세요. 이전 모델이 사용했던 같은 정보보다는 의사 레이블에서 새로운 정보를 추출하기 더 용이해질 것입니다.

의사 레이블링은 과학보다는 예술에 가깝습니다. 의사 레이블링은 특정 대회에서 차이를 만들어내지만 좋은 결과를 만들어내려면 매우 잘 실행되어야 합니다. 의사 레이블링을 하나의 자원으로 고려하고 늘 의사 레이블링에 기반한 제출물을 하나 이상 제출하세요.

7.7 오토인코더로 잡음 제거하기

처음에는 비선형 데이터 압축(일종의 비선형 PCA)과 이미지 잡음 제거로 더 많이 알려졌던 오토인코더는 포르투 슈거로의 신중한 운전자 예측 대회[43]에서 미하엘 야러Michael Jahrer가 성공적으로 활용해 우승한 이후 태뷸러 데이터 대회를 위한 재미있는 툴로 인식되기 시작했습니다. 포르투 슈거로는 보험 기반의 위험도 분석 대회로, 특히 잡음이 많다는 주요한 특징이 있었습니다. (5000명 이상 참가한) 매우 인기 있는 대회이기도 했습니다.

미하엘 야러는 후속 신경망의 지도 학습을 위해 **잡음 제거 오토인코더**denoising autoencoder (DAE)를 더 나은 숫자 데이터를 표현을 찾은 방법을 설명했습니다. DAE는 네트워크 중앙의 은닉층의 활성화와 정보를 인코딩하는 중간층의 활성화에 기반해서 수많은 특징을 가진 새로운 데이터를 생성합니다.

미하엘 야러는 DAE로 잡음을 제거할 뿐만 아니라 새로운 기능을 자동으로 생성해서 이미지

---

43 Porto Seguro's Safe Driver Prediction competition. *https://www.kaggle.com/c/porto-seguro-safedriver-prediction*

대회와 유사한 방식으로 특징의 표현을 학습할 수 있다고 설명[44]했습니다. 포스트에는 DAE 레시피를 위한 비법을 언급했는데, 단순한 층이 아닌 데이터를 보강하는 **잡음**noise입니다. 이 테크닉에는 훈련 데이터와 테스트 데이터를 같이 겹치는 작업이 필요하며 이는 해당 테크닉이 캐글 대회에서 우승하는 외의 목적으로는 적용되지 않음을 의미합니다. 사실 이 테크닉은 이후 열린 포럼이나 대부분 대회에서 자취를 감추었습니다. 최근 태뷸러 플레이그라운드 시리즈에서 다시 등장하기 전까지 말이죠.

DAE는 인코딩 부분과 디코딩 부분으로 구성됩니다. 인코딩 부분은 훈련 데이터를 입력받고 몇 개의 조밀층dense layer으로 이어집니다. 활성화 함수에 모든 훈련 정보를 인코딩만 하는 중간 은닉층을 가지고 있는 것이 이상적입니다. 이 중간층의 원래 입력 모양보다 노드 수가 적으면 데이터를 압축하며, 통계학 측면으로 입력 데이터가 만들어지는 과정의 배경에 있는 일부 잠재적인 차원을 표현하는 셈입니다. 입력 모양보다 노드 수가 큰 경우에는 불필요한 부분을 제거하고 신호에서 잡음을 분리합니다(물론 이쪽도 나쁘지 않은 결과입니다).

층의 두 번째 부분은 디코더 부분입니다. 여기서는 기존 입력 모양을 다시 얻을 때까지 층을 확장합니다. 신경망에 역전파할 출력을 입력과 비교해 오류 손실을 계산합니다.

이런 설루션에서 두 가지 유형의 DAE가 있음을 짐작했을 것입니다.

- **병목 DAE**bottleneck DAE에서는 이미지 처리에서 사용된 접근 방법을 모방합니다. 인코딩 부분과 디코딩 부분을 분리하는 중간층에서 활성화된 것을 새로운 특징으로 받아들입니다. 모래시계 형태 구조로, 처음에는 병목 층까지 점점 층의 뉴런 수를 줄이며 두 번째 부분에서 다시 확장시킵니다. 은닉층 수는 언제나 홀수입니다.

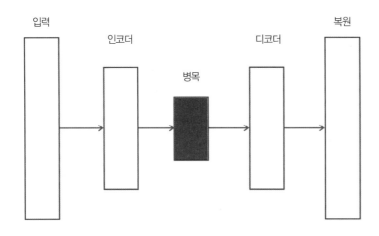

---

44 *https://www.kaggle.com/c/porto-seguro-safe-driver-prediction/discussion/44629*

그림 7-4 병목 DAE에서는 병목 층의 가중치만을 특징으로 받아들인다

- **심적층 DAE**deep stack DAE에서는 은닉층에서 활성화된 값을 인코딩, 디코딩, 중간층 구분 없이 모두 받아 들입니다. 이 구조에서 모든 층은 같은 규모를 가지며, 은닉층 수는 짝수와 홀수 모두 가능합니다.

입력   은닉층   복원

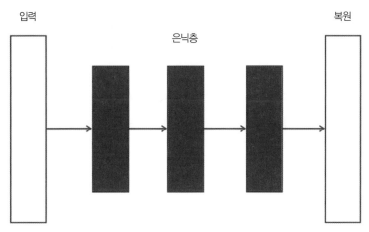

그림 7-5 심적층 DAE에서는 쌓인 은닉층의 가중치를 모두 특징으로 받아들인다

자주 거론되는 중요한 측면은 앞서 언급했듯 DAE에 일부 무작위 잡음을 추가하는 것입니다. 어떤 종류의 DAE이든 훈련을 돕기 위해 훈련 데이터를 보강하고 입력만 기억하는 신경망으로 과잉 파라미터화(즉, 과대적합) 현상을 피하게끔 잡음을 주입해야 합니다. 포르투 슈거로 대회에서 미하엘 야러는 스왑 잡음swap noise이라는 기술을 사용해 잡음을 추가했고, 스왑 잡음의 개념을 다음과 같이 설명했습니다.

> 위 표에서 특정 확률 "inputSwapNoise"로 특징 자체를 샘플링합니다. 0.15는 특성 중 15% 가 다른 행의 값으로 대체되었다는 것을 의미합니다.

이는 이미지 증강에서도 활용되는 믹스업mixup 증강 기술[iv]과 유사합니다. 태뷸러 데이터를 위한 믹스업에서는 혼합할 확률을 정해야 합니다. 이 확률에 기반해서 기존 값의 일부를 같은 훈련 데이터에서 샘플링한 조금 더 유사하거나 덜 유사한 샘플로 대체합니다.

Danzel은 세 가지(열 단위, 행 단위, 무작위) 접근 방법을 자세히 설명합니다.[45]

----

45 *https://www.kaggle.com/springmanndaniel/1st-place-turn-your-data-into-daeta*

- 열 단위 잡음 스와핑에서는 특정 수의 열에서 값을 교환합니다. 값이 교환되는 열의 비율은 믹스업 확률에 의해 결정됩니다.
- 행 단위 잡음 스와핑에서는 각 행에서 언제나 특정 수의 값을 교환합니다. 믹스업 확률에 따라서 모든 행은 같은 비율로 교환된 값을 가지게 됩니다. 하지만 특징은 행에서 행으로 교환됩니다.
- 무작위 잡음 스와핑에서는 믹스업 확률에 기반해서 교환될 값의 수를 고정합니다. 그리고 전체 데이터 세트에서 무작위로 교환할 값을 선택합니다(이것이 실제로는 행 단위 스와핑과 어느 정도 유사합니다).

의사 레이블링과 마찬가지로 DAE도 과학보다는 예술에 가깝습니다. 시행착오가 필요하다는 의미죠. 항상 효과가 있는 것도 아니며, 한 문제에서 효과가 있었던 세부사항이 다른 문제에서는 도움이 안 될 수도 있습니다. 대회에서 좋은 DAE를 얻으려면 조율되어야 하는 여러 측면을 계속 테스트하며 지켜볼 필요가 있습니다.

- DAE의 구조(심적층이 더 효율적인 경향이 있지만 층별 유닛 수와 층 수를 결정해야 합니다)
- 학습률learning rate과 배치 사이즈batch size
- 손실(수치형 특징과 범주형 특징의 손실을 구분하면 도움이 됩니다)
- 종료 지점(손실이 가장 낮은 것이 언제나 좋은 것은 아닙니다. 검증을 사용하고, 가능하다면 조기 종료하세요)

문제에 따라서 알맞은 구조를 설정하고 효과를 내도록 조절하기 어렵다는 사실을 예상해야 합니다. 하지만 노력은 최종 비공개 리더보드에서 최고의 결과라는 보상을 줍니다. 최근 태뷸러 데이터 대회에서 우승한 제출물을 보면 레시피의 일부로 DAE 기술이 자주 등장했습니다.

- Danzel은 1500 뉴런을 가진 세 은닉층의 가중치를 사용[46]했습니다. 기존 데이터를 14열에서 4500개로 확장한 것으로, 이렇게 처리된 새 데이터 세트는 다른 신경망과 그레이디언트 부스팅 모델의 입력으로 사용되었습니다.
- 렌 장Ren Zhang은 자신의 솔루션[47]과 코드[48]를 공유했습니다. 여기서는 전형적인 선형이나 ReLU에 의해 활성화되는 은닉층이 아닌 적층 트랜스포머 인코더stacked transformer encoder를 사용했음을 밝히고 있습니다(이런 접근 방법은 적절한 DAE를 훈련하는 데 20시간 이상 걸린다는 의미입니다). 렌 장 역시 그의 접근 방법에서 (잡음 마스크noise mask를 사용해서) 무작위 잡음을 재구성될 데이터에 추가할 것과 원래 데이터를 재구성할 때의 오류와 잡음 마스크에서 발생하는 오류 양쪽 모두를 기반으로 손실을 계산할 것을 제안했습니다. 이 결합된 손실을 사용하면 신경망이 더 잘 수렴합니다. 깃허브에 공유한 코드와 캐글 토론에 올라온 글에 있는 그래프를 공부하면 이 혁신적인 접근 방법을 복제하는 데 더 이해하

---

46 https://www.kaggle.com/c/tabular-playground-series-jan-2021/discussion/216037

47 https://www.kaggle.com/c/tabular-playground-series-feb-2021/discussion/222745

48 https://github.com/ryancheunggit/Denoise-Transformer-AutoEncoder

기 쉬울 것입니다.

- JiangTT는 DAE 기술의 핵심, 특히 잡음을 추가해서 새로운 관찰을 생성하는 것이 완전한 DAE를 만들지 않아도 알고리듬을 더 잘 훈련하는 데 유용하다는 것을 발견했습니다.[49]

NOTE_ DAE를 직접 구축하는 데 시간을 허비하고 싶지는 않지만 참가 중인 대회에서 효과가 있는지 여부를 살펴보고 싶다면 몇 가지 미리 준비된 설루션을 시험하세요. 홍 코이Hung Khoi가 작성한 노트북[50]을 참조하고 필요에 맞게 재조정하거나 이정윤의 노트북[51]을 참조하세요. 이정윤의 노트북[51]은 플레이그라운드 대회에서 DAE의 효과를 보여줍니다.

7.8 태뷸러 데이터 대회를 위한 신경망

(DAE를 활용한 신경망은 이미 살펴보았지만) 여기서는 태뷸러 데이터 대회에서 신경망이 일반적으로 어떻게 도움이 되는지를 살펴보고 이번 장을 마무리하겠습니다. 그레이디언트 부스팅 설루션은 (실제 현장의 프로젝트에서와 마찬가지로) 여전히 태뷸러 데이터 대회를 점령하고 있습니다. 하지만 때로는 신경망이 그레이디언트 부스팅 모델이 잡지 못하는 신호를 잡거나, 단일 모델이나 여러 모델이 앙상블에서 매우 큰 효과를 발휘하기도 합니다.

NOTE_ 현재와 과거의 수많은 그랜드마스터는 (신경망이나 그레이디언트 부스팅 모델 등) 태뷸러 데이터 대회에서 다양한 모델을 섞어서 사용하는 것이 항상 따로 단일 모델을 사용하는 것보다 더 나은 결과를 생성한다고 자주 언급합니다. 이전에 캐글에서 1위를 한 오웬 장Owen Zhang은 인터뷰[52]에서 신경망과 그레이디언트 부스팅 모델이 대회에서 좋은 결과를 얻도록 블렌딩하는 방법을 자세히 설명했습니다.

태뷸러 데이터 대회에서 신경망을 빠르게 구축하는 것은 더 이상 어려운 일이 아닙니다. 텐서플로, 케라스, 파이토치 같은 라이브러리가 신경망을 쉽게 구축하며, 라이브러리에 포함되어 있는 TabNet 같은 미리 만들어진 신경망 덕에 더 쉬워졌습니다.

49 https://www.kaggle.com/c/tabular-playground-series-apr-2021/discussion/235739
50 https://www.kaggle.com/hungkhoi/train-denoise-transformer-autoencoder
51 https://www.kaggle.com/jeongyoonlee/dae-with-2-lines-of-code-with-kaggler
52 https://www.youtube.com/watch?v=LgLcfZjNF44

다양한 리소스를 활용하면 신경망을 빠르게 구현할 수 있습니다. 『Machine Learning Using TensorFlow Cookbook』(Packt, 2021)을 추천합니다. 해당 도서 7장에는 태뷸러 데이터 문제를 위한 DNN을 텐서플로로 구축하는 방법을 집중적으로 다룬 광범위한 내용을 포함하며, 캐글에서 텐서플로를 사용하는 데 도움이 되는 다양한 제안과 기법을 다룹니다.

30 Days of ML 대회 기간 동안 이 주제와 관련해서 발표된 일부 온라인 리소스를 참고할 수도 있습니다.

- 태뷸러 데이터를 위한 텐서플로 사용법: *https://www.youtube.com/watch?v=nQgUt_uADSE*
- 코드 튜토리얼: *https://github.com/lmassaron/deep_learning_for_tabular_data*
- 대회에 적용된 튜토리얼 노트북: *https://www.kaggle.com/lucamassaron/tutorial-tensorflow -2-x-for-tabular-data*

이 솔루션을 구축할 때 고려해야 할 핵심적인 사항은 다음과 같습니다.

- ReLU보다는 GeLU, SeLU, Mish 같은 활성화 함수를 사용하세요. 태뷸러 데이터를 모델링하는 데 더 적합하다고 많은 논문에서 언급되며, 경험을 통해서도 더 성능이 좋은 경향이 있음을 확인했습니다.
- 배치 사이즈를 테스트하세요.
- (오토인코더 절에서 설명한) 믹스업으로 데이터를 보강하세요.
- 수치 특성에 분위수 변환quantile transformation을 사용해서 결과적으로 균등분포나 가우스 분포가 되도록 하세요.
- 임베딩 층을 활용하세요. 하지만 임베딩이 모든 것을 모델링하지 않는다는 점 역시 기억하세요. 실제로 임베딩 층은 임베딩된 특징과 다른 특징의 상호작용을 간과합니다(그렇기에 직접적인 특징 공학으로 신경망 속에 이런 상호작용이 일어나도록 해야 합니다).

특히 임베딩 층은 재사용 가능하다는 점을 기억하세요. 사실 임베딩 층은 입력(카디널리티가 높은 변수의 분포가 희박한 원-핫 인코딩)을 더 낮은 차원의 조밀층으로 축소하는 행렬 곱셈으로 구성되어 있습니다. 훈련된 신경망의 임베딩을 기록하고 저장함으로써 같은 특징을 변환하고, 결과로 나온 임베딩은 그레이디언트 부스팅에서부터 선형 모델들까지 다른 많은 알고리듬에서 사용합니다.

24개 수준을 가진 범주형 변수를 포함한 처리를 명확하게 이해하려면 [그림 7-6]의 다이어그램을 참조하세요. 이 차트에서는 범주형 특징이 텍스트 값이나 정수값에서 신경망에 맞는 벡터 값으로 어떻게 변환되는지를 보여줍니다.

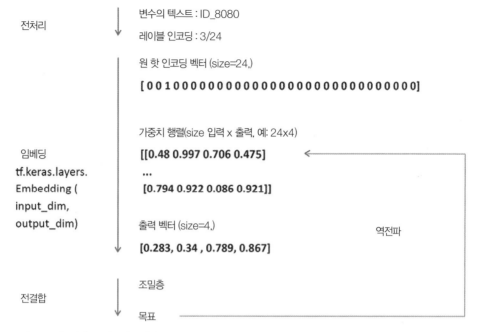

그림 7-6 임베딩 층이 작동하는 방식

모든 처리는 해당 특징이 구별되는 값을 얼마나 가지는지 아는 데에서 시작됩니다. 구별되는 값의 수는 딕셔너리의 크기를 결정하는 중요한 정보입니다. 예시에서는 24개의 구분 값을 가진 특징을 고려합니다. 이 정보를 이용해서 각각의 가능한 특징 값을 대표하는 24 크기의 원-핫 인코딩 벡터를 만듭니다. 결과로 나온 벡터는 행 사이즈는 원-핫 인코딩 벡터의 사이즈와 같고 열 사이즈는 출력 차원의 사이즈와 같은 행렬에 곱해집니다. 벡터 행렬 곱셈을 사용하는 이 방법에 의해서 입력 범주형 변수는 다차원 수치형 변수로 변환됩니다. 곱셈은 각 행렬의 값을 업데이트해 가장 좋은 예측을 얻도록 신경망의 역전파 알고리듬이 효과를 보장합니다.

만약 텐서플로나 파이토치로 직접 심층신경망을 구축하고 싶지 않다면 즉시 사용 가능한 구축 솔루션을 사용합니다. 이 모든 솔루션은 이미 패키징되었거나 다른 캐글러들이 원본 논문들을 바탕으로 작성했기 때문에 찾기 쉽습니다. 대회 성적을 기준으로 태뷸러 데이터 대회에서 직접 확인하면 좋은 신경망은 다음과 같습니다.

- TabNet는 구글 연구자들에 의해 고안된 신경망[iv]입니다. TabNet은 영향력 있는 특징을 선택하고 처리하도록 돕고, 범주형 특징과 수치형 특징 모두를 영리하게 처리합니다. TabNet에는 조율해야 할 하이퍼파라미터가 많지는 않지만 조율된 신경망과 조율되지 않은 신경망 사이의 차이가 큽니다(따라

서 가장 잘 작동하도록 만들려면 시간을 투자해야 합니다). 몇 가지 구현 예시로, 훌륭한 pytorch-tabnet[53] 패키지나 이룬 장[Yirun Zhang]이 작성한 코드[54]를 참고하세요. 둘 다 '작용기전(MoA) 예측 Mechanism of Action Prediction competition' 대회를 위해 고안되었습니다.

- NODE[Neural Oblivious Decision Ensembles]는 신경망에서 의사결정 트리가 작동하는 방식을 모방[vi]합니다. 이룬 장이 제공한 구현[55]을 추천합니다.

- Wide & Deep과 DeepFM, xDeepFM, AutoInt, 인수분해 머신[factorization machine]을 기반으로 (대부분 클릭률 추정을 위해 고안된) 여러 모델 등 다양한 모델이 있습니다. 이 모든 신경망 구성을 직접 할 필요는 없습니다. 범주형 특징 인코딩 대회 II[56]의 2위인 창하오 리[Changhao Lee]가 사용한 DeepCTR[57]이나 1위인 지안 양[Jian Yang]이 사용한 DeepTables[58] 같은 패키지를 사용해도 좋습니다.

결론적으로 범주형 특징을 위한 임베딩층과 수치형 특징을 위한 조밀층을 같이 혼합하면 태뷸러 데이터를 위한 신경망을 직접 구축할 수 있습니다. 혹여 성공하지 못했을 경우 완성도 높은 패키지가 제공하는 다양하고 좋은 설루션을 활용하면 됩니다. 항상 새로운 패키지가 등장하니 잘 지켜보세요. 새로운 패키지는 캐글 대회와 실제 현장의 프로젝트에서 모두 더 좋은 성과를 내는 데 도움이 됩니다. 또한 경험에서 나온 조언을 건네자면 태뷸러 데이터 대회에서 신경망이 최고의 모델이 될 것이라고 기대하지 마세요. 거의 일어나지 않는 일이니까요. 대신 그레이디언트 부스팅 모델이나 신경망 같은 전통적인 태뷸러 데이터 모델을 결합하길 추천합니다. 이 조합은 앙상블을 통해서 통합하는 데이터에서 다른 신호를 잡아내는 경향이 있습니다.

7.9 요약

이번 장에서는 캐글의 태뷸러 데이터 대회를 설명했습니다. 태뷸러 데이터 대회에 적용하는 지식 대부분은 표준 데이터 과학 지식과 사례와 중복되어 캐글에 더 특정된 기술을 집중해서 살펴보았습니다.

---

53 https://github.com/dreamquark-ai/tabnet

54 https://www.kaggle.com/ludovick/introduction-to-tabnet-kfold-10-training, https://www.kaggle.com/ludovick/introduction-to-tabnet-kfold-10-inference

55 텐서플로 버전: https://www.kaggle.com/gogo827jz/moa-neuraloblivious-decision-ensembles-tf-keras
파이토치 버전: https://www.kaggle.com/gogo827jz/moa-public-pytorch-node

56 Categorical Feature Encoding Challenge II. https://www.kaggle.com/c/cat-in-the-dat-ii

57 https://github.com/shenweichen/DeepCTR

58 https://github.com/DataCanvasIO/deeptables

플레이그라운드 시리즈를 소개하며 재현성, EDA, 특징 공학, 특징 선택, 목표 인코딩, 의사 레이블링, 태뷸러 데이터 데이터 세트에 적용된 신경망과 관련된 주제를 다루었습니다.

대회에서 우승할 통찰을 얻고 싶다면 EDA에 집중하세요. EDA는 구조화되어 있지 않아 가지고 있는 데이터에 의해 좌우되는 부분이 컸습니다. 전반적인 EDA 이외에도 전체 데이터 세트를 한눈에 요약하는 t-SNE이나 UMAP 같은 기술도 소개했습니다. 다음 단계인 특징 공학 역시 작업하는 데이터 종류에 좌우되기에 특정 사례에 적용을 시도할 다양한 특징 공학 아이디어를 소개했습니다. 특징 선택에서는 간략히 개요를 설명한 후 거의 모든 머신러닝 알고리듬에 적용하는 특징 중요도와 무작위화를 기반으로 하는 테크닉을 소개했습니다.

목표 인코딩은 자동화된 방식으로 처리할 수 없기에 실제 현장 프로젝트에는 적용하기 힘들겠지만 캐글 대회에서는 매우 효율적인 특별한 기술(태뷸러 데이터 대회를 위한 의사 레이블링과 잡음 제거 오토인코더)로 옮겨갔습니다. 마지막으로 범주형 특징을 신경망의 임베딩층으로 처리하는 방법과, 태뷸러 데이터에 적용할 미리 만들어진 신경망 구성의 간단한 개요를 소개했습니다.

다음 장에서는 하이퍼파라미터 최적화를 가장 잘 수행하는 방법을 살펴보며, 태뷸러 데이터 대회에 필요한 모든 테크닉을 설명하며 마무리하고자 합니다.

- 보얀 툰구즈Bojan Tunguz
- *https://www.kaggle.com/tunguz*
- 엔비디아 머신러닝 모델링 전문가
- 대회, 데이터 세트, 노트북, 토론 그랜드마스터

가장 좋아하는 대회 유형과 이유를 알려주세요. 어떤 대회가 가장 자신있나요?

저는 비코드non-code 대회를 좋아합니다. 비코드 대회는 지난 몇 년간 크게 바뀌었어요. 예전에는 이미지 대회에 푹 빠졌었지만 이 대회에서 경쟁력을 유지하는 데 필요한 기술 스택의 정교함은 몇 년 사이 엄청나게 높아졌어요. 한동안은 NLP 대회에 푹 빠져 있기도 했지만 NLP 대회는 캐글에서 너무 가끔 열리죠. 몇 년 동안 변함없이 제 흥미를 끌었던 것은 태뷸러 데이터 문제들이었어요. 태뷸러 데이터 문제는 캐글의 전형적인 대회 문제였지만 아쉽게도 사라졌어요. 저는 여전히 이 영역의 ML에 관심이 있어요. ML/DL의 다른 분야와 비교하면 태뷸러 데이터 분야에서 미미한 성과가 있을 뿐이었죠. 저는 이 분야에 아직 기회가 있다고 믿고 있어요.

캐글 대회에서 사용하는 접근법이 있나요? 이 접근법을 일상 업무에서도 사용하나요?

저는 항상 캐글의 게임적인 측면을 중요하게 생각했어요. 새로운 캐글 대회에 참여할 때는 놀이처럼 접근한다는 의미예요. 매우 단순한 해결책, 엉뚱한 해결책, 다른 참가자의 것을 조금 수정한 해결책, 다양한 방법을 섞은 해결책 등을 제출하기도 했죠. 이런 시행착오가 감을 잡는 데 도움을 주었어요. 어떤 방법이 동작하고 몇 가지 간단한 트릭으로 얼마나 성능이 좋아지는지 같은 것들 말이죠. 이 중 일부는 일상 업무의 모델링에도 적용했어요. 하지만 아직 한 가지 중요한 부분이 빠졌어요. 커뮤니티와 리더보드의 지원과 피드백입니다. 혼자서 혹은 작은 팀에서 작업을 한다면 모델이 최선의 방법으로 만들어졌는지 혹은 더 나은 해결책이 있는지 결코 알 수 없을 거예요.

참가했던 대회 중 특히 어려웠던 대회는 무엇이며, 어떤 통찰로 과제를 해결했나요?

제 캐글 경력에서 가장 어려웠고 중요했던 대회는 주택 신용 채무 불이행 리스크[59] 대회였습니다. 그건 역대 두 번째로 큰 대회였는데 제 인생에서 특히 힘든 시기에 열렸죠.

신용 평가는 매우 어려운 데이터 과학 문제이고 많은 지능적인 특징 공학과 신뢰할 만한 검증 계획이 필요했죠. 제 개인적인 통찰은 특징을 선택하고자 단순한 선형 모델링을 사용하는 것이었는데 이것이 우리가 전체 모델을 만드는 데 도움이 되었어요. 우리 팀은 이 대회에서 우승했고 지금까지도 우승 계기가 제 캐글 커리어의 하이라이트라 생각하고 있어요.

캐글이 경력에 도움이 되었나요?

캐글은 제 ML 경력에 가장 든든한 후원자였어요. 제가 거쳤던 4가지 ML 업무 중 3가지 기회가 캐글에서 얻은 성과가 직접적인 결과로 이어졌어요. 캐글에서 준 자격이 개인의 커리어에서 얼마나 중요한지는 아무리 강조해도 지나치지 않을 것 같네요.

경험에 비추어볼 때, 초보 캐글러가 자주 놓치는 것은 뭘까요? 처음 시작할 때부터 알았으면 좋았겠다고 생각하는 것이 있나요?

모든 ML 문제 특히 캐글 대회에서 제가 너무 오랫동안 과소평가하거나 충분히 신경 쓰지 않은 두 가지 측면이 있어요. 특징 공학과 강력한 검증 전략입니다. 저는 ML 라이브러리와 알고리듬을 사랑해서 빠르게 ML 알고리듬을 구축하고자 해요. 하지만 모델의 성능에 가장 큰 영향력을 미치는 단일 요소는 아주 좋은 특징입니다. 안타깝게도 특징 공학은 과학보다는 예술에 가까워요. 그리고 모델과 데이터 세트의 영향을 매우 크게 받죠. 대부분의 특징 공학 비법과 모범 사례는 표준 ML 코스나, 교재에서 가르치지 않아요. 많은 아이디어가 일부 특별한 문제나 특별한 통찰에 의해서 좌우되죠. 하지만 특징 공학 사고방식은 키울 수 있어요. 능숙해지려면 몇 년간 연습이 필요하죠.

캐글에서 사용할 추천 툴이나 라이브러리가 있나요?

XGBoost만 있으면 됩니다!

---

59 Home Credit Default Risk. https://www.kaggle.com/c/home-credit-default-risk

- 장프랑수아 퓨짓 Jean-François Puget
- *https://www.kaggle.com/cpmpml*
- 엔비디아 기술 명장 Distinguished Engineer,
  엔비디아 캐글 그랜드마스터팀 팀장
- 대회, 노트북, 토론, 그랜드마스터

가장 좋아하는 대회 유형과 이유를 알려주세요. 어떤 대회가 가장 자신있나요?

저는 과학적인 배경을 전제로 한 대회나 제가 공감할 배경을 가진 대회를 좋아해요. 반대로 익명화 데이터나 합성 데이터는 좋아하지 않습니다. 매우 정확한 물리학적 시뮬레이션을 통해 생성된 것은 빼고요. 더 일반적인 부분을 이야기하자면 저는 제가 잘 모르는 분야의 캐글 대회에 참가하는 것을 좋아합니다. 가장 많이 배우거든요. 순위 점수를 얻는 데 가장 효과적이진 않지만 제가 가장 좋아하는 방법이죠.

캐글 대회에서 사용하는 접근법이 있나요? 이 접근법을 일상 업무에서도 사용하나요?

저는 데이터를 자세히 살펴보는 것에서 시작합니다. 데이터를 보면서 잘 이해하려고 노력하죠. 데이터 안에서 패턴이 있는지 찾으려 노력해요. 특히 예측에 도움이 되는 패턴들요. 저는 주로 두 가지 특징이나 파생된 특징을 활용해서 샘플을 x, y 축에, 세 번째 특징을 컬러 코딩에 사용해요. 세 특징 중 하나는 목표일 수도 있습니다. 저는 시각화를 많이 사용합니다. 인간의 시각이 현존하는 최고의 데이터 분석 툴이라 믿고 있기 때문이죠.

다음으로는 모델이나 파이프라인의 성능을 재는 데 시간을 들여요. 모델의 성능을 정확하게 평가하는 것은 특히 매우 중요해요. 따로 특별한 비법은 없어요. 평가는 주로 k 분할 검증의 변종을 자주 활용하죠. 하지만 분할은 대회 유형에 맞게 정의합니다(예측 대회에서는 시간 기반 분할, 어떤 이유로 샘플이 함께 연결되어 있으면 그룹 k 분할, 예: 동일한 사용자 ID의 활동 등).

그런 다음 데이터에서 제출까지 이어지는 종단 간 베이스라인을 만들고 시도하죠. 만약 Code 대회라면 파이프라인이 제대로 되었는지 테스트하는 것이 핵심입니다.

그런 다음 (딥러닝 모델을 사용하는 경우) 더 복잡한 모델을 사용하거나 (XGBoost 또는 RAPIDS나 sklearn의 다른 모델을 사용하는 경우) 더 많은 특징을 사용하려 해요. 그래서 먼저 제출하고 직접 평가한 점수와 공개 테스트 점수의 상관관계가 있는지 확인하죠. 상관관계가 타당하다면 점점 제출을 줄여요.

몇 주 후에는 하이퍼파라미터를 조율하는 데 시간을 써요. 하지만 조율은 한 번만 하거나 대회 기간이 끝나갈 때 또 한 번을 포함해서 두 번 해요. 하이퍼파라미터 조율은 과대적합하게 만드는 가장 좋은 방법 중 하나예요. 과대적합은 무서운 일이죠.

참가했던 대회 중 특히 어려웠던 대회는 무엇이며, 어떤 통찰로 과제를 해결했나요?

제가 가장 자랑스럽게 생각하는 대회는 토킹데이터 애드트레킹 이상 감지 대회[60]예요. 대용량의 클릭 기록으로 어떤 클릭이 앱 다운로드로 이어졌는지 예측해야 했어요. 특징은 적었지만 행이 많았죠(약 5억 개). 당시에는 64GB의 컴퓨터만 있었고, 매우 효과적인 방법으로 새로운 특징을 생성하고 평가해야 했어요. 이 대회에서 몇 가지 통찰을 얻었습니다. 우선 첫 번째는 앱 다운로드로 이어진 클릭은 앱 다운로드 페이지에서 사용자의 마지막 클릭이었다는 점이에요. 따라서 '동일한 사용자가 동일한 앱에서 다음 클릭까지 걸리는 시간'이 가장 중요한 특징이었죠. 여기서 이어진 다른 통찰은 동일한 타임스탬프를 가진 같은 사용자와 앱으로부터의 클릭이 상당하다는 것이었어요. 저는 마지막 클릭이 있었다면 다운로드된 것이라고 가설을 세웠어요. 세 번째 통찰은 특징 값의 동시 발생의 근사값을 계산할 때 행렬 분해matrix factorization 접근 방식을 사용하는 것이었어요. 저는 당시 케라스의 libFM 모델을 구현했고 잠재 벡터를 특징으로 추가한 것이 도움이 되었어요. 같은 방식을 선택한 다른 팀은 우승팀뿐이었어요. 이로써 여러 그랜드마스터 팀들 속에서 혼자 6위를 차지했어요. 제가 아직 캐글 그랜드마스터가 아니었을 때 말이죠.

캐글이 경력에 도움이 되었나요?

캐글은 2번 저를 도와주었어요. IBM에서 일하던 당시 캐글은 현재 최고 수준의 머신러닝 실례가 모인 훌륭한 지식의 원천이었어요. IBM 머신러닝 툴링(IBM 왓슨 스튜디오와 IBM 왓슨 머신러닝)의 개발에 필요한 정보를 알려주고 안내하는 데 활용했죠.

----

60 TalkingData AdTracking Fraud Detection Challenge. *https://www.kaggle.com/c/talkingdata-adtracking-fraud-detection*

예를 들면 자바/스칼라가 강세였던 2016년의 IBM에서 파이썬 패키지를 지원하도록 했어요. 제가 없었다면 IBM은 머신러닝을 위해 스파크와 스칼라에 베팅을 했을 것이고 파이썬의 흐름이 오는 것을 놓쳤을 거예요. 그리고 IBM이 오직 스파크와 텐서플로만 지원하고자 했을 때 XGBoost를 초기에 추천하기도 했습니다.

캐글이 두 번째 저를 도와주었던 건 지금의 직장을 얻을 때였어요. 당시 엔비디아는 RAPIDS GPU 가속 ML 패키지를 포함한 엔비디아 스택을 홍보하는 데 도움이 될 좋은 평판을 지녔으며 캐글 대회 그랜드마스터를 찾고 있었죠.

경험에 비추어볼 때, 초보 캐글러가 자주 놓치는 것은 뭘까요? 처음 시작할 때부터 알았으면 좋았겠다고 생각하는 것이 있나요?

데이터 과학자와 캐글러를 차별화하는 것은 모델 성능의 평가로, 캐글러라면 마스터해야 합니다. 만약 그렇지 못하면 공개 리더 보드에서 좋아 보이지만 비공개 리더보드에서는 형편없는 성능을 보여줄 모델을 선택하게 될 테니까요. 일단 캐글러가 비공개 리더보드에서 좋은 성능을 내는 모델을 구축하는 방법을 알았다면 처음 접하는 데이터에서 좋은 성능을 내는 모델(즉 과대적합되지 않은 모델)을 구축하는 방법을 알았다는 것을 의미하죠.

경험이 부족한 캐글러들이 자주 하는 다른 한 가지는 어떤 방법/모델 X가 주어진 대회에서 효과를 낼지 질문하는 것이에요. 이 질문에는 언제나 '해보고 효과가 있는지 없는지 보라'고 하고 싶어요. 사람들은 자주 머신러닝이 경험적 과학이라는 점을 놓쳐요. 좋은 모델을 구축하려면 반드시 과학적 방식을 따라야 해요.

- 가설 설정(예, 이 특징 또는 이 신경망 층을 추가하면 파이프라인 성능이 개선될 것이다)
- 가설 테스트를 위한 실험(수정된 파이프라인을 훈련시킨다)
- 실험 결과 분석(교차검증 점수가 나아졌나? 어디가 더 나은가? 어디가 더 나쁜가?)

각 실험은 가설을 확인하거나 기각할 형태로 수행되어야 해요. 따라서 각 실험에서는 한 번에 한 가지만 바꾸어야 합니다. 경험이 없는 사람들은 한 번에 많은 것을 변경하는 경우가 많아요. 그러고는 어떤 것이 효과가 있고 어떤 것이 효과가 없는지 결론을 내리지 못하죠.

데이터 분석과 머신러닝에 특히 추천하는 툴이나 라이브러리가 있나요?

데이터 탐색에는 매틀랩MATLAB을 가장 많이 사용해요. 데이터 분석을 쉽게 정리하고 통합data wrangling할 때는 판다스나 (RAPIDS에서 나온) cuDF를 사용해요. 데이터 세트가 작을 때는 판다스를, 클 때는 cuDF를 사용해요. 머신러닝에는 RAPIDS에서 나온 cuML, GPU 가속을 한 XGBoost, 그리고 파이토치를 사용해요. 가능한 경우는 사전 훈련된 모델을 사용합니다. 예를 들면 허깅페이스Hugging Face의 NLP 모델이나 timm 패키지의 이미지 분류 모델들 등이 있어요.

대회에 참가할 때 해야 하는 일 또는 중요하게 기억해야 할 것은 어떤 것이 있나요?
시간을 충분히 투자하세요.

하이퍼파라미터 최적화

이 장의 내용

- 기본 최적화 기법
- 핵심 파라미터와 사용 방법
- 베이지언 최적화

선택하는 학습 알고리듬의 종류가 캐글 설루션의 성능을 결정하지 않습니다. 사용하는 데이터와 특징 말고도 알고리듬의 **하이퍼파라미터**^{hyperparameter}도 큰 영향을 미칩니다. 하이퍼파라미터는 알고리듬의 파라미터로 훈련 전에 지정되어야 하고 훈련 과정동안은 학습되지 않습니다. 태블러 데이터 대회에서는 올바른 변수/데이터/특징을 선택하는 것이 가장 효과적이지만 하이퍼파라미터 최적화는 유형에 관계없이 모든 대회에서 효과적입니다. 사실 고정된 데이터와 알고리듬이 주어지면 하이퍼파라미터 최적화는 알고리듬의 예측 성능을 높여서 순위를 올릴 유일한 방법입니다. 하이퍼파라미터 최적화는 앙상블에도 도움이 됩니다. 조율된 모델의 앙상블은 조율되지 않은 모델의 앙상블들보다 항상 더 좋은 성능을 보이기 때문입니다.

하이퍼파라미터를 직접 조율한다는 말은 각 하이퍼파라미터가 알고리듬에 어떤 영향을 미치는지 이해하고 있다는 뜻입니다. 많은 캐글 그랜드마스터나 마스터도 모델을 직접 조율하는 방식에 의존한다고 밝히는 경우가 많았습니다. 이들은 이분법 작업 스타일로 가장 중요한 하이퍼파라미터를 선택적으로 조작합니다. 가장 좋은 결과를 내는 값을 찾을 때까지 미세한 간격으로 파라미터 값을 탐색합니다. 그런 다음 다른 파라미터로 옮겨갑니다. 만약 각 파라미터에 단일 최솟값이 있고 파라미터가 서로 독립적이라면 이 방식은 매우 효율적이며, 이 경우 탐색은 경험과 학습 알고리듬에 대한 지식을 바탕으로 실행됩니다. 하지만 경험상 캐글에서 마주치게 될 대부분의 상황은 이 사례에 해당하지 않습니다. 문제와 사용된 알고리듬의 복잡성에는 탐색 알고리듬만이 충족시킬 체계적인 접근 방법이 필요합니다.

이번 장에서는 최적의 테스트 세트에 일반화하는 최적의 하이퍼파라미터를 찾는 교차검증 접근법을 확장하겠습니다. 대회에서 시간과 자원의 제한과 그로 인한 압박을 해결하는 것이 가장 중요하며, 그렇기에 **베이지안 최적화 방법**Bayesian optimization method에 집중합니다. 베이지안 최적화 방법은 사용 가능한 자원을 기반으로 복잡한 모델과 데이터 문제에 맞게 최적화하는 효과를 입증했습니다. 사전에 정의된 하이퍼파라미터에 가장 적합한 값을 찾고, 신경망 구조의 문제점 또한 살펴보겠습니다.

8.1 기본 최적화 기법

사이킷런 패키지에 있는 하이퍼파라미터 최적화 핵심 알고리듬은 **그리드 탐색**grid search과 **랜덤 탐색**random search입니다. 최근 사이킷런 기여자들은 **분할 알고리듬**halving algorithm을 추가해 그리드 탐색과 랜덤 탐색의 성능을 높였습니다.

이번 절에서는 이 기본 기법을 살펴봅니다. 이를 마스터하면 일부 특정 문제(예를 들어 SVM은 주로 그리드 탐색에 의해 최적화됨)에 맞는 효과적인 최적화 툴을 작성하게 될 뿐만 아니라 하이퍼파라미터 최적화가 작동하는 원리에도 익숙해집니다.

우선 필요한 요소를 파악하는 것이 중요합니다.

- 하이퍼파라미터를 최적화해야 하는 모델
- 각 하이퍼파라미터의 값을 검색할 (값의 경계가 있는) 탐색 공간
- 교차검증 체계
- 평가 지표와 그 스코어 함수score function

이 모든 요소와 탐색 방법에 따라 필요한 설루션이 결정됩니다. 그럼 어떻게 작동하는지 함께 볼까요?

8.1.1 그리드 탐색

그리드 탐색은 하이퍼파라미터를 철저하게 탐색하는 방법으로 고차원 공간에서는 사용할 수 없습니다. 모든 파라미터에서 테스트할 값들의 집합을 선택합니다. 그리고 이 집합에서 나오는 모든 조합을 테스트합니다. 그리드 탐색을 '철저하다'고 표현하는 이유는 모든 조합을 테스트하기 때문입니다. 그리드 탐색은 굉장히 단순한 알고리듬이고 차원의 저주에 시달리지만 긍정적인 면을 본다면 처치 곤란 병렬embarrassingly parallel[1]이라는 점입니다. 즉 탐색을 실행하기에 충분한 프로세서가 있다면 최적의 조율을 빠르게 얻습니다.

예제로 분류 문제와 **서포트 벡터 머신 분류**support-vector machine classification(SVC)를 살펴보겠습니다. **서포트 벡터 머신**support-vector machine(SVM)은 분류와 회귀 문제에서 대체로 그리드 탐색을 활용하는 머신러닝 알고리듬입니다. 사이킷런의 `make_classification` 함수는 빠르게 분류 데이터 세트를 생성합니다.

```
from sklearn.datasets import make_classification
from sklearn.model_selection import train_test_split

X, y = make_classification(n_samples=300, n_features=50,
                           n_informative=10,
                           n_redundant=25, n_repeated=15,
                           n_clusters_per_class=5,
                           flip_y=0.05, class_sep=0.5,
                           random_state=0)
```

다음 단계로 기본 SVC 알고리듬을 정의하고 탐색 공간search space을 설정합니다. SVC의 **커널 함수**kernel function(SVM에서 입력 데이터를 변환하는 내부 함수)에 따라 하이퍼파라미터가 결정되므로, 각 커널이 사용할 파라미터의 탐색 공간을 정의하는 딕셔너리를 포함한 리스트를 제공합니다. 이후 평가 지표도 설정해야 합니다. 이번에는 목표가 완벽히 균형을 갖추고 있으니 정확도를 지표로 사용합니다.

```
from sklearn import svm

svc = svm.SVC()
svc = svm.SVC(probability=True, random_state=1)
```

---

1 *https://www.cs.iusb.edu/~danav/teach/b424/b424_23_embpar.html*

```
from sklearn import model_selection
search_grid = [
                {'C': [1, 10, 100, 1000], 'kernel': ['linear']},
                {'C': [1, 10, 100, 1000], 'gamma': [0.001, 0.0001],
                'kernel': ['rbf']}
                ]

scorer = 'accuracy'
```

예시에서는 선형 커널 감마 파라미터의 튜닝이 필요하지 않습니다. 하지만 방사 기저 함수 커널radial basis function kernel에는 매우 중요하므로 두 개의 딕셔너리를 제공합니다. 첫 번째 딕셔너리는 선형 커널을 위한 파라미터를 두 번째 딕셔너리는 방사 기저 함수 커널을 위한 파라미터를 가지고 있습니다. 각 딕셔너리에는 관련 커널의 참조와 커널에 관련된 범위의 파라미터만 포함되어 있습니다.

평가 지표가 알고리듬에 의해 최적화된 비용 함수와 다름에 주의합니다. 5장에서 언급했듯 실제로 대회의 평가 지표가 다르지만 알고리듬의 비용 함수를 수정하지 못하는 경우도 있습니다. 이런 상황이라도 평가 지표에 따라서 하이퍼파라미터를 조율한다면 좋은 성능을 내는 모델을 얻는 데 도움이 됩니다. 비록 알고리듬의 비용 함수를 중심으로 구성되었지만, 최적의 하이퍼파라미터 세트는 이러한 제약 아래 최선의 평가 지표를 반환할 것입니다. 이론적으로는 문제에 가장 적합한 결과가 아니겠지만 일반적으로 결과는 그리 다르지 않을 것입니다.

모든 요소(모델, 탐색 공간, 평가 지표, 교차검증 체계)는 GridSearchCV 인스턴스 안에서 결합되고 모델은 데이터에 적합됩니다.

```
search_func = model_selection.GridSearchCV(estimator=svc,
                                           param_grid=search_grid,
                                           scoring=scorer,
                                           n_jobs=-1,
                                           cv=5)
search_func.fit(X, y)

print (search_func.best_params_)
print (search_func.best_score_)
```

최적화를 실행하는 컴퓨터에 따라서 필요한 시간이 흐른 후 교차검증된 결과에 기반해서 최상의 조합을 얻기도 합니다.

요약하면 그리드 탐색은 매우 단순한 최적화 알고리듬이고 멀티 코어 컴퓨터의 능력을 활용합니다. 그리드 탐색은 (SVM, 릿지 회귀ridge regression, 라소 회귀lasso regression 등과 같이) 많은 조율이 필요하지 않은 머신러닝 알고리듬에는 효과가 있지만 그 이외의 경우는 적용 가능성이 매우 낮아집니다. 첫째, 이산 선택으로 최적화하는 하이퍼파라미터로 제한됩니다(순환을 위해서는 제한된 집합의 값이 필요합니다). 거기다 많은 하이퍼파라미터의 조율이 필요한 알고리듬에서 효과적으로 작동하기를 기대할 수 없습니다. 필요한 조율이 많아질 경우 탐색 공간의 복잡성이 폭발적으로 늘어나기 때문입니다. 계산이 비효율적인 이유는 그리드 탐색에서는 맹목적으로 파라미터 값을 탐색하는데, 탐색한 값의 대부분은 문제에 효율적이기 때문입니다.

8.1.2 랜덤 탐색

무작위로 탐색 공간을 샘플링하는 **랜덤 탐색**random search은 고차원 공간에서도 실행되어 실제로 널리 사용되고 있습니다. 하지만 랜덤 탐색은 다음 설정을 선택하는 데 사전 실험 정보를 사용하지 않는 단점이 있습니다(그리드 탐색도 같은 문제를 가지고 있습니다). 또한 가능한 최적의 솔루션을 찾으려면 올바른 하이퍼파라미터를 찾는 수밖에 없습니다.

랜덤 탐색은 이해하기 쉬울 뿐 아니라 효과도 좋습니다. 랜덤 탐색은 무작위성에 의존하지만 맹목적인 행운을 기반으로 작동하는 방식은 아닙니다. 물론 처음에는 그렇게 보이겠지만요. 사실 랜덤 탐색은 통계에서의 무작위 샘플링과 비슷하게 작동합니다. 이 기법의 핵심은 만약 충분히 많은 무작위 테스트를 한다면 비슷한 성능을 내는 약간 다른 조합을 모두 테스트하느라 에너지를 소비하지 않고 높은 확률로 적절한 파라미터를 찾을 수 있다는 것입니다.

설정해야 하는 파라미터 수가 너무 많으면, AutoML 시스템은 랜덤 탐색에 의존하는 경향이 있습니다. 경험상 하이퍼파라미터 최적화 문제의 차원이 충분히 높다면(예: 16 이상) 랜덤 탐색을 우선 고려하는 것이 좋습니다.

다음 코드 이전 예제를 랜덤 탐색으로 실행합니다.

```python
import scipy.stats as stats
from sklearn.utils.fixes import loguniform

search_dict = {'kernel': ['linear', 'rbf'],
               'C': loguniform(1, 1000),
```

```
                'gamma': loguniform(0.0001, 0.1)
                }

scorer = 'accuracy'

search_func = model_selection.RandomizedSearchCV(estimator=svc,
                                                 param_distributions=search_dict,
                                                 n_iter=6,
                                                 scoring=scorer,
                                                 n_jobs=-1,
                                                 cv=5)

search_func.fit(X, y)

print (search_func.best_params_)
print (search_func.best_score_)
```

여기서는 다른 커널이 별도의 공간에서 탐색을 실행하는 데 신경을 쓰지 않습니다. 비효율적인 파라미터까지 포함한 각 파라미터를 체계적으로 테스트해서 많은 계산 시간이 필요한 그리드 탐색과 달리 랜덤 탐색의 경우 탐색의 효율성이 테스트되는 하이퍼파라미터의 집합에는 영향을 받지 않습니다. 탐색이 유효하지 않은 파라미터에 의해서 좌우되지는 않지만 우연에 따라 결정됩니다. 만약 선택한 많은 커널의 많은 유효한 파라미터 중 하나의 파라미터만 테스트했다고 해도 모든 시도가 도움이 됩니다.

8.1.3 분할 탐색

앞서 그리드 탐색과 랜덤 탐색이 모두 사전 정보를 활용하지 않는 방식으로 작동한다고 언급했습니다. 일부 테스트에서 특정 하이퍼파라미터가 결과에 영향을 미치지 않거나 특정 값의 간격이 비효율적인 것을 발견하더라도 다음 탐색에 전달되지 않는다는 것입니다.

이런 이유로 사이킷런은 최근 **연속적 분할**successive halving이 적용된 그리드 탐색과 랜덤 탐색 조율 전략을 사용해서 파라미터 공간을 탐색하는 HalvingGridSearchCV과 HalvingRandomSearchCV 함수를 도입했습니다.

분할 탐색은 초기 라운드에 많은 하이퍼파라미터 조합을 평가하지만 적은 계산 자원을 사용합니다. 훈련 데이터에서 일부 사례를 서브샘플링해서 테스트하기 때문입니다. 훈련 세트가 작을

수록 테스트에 필요한 계산 횟수가 적으므로 더 적은 리소스(즉, 시간)가 사용되지만 성능 추정이 더 부정확해질 수 있습니다. 이 초기 라운드는 문제에서 더 좋은 성과를 보인 하이퍼파라미터 값들의 후보 집합을 선택하고 더 많은 훈련 세트를 사용하는 두 번째 라운드에서 사용합니다.

다음 라운드도 대부분 유사한 방법으로 진행됩니다. 테스트할 값의 범위가 제한되면서 탐색될 훈련 세트의 더 큰 하위 집단을 할당하고(테스트에 더 많은 시간이 필요하지만 더 정확한 성능 추정값을 반환) 후보의 수는 계속 절반으로 줄어듭니다.

다음은 앞에서 본 문제에 분할 탐색을 적용한 예시입니다.

```python
from sklearn.experimental import enable_halving_search_cv
from sklearn.model_selection import HalvingRandomSearchCV

search_func =  HalvingRandomSearchCV(estimator=svc,
                                     param_distributions=search_dict,
                                     resource='n_samples',
                                     max_resources=100,
                                     aggressive_elimination=True,
                                     scoring=scorer,
                                     n_jobs=-1,
                                     cv=5,
                                     random_state=0)

search_func.fit(X, y)

print (search_func.best_params_)
print (search_func.best_score_)
```

분할 검색에서는 후보를 선택해 이어지는 최적화 단계에 정보를 전달합니다. 다음 절에서는 하이퍼파라미터 공간 속을 더 정확하고 효율적으로 탐색하는 더 영리한 방법을 살펴보겠습니다.

8.2 핵심 파라미터와 사용 방법

다음 문제는 사용하는 각 모델의 종류에 맞게 적절한 하이퍼파라미터 집합을 사용합니다. 효율적으로 최적화를 하려면 특히 각 개별 알고리듬에 실제로 테스트할 의미가 있는 각 하이퍼파라미터의 값을 알아야 합니다.

이번 절에서는 캐글 대회에서 특히 태뷸러 데이터 대회에서 가장 일반적으로 사용된 모델을 살펴보고, 최선의 결과를 얻으려 조율해야 할 하이퍼파라미터를 살펴보겠습니다. 일반적인 태뷸러 데이터 문제를 위한 기존 머신러닝 모델과 (파라미터 공간이 더 많이 요구되는) 그레이디언트 부스팅 모델을 구분해서 살펴보겠습니다.

신경망과 관련된 표준 모델을 소개하면서 특정 파라미터를 조율하는 법을 살펴봅니다(예를 들면 TabNet 신경망 모델은 제대로 작동하려면 일부 특정 파라미터를 설정해야 합니다). 하지만 캐글 대회에서는 딥러닝 모델의 최적화가 대부분 표준 모델이 아니라 사용자 지정 모델을 대상으로 실행되었습니다. 따라서 학습률, 배치 사이즈 등과 같은 기본 학습 파라미터들 이외에는 모델의 신경망 구조의 구체적인 특성에 따라 신경망의 최적화가 이루어집니다. 문제를 해결하려면 상황에 맞게 대처해야 합니다. 이번 장 끝부분에서는 KerasTuner[2]를 사용한 신경망 구조 탐색neural architecture search(NAS)을 살펴봅니다.

8.2.1 선형 모델

조율할 필요가 있는 선형 모델은 일반적으로 선형 회귀나 정규화regularization를 사용하는 로지스틱 회귀입니다.

- C: 탐색해야 할 범위는 np.logspace(-4, 4, 10)입니다. 값이 작을수록 더 강한 정규화를 지정합니다.
- alpha: np.logspace(-2, 2, 10) 범위를 탐색해야 합니다. 값이 작을수록 더 강한 정규화를, 값이 클수록 더 약한 정규화를 지정합니다. 라쏘를 사용할 경우 값이 높을수록 처리하는 시간이 더 많이 걸린다는 것을 기억하세요.
- l1_ratio: 리스트 [.1, .5, .7, .9, .95, .99, 1]에서 선택해야 합니다. 엘라스틱 넷에만 적용됩니다.

사이킷런에서는 알고리듬에 따라 하이퍼파라미터 C(로지스틱 회귀)나 alpha(라쏘, 릿치, 엘라스틱 넷)가 있습니다.

---

[2] https://keras.io/keras_tuner

8.2.2 서포트 벡터 머신

서포트 벡터 머신(SVM)은 분류나 회귀를 위한 강력하고 진보한 지도 학습 테크닉으로 선형이나 비선형 모델을 자동으로 적합합니다. 사이킷런은 SVM 분류와 회귀 구현을 갖춘 라이브러리 LIBSVM와 선형 분류를 위해 확장 가능하고 대규모 데이터 세트 특히 희소 텍스트 기반 데이터 세트에 이상적인 라이브러리인 LIBLINEAR에 기반한 구현을 제공합니다. 최적화 시 SVM은 클래스 사이에서 가능한 큰 마진을 특징으로 하는 결정 경계를 사용해서 분류 문제에서 목표 클래스를 나누려 합니다.

SVM은 기본 파라미터로도 잘 작동하지만 일반적으로 최적의 상태는 아니기에 가장 적절한 값을 찾기 위해서는 교차검증을 사용해서 다양한 값의 조합을 테스트해야 하는데, 중요도에 따라 나열한 다음 파라미터를 설정해야 합니다.

- C: 페널티 값. 줄이면 클래스 사이의 마진을 더 크게 만들고 더 많은 잡음을 무시하며, 모델이 더 일반화되기 쉽게 만듭니다. 최적 값은 보통 np.logspace(-3, 3, 7) 범위에서 정해집니다.
- kernel: 이 파라미터는 SVM에서 비선형이 구현되는 방식을 결정하고 'linear', 'poly', 'rbf', 'sigmoid' 등 사용자가 지정하는 커널로 설정합니다. 가장 일반적으로 사용되는 값은 'rbf'입니다.
- degree: kernel='poly'와 함께 작동하고 다항식 전개의 차원을 나타냅니다. 다른 커널인 경우 무시됩니다. 일반적으로 2에서 5 사이의 값을 설정했을 때 가장 잘 작동합니다.
- gamma: 'rbf', 'poly', 'sigmoid'를 위한 계수입니다. 높은 값이 데이터에 더 잘 적합되는 경향이 있지만 때때로 과대적합으로 이어지는 경우도 있습니다. 직관적으로 감마를 예제 하나가 모델에 미치는 영향력이라고 생각하기도 합니다. 낮은 값은 각 예제가 더 멀리 영향을 미치게 만듭니다. 많은 점을 고려해야 하기 때문에 SVM 곡선은 각 점의 영향을 덜 받는 형태를 띠는 경향이 있고 결과적으로 더 부드러운 결정 윤곽 곡선^{decision contour curve}을 그리게 됩니다. 반대로 gamma 값이 높다면 각 점의 배열 여부가 곡선에 더 큰 영향을 준다는 것을 의미하고 결과적으로 더 불규칙하고 구불구불한 결정 곡선을 얻게 됩니다. 이 하이퍼파라미터에 추천하는 그리드 탐색 범위는 np.logspace(-3, 3, 7)입니다.
- nu: nuSVR과 nuSVC를 사용한 회귀나 분류에서 마진에 가깝지만 올바르게 분류되지 않은 훈련 지점의 허용 오차를 설정하는 데 이 파라미터가 사용됩니다. 이 설정은 마진 근처나 마진 위의 점들이 잘못 분류된 것을 무시하는 데 도움을 주어 결정 곡선을 더 부드럽게 만듭니다. 훈련 데이터 세트에 비례하는 비율이기에 [0, 1] 범위에 있어야 합니다. 결국 높은 비율이 마진을 확장시키는 C처럼 작동합니다.
- epsilon: 이 파라미터는 SVC가 오차를 얼마나 허용할지 명시합니다. 큰 epsilon 범위를 정의하면 알고리듬 훈련 중 잘못 예측한 예제에 대한 페널티가 사라집니다. 추천하는 탐색 범위는 np.logspace(-4, 2, 7)입니다.
- penalty, loss, dual: LinearSVC은 파라미터로 ('l1', 'squared_hinge', False), ('l2', 'hinge', True), ('l2', 'squared_hinge', True), ('l2', 'squared_hinge', False) 조합을 허용합니다. ('l2', 'hinge', True) 조합은 SVC(kernel='linear') 학습과 유사합니다.

SVM에서 설정해야 하는 파라미터가 많아 보이지만 특정 구현이나 커널에만 해당하는 설정이 많기에 유효한 파라미터만 선택하면 됩니다.

8.2.3 랜덤 포레스트와 극단적 랜덤 트리

랜덤 포레스트 알고리듬random forest algorithm의 핵심이 되는 아이디어를 처음 고안한 레오 브레이만Leo Breiman과 아델 커틀러Adele Cutler는 랜덤 포레스트란 이름을 상표로 등록했습니다(알고리듬은 오픈 소스입니다). 랜덤 포레스트는 사이킷런에서 RandomForestClassifier와 RandomForestRegressor로 구현되었습니다.

랜덤 포레스트는 레오 브레이만이 고안한 배깅bagging과 유사한 방식으로 작동하지만 이진 분할 결정 트리만 사용하며 이 트리는 극단까지 성장합니다. 또한 랜덤 포레스트는 부트스트래핑bootstrapping을 사용해서 각 모델에서 사용될 사례를 샘플링합니다. 트리가 성장하면서 가지가 분할될 때 분할을 위해 고려되는 변수의 집합도 무작위로 선택됩니다.

분할 시 다른 샘플과 변수를 고려했기 때문에 서로 매우 다른 트리를 조합하는 것이 알고리듬의 핵심 비법입니다. 서로 다르기 때문에 상관관계도 없습니다. 결과가 조합될 때는 분포의 양쪽 극단값이 균형을 이루는 경향이 있어서 분산이 많이 배제되기에 장점이 됩니다. 즉, 배깅 알고리듬은 예측에 일정 수준의 다양성을 보장하기 때문에 (의사결정 트리와 같은) 단일 학습 모델이 발견하지 못하는 규칙을 개발합니다. 이 다양성은 앙상블의 개별 트리보다 더 나은 예측을 갖는 분포를 구축하는 데 유용합니다.

엑스트라 트리extra trees (또는 **극단적 랜덤 트리**extremely randomized trees)는 사이킷런에서 ExtraTrees Classifier/ExtraTreesRegressor 클래스로 구현되었습니다. 엑스트라 트리는 더 무작위한 랜덤 포레스트로 추정량의 편향이 커지는 것을 비용으로 분산이 더 낮은 추정값을 생성합니다. 하지만 CUP 효율 면에서 엑스트라 트리는 랜덤 포레스트에 비해서 상당한 속도 향상을 가져다줍니다. 따라서 예시와 특징이 모두 매우 큰 데이터 세트로 작업을 할 때 이상적입니다. 편향이 더 커지고 속도가 더 좋아지는 이유는 엑스트라 트리에서 분할이 구축되는 방식 때문입니다. 랜덤 포레스트의 경우 트리의 한 가지의 분할에서 고려할 특징의 무작위 집합을 선택한 후 집합에서 가지마다 할당한 최고의 값을 면밀하게 탐색합니다. 반면 엑스트라 트리에서는 한 가지 분할에서 고려할 특징 후보 집합과 실제 분할 값이 모두 무작위로 선택됩니다. 따라서 무작위로 선택된 분할 값이 가장 효율적인 값이 아닐 수는 있지만(따라서 편향되어 있음) 많은 계산이 필요 없습니다.

두 알고리듬 모두에서 설정해야 할 핵심 하이퍼파라미터는 다음과 같습니다.

- max_features: 모든 분할에 존재하는 샘플링된 특징 수입니다. 이 수를 통해 알고리듬의 성능이 결정되기도 합니다. 값이 낮을수록 속도는 높아지지만 편향도 더 높아집니다.
- min_samples_leaf: 트리의 깊이를 결정합니다. 값이 크면 분산을 줄이고 편향을 증가시킵니다.
- bootstrap: 부트스트래핑을 설정하는 논리 자료형^{Boolean} 값입니다.
- n_estimators: 트리의 수입니다. 트리는 많을수록 좋지만 데이터 문제에 따라 반환되는 결과가 감소되는 임계값^{threshold}이 있습니다. 그리고 사용 가능한 자원에 따라서 고려해야 할 계산 비용도 발생합니다.

엑스트라 트리는 데이터에 특히 잡음이 많을 때 랜덤 포레스트의 좋은 대안이 됩니다. 엑스트라 트리는 분할 시 무작위로 선택하기 때문에 일부 분산 축소와 편향 증가를 교환합니다. 따라서 랜덤 포레스트였다면 분할을 잠식하기도 하는 중요하지만 잡음이 많은 특징에 덜 과대적합되는 경향이 있습니다.

8.2.4 그레이디언트 트리 부스팅

그레이디언트 트리 부스팅$^{gradient\ tree\ boosting}$ 또는 **그레이디언트 부스팅 의사결정 트리**$^{gradient\ boosting}$ $^{decision\ trees}$(GBDT)는 부스팅의 향상된 버전입니다(부스팅은 순차적으로 이어지는 약한 학습기를 재가중된 버전의 데이터에 적합하는 것으로 작동합니다). GBDT는 에이다부스트^{AdaBoost}처럼 경사 하강 함수에 기반을 두고 있습니다. 이 알고리듬은 앙상블을 기반으로 하는 모델군 중에서 효과적인 알고리듬인 사실이 증명되었습니다. 하지만 추정값의 분산이 증가하고 데이터의 잡음에 더 민감하다는 특성(두 문제 모두 서브샘플링을 사용해서 완화)을 가지며, 비병렬 작업으로 인해서 상당한 계산 비용이 발생합니다.

딥러닝을 제외하면 그레이디언트 부스팅은 가장 발전된 머신러닝 알고리듬입니다. 제롬 프리드먼$^{Jerome\ Friedman}$이 개발한 에이다부스트와 초기 그레이디언트 부스팅이 구현된 이후 다양한 다른 알고리듬의 구현이 등장했습니다. 가장 최근에는 XGBoost, LightGBM, CatBoost가 등장했습니다.

LightGBM

고성능 LightGBM 알고리듬[2]은 대용량 데이터를 여러 대의 컴퓨터에 분산해서 빠르게 처리합니다. 이 알고리듬은 마이크로소프트에서 오픈 소스 프로젝트[3]로 개발했습니다.

LightGBM은 XGBoost처럼 의사결정 트리에 기반을 두고 있지만 다른 전략이 연결됩니다. XGBoost가 의사결정 트리를 사용해서 변수를 분할하고 해당 변수에서 다른 트리 분할을 탐색하는(수준별 의사결정 트리 성장 전략level-wise tree growth strategy) 반면 LightGBM는 하나의 분할에 집중하고 더 잘 적합하도록 분할을 이어갑니다(단말별 의사결정 트리 성장 전략leaf-wise tree growth strategy). 이 전략은 LightGBM이 빠르게 데이터에 잘 적합되도록 하고 XGBoost와 비교할 대체 설루션을 생성합니다(두 설루션을 함께 블렌딩한다면 추정값의 분산을 줄일 수 있습니다). 의사결정 트리가 실행하는 분할 구조를 그래프로 보고 알고리듬의 측면에서 생각하면 XGBoost는 너비 우선 탐색breadth-first search(BFS)을 따르고 LightGBM은 깊이 우선 탐색depth-first search(DFS)을 따르고 있습니다.

LightGBM은 100개 이상의 파라미터[4]를 조정해야 하므로 어렵습니다. 경험상 일반적으로 결과에 가장 큰 영향력을 가지는 다음 하이퍼파라미터에 집중하세요.

- n_estimators: 반복 횟수를 설정하는 10에서 10000 사이의 정수입니다.
- learning_rate: 0.01과 1.0 사이의 실수이며 보통 로그 균등 분포log-uniform distribution에서 샘플링됩니다. 이 지점까지 알고리듬의 모든 반복이 합산된 앙상블의 가중치를 계산하는 경사 하강 절차의 스텝 사이즈를 나타냅니다.
- max_depth: 특징의 최대 분할 수를 나타내는 1에서 16 사이의 정수입니다. 0 미만의 수로 설정하면 최대 분할 수를 허용하게 되고 일반적으로 데이터에 과대적합할 위험이 있습니다.
- num_leaves: 각 트리가 가질 최종 단말의 수의 최댓값을 나타내는 2와 2^max_depth 사이의 정수입니다.
- min_data_in_leaf: 한 단말의 최소 데이터 포인트 수를 결정하는 0에서 300 사이의 정수입니다.
- min_gain_to_split: 트리 분기 알고리듬의 최소 이득minimum gain을 설정하는 0에서 15 사이의 부동소수점형 수치입니다.
- max_bin: 특징 값이 담길 빈의 최대 수를 설정하는 32에서 512 사이의 정수입니다.
- subsample: 훈련에 사용될 샘플의 비율을 나타내는 0.01에서 1.0 사이의 실수입니다.

....

3 *https://github.com/Microsoft/LightGBM*
4 *https://github.com/Microsoft/LightGBM/blob/master/docs/Parameters.rst, https://lightgbm.readthedocs.io/ en/latest/Parameters.html*

- `subsample_freq`: 알고리듬이 예제를 서브샘플링할 빈도를 지정하는 0에서 10 사이의 정수입니다.

> **NOTE_** 0으로 설정하면 알고리듬은 subsample 파라미터에 지정된 값을 무시합니다. 또한 디폴트로 0이 설정되어 있어서 **subsample**만 설정한다면 작동하지 않습니다.

- `feature_fraction`: 0.1에서 1.0 사이의 실수로 샘플링할 특징 비율을 지정합니다. 특징을 서브샘플 링하는 방법은 훈련에서 특징에 존재하는 잡음과 다중공선성^{multicollinearity}에 대항하는 역할을 하는 무작 위화를 늘립니다.
- `subsample_for_bin`: 30과 예제 수 사이의 정수입니다. 히스토그램 빈 구성을 위해 샘플링되는 예제 의 수를 설정합니다.
- `reg_lambda`: L2 정규화$^{L2\ regularization}$를 설정하는 0에서 100.0 사이의 실수입니다. 파라미터의 정확한 수보다 척도에 더 민감하기 때문에 일반적으로 로그 균등 분포에서 샘플링됩니다.
- `reg_alpha`: L1 정규화$^{L1\ regularization}$를 설정하는 0에서 100.0 사이의 실수입니다. 일반적으로 로그 균 등 분포에서 샘플링됩니다.
- `scale_pos_weight`: 1e-6과 500 사이의 실수이고 로그 균등 분포에서 더 적절하게 샘플링됩니다. 파라미터는 음성 사례와 비교해서 양성 사례에 가중치를 부여하고(따라서 효과적으로 업샘플링 또는 다운샘플링) 그 값은 1로 유지됩니다.

LightGBM을 사용할 때 조율해야 할 하이퍼파라미터의 수가 많아서 부담스럽겠지만 실제로는 그중 일부만 큰 영향을 미칩니다. 캐글 그랜드마스터 코헤이 오자키$^{Kohei\ Ozaki}$의 설명[5]대로 고정된 수의 반복 횟수와 학습률을 감안할 때 일부(`feature_fraction`, `num_leaves`, `subsample`, `reg_lambda`, `reg_alpha`, `min_data_in_leaf`)만이 가장 큰 영향을 미칩니다. 코헤이 오자키는 이 사실을 활용해 Optuna에서 사용할 빠른 조율 절차를 만들었습니다(이번 장의 끝부분에서 Optuna가 사용한 최적화를 소개합니다).

XGBoost

XGBoost[6]는 eXtreme Gradient Boosting의 약자입니다. 오픈 소스 프로젝트지만 사이킷 런에 포함되어 있지는 않습니다. 하지만 최근 사이킷런 래퍼 인터페이스에 의해 확장되었고 사 이킷런 스타일 데이터 파이프라인에 XGBoost를 포함시키기 더 쉬워졌습니다.

---

5 *https://medium.com/optuna/lightgbm-tuner-new-optuna-integration-for-hyperparameter-optimization-8b7095e99258*

6 *https://github.com/dmlc/XGBoost*

XGBoost 알고리듬은 2015년 캐글이나 KDD 컵 2015 같은 데이터 과학 대회를 계기로 인기를 얻었습니다. XGBoost 알고리듬을 소개한 논문에서 보고한 것처럼 2015년 캐글에서 열린 29개의 대회에서 17개의 우승 솔루션이 XGBoost를 독립 솔루션이나 여러 모델의 앙상블의 일부로 사용했습니다. 이후 XGBoost 알고리듬은 데이터 과학자 커뮤니티에서 항상 큰 관심을 계속 받고 있습니다. 다만 최근에는 다른 LightGBM와 CatBoost 같은 다른 GBM 구현에 의해서 혁신이 일어나고 있어 따라가는 것에 고전하고 있습니다.

정확성과 계산 효율 모두에서 우수한 성능을 보이는 것 외에도 최고의 멀티 코어 프로세스와 분산 시스템을 사용하는 확장 가능한 솔루션이기도 합니다.

XGBoost는 초기 트리 부스트 GBM 알고리듬의 중요한 수정 덕에 탄생한 GBM 알고리듬의 새로운 세대를 대표합니다.

- **희소성 인식**sparsity-awareness, XGBoost는 희소 행렬을 활용해서 메모리(밀집 행렬이 필요 없음)와 계산 시간(0 값은 특별한 방법에 의해서 처리됨)을 절약됩니다.
- **근사적인 트리 학습**(가중치 부여 분위수 고속화weighted quantile sketch)은 가능한 모든 분지 절단branch cut을 빠짐없이 탐색하는 기존 학습과 비교해서 비슷한 결과를 생산하지만 훨씬 적은 시간을 소요합니다.
- **단일 시스템에서 병렬 계산**(최상의 분할을 찾는 동안 다중 스레드를 사용)을 하거나 유사하게 여러 시스템에서 분산해서 계산됩니다.
- **열 블록**column block이라는 데이터 저장 솔루션을 활용해서 단일 시스템에서 코어 외 계산이 가능합니다. 열 블록을 사용하면 하면 디스크의 데이터가 열별로 정렬되기 때문에 (열 벡터에서 작동하는) 최적화 알고리듬이 예상하는 방식으로 디스크에서 데이터를 가져와서 시간을 절약합니다.

XGBoost는 결측값도 효율적인 방법으로 처리합니다. 표준 의사결정 트리를 기반으로 하는 다른 트리 앙상블은 결측값을 처리하는 음수와 같이 스케일을 벗어난 값을 사용해 결측값을 대체해 적절한 트리의 분기를 성장시킵니다.

XGBoost의 파라미터[7] 중에서 대회와 프로젝트 양쪽에서 모두 사용하는 핵심적인 것들만 강조하기로 하겠습니다.

- n_estimators: 일반적으로 10에서 5000 사이의 정수입니다.
- learning_rate: 0.01에서 1.0 사이의 실수이고 로그 균등 분포에서 더 적절하게 샘플링됩니다.
- min_child_weight: 일반적으로 1에서 10 사이의 정수입니다.
- max_depth: 일반적으로 1에서 50 사이의 정수입니다.

---

7 https://xgboost.readthedocs.io/en/latest/parameter.html

- `max_delta_step`: 일반적으로 0과 20 사이에서 샘플링된 정수이고 각 단말 출력에 허용하는 최대 델타 스텝을 나타냅니다.
- `subsample`: 샘플링될 예제의 비율을 나타내는 0.1에서 1.0 사이의 실수입니다.
- `colsample_bytree`: 트리별 열의 서브샘플링 비율을 나타내는 0.1에서 1.0 사이의 실수입니다.
- `colsample_bylevel`: 트리의 수준별 서브샘플링 비율을 나타내는 0.1에서 1.0 사이의 실수입니다.
- `reg_lambda`: 1e-9와 100.0 사이의 실수로 로그 균등 분포에서 샘플링하는 것이 좋습니다. 이 파라미터는 L2 정규화를 통제합니다.
- `reg_alpha`: 1e-9와 100.0 사이의 실수로 로그 균등 분포에서 샘플링하는 것이 좋습니다. 이 파라미터는 L1 정규화를 통제합니다.
- `gamma`: 트리 분기에서 최소 손실 축소를 지정합니다. 이 파라미터는 1e-9에서 0.5 사이의 실수를 요구하고 로그 균등 분포에서 샘플링하는 것이 좋습니다.
- `scale_pos_weight`: 양성 클래스들의 가중치를 나타내는 1e-6과 500.0 사이의 실수이고 로그 균등 분포에서 샘플링하는 것이 좋습니다.

LightGBM처럼 XGBoost도 조율해야 할 유사한 하이퍼파라미터가 다수 존재합니다. 따라서 앞서 LightGBM에서 고려한 모든 사항이 XGBoost에도 유효합니다.

CatBoost

2017년 7월, 러시아의 검색 엔진 얀덱스^{Yandex}는 또 하나의 흥미로운 GBM 알고리듬인 CatBoost[8]를 공개했습니다. CatBoost는 'Category'와 'Boosting' 두 단어를 합친 이름입니다. 실제로 CatBoost의 강점은 대부분의 관계형 데이터베이스에서 대부분의 정보를 구성하는 범주형 변수를 원–핫 인코딩과 목표 인코딩을 혼합한 전략을 사용해서 처리하는 능력입니다. 목표 인코딩은 해결하려는 문제에 맞는 적절한 수치를 할당해서 범주 수준을 나타내는 방법입니다. 7장에서 더 자세히 설명합니다.

CatBoost에 사용된 범주형 변수를 인코딩한다는 아이디어는 새로운 것이 아닙니다. 대부분 데이터 과학 대회에서 사용되었던 일종의 특징 공학입니다. 목표 인코딩(우도 인코딩^{likelihood} ^{encoding}, 충격 인코딩$^{impact\ encoding}$, 평균 인코딩$^{mean\ encoding}$)은 목표변수와의 관계를 기반으로 레이블을 숫자로 변환하는 방법입니다. 회귀의 경우 해당 수준의 일반적인 평균 목표 값을 기반으로 레이블을 변환합니다. 분류인 경우 해당 레이블에 주어진 목표의 분류 확률이 됩니다(각 범주 값에 따른 목표의 확률). 단순하고 영리한 특징 공학처럼 보이지만 부작용이 있습니다.

---

8 *https://catboost.ai*

목표에서 예측으로 정보를 가져오기 때문에 대체로 과대적합 측면에서 문제가 발생합니다.

CatBoost는 꽤 많은 파라미터[9]를 가지고 있습니다. 여기서는 가장 중요한 8개만 살펴보겠습니다.

- iterations: 일반적으로 10에서 1000 사이의 정수이지만 문제에 따라서는 더 커지기도 합니다.
- depth: 1에서 8 사이의 정수입니다. 일반적으로 더 높은 값은 적합하는데 더 긴 시간이 필요하지만 더 좋은 결과를 내지 못합니다.
- learning_rate: 0.01에서 1.0 사이의 실수 값입니다. 로그 균등 분포에서 더 적절하게 샘플링됩니다.
- random_strength: 1e-9부터 10.0 사이의 범위에서 로그 선형적으로 샘플링된 실수입니다. 분할 지점 채점을 위한 무작위 수준을 지정합니다.
- bagging_temperature: 베이지언 부트스트랩을 설정하는 0.0에서 1.0 사이의 실수입니다.
- border_count: 숫자형 특징들의 분할을 나타내는 1에서 255 사이의 정수입니다.
- l2_leaf_reg: 2와 30 사이의 정수로 L2 정규화의 값입니다.
- scale_pos_weight: 0.01에서 10.0 사이의 실수로 양성 클래스에 가중치를 나타냅니다.

CatBoost가 다른 GBM 구현의 하나로 보이지만 (다른 파라미터가 사용된 점에서도 알 수 있듯) 꽤 많은 차이가 있습니다. 이 차이는 단일 모델 설루션이나 통합된 큰 앙상블 모델 모두에서 큰 도움을 줍니다.

HistGradientBoosting

최근 사이킷런은 LightGBM의 빈으로 표현된 데이터와 히스토그램에서 영감을 얻어 탄생한 새로운 버전의 그레이디언트 부스팅을 도입했습니다.[10]

분류(HistGradientBoostingClassifier)와 회귀(HistGradientBoostingRegressor) 모두에서 다른 모델과의 앙상블을 만들어 성능을 강화하는 데 활용합니다. 그리고 조율할 하이퍼파라미터는 필수적인 범위만 갖추고 있어 훨씬 적습니다.

- learning_rate: 0.01에서 1.0 사이의 실수로 일반적으로 로그 균등 분포에서 샘플링됩니다.
- max_iter: 10에서 10000까지 범위의 정수입니다.
- max_leaf_nodes: 2에서 500 사이의 정수입니다. max_depth와 상호작용하며, 두 가지 중 하나만 설

---

9 https://catboost.ai/en/docs/references/trainingparameters
10 올리비에 그리셀(Olivier Grisel)의 발표, https://www.youtube.com/watch?v=urVUlKbQfQ4

정하고 다른 하나는 None으로 남겨둘 것을 권장합니다.

- **max_depth**: 2에서 12 사이의 정수입니다.
- **min_samples_leaf**: 0.0에서 100.0 사이의 부동소수점 타입 값입니다.
- **max_bins**: 32와 512 사이의 정수입니다.

사이킷런의 **HistGradientBoosting**은 LightGBM이나 XGBoost와 크게 다르지 않지만 대회에서 GBM을 구현하는 다른 방법을 제공하며, 블렌딩이나 스태킹으로 여러 예측을 조합할 때 **HistGradientBoosting**로 구축된 모델이 성능에 기여할 것입니다.

이 절을 읽고 나면 (딥러닝 솔루션들 이외에는 모두 살펴본) 일반적으로 사용하는 각종 머신러닝 알고리듬과 캐글 대회에서 뛰어난 솔루션을 구축하는 데 사용하는 일부 중요한 하이퍼파라미터에 친숙해질 것입니다. 기본적인 최적화 전략과 알고리듬, 핵심 파라미터를 아는 것은 시작점일 뿐입니다. 다음 절에서는 베이지언 최적화를 사용해서 최적화되도록 조율하는 방법을 자세히 살펴보겠습니다.

8.3 베이지언 최적화

(실험 공간이 제한된 경우에만 실현 가능한) 그리드 탐색을 제외하면 전문가는 일반적으로 랜덤 탐색 최적화를 적용하거나 더 복잡한 설정이 필요한 **베이지언 최적화**Bayesian optimization (BO)를 시도하게 됩니다.

처음 소개된 베이지언 최적화의 핵심 아이디어는 (그리드 탐색과 랜덤 탐색이 하는 것처럼) 실제 목적 함수가 아니라 **프록시 함수**proxy function (또는 **대리 함수**surrogate function)를 최적화[iii]하는 것입니다. 경사가 없거나 실제 목적 함수를 테스트하는 데 비용이 많이 드는 경우(그렇지 않은 경우 랜덤 탐색 실행)나 탐색 공간에 잡음이 많고 복잡할 때 사용합니다.

베이지언 탐색은 탐색과 활용의 균형을 유지합니다. 처음에는 무작위로 탐색하며 대리 함수를 훈련합니다. 탐색은 이 대리 함수를 기반으로 예측 변수가 작동하는 방식의 대략적인 지식을 활용해 더 유용한 예제를 샘플링하고 비용 함수를 최소화합니다. 이름에 베이지언이 있는 만큼 최적화를 하는 동안 사전 정보를 활용해 샘플링에 더 현명한 결정을 내립니다. 이 방법으로 필요한 평가 수를 제한해 더 빨리 최소화를 이룹니다.

베이지언 최적화는 **획득 함수**acquisition function를 사용해 관찰 대상이 얼마나 유망한지 표현합니다. 알고리듬은 탐색과 활용 사이의 비율에 따라 유용한 정도를 단일 측정값으로 제공하는 획득 함수를 정의해 적당한 비율을 찾도록 합니다.

일반적으로 베이지언 최적화는 가우시안 프로세스에 의해 작동합니다. 가우시안 프로세스는 탐색 공간이 부드럽고 예측 가능한 응답이 존재할 때 더 잘 실행됩니다. 탐색 공간이 더 복잡할 때의 대안은 (랜덤 포레스트 같은) 트리 알고리듬을 사용하거나 **TPE**tree parzen estimators라는 완전히 다른 접근 방법을 활용하는 것입니다.

파라미터 집합의 성공을 추정하는 모델을 직접 구축하는 대신 TPE는 실험을 통해 제공되는 연속적인 근사값을 기반으로 파라미터의 최적의 값을 규정하는 다변량 분포의 파라미터를 추정합니다. 이런 방식으로 TPE는 가우시안 프로세스처럼 머신러닝 모델에서 직접 하는 것이 아니라 확률적 분포에서 샘플링해서 파라미터의 최적의 집합을 얻습니다.

먼저 가우시안 프로세스에 기반한 scikit-optimize와 KerasTuner (scikit-optimize는 랜덤 포레스트를 지원하며 KerasTuner는 멀티 암드 밴딧multi-armed bandit을 지원함)를 검토한 다음, 주로 TPE에 Optuna[11]를 검토해 두 접근 방식 모두 살펴보겠습니다.

> **NOTE_** 베이지언 최적화는 하이퍼파라미터 조율에서는 최신 기술로 여겨지지만 더 복잡한 파라미터 공간에서는 베이지언 최적화를 사용해도 랜덤 탐색으로 찾은 설루션에 비해 시간과 계산 면에서 이점이 없다는 점은 항상 기억하세요. 예를 들어 구글 클라우드 머신러닝 엔진Google Cloud Machine Learning Engine 서비스에서 베이지언 최적화 사용은 최대 16개의 파라미터가 포함되는 문제들로 제한하고 있습니다.

8.3.1 scikit-optimize 사용하기

Scikit-optimize (skopt)는 사이킷런과 같은 API를 사용해서 질 루프Gilles Louppe 등 사이킷런 프로젝트에 기여했던 일부 개발자들이 개발했으며, 넘파이와 SciPy의 함수를 광범위하게 사용합니다.

패키지는 가우시안 프로세스 알고리듬을 기반으로 관리되고 있지만 가끔씩 사이킷런, 넘파이,

---

11 https://optuna.readthedocs.io/en/stable/reference/samplers.html

SciPy의 개선으로 따라잡아야 할 부분이 생깁니다. 예를 들면 집필 시점을 기준으로 캐글 노트북에서 패키지를 제대로 실행하려면 깃허브 이슈(*https://github.com/scikitoptimize/scikit-optimize/issues/981*)에서 설명하는 것처럼 일부 패키지를 이전 버전으로 되돌려야 합니다.

패키지는 API가 직관적이며 내부를 살펴보기 쉬워서 함수를 사용자 지정 최적화 전략에 활용하기 쉽습니다. Scikit-optimize는 유용한 그래픽 묘사로도 유명합니다. 실제로 (Scikit-optimize의 `plot_objective` 함수를 사용해) 최적화 과정 결과를 시각화하면 문제의 탐색 공간을 재정의하고 문제에 최적화가 작동하는 방식에 대한 설명 표현 여부를 파악할 수 있습니다.

- **튜토리얼**: *https://www.kaggle.com/lucamassaron/tutorial-bayesian-optimization-with-lightgbm*
- **전체 코드**: *https://www.kaggle.com/lucamassaron/scikit-optimize-for-lightgbm*

여기서는 30 Days of ML 같은 대회에서 최적화 문제를 얼마나 빨리 처리하는지 보여주려 합니다. 30 Days of ML는 최근에 시작된 대회로 많은 캐글러가 새로운 기술을 학습하고 대회 기간인 30일 동안 그 기술을 적용해야 합니다. 이 대회는 청구될 보험 값을 예상해야 합니다. 회귀 문제입니다. 더 자세한 내용을 보거나 앞으로 보여줄 예시에 필요한 데이터를 다운로드하고 싶다면 캐글의 30 Days of ML 페이지(*https://www.kaggle.com/thirty-days-of-ml*)를 방문하세요. 만약 대회에 참가하지 않아서 데이터에 접근할 수 없다면 캐글 데이터 세트[12]를 사용하세요.

다음 코드는 이 문제의 데이터를 로드하고 LightGBM 모델의 성능을 개선할 베이지언 최적화 과정을 설정합니다.

우선 패키지를 로드합니다.

```python
# 핵심 라이브러리 임포트
import numpy as np
import pandas as pd
from time import time
import pprint
```

---

[12] *https://www.kaggle.com/lucamassaron/30-days-of-ml*

```
import joblib
from functools import partial

# skopt의 장황성 때문에 경고 숨기기
import warnings
warnings.filterwarnings("ignore")

# 분류기
import lightgbm as lgb

# 모델 선택
from sklearn.model_selection import KFold

# 지표
from sklearn.metrics import mean_squared_error
from sklearn.metrics import make_scorer

# Skopt 함수
from skopt import BayesSearchCV
from skopt.callbacks import DeadlineStopper, DeltaYStopper
from skopt.space import Real, Categorical, Integer
```

그다음 데이터를 로드합니다. 알파벳 문자를 수준으로 하는 일부 범주형 특징을 순서 있는 숫자형 특징으로 바꾸는 것 외에는 데이터 처리가 많이 필요하지는 않습니다.

```
# 데이터 로딩하기
X = pd.read_csv("../input/30-days-of-ml/train.csv")
X_test = pd.read_csv("../input/30-days-of-ml/test.csv")

# 데이터를 태뷸러 행렬로 준비하기
y = X.target
X = X.set_index('id').drop('target', axis='columns')
X_test = X_test.set_index('id')

# 범주형 데이터 처리하기
categoricals = [item for item in X.columns if 'cat' in item]
cat_values = np.unique(X[categoricals].values)
cat_dict = dict(zip(cat_values, range(len(cat_values))))
X[categoricals] = X[categoricals].replace(cat_dict).astype('category')
X_test[categoricals] = X_test[categoricals].replace(cat_dict).astype('category')
```

데이터를 사용 가능한 상태로 만들고 다양한 최적화 과제에서 scikit-optimize가 사용할 **보고 함수**reporting function를 정의합니다. 보고 함수는 데이터와 최적화 알고리듬을 입력으로 받습니다. 또한 최적화 알고리듬은 **콜백 함수**callback function를 입력받는데 이 콜백 함수는 탐색에 사용한 시간이나 (예를 들면 특정 횟수의 반복에도 향상이 보이지 않는 등) 성능이 향상되지 않는 특정 임계에 도달했음을 보고하거나 각 최적화 반복 후 처리 상태를 저장합니다.

```python
# 다양한 최적화기(optimizer)를 보고하는 유틸리티
def report_perf(optimizer, X, y, title="model", callbacks=None):
    """
    최적화기의 시간과 성능을 측정하는 래퍼
    optimizer = 사이킷런이나 skopt의 최적화기
    X = 훈련 데이터 세트
    y = 목표
    title = 실험을 위한 문자열 레이블
    """
    start = time()

    if callbacks is not None:
        optimizer.fit(X, y, callback=callbacks)
    else:
        optimizer.fit(X, y)

    d=pd.DataFrame(optimizer.cv_results_)
    best_score = optimizer.best_score_
    best_score_std = d.iloc[optimizer.best_index_].std_test_score
    best_params = optimizer.best_params_
    print((title + " took %.2f seconds,  candidates checked: %d, "\
            +"best CV score: %.3f" + u"\u00B1"+" %.3f") % (time() - start,
                                   len(optimizer.cv_results_['params']),
                                   best_score,
                                   best_score_std))

    print('Best parameters:')
    pprint.pprint(best_params)
    print()
    return best_params
```

이제 (평가의 기반이 되는) 점수 함수scoring function, (교차검증에 기반한) 검증 전략, 모델, 탐색 공간을 준비해야 합니다. 평균 제곱근 오차 지표인 점수 함수에는 항상 함수를 최적화할 (만약 최대화해야 하는 경우 음성negative을 최소화) 사이킷런의 사례를 참조합니다.

`make_scorer` 래퍼는 이런 사례로 쉽게 모방합니다.

```python
# 점수 함수 설정하기
scoring = make_scorer(partial(mean_squared_error, squared=False),
                      greater_is_better=False)

# 검증 전략 설정하기
kf = KFold(n_splits=5, shuffle=True, random_state=0)

# 기본 회귀자 설정하기
reg = lgb.LGBMRegressor(boosting_type='gbdt',
                        metric='rmse',
                        objective='regression',
                        n_jobs=1,
                        verbose=-1,
                        random_state=0)
```

탐색 공간을 설정하려면 **Real**, **Integer**, **Choice** 등 scikit-optimize의 다양한 함수를 사용할 필요가 있습니다. 각 함수는 파라미터로 정의하는 다양한 유형의 분포에서 샘플링을 합니다 (일반적으로 균등 분포를 사용하지만 정확한 값보다 척도 효과를 더 중요시한다면 로그 균등 분포를 사용할 수도 있습니다).

```python
# 탐색 공간 설정하기
search_spaces = {

    # 부스팅 학습률
    'learning_rate': Real(0.01, 1.0, 'log-uniform'),

    # 적합할 부스트 트리 수
    'n_estimators': Integer(30, 5000),

    # 기본 모델을 위한 최대 트리 단말 수
    'num_leaves': Integer(2, 512),

    # 기본 모델을 위한 최대 트리 깊이
    'max_depth': Integer(-1, 256),

    # 단말 하나의 최소 데이터 수
    'min_child_samples': Integer(1, 256),
```

```
    # 빈 버킷의 최대 수
    'max_bin': Integer(100, 1000),

    # 훈련 인스턴스의 서브샘플링 비율
    'subsample': Real(0.01, 1.0, 'uniform'),

    # 서브샘플링 주기, <=0 인 값은 미적용
    'subsample_freq': Integer(0, 10),

    # 열의 서브샘플링 비율
    'colsample_bytree': Real(0.01, 1.0, 'uniform'),

    # 인스턴스 가중치의 최소 합계
    'min_child_weight': Real(0.01, 10.0, 'uniform'),

    # L2 정규화
    'reg_lambda': Real(1e-9, 100.0, 'log-uniform'),

    # L1 정규화
    'reg_alpha': Real(1e-9, 100.0, 'log-uniform'),
}
```

다음 항목을 정의합니다.

- 교차검증 전략
- 평가 지표
- 기초 모델
- 하이퍼파라미터 탐색 공간

이제 이 정보를 최적화 함수 BayesSearchCV에 전달합니다. 제공되는 교차검증 체계에 따라 이 함수는 탐색 공간 내의 값을 기반으로 점수 함수의 최솟값을 찾습니다. 반복을 실행하는 최대 횟수, 대리 함수의 유형(대부분의 경우 가우시안 프로세스가 작동함), 재현성을 위한 무작위 시드를 설정합니다.

```
# 베이지언 최적화기로 모든 것을 래핑하기
opt = BayesSearchCV(estimator=reg,
                    search_spaces=search_spaces,
                    scoring=scoring,
                    cv=kf,
                    n_iter=60,
```

```
                    n_points=3, # 반복 시도 횟수
                    n_jobs=-1, # 작업 수
                    iid=False, # 독립 항등 분포가 아닌 경우 교차검증 점수를 최적화
                    return_train_score=False,
                    refit=False, # 가우시안 프로세스 (GP)
                    optimizer_kwargs={'base_estimator': 'GP'},
                                    # 재현성을 위한 무작위 시드
                    random_state=0)
```

이 시점에서 앞서 정의한 보고 함수를 사용해서 탐색을 시작합니다. 일정 시간이 지난 뒤 함수는 문제에 맞는 최적의 파라미터를 반환합니다.

```
# 최적화기 실행하기
overdone_control = DeltaYStopper(delta=0.0001)
# 최적화의 이득이 너무 작아지면 정지
time_limit_control = DeadlineStopper(total_time=60 * 60 * 6)
# (6시간의) 시간제한 부여

best_params = report_perf(opt, X, y,'LightGBM_regression',
                          callbacks=[overdone_control, time_limit_control])
```

예제에서는 정지하고 결과를 보고하기 전에 허용된 최대 시간(6시간)을 지정해서 작업의 제한을 설정했습니다. 베이지언 최적화 접근 방법은 하이퍼파라미터의 다양한 조합의 탐색과 활용exploitation을 함께 섞은 접근 방법이기 때문에 어느 시간 때에 멈추든 그때까지 찾은 최고의 설루션을 반환합니다(반드시 가장 좋은 설루션은 아닙니다). 이것은 획득 함수가 대리 함수와 해당 불확실성 구간에서 반환되는 추정 성능을 기반으로 항상 탐색 공간에서 가장 유망한 부분에 탐색 우선순위를 지정하기 때문입니다.

8.3.2 베이지언 최적화 탐색 커스터마이징하기

scikit-optimize가 제공하는 BayesSearchCV 함수는 스스로 래핑하고 하이퍼파라미터 탐색의 모든 요소를 처리하기 때문에 확실히 편리하지만 한계도 있습니다. 예를 들면 대회에서는 다음과 같은 요소가 효율적입니다.

- (예를 들면 랜덤 탐색과 베이지언 탐색을 혼합하는 등) 각 탐색 반복에 통제력을 가지기
- 알고리듬에 조기 중단을 적용

- 검증 전략을 더 커스터마이징
- 효과가 없는 실험을 조기에 중단하기
- 유사한 방식으로 동작하는 하이퍼파라미터의 집합의 군집을 생성하기

BayesSearchCV의 내부 절차를 수정하면 그렇게 복잡하지 않을 것입니다. 다행스럽게도 scikit-optimize는 수정을 허용합니다. 사실 BayesSearchCV의 뒤나 다른 래퍼들의 뒤에는 탐색 함수를 독립적으로 사용하는 특정 최소화 함수가 있습니다.

- gp_minimize: 가우시안 프로세스를 사용하는 베이지언 최적화
- forest_minimize: 랜덤 포레스트나 극단적 랜덤트리를 사용하는 베이지언 최적화
- gbrt_minimize: 그레이디언트 부스팅을 사용하는 베이지언 최적화 함수
- dummy_minimize: 랜덤 서치

다음 예시에서는 베이지언 최적화 탐색에 사용자 지정 탐색 함수를 적용하겠습니다. 새로운 사용자 지정 함수는 훈련 도중에 조기 중단early stopping을 수용할 것이고 분할 검증의 결과 중 하나가 최상위 성능을 내지 못했다면 실험을 중단합니다.

- 전체 코드: *https://www.kaggle.com/lucamassaron/hacking-bayesian-optimization*

이전 예제처럼 필요한 패키지를 임포트하는 것에서 시작합니다.

```
# 핵심 라이브러리들 임포트하기
import numpy as np
import pandas as pd
from time import time
import pprint
import joblib
from functools import partial

# skopt의 장황성 때문에 경고 숨기기
import warnings
warnings.filterwarnings("ignore")

# 분류기/회귀자
from xgboost import XGBRegressor

# 모델 선택
from sklearn.model_selection import KFold, StratifiedKFold
from sklearn.model_selection import cross_val_score
```

```
from sklearn.model_selection import train_test_split

# 지표
from sklearn.metrics import mean_squared_error
from sklearn.metrics import make_scorer

# Skopt 함수
from skopt import BayesSearchCV
from skopt.callbacks import DeadlineStopper, DeltaYStopper
from skopt.space import Real, Categorical, Integer
from skopt import gp_minimize, forest_minimize
from skopt import gbrt_minimize, dummy_minimize

# 파라미터 리스트를 이름이 붙은 인수로 바꾸는 데코레이터
from skopt.utils import use_named_args

# 데이터 processing
from sklearn.preprocessing import OrdinalEncoder
```

이번에도 30 Days of ML에서 데이터를 로드합니다.

```
# 데이터 로드하기
X_train = pd.read_csv("../input/30-days-of-ml/train.csv")
X_test = pd.read_csv("../input/30-days-of-ml/test.csv")

# 데이터를 태뷸러 데이터 행렬로 변환하기
y_train = X_train.target
X_train = X_train.set_index('id').drop('target', axis='columns')
X_test = X_test.set_index('id')

# 범주형 특징 가리키기
categoricals = [item for item in X_train.columns if 'cat' in item]

# OrdinalEncoder를 사용해서 범주형 데이터 처리하기
ordinal_encoder = OrdinalEncoder()
X_train[categoricals] = ordinal_encoder.fit_transform(X_train[categoricals])
X_test[categoricals] = ordinal_encoder.transform(X_test[categoricals])
```

이제 하이퍼파라미터 탐색에 필요한 모든 요소를 설정합니다. 필요한 요소로는 점수 함수, 검증 전략, 탐색 공간, 최적화될 머신러닝 모델이 있습니다. 점수 함수와 검증 전략은 나중에 베이지언 최적화가 최소화하려고 분투하는 목적 함수를 구성하는 핵심 요소가 될 것입니다.

```
# 점수 함수 설정하기
scoring = partial(mean_squared_error, squared=False)

# 교차검증 전략 설정하기
kf = KFold(n_splits=5, shuffle=True, random_state=0)

# 탐색 공간 설정하기
space = [Real(0.01, 1.0, 'uniform', name='learning_rate'),
        Integer(1, 8, name='max_depth'),
        Real(0.1, 1.0, 'uniform', name='subsample'),
        Real(0.1, 1.0, 'uniform', name='colsample_bytree'),
        # 열의 서브샘플링 비율
        Real(0, 100., 'uniform', name='reg_lambda'),
        # L2 정규화
        Real(0, 100., 'uniform', name='reg_alpha'),
        # L1 정규화
        Real(1, 30, 'uniform', name='min_child_weight'),
        # 헤시안값
]

model = XGBRegressor(n_estimators=10_000,
                     booster='gbtree', random_state=0)
```

이번에는 탐색 공간의 추정량 수(n_estimators 파라미터)를 포함시키지 않았습니다. 모델을 인스턴스화할 때 설정할 것이고, 검증 데이터 세트에 기반해서 모델을 조기에 중지하도록 높은 값을 넣습니다.

다음 단계로 목적 함수를 만들어야 합니다. 목적 함수는 최적화될 파라미터를 입력으로 받아 결과 점수를 반환해야 합니다. 다만 목적 함수는 준비한 탐색에 필요한 요소들도 받아들일 필요가 있습니다. 당연히 함수 내부에서 해당 요소를 참조해도 되지만 내부 메모리 공간에서 함수 자체로 가져오는 것이 좋습니다. 여기에는 장점이 있습니다. 예를 들면 요소를 변경할 수 없게immutable 만들고 (피클링pickling을 하거나 탐색 태스크를 멀티 프로세서 수준으로 분배할 때) 목적 함수와 함께 옮겨질 것입니다. 이 두 번째 결과는 요소를 받을 make 함수를 생성해서 얻고 변경된 목적 함수는 make 함수에 의해 반환됩니다. 이 단순한 구조를 통해 목적 함수는 데이터, 모델 등의 모든 요소를 포함하게 되어 테스트할 파라미터만 전달하면 됩니다.

그럼 함수를 코딩해볼까요? 코딩을 진행하며 몇 가지 관련 내용을 설명하겠습니다.

```
# 최소화될 목적 함수
def make_objective(model, X, y, space, cv, scoring, validation=0.2):
    # 이 데코레이터는 지정된 이름의 인수로 목적 함수가
    # 리스트를 인수로 받아들이게 변환합니다
    # 이 변환은 자동으로 실행됩니다
    @use_named_args(space)
    def objective(**params):
        model.set_params(**params)
        print("\nTesting: ", params)
        validation_scores = list()
        for k, (train_index, test_index) in enumerate(kf.split(X, y)):
            val_index = list()
            train_examples = int(train_examples * (1 - validation))
            train_index, val_index = (train_index[:train_examples],
                                      train_index[train_examples:])

            start_time = time()
            model.fit(X.iloc[train_index,:], y[train_index],
                early_stopping_rounds=50,
                eval_set=[(X.iloc[val_index,:], y[val_index])],
                verbose=0
             )
            end_time = time()

            rounds = model.best_iteration

            test_preds = model.predict(X.iloc[test_index,:])
            test_score = scoring(y[test_index], test_preds)
            print(f"CV Fold {k+1} rmse:{test_score:0.5f}-{rounds} rounds\
                - it took {end_time-start_time:0.0f} secs")
            validation_scores.append(test_score)
```

함수의 첫 부분에서는 교차검증과 조기 중단을 사용해서 데이터에 적합하는 목적 함수를 생성했습니다. 여기서는 시간을 절약하려 공격적인 조기 중단 전략을 사용했습니다. 하지만 만약 해당 문제에서 더 효과가 있을 것 같다면 횟수를 높여도 좋습니다. 검증 예시는 최종 검증을 위해 손대지 않는 OOF 예시(test_index는 kf 교차검증 분할에서 파생되었음)를 남기고 순차적으로 훈련 분할의 예시에서 꺼내온다는 것을 기억하세요(train_index과 val_index가 코드 속에 정의된 내용을 참조하세요). 조기 중단을 사용하는 데이터에서 과대적합을 일으키지 않는 게 중요합니다.

다음 부분에서는 교차검증 루프로 이동하고 남은 교차검증 분할의 훈련과 테스트를 진행하기 전에 해당 분할에서 얻은 결과를 OOF 데이터 세트로 분석합니다.

```
            if len(history[k]) >= 10:
                threshold = np.percentile(history[k], q=25)
                if test_score > threshold:
                    print(f"Early stopping for under-performing fold: \
                        threshold is {threshold:0.5f}")
                    return np.mean(validation_scores)

            history[k].append(test_score)
        return np.mean(validation_scores)

    return objective
```

글로벌 딕셔너리인 **history**를 유지하고 있다는 것을 기억하세요. 여기에는 지금까지 각 분할에서 얻은 결과가 들어가 있습니다. 이 결과를 여러 실험과 교차검증에 비교해도 됩니다. 교차검증은 무작위 시드 덕분에 재현이 가능하므로 같은 분할의 결과를 비교합니다. 현재 분할의 결과가 이전에 다른 반복에서 얻은 분할과 비교해서 떨어진다면(하위 사분위수를 참조로 사용) 중단하고 현재까지 테스트된 분할의 평균으로 돌아간다는 사고방식입니다. 이 사고방식은 만약 하나의 분할이 수용할 정도의 결과를 보이지 않는다면 모든 교차검증도 마찬가지일 것이라는 빠른 판단을 바탕으로 검증을 중단하고 더 유망한 다른 파라미터의 집합으로 이동합니다. 교차검증에서 조기 중단을 사용하면 탐색 속도가 높아져 짧은 시간 안에 더 많은 실험을 할 수 있습니다.

다음은 목적 함수인 **make_objective** 함수를 사용합니다. 모든 요소(모델, 데이터, 탐색 공간, 검증 전략)를 하나의 함수에 넣었죠. 결과적으로 이제 최적화될 파라미터만 취하고 점수를 반환하는 함수가 생겼고 이 점수가 최적화의 최소화 엔진이 다음 실험을 결정하는 기준이 될 것입니다.

```
objective = make_objective(model,
                           X_train, y_train,
                           space=space,
                           cv=kf,
                           scoring=scoring)
```

최적화의 각 단계를 통제하고 나중에 활용하도록 저장할 것이기 때문에 최소화 과정의 매 반복마다 실행된 실험과 그 결과의 리스트를 저장할 콜백 함수도 준비해야 합니다. 이 두 조각의 정보를 사용해서 최소화 엔진은 언제든 중단해도 되고 그 후 체크 포인트에서 다시 최적화를 시작해도 좋습니다.

```python
def onstep(res):
    global counter
    x0 = res.x_iters # 입력 지점의 리스트
    y0 = res.func_vals # 입력 지점의 평가
    print('Last eval: ', x0[-1],
            ' - Score ', y0[-1])
    print('Current iter: ', counter,
            ' - Best Score ', res.fun,
            ' - Best Args: ', res.x)

    # 디스크에 체크포인트 저장하기
    joblib.dump((x0, y0), 'checkpoint.pkl')
    counter += 1
```

이제 시작할 준비가 되었습니다. 베이지언 최적화는 제대로 작동하려면 몇 가지 시작 지점이 필요합니다. (dummy_minimize 함수를 사용해서) 랜덤 탐색을 활용한 일정 수의 실험을 생성하고 그 결과를 저장합니다.

```python
counter = 0
history = {i:list() for i in range(5)}
used_time = 0
gp_round = dummy_minimize(func=objective,
                          dimensions=space,
                          n_calls=30,
                          callback=[onstep],
                          random_state=0)
```

그런 다음 저장된 실험을 검색하고 베이지언 최적화가 테스트한 하이퍼파라미터 집합을 결과와 함께 프린트합니다. 실제로 x0와 y0 리스트에 담긴 파라미터의 집합과 그 결과를 얻습니다.

```python
x0, y0 = joblib.load('checkpoint.pkl')

gp_round = gp_minimize(func=objective,
```

```
x0=x0, # x를 조사한 값
y0=y0, # x0의 관측값
dimensions=space,
acq_func='gp_hedge',
n_calls=30,
n_initial_points=0,
callback=[onstep],
random_state=0)
```

결과에 만족해 더 이상 최적화 함수를 부를 필요가 없다면 확보한 최고의 점수와 최고의 하이퍼파라미터를 모두 프린트합니다.

```
x0, y0 = joblib.load('checkpoint.pkl')
print(f"Best score: {gp_round.fun:0.5f}")
print("Best hyperparameters:")
for sp, x in zip(gp_round.space, gp_round.x):
    print(f"{sp.name:25} : {x}")
```

최고의 결과를 토대로 대회에서 사용할 모델을 다시 훈련시켜도 좋습니다.

이제 (x0와 y0 리스트에) 파라미터의 집합과 그 결과를 가지고 있고 결과가 다른 집합들과 비슷한 출력을 보이지만 다른 파라미터 집합이 사용된 군집을 모두 살펴볼 수 있습니다. 유사한 성능을 가졌지만 다른 최적화 전략을 가진 다양한 모델의 집합을 훈련하는 데 도움을 줄 것입니다. 추정의 분산을 낮추고 더 좋은 공개, 비공개 리더보드 점수를 얻으려 여러 모델의 평균을 구하는 블렌딩에 이상적인 상황이죠.

> **NOTE_** 블렌딩에 관한 자세한 내용은 9장을 참조하세요.

8.3.3 베이지언 최적화를 신경망 구조 탐색(NAS)으로 확장하기

딥러닝으로 넘어가면 신경망에도 정해야 할 하이퍼파라미터가 꽤 있어 보입니다.

- 배치 사이즈
- 학습률
- 최적화 알고리듬 종류와 내부 파라미터

이 모든 파라미터가 신경망이 배우는 방식에 영향을 미치고 큰 차이를 만듭니다. 배치 사이즈와 학습률의 작은 차이로 신경망이 특정 임계값 이상으로 에러를 줄일지가 결정됩니다.

심층 신경망deep neural network(DNN)을 최적화하는 요소는 학습 파라미터 외에도 많습니다. 신경망의 층이 이어지는 방식과 구성의 세부 사항은 훨씬 더 큰 차이를 만듭니다.

실제로 기술적인 측면에서 **구조**architecture는 심층 신경망의 능력을 표현합니다. 각 층을 어떻게 사용하는지에 따라서 신경망이 데이터에서 얻을 모든 정보를 읽고 처리할지 그렇게 못할지가 결정된다는 의미입니다. 다른 머신러닝 알고리듬을 사용하면 선택의 폭이 크지만 조합은 제한적입니다. 하지만 DNN을 사용할 때는 선택이 무한한 것처럼 보입니다. 유일하게 명백한 제한은 신경망의 일부를 처리하고 결합하는 데 사용할 자신의 지식과 경험뿐입니다.

좋은 성능을 내는 DNN을 조립할 때 훌륭한 심층 학습 실무자들에게 맞는 일반적인 모범 사례는 주로 다음 사항들에 영향을 받습니다.

- 사전 훈련된 모델 사용(허깅페이스나 깃허브 등에 업로드된 설루션에 관한 이해)
- 최신 논문 읽기
- 같은 대회나 이전 대회의 최상위 캐글 노트북 복제
- 시행착오

제프리 힌튼Geoffrey Hinton 교수는 한 유명한 강의[13]에서 베이지언 최적화 같은 자동화된 방식을 사용하면 유사한 결과를 얻거나 자주 더 좋은 결과를 얻는다고 말합니다. 베이지언 최적화는 수많은 가능성 속에서 최적의 하이퍼파라미터 조합을 찾지 못해서 더 이상 진행하지 못하게 되는 상황을 예방합니다.

앞서 언급한 것처럼 가장 복잡한 AutoML 시스템이라고 해도 너무 많은 하이퍼파라미터를 가진 상황에서 랜덤 최적화에 의존한다면 같은 시간 동안 베이지언 최적화보다 더 좋은 결과나 비슷한 결과를 낼 것입니다. 또한 이 경우 급격한 회전과 날카로운 표면이 있는 최적화 환경과도 싸워야 합니다. DNN의 최적화에서는 많은 파라미터가 연속적이지 않고 참/거짓의 논리형으로 동작할 것이고 단순한 변화 하나가 예기치 못하게 신경망의 성능을 더 좋거나 더 나쁘게 바꿀 것입니다.

---

13 영상: https://youtu.be/i0cKa0di_lo
  슬라이드: https://www.cs.toronto.edu/~hinton/coursera/lecture16/lec16.pdf

경험상 랜덤 최적화는 다음과 같은 이유 때문에 캐글 대회에는 어울리지 않을 것입니다.

- 시간과 자원이 제한적입니다.
- 이전 최적화 결과를 사용해 더 나은 솔루션을 찾습니다.

베이지언 최적화는 이런 상황에 이상적입니다. 가지고 있는 시간과 컴퓨팅 자원에 맞추어 작동하도록 설정하고 여러 세션을 통해 설정을 수정하면서 단계적으로 진행합니다. 게다가 여러 대의 매우 강력한 컴퓨터를 가지고 있지 않는 한 DNN은 GPU를 사용하기 때문에 DNN 튜닝에 병렬 처리를 쉽게 활용할 수 없을 것입니다. 순차적으로 작업을 하기 때문에 베이지언 최적화는 실행하는 데 좋은 한 대의 컴퓨터만 있으면 됩니다. 마지막으로 비록 탐색으로 최적의 구조를 찾는 것은 어렵지만 이전 정보를 활용하는 최적화 환경 때문에 특히 초기에는 효과가 없는 조합을 완전히 피합니다. 랜덤 최적화를 사용할 경우 계속 탐색 공간을 바꾸지 않는 이상 모든 조합이 항상 테스트의 후보가 됩니다.

하지만 단점도 있습니다. 베이지언 최적화는 이전 시도에서 구현된 대리 함수를 사용하기 때문에 잠재적으로 오류를 포함한 상태로 하이퍼파라미터 공간을 모델링합니다. 따라서 다른 부분을 무시하고 (찾고 있는 조합을 최소한으로 포함하는) 탐색 공간의 일부에만 집중하다가 과정이 끝날 가능성이 있습니다. 안전을 위해 많은 실험을 실행하거나 랜덤 탐색과 베이지언 최적화를 번갈아 사용해서 베이지언 모델의 탐색 방식을 더 적절하게 바꾸도록 무작위로 시도해서 점검해 단점을 해결할 수 있습니다.

예시에서는 회귀 과제인 캐글의 30 Days of ML 이니셔티브의 데이터를 사용했습니다. 예시는 텐서플로를 기반으로 하고 있지만 약간의 수정만 거치면 파이토치나 MXNet 같은 심층 학습 프레임워크에서 실행됩니다.

- 전체 코드: *https://www.kaggle.com/lucamassaron/hacking-bayesian-optimization-for-dnns*

```
import tensorflow as tf
```

텐서플로 패키지를 임포트한 후 **Dataset** 함수를 활용해서 신경망에 데이터 배치를 제공하는 반복 가능한 객체^{iterable}를 만듭니다.

```
def df_to_dataset(dataframe, shuffle=True, batch_size=32):
    dataframe = dataframe.copy()
```

```python
        labels = dataframe.pop('target')
        ds = tf.data.Dataset.from_tensor_slices((dict(dataframe),
                                                  labels))
        if shuffle:
            ds = ds.shuffle(buffer_size=len(dataframe))
        ds = ds.batch(batch_size)
        return ds
tf.keras.utils.get_custom_objects().update({'leaky-relu': tf.keras.layers.
Activation(tf.keras.layers.LeakyReLU(alpha=0.2))})
```

또한 리키 렐루 활성화를 사용자 지정 오브젝트로 만들었습니다. 함수를 직접 사용할 필요 없이 문자열로 호출하면 됩니다.

하이퍼파라미터 집합을 토대로 심층 신경망 모델을 생성하는 함수를 코딩합니다.

```python
def create_model(cat0_dim, cat1_dim, cat2_dim,
                 cat3_dim, cat4_dim, cat5_dim,
                 cat6_dim, cat7_dim, cat8_dim, cat9_dim,
                 layers, layer_1, layer_2, layer_3, layer_4, layer_5,
                 activation, dropout, batch_normalization, learning_rate,
                 **others):

    dims = {'cat0': cat0_dim, 'cat1': cat1_dim, 'cat2': cat2_dim,
            'cat3': cat3_dim, 'cat4': cat4_dim, 'cat5': cat5_dim,
            'cat6': cat6_dim, 'cat7': cat7_dim, 'cat8': cat8_dim,
            'cat9': cat9_dim}

    vocab = {h:X_train['cat4'].unique().astype(int)
             for h in ['cat0', 'cat1', 'cat2', 'cat3',
                       'cat4', 'cat5', 'cat6', 'cat7',
                       'cat8', 'cat9']}

    layers = [layer_1, layer_2, layer_3, layer_4, layer_5][:layers]

    feature_columns = list()
    for header in ['cont1', 'cont2', 'cont3', 'cont4', 'cont5',
                   'cont6','cont7', 'cont8', 'cont9', 'cont10',
                   'cont11', 'cont12', 'cont13']:
        feature_columns.append(tf.feature_column.numeric_column(header))

    for header in ['cat0', 'cat1', 'cat2', 'cat3', 'cat4', 'cat5',
                   'cat6', 'cat7', 'cat8', 'cat9']:
```

```
        feature_columns.append(
            tf.feature_column.embedding_column(
                tf.feature_column.categorical_column_with_vocabulary_list(
                header, vocabulary_list=vocab[header]),
                dimension=dims[header]))
    feature_layer = tf.keras.layers.DenseFeatures(feature_columns)
    network_struct = [feature_layer]
    for nodes in layers:
        network_struct.append(
                tf.keras.layers.Dense(nodes, activation=activation))
        if batch_normalization is True:
                network_struct.append(
                tf.keras.layers.BatchNormalization())
        if dropout > 0:
            network_struct.append(tf.keras.layers.Dropout(dropout))
    model = tf.keras.Sequential(network_struct +
                                [tf.keras.layers.Dense(1)])
    model.compile(optimizer=tf.keras.optimizers.Adam(
                    learning_rate=learning_rate),
                loss= tf.keras.losses.MeanSquaredError(),
                metrics=['mean_squared_error'])

    return model
```

create_model 함수는 코드 내부에서 제공된 입력을 토대로 신경망의 구조를 커스터마이징합니다. 예를 들어 함수의 파라미터로 각 범주형 변수의 임베딩 차원을 제공하거나 신경망에 나타나는 구조 또는 전결합 층 수의 정의합니다. 이 모든 파라미터는 베이지언 최적화로 탐색하려는 파라미터 공관과 연관되어 있습니다. 모델을 만드는 함수의 모든 입력 파라미터는 탐색 공간에 정의된 **샘플링 함수**sampling function와 연관되어야 하기 때문입니다. 그러므로 리스트에 샘플링 함수를 create_model 함수가 예상하는 것과 같은 순서로 위치시킵니다.

```
# 탐색 공간 설정하기

space = [Integer(1, 2, name='cat0_dim'),
        Integer(1, 2, name='cat1_dim'),
        Integer(1, 2, name='cat2_dim'),
        Integer(1, 3, name='cat3_dim'),
        Integer(1, 3, name='cat4_dim'),
        Integer(1, 3, name='cat5_dim'),
        Integer(1, 4, name='cat6_dim'),
```

```
        Integer(1, 4, name='cat7_dim'),
        Integer(1, 6, name='cat8_dim'),
        Integer(1, 8, name='cat9_dim'),
        Integer(1, 5, name='layers'),
        Integer(2, 256, name='layer_1'),
        Integer(2, 256, name='layer_2'),
        Integer(2, 256, name='layer_3'),
        Integer(2, 256, name='layer_4'),
        Integer(2, 256, name='layer_5'),
        Categorical(['relu', 'leaky-relu'], name='activation'),
        Real(0.0, 0.5, 'uniform', name='dropout'),
        Categorical([True, False], name='batch_normalization'),
        Categorical([0.01, 0.005, 0.002, 0.001], name='learning_rate'),
        Integer(256, 1024, name='batch_size')
        ]
```

이제 앞서 보았던 것처럼 데이터, 교차검증 전략 같은 기본 탐색 요소를 통합하는 함수를 생성하는 목적 함수에 탐색과 관련된 모든 요소를 결합합니다.

```
def make_objective(model_fn, X, space, cv, scoring, validation=0.2):
    # 이 데코레이터는 지정된 이름의 인수로 목적 함수가
    # 리스트를 인수로 받아들이도록 변환합니다
    # 이 변환은 자동으로 실행됩니다
    @use_named_args(space)
    def objective(**params):
        print("\nTesting: ", params)
        validation_scores = list()

        for k, (train_index, test_index) in enumerate(kf.split(X)):
            val_index = list()
            train_examples = len(train_index)
            train_examples = int(train_examples * (1 - validation))
            train_index, val_index = (train_index[:train_examples],
                                      train_index[train_examples:])

            start_time = time()

            model = model_fn(**params)
            measure_to_monitor = 'val_mean_squared_error'
            modality='min'
            early_stopping = tf.keras.callbacks.EarlyStopping(
                            monitor=measure_to_monitor,
```

```python
                          mode=modality,
                          patience=5,
                          verbose=0)
model_checkpoint = tf.keras.callbacks.ModelCheckpoint(
                          'best.model',
                          monitor=measure_to_monitor,
                          mode=modality,
                          save_best_only=True,
                          verbose=0)
run = model.fit(df_to_dataset(
                  X_train.iloc[train_index, :],
                  batch_size=params['batch_size']),
              validation_data=df_to_dataset(
                  X_train.iloc[val_index, :],
                  batch_size=1024),
              epochs=1_000,
              callbacks=[model_checkpoint,
                          early_stopping],
              verbose=0)


end_time = time()


rounds = np.argmin(
        run.history['val_mean_squared_error']) + 1


model = tf.keras.models.load_model('best.model')
shutil.rmtree('best.model')


test_preds = model.predict(df_to_dataset(
                  X.iloc[test_index, :], shuffle=False,
                  batch_size=1024)).flatten()
                  test_score = scoring(
                  X.iloc[test_index, :]['target'],
                  test_preds)
print(f"CV Fold {k+1} rmse:{test_score:0.5f} - {rounds}
      rounds - it took {end_time-start_time:0.0f} secs")
validation_scores.append(test_score)


if len(history[k]) >= 10:
    threshold = np.percentile(history[k], q=25)
    if test_score > threshold:
        print(f"Early stopping for under-performing fold:
              threshold is {threshold:0.5f}")
        return np.mean(validation_scores)
```

```
        history[k].append(test_score)
    return np.mean(validation_scores)
return objective
```

(검색 공간에서 일부 피드백을 구축하기 시작하도록) 연속적인 랜덤 탐색 실행을 제공하고 그 결과를 시작점으로 활용합니다. 그런 다음 이 결과를 베이지언 최적화에 전달하고 대리 함수로 forest_minimize를 사용합니다.

```
counter = 0
history = {i:list() for i in range(5)}
used_time = 0
gp_round = dummy_minimize(func=objective,
                          dimensions=space,
                          n_calls=10,
                          callback=[onstep],
                          random_state=0)
gc.collect()
x0, y0 = joblib.load('checkpoint.pkl')
gp_round = gp_minimize(func=objective,
                       x0=x0,    # x를 조사한 값
                       y0=y0,    # x0의 관측값
                       dimensions=space,
                       n_calls=30,
                       n_initial_points=0,
                       callback=[onstep],
                       random_state=0)
gc.collect()
```

처음 10회의 랜덤 탐색 후 랜덤 포레스트 알고리듬을 대리 함수로 사용해서 탐색을 진행하고 있습니다. 그러면 가우시안 프로세스를 사용하는 것보다 더 빠르고 나은 결과가 나오기도 합니다.

이번에도 이 프로세스에서 (예를 들면 n_calls를 낮은 수로 설정해서) 사용 가능한 시간과 자원 안에서 최적화가 가능하도록 노력해야 합니다. 따라서 최적화 상태를 저장하고 얻은 결과를 확인한 다음 최적화 프로세스를 더 진행할지 아니면 이대로 종료할지를 결정하는 방식으로 배치의 탐색 반복을 진행해도 됩니다.

8.3.4 KerasTunner로 더 가볍고 빠른 모델 생성하기

앞 절을 읽으면서 복잡하고 혼란스러웠다면 KerasTuner에서 큰 번거로움 없이 최적화를 설정할 해결책을 찾아봐도 좋습니다. KerasTuner가 베이지언 최적화와 가우시안 프로세스를 기본으로 사용하기는 하지만 **하이퍼밴드 최적화**hyperband optimization라는 새로운 아이디어를 배경으로 합니다. 하이퍼밴드 최적화는 밴딧 접근법을 사용해 최적의 파라미터를 찾습니다.[iv] 이것이 최적화 환경이 비규칙적이고 비연속적인 신경망에서 꽤 잘 작동합니다.

> **NOTE_** KerasTuner는 과정을 더 쉽게 만들 뿐, 입력 하이퍼파라미터를 사용해 사용자 지정 신경망을 구성할 함수를 구현하는 일은 피할 수 없습니다.

처음부터 시작해볼까요? KerasTuner[14]는 케라스의 창조자인 프랑소와 솔레François Chollet가 '케라스 모델을 위한 유연하고 효과적인 하이퍼파라미터 조율 툴'로서 세상에 이름을 알리기 시작했습니다.

솔레가 제안한 KerasTuner의 실행 방법은 현재 가진 케라스 모델에서 시작하는 단순한 단계들로 구성되어 있습니다.

1. 모델 함수의 첫 번째 파라미터로 래핑합니다.
2. 함수 시작 부분에 하이퍼파라미터를 정의합니다.
3. DNN 정적 값static value을 하이퍼파라미터로 대체합니다.
4. 주어진 하이퍼파라미터들로 복잡한 신경망을 모델링하는 코드를 작성합니다.
5. 필요한 경우 신경망을 구축할 때 하이퍼파라미터를 동적으로 정의합니다.

지금부터 예제를 활용해서 대회에서 이 단계가 어떻게 작동하는지 살펴보겠습니다. 현재 KerasTuner는 캐글 노트북이 제공하는 스택의 일부이기 때문에 따로 설치할 필요는 없습니다. TensorFlow add-ons도 캐글 노트북에 사전 설치된 패키지의 일부입니다.

만약 캐글 노트북을 사용하지 않고 KerasTuner를 사용하려면 둘 다 다음의 명령어로 설치합니다.

---

14 https://keras.io/keras_tuner

```
!pip install -U keras-tuner
!pip install -U tensorflow-addons
```

- 전체 코드: *https://www.kaggle.com/lucamassaron/kerastuner-for-imdb*

제일 먼저, 중요한 패키지를 임포트합니다(pad_sequences처럼 일부 명령어의 단축어도 만듭니다). 그리고 케라스에서 직접 사용할 데이터를 업로드합니다.

```
import numpy as np
import pandas as pd
import tensorflow as tf
from tensorflow import keras
import tensorflow_addons as tfa
from sklearn.model_selection import train_test_split
from tensorflow.keras.models import Sequential
from tensorflow.keras.layers import LeakyReLU
from tensorflow.keras.layers import Activation
from tensorflow.keras.optimizers import SGD, Adam
from tensorflow.keras.wrappers.scikit_learn import KerasClassifier
from tensorflow.keras.callbacks import EarlyStopping, ModelCheckpoint

pad_sequences = keras.preprocessing.sequence.pad_sequences
imdb = keras.datasets.imdb(train_data, train_labels),
(test_data, test_labels) = imdb.load_data(num_words=10000)
train_data, val_data, train_labels, val_labels = train_test_split(train_data,
train_labels, test_size=0.30,
                    shuffle=True, random_state=0)
```

여기서는 케라스 패키지에서 지원하는 IMDb 데이터 세트(*https://keras.io/api/datasets/imdb*)를 사용할 것입니다. 이 데이터 세트는 몇 가지 흥미로운 특징이 있습니다.

- IMDb에서 제공된 25000개 영화의 리뷰 데이터 세트입니다.
- 리뷰는 정서^{sentiment}로 레이블링되어 있습니다(긍정/부정).
- 목표 클래스는 균형을 갖추고 있습니다(따라서 정확도가 채점 방법으로 사용됨).
- 각 리뷰는 단어 색인 목록으로 인코딩됩니다(정수).
- 편의를 위해 단어는 전체 빈도로 색인됩니다.

게다가 한 유명한 워드 임베딩^{word embedding} 캐글 대회에서 성공적으로 사용되었습니다

(*https://www.kaggle.com/c/word2vec-nlp-tutorial/overview*).

이 예시는 자연어 처리를 포함하고 있습니다. 이런 유형의 문제는 주로 **순환 신경망**recurrent neural network(RNN)에 기반을 두고 있는 LSTM이나 GRU 층들로 해결합니다. (큰 언어 코파스들에 의존해 사전 훈련된) BERT, RoBERTa, 그리고 다른 트랜스포머 기반 모델은 자주 더 나은 결과를 가져다줍니다. 하지만 이는 모든 문제에 반드시 해당되지는 않으며 RNN은 뛰어넘어야 하는 강력한 베이스라인이 되거나 신경망 모델의 앙상블에 추가할 수 있습니다. 예제에서 모든 단어는 이미 숫자 값으로 인덱싱되어 있습니다. 이 기존의 인덱스에 패딩을 나타내는 숫자 코드(모든 텍스트를 구문 길이에 맞게 정규화), 문장의 시작, 알 수 없는 단어, 사용되지 않은 단어를 추가하기만 하면 됩니다.

```
# 정수 인덱스에 단어 매핑하는 딕셔너리
word_index = imdb.get_word_index()

# 첫 인덱스들은 예약되어 있음
word_index = {k:(v+3) for k,v in word_index.items()}
word_index["<PAD>"] = 0
word_index["<START>"] = 1
word_index["<UNK>"] = 2  # unknown
word_index["<UNUSED>"] = 3

reverse_word_index = dict([(value, key) for (key, value) in word_index.items()])

def decode_review(text):
    return ' '.join([reverse_word_index.get(i, '?') for i in text])
```

다음 단계는 어텐션attention을 위한 사용자 지정 층의 생성을 포함합니다. 어텐션은 트랜스포머 모델들의 토대이고 최근 신경망 NLP에서 혁신을 일으킨 아이디어입니다.

> **NOTE_** 이런 유형의 층이 어떻게 작동하는지 더 자세히 보고 싶다면 어텐션에 관련된 주요 논문[*]을 참고하세요.

어텐션의 아이디어는 쉽습니다. LSTM과 GRU 층은 시퀀스를 처리해 출력합니다. 하지만 출력된 시퀀스의 모든 요소가 예측에 중요하지는 않습니다. 계층화된 시퀀스 전체에 걸쳐 풀링층을 사용해서 출력된 시퀀스의 평균을 구하는 대신 시퀀스의 가중 평균을 구합니다(그리고 훈련 단계에서 사용될 올바른 가중치를 학습합니다). 이 가중 처리(**어텐션**^{attention})는 앞으로 전달할 결과를 확실히 높입니다. 물론 여러 어텐션 층(**멀티헤드 어텐션**^{multi-head attention})을 활용해서 이 접근법을 더 정교하게 만들 수도 있습니다. 하지만 예시는 이 문제에서 어텐션을 사용하면 평균을 구하거나 모든 결과를 합하는 방법보다 더 효율적임을 보이려는 목적이므로 단일 층만으로 충분합니다.

```python
from tensorflow.keras.layers import Dense, Dropout
from tensorflow.keras.layers import Flatten, RepeatVector, dot, multiply, Permute,
Lambda
K = keras.backend


def attention(layer):
    # --- 어텐션만 있으면 됩니다 --- #
    _,_,units = layer.shape.as_list()
    attention = Dense(1, activation='tanh')(layer)
    attention = Flatten()(attention)
    attention = Activation('softmax')(attention)
    attention = RepeatVector(units)(attention)
    attention = Permute([2, 1])(attention)
    representation = multiply([layer, attention])
    representation = Lambda(lambda x: K.sum(x, axis=-2),
                            output_shape=(units,))(representation)
    # -------------------------------- #
    return representation
```

이 문제에서 DNN 구조 실험의 추가 변형으로 **RAdam**^{Rectified Adam}(적응 학습 아담 최적화 알고리듬의 일종[15])이나 **확률적 가중치 평균**^{stochastic weighted averaging}(SWA)의 효율성도 테스트합니다. SWA는 수정된 학습률 일정을 기반으로 최적화하는 동안 통과한 가중치의 평균을 구하는 방법입니다. 모델이 과대적합되거나 오버슈팅되는 경향이 있는 경우 SWA가 최적의 설루션에 접근하는 데 도움이 되며, 특히 NLP 문제에서의 효과가 증명되었습니다.

```python
def get_optimizer(option=0, learning_rate=0.001):
    if option==0:
        return tf.keras.optimizers.Adam(learning_rate)
    elif option==1:
        return tf.keras.optimizers.SGD(learning_rate,
```

---

15 *https://lessw.medium.com/new-state-of-the-art-ai-optimizer-rectified-adam-radam-5d854730807b*

```
                                momentum=0.9, nesterov=True)
    elif option==2:
        return tfa.optimizers.RectifiedAdam(learning_rate)
    elif option==3:
        return tfa.optimizers.Lookahead(
                    tf.optimizers.Adam(learning_rate), sync_period=3)
    elif option==4:
        return tfa.optimizers.SWA(tf.optimizers.Adam(learning_rate))
    elif option==5:
        return tfa.optimizers.SWA(
                    tf.keras.optimizers.SGD(learning_rate,
                                            momentum=0.9, nesterov=True))
    else:
        return tf.keras.optimizers.Adam(learning_rate)
```

두 가지 핵심 함수를 정의했으므로 이제 가장 중요한 함수를 코딩해야 합니다. 이 함수는 주어진 파라미터들에 따라 다른 신경망 구조를 제공합니다. 다양한 구조 선택에 연결하려는 모든 파라미터를 인코딩하는 대신, KerasTuner에서 필요한 모든 파라미터를 포함하는 **hp** 파라미터만 전달하겠습니다. **hp** 이외에도 함수의 입력으로 단어 집합vocabulary의 사이즈와 패딩될 길이를 전달합니다. 유효한 길이가 짧다면 더미 값을 추가하고 길다면 구문을 잘라냅니다).

```
layers = keras.layers
models = keras.models

def create_tunable_model(hp, vocab_size=10000, pad_length=256):
    # 모델 파라미터를 초기화
    embedding_size = hp.Int('embedding_size', min_value=8,
                            max_value=512, step=8)
    spatial_dropout = hp.Float('spatial_dropout', min_value=0,
                               max_value=0.5, step=0.05)
    conv_layers = hp.Int('conv_layers', min_value=1,
                         max_value=5, step=1)
    rnn_layers = hp.Int('rnn_layers', min_value=1,
                        max_value=5, step=1)
    dense_layers = hp.Int('dense_layers', min_value=1,
                          max_value=3, step=1)
    conv_filters = hp.Int('conv_filters', min_value=32,
                          max_value=512, step=32)
    conv_kernel = hp.Int('conv_kernel', min_value=1,
                         max_value=8, step=1)
    concat_dropout = hp.Float('concat_dropout', min_value=0,
```

```
                          max_value=0.5, step=0.05)
dense_dropout = hp.Float('dense_dropout', min_value=0,
                          max_value=0.5, step=0.05)
```

함수 첫 부분에서 **hp** 파라미터에서 모든 설정을 찾아옵니다. 각 파라미터의 탐색 공간 범위도 구체화합니다. 지금까지 본 설루션들과 다르게 이 부분의 작업은 모델 함수의 안에서 이루어집니다.

함수는 **hp**에서 꺼낸 파라미터를 사용해 다양한 층을 정의합니다. 일부 경우에는 파라미터가 특정 데이터 처리를 실행하는 신경망의 일부를 켜거나 끌 것입니다. 예를 들어 합성곱층으로 단어 시퀀스를 처리하는 그래프의 분기(**conv_filters**와 **conv_kernel**)를 코드에 추가했습니다. 합성곱층은 1차원 형식으로 NLP 문제에서도 유용하다는 것이 증명되었습니다. LSTM이 포착하기 어려운 단어의 로컬 시퀀스와 의미를 포착할 수 있기 때문입니다.

이제 실제 모델을 정의하겠습니다.

```
inputs = layers.Input(name='inputs',shape=[pad_length])
layer  = layers.Embedding(vocab_size, embedding_size,
                          input_length=pad_length)(inputs)
layer  = layers.SpatialDropout1D(spatial_dropout)(layer)

for l in range(conv_layers):
    if l==0:
        conv = layers.Conv1D(filters=conv_filters,
                    kernel_size=conv_kernel, padding='valid',
                    kernel_initializer='he_uniform')(layer)
    else:
        conv = layers.Conv1D(filters=conv_filters,
                    kernel_size=conv_kernel, padding='valid',
                    kernel_initializer='he_uniform')(conv)

avg_pool_conv = layers.GlobalAveragePooling1D()(conv)
max_pool_conv = layers.GlobalMaxPooling1D()(conv)

representations = list()
for l in range(rnn_layers):

    use_bidirectional = hp.Choice(f'use_bidirectional_{l}',
                                  values=[0, 1])
    use_lstm = hp.Choice(f'use_lstm_{l}', values=[0, 1])
```

```
        units = hp.Int(f'units_{l}', min_value=8, max_value=512, step=8)

        if use_lstm == 1:
            rnl = layers.LSTM
        else:
            rnl = layers.GRU

        if use_bidirectional==1:
            layer = layers.Bidirectional(rnl(units,
                            return_sequences=True))(layer)
        else:
            layer = rnl(units, return_sequences=True)(layer)

        representations.append(attention(layer))

    layer = layers.concatenate(representations + [avg_pool_conv,
                                                max_pool_conv])
    layer = layers.Dropout(concat_dropout)(layer)

    for l in range(dense_layers):
        dense_units = hp.Int(f'dense_units_{l}', min_value=8,
                            max_value=512, step=8)
        layer = layers.Dense(dense_units)(layer)
        layer = layers.LeakyReLU()(layer)
        layer = layers.Dropout(dense_dropout)(layer)

    layer = layers.Dense(1, name='out_layer')(layer)
    outputs = layers.Activation('sigmoid')(layer)

    model = models.Model(inputs=inputs, outputs=outputs)
```

먼저 입력층을 정의하고, 이어지는 임베딩층으로 변환하도록 정의합니다. 임베딩층은 시퀀스
값을 조밀층에 인코딩하는 역할을 합니다. SpatialDropout1D 함수로 드롭아웃 정규화를 적
용합니다. SpatialDropout1D 함수는 출력 행렬의 전체 열을 무작위로 드롭합니다(표준 드롭
아웃은 행렬에서 무작위로 단일 요소를 드롭합니다). 이 초기 단계가 지나면 신경망을 합성곱
(Conv1D)에 기반한 파이프라인과 순환층(GRU 또는 LSTM)에 기반한 파이프라인으로 나눕
니다. 어텐션층은 순환층 다음으로 적용합니다. 마지막으로 이 두 파이프라인의 출력을 연결
하고, 몇 개의 완전결합층을 지나서 최종 출력 노드에 도착합니다. 출력층에는 0에서 1 사이의
확률을 표현해야 하기 때문에 시그모이드가 사용됩니다.

모델을 정의한 다음 학습 파라미터를 설정하고, 반환하기 전에 컴파일합니다.

```
hp_learning_rate = hp.Choice('learning_rate',
                             values=[0.002, 0.001, 0.0005])
optimizer_type = hp.Choice('optimizer', values=list(range(6)))
optimizer = get_optimizer(option=optimizer_type,
                          learning_rate=hp_learning_rate)

model.compile(optimizer=optimizer,
              loss='binary_crossentropy',
              metrics=['acc'])

return model
```

순차형 API^{sequential API}가 아니라 케라스의 함수형 API^{functional API}를 사용했다는 점을 기억하세요. 사실 순차형 API가 설정하기 더 쉽지만 전체적인 구조를 심각하게 제한하기 때문에 사용을 피할 것을 추천합니다.

이 시점에서 대부분의 작업은 이미 끝났습니다. KerasTuner로 직접 최적화 작업을 많이 해본 입장에서 제안하자면 가장 복잡한 설루션으로 신경망의 상호 배타적인 부분과 함께 테스트하려는 가능한 모든 구조적 특징을 사용해서 비모수적 모델을 우선 구축하도록 합니다. 생성 함수를 설정하고 모델이 제대로 작동하는 것처럼 보이면 예를 들어 그래프로 표현하고 테스트로 일부 예제에 성공적으로 적합되도록 할 수 있습니다. 그런 다음 파라미터 변수를 구조에 삽입하고 hp 파라미터를 설정합니다.

> **TIP** 경험상 시작부터 바로 파라미터 함수를 설정하면 시간과 디버깅이 더 많이 필요했습니다. KerasTuner의 배경이 되는 아이디어는 DNN을 모듈화된 회로 집합으로 생각하고 데이터가 그 안에서 가장 잘 흐르도록 구성하는 방법을 찾도록 돕는 것입니다.

이제 KerasTuner를 임포트합니다. 우선 tuner를 설정하고 탐색을 시작합니다.

```
import keras_tuner as kt
tuner = kt.BayesianOptimization(hypermodel=create_tunable_model,
                                objective='val_acc',
                                max_trials=100,
                                num_initial_points=3,
                                directory='storage',
```

```
                             project_name='imdb',
                             seed=42)

tuner.search(train_data, train_labels,
           epochs=30,
           batch_size=64,
           validation_data=(val_data, val_labels),
           shuffle=True,
           verbose=2,
           callbacks = [EarlyStopping('val_acc',
                                      patience=3,
                                      restore_best_weights=True)]
           )
```

튜너로 베이지언 최적화를 선택했지만 하이퍼밴드 튜너[16]를 사용하는 방법도 있습니다. 해결하려는 문제에 더 효율적인 방법인지 확인해보세요. 모델 함수를 hypermodel의 파라미터로 전달합니다. 그런 다음 문자열이나 함수를 사용해 objective를 설정하고, 시도하는 최대 횟수 (KerasTuner는 더 이상 수행할 것이 없으면 조기에 종료됨), 초기 무작위 시도 횟수(많을수록 좋음)를 설정해 베이지언 프로세스에 정보를 전달합니다. DNN 모델링에서 절대 무시할 수 없는 조기 중단은 표준적이고 성능이 우수한 사례입니다. 마지막으로 최적화 단계의 재현성을 위해 탐색과 시드 번호를 저장하고 싶은 디렉터리를 설정합니다.

탐색 단계는 표준적인 케라스 모델 적합처럼 실행되고 (중요한 특징으로) 콜백을 받으므로 모델의 조기 중단을 쉽게 추가합니다. 따라서 이 경우 주어진 에포크 수는 최대 에포크 수로 간주해야 합니다. 이 예시에서는 다루지 않았지만 배치 사이즈를 최적화하고 싶을 수도 있습니다. 이 경우 약간의 추가 작업이 필요하지만 깃허브에 방법[17]이 설명되어 있습니다.

최적화가 완료된 튜너는 다시 훈련시키지 않아도 최적의 파라미터를 꺼내고 최고의 모델을 저장합니다.

```
best_hps = tuner.get_best_hyperparameters()[0]
model = tuner.hypermodel.build(best_hps)
print(best_hps.values)
model.summary()
model.save("best_model.h5")
```

---

16 *https://keras.io/api/keras_tuner/tuners/hyperband*

17 *https://github.com/keras-team/keras-tuner/issues/122*

이 예제에서 KerasTuner는 다음 항목을 활용하는 설루션을 찾았습니다.

- 큰 임베딩층
- 일반 GRU와 LSTM 층(양방향층 아님)
- 여러 개의 1차원 합성곱 층(Conv1D) 스태킹
- 더 많고 큰 조밀층

흥미롭게도 설루션은 직관과 경험을 바탕으로 시도했을 때보다 더 효과적이고 가볍고 빠릅니다.

프랑소와 숄레도 KerasTuner를 사용하면 DNN의 성능을 높일 뿐만 아니라 크기를 더 관리하기 쉽게 축소해 코드 대회에서 차이를 만든다고 언급했습니다. 이런 장점은 대회 스폰서가 제공하는 제한된 추론 시간 안에 같이 작동하는 모델의 수를 늘립니다.

> **NOTE_** 만약 KerasTuner 사용의 예시를 더 검토하고 싶다면 프랑소와 숄레가 만든 캐글 대회를 위한 노트북이 있습니다.
>
> - 숫자 인식기: *https://www.kaggle.com/fchollet/keras-kerastuner-best-practices*
> - 타이타닉: *https://www.kaggle.com/fchollet/titanic-keras-kerastuner-best-practices*
> - 약효 메커니즘: *https://www.kaggle.com/fchollet/moa-keras-kerastuner-best-practices*

8.3.5 Optuna의 TPE 접근

베이지언 최적화의 개요에서 툴과 접근방법까지 함께 살펴보았습니다. 앞서 언급한 것처럼 scikit-optimize는 가우시안 프로세스를 사용하고(트리 알고리듬도 사용) 대리 함수와 획득 함수를 직접 모델링합니다.

> **TIP** 대리 함수와 획득 함수를 잠깐 복습할까요?
> **대리 함수**는 하이퍼파라미터 집합을 시험할 때 최적화 과정이 잠재적인 성능 결과를 모델링하도록 도와줍니다. 대리 함수는 이전 실험과 그 결과를 활용해서 구성됩니다. 대리 함수는 특정 문제를 푸는 특정 머신러닝 알고리듬의 동작을 예측하는 데 적용된 예측 모델입니다. 대리 함수에 전달된 각 파라미터 입력에 따른 성능 출력을 얻습니다. 이미 살펴보았듯 직관적이고 빠르게 내부를 파악할 수 있습니다.
> **획득 함수**는 대리 함수가 머신러닝 알고리듬의 성능을 예측하는 능력을 향상하도록 테스트할 하이퍼파라미터 집합에 주목합니다. 또한 대리 함수의 예측을 토대로 최고의 성능 결과에 도달할지 실제로 테스트하는 데에도

유용합니다. 이 두 함수는 베이지언 최적화 프로세스에서 (실험을 실행하는) 탐색 부분과 (성능을 테스트하는) 활용 부분을 대표합니다.

TPE 기반 최적화기는 파라미터 값의 성공 가능성을 추정해 문제에 도전합니다. 다르게 말하면 더 성공적인 값의 조합에 더 높은 확률을 부여하는 개선을 반복해 파라미터의 성공 분포를 모델링합니다.

이 접근법에서는 분포에 따라 하이퍼파라미터 집합을 효율에 따라 좋거나 나쁜 것으로 나눕니다. 이 분포는 더 좋은 성능을 얻거나 불확실성이 있는 곳을 탐색하도록 샘플링할 위치를 알려줍니다. 베이지언 최적화에서 대리 함수와 획득 함수의 역할을 하는 것이죠.

> **NOTE_** TPE의 더 자세한 기술적 내용을 살펴보고 싶다면 하이퍼파라미터 최적화 알고리듬을 다룬 논문[vi] 을 추천합니다.

따라서 TPE는 탐색 공간을 모델링하는 동시에 파라미터에서 조절된 확률 분포에서 샘플링해서 알고리듬이 다음에 무엇을 시도할지를 제안할 수 있습니다. 가우시안 프로세스에 기반한 베이지안 최적화 대신 TPE 사용을 선호하는 경우 오랫동안 **Hyperopt**가 선택되었습니다. 하지만 2018년 10월 Optuna가 오픈 소스로 등장하면서 더 나은 설루션을 찾는 데 이전 최적화기보다 좋은 유연성(신경망과 앙상블에서도 뛰어난 효과를 보임), 스피드, 효율성을 보여주었으므로 캐글러가 더 선호하는 선택지가 되었습니다.

이번 절에서는 Optuna가 스터디라고 부르는 쉽게 탐색을 설정하는 방법을 확인하겠습니다. Optuna가 테스트할 파라미터를 입력으로 받고 평가를 반환하는 목적 함수를 작성하기만 하면 됩니다. 검증과 다른 알고리듬은 함수 자체의 외부 변수(글로벌 변수 또는 로컬 변수)의 참조를 사용해서 목적 함수에서 간단한 방식으로 처리합니다. 또한 Optuna에는 **가지치기**[pruning] 가 있습니다. 가지치기는 좋은 결과로 이어지지 않을 실험을 정지하고 넘어가도록 합니다. Optuna는 이 콜백을 활성화하는 함수 목록[18]을 제공하고 있습니다. 알고리듬이 이후에 필요한 모든 것을 효율적으로 실행하기에 최적화에 걸리는 시간이 크게 줄어듭니다.

다음 예시로 살펴보겠습니다. 30 Days of ML 대회의 최적화 문제를 다시 활용합니다. 이번에는 XGBoost가 잘 작동하게 하는 파라미터를 찾겠습니다.

---

18 https://optuna.readthedocs.io/en/stable/reference/integration.html

● 전체 코드: *https://www.kaggle.com/lucamassaron/optuna-bayesian-optimization*

이전과 마찬가지로 라이브러리와 데이터를 업로드합니다.

```python
import pandas as pd
import numpy as np
from sklearn import preprocessing
from sklearn.metrics import mean_squared_error
from sklearn.model_selection import train_test_split
from sklearn.preprocessing import OrdinalEncoder
from xgboost import XGBRegressor
import optuna
from optuna.integration import XGBoostPruningCallback

# 데이터 로드하기
X_train = pd.read_csv("../input/30-days-of-ml/train.csv").iloc[:100_000,:]
X_test = pd.read_csv("../input/30-days-of-ml/test.csv")

# 데이터를 태뷸러 행렬로 준비하기
y_train = X_train.target
X_train = X_train.set_index('id').drop('target', axis='columns')
X_test = X_test.set_index('id')

# 범주형 특징 가리키기
categoricals = [item for item in X_train.columns if 'cat' in item]

# OrdinalEncoder를 사용해서 범주형 데이터 처리하기
ordinal_encoder = OrdinalEncoder()
X_train[categoricals] = ordinal_encoder.fit_transform(X_train[categoricals])
X_test[categoricals] = ordinal_encoder.transform(X_test[categoricals])
```

Optuna를 사용할 때는 모델, 교차검증 로직, 평가 측정, 탐색 공간을 포함하는 목적 함수를 정의하기만 하면 됩니다.

데이터의 경우, 함수 외부에 있는 객체를 참조하도록 함수를 구성할 수 있습니다. KerasTuner 와 마찬가지로 여기서도 Optuna의 클래스를 기반으로 하는 특별한 입력 파라미터가 필요합니다.

```python
def objective(trial):

    params = {
```

```
                    'learning_rate': trial.suggest_float("learning_rate",
                                                    0.01, 1.0, log=True),
                    'reg_lambda': trial.suggest_loguniform("reg_lambda",
                                                    1e-9, 100.0),
                    'reg_alpha': trial.suggest_loguniform("reg_alpha",
                                                    1e-9, 100.0),
                    'subsample': trial.suggest_float("subsample", 0.1, 1.0),
                    'colsample_bytree': trial.suggest_float(
                                        "colsample_bytree", 0.1, 1.0),
                    'max_depth': trial.suggest_int("max_depth", 1, 7),
                    'min_child_weight': trial.suggest_int("min_child_weight",
                                                    1, 7),
                    'gamma': trial.suggest_float("gamma", 0.1, 1.0, step=0.1)
            }
        model = XGBRegressor(
                            random_state=0,
                            tree_method="gpu_hist",
                            predictor="gpu_predictor",
                            n_estimators=10_000,
                            **params)

        model.fit(x, y, early_stopping_rounds=300,
                    eval_set=[(x_val, y_val)], verbose=1000,
                    callbacks=[XGBoostPruningCallback(trial, 'validation_0-rmse')])
        preds = model.predict(x_test)
        rmse = mean_squared_error(y_test, preds, squared=False)
        return rmse
```

이 예시는 성능상의 이유로 교차검증 대신 훈련용 데이터 세트와 검증용 데이터 세트(조기 중단), 테스트용 데이터 세트를 하나씩 고정해 사용합니다. 이 예제에서 GPU를 사용하고 60번의 실행을 합리적인 길이의 시간에 맞추도록 사용 가능한 데이터를 부분집합화subsetting합니다. 만약 GPU를 사용하고 싶지 않다면 **XGBRegressor** 인스턴스화에서 **tree_method**와 **predictor** 파라미터를 제거합니다. 또한 Optuna가 콜백을 어떻게 설정해 **fit** 메서드에 모델 성능을 피드백하는지 확인하세요. 이 콜백은 최적화기가 성능이 좋지 못한 실험을 조기에 중단하고 다른 시도에 자리를 내어주도록 만듭니다.

```
    x, x_val, y, y_val = train_test_split(X_train, y_train, random_state=0,
                                        test_size=0.2)
    x, x_test, y, y_test = train_test_split(x, y, random_state=0, test_size=0.25)
    study = optuna.create_study(direction="minimize")
```

```
study.optimize(objective, n_trials=100)
```

다른 주목할 만한 측면은 문제에 따라 최소화나 최대화 어느 쪽이든 최적화를 결정할 수 있다는 것입니다(scikit-optimize는 오직 최소화 문제에만 작동합니다).

```
print(study.best_value)
print(study.best_params)
```

실행을 완료하려면 최적화에 의해서 발견된 최고의 테스트 성능과 최적의 파라미터를 출력하거나 내보내면 됩니다.

8.4 요약

이번 장에서는 리더보드의 성과와 점수를 높이는 하이퍼파라미터 최적화를 자세하게 살펴보았습니다. 먼저 그리드 탐색과 랜덤 탐색, 분할 탐색 등 사이킷런의 코드 기능을 설명했습니다.

그런 다음 베이지안 최적화와 Scikit-optimize, KerasTuner, Optuna까지 살펴보았습니다. 가우시안 프로세스로 대리 함수를 직접 모델링한 후 이를 해킹하는 방법을 중점적으로 살펴보았습니다. 대리 함수를 이해하면 더 큰 직관력과 더 특별한 해결책을 떠올릴 수 있습니다. 현재는 심층 딥러닝 대회를 비롯해 태뷸러 데이터 대회에서도 캐글러들 사이에서 가장 우선적으로 사용하는 표준인 Optuna도 살펴보았습니다. Optuna를 사용한 모델은 캐글 노트북에 허용된 시간 안에 최적의 파라미터로 더 빠르게 수렴됩니다.

하지만 대회에서 두각을 나타내고 싶다면 설루션을 테스트할 때 다른 최적화기도 사용해야 합니다.

다음 장에서는 캐글 대회에서 성능을 개선하는 또 다른 방법인 모델 앙상블을 살펴봅니다. 평균화, 블렌딩, 스태킹이 작동하는 방식을 발견해서 하이퍼파라미터 조율만으로 더 나은 결과를 얻는 방법을 설명합니다.

- 카즈키 오노데라Kazuki Onodera
- https://www.kaggle.com/onodera
- 엔비디아 책임 딥러닝 데이터 과학자,
  캐글 그랜드 마스터(KGMON) 팀 멤버
- 대회 그랜드마스터
- 토론 마스터

가장 좋아하는 대회 유형과 이유를 알려주세요. 어떤 대회가 가장 자신있나요?

인스타카트 장바구니 분석 대회[19]가 있었는데 캐글 커뮤니티에 꽤 큰 도전을 안겨주었어요. 이전에 구매한 제품이 사용자의 다음 주문에 포함될지 예측하려 고객의 주문과 관련된 익명화된 데이터를 사용해야 했으니까요. 이런 대회를 좋아하는 이유는 제가 특징 공학을 좋아하기 때문이에요. 이 대회에서 저는 다른 사람이 찾지 못한 흥미롭고 효율적인 특징을 찾아서 2위에 올랐어요.

캐글 대회에서 사용하는 접근법이 있나요? 이 접근법을 일상 업무에서도 사용하나요?

모델이 어떻게 작동하는지 상상해요. 그리고 모든 거짓 음성false negative과 거짓 양성false positive을 철저하게 조사하죠. 일상 업무에서 하는 것과 마찬가지로요.

참가했던 대회 중 특히 어려웠던 대회는 무엇이며, 어떤 통찰로 과제를 해결했나요?

인간 단백질 지도 대회[20]가 특히 어려웠어요. 이 대회는 일종의 인스턴스 분할 대회였지만 마스크가 제공되지 않았어요. 그래서 약하게 지도된 다중 레이블링 분류 문제가 되었죠. 여기서 저는 2단 파이프라인을 만들어 레이블 노이즈를 제거했어요.

---

19 Instacart Market Basket Analysis. https://www.kaggle.com/c/instacart-market-basket-analysis

20 Human Protein Atlas – Single Cell Classification. https://www.kaggle.com/c/hpa-single-cell-image-classification

캐글이 경력에 도움이 되었나요?

네. 저는 지금 엔비디아 KGMON Kaggle Grandmasters of NVIDIA 팀에서 일하고 있어요. 캐글은 매우 다양한 머신러닝 대회를 개최하죠. 태뷸러 데이터, 이미지, 자연어, 신호 등 다른 타입의 데이터를 활용하고 산업, 금융, 천문학, 병리학, 스포츠, 소매업 등 다양한 부문과 분야의 문제를 포함해요. 캐글러를 제외한다면 어느 누구도 이 모든 종류의 데이터를 접하고 경험하지 못했을 것이라고 확신합니다.

경험에 비추어볼 때, 초보 캐글러가 자주 놓치는 것은 뭘까요? 처음 시작할 때부터 알았으면 좋았겠다고 생각하는 것이 있나요?

목표 분석과 시드 평균화를 소홀히 하는 경우가 많아요. 언제나 단순하지만 강력하죠.

대회에서 어떤 실수를 해봤나요?

목표 분석. 최상위 팀은 언제나 목표를 다른 팀보다 더 잘 분석해요. 그래서 대회에서 더 좋은 순위를 얻지 못하면 최상위 팀의 설루션을 읽어요. 거기서 항상 대회 기간 동안에 놓친 정보를 볼 수 있죠.

데이터 분석과 머신러닝에 특히 추천하는 툴이나 라이브러리가 있나요?

파이썬과 주피터 노트북뿐입니다.

대회에 참가할 때 해야 하는 일 또는 중요하게 기억해야 할 것은 어떤 것이 있나요?

배우는 것이 있다면 그 무엇도 실패가 아닙니다.

다른 대회 플랫폼을 사용하나요? 캐글과 비교하면 어떤가요?

KDD Cup과 RecSys를 사용합니다. 둘 다 흥미와 도전이라는 최소한의 요구 사항을 만족하는 곳이죠.

인터뷰 | 16 문제와 데이터부터 이해하라

- 알버트 다이네스Alberto Danese
- *https://www.kaggle.com/albedan*
- 넥시Nexi의 수석 데이터 과학자
- 대회 그랜드마스터

가장 좋아하는 대회 유형과 이유를 알려주세요. 어떤 대회가 가장 자신있나요?

지금까지 금융 서비스 산업 관련 일을 했고 정형 데이터structured data를 주로 처리하곤 했어요. 그리고 이 범주에 속하는 대회에 참여하는 것을 좋아하죠. 특징 공학을 적용해 어떤 데이터인지 실용적으로 이해하고 데이터에서 모든 정보를 짜내는 게 재미있어요.

기술적인 면에서 말해보면 전통적인 머신러닝 라이브러리, 특히 그래디언트 부스팅 결정 트리와 함께 좋은 경험을 했어요. 언제나 가장 일반적인 라이브러리들(XGBoost, LightGBM, CatBoost)를 가장 먼저 선택하죠.

캐글 대회에서 사용하는 접근법이 있나요? 이 접근법을 일상 업무에서도 사용하나요?

항상 데이터를 탐색하는 데 많은 시간을 써요. 머신러닝을 사용해서 스폰서가 실제로 해결하려는 문제가 무엇인지 파악하려고 노력하죠. 캐글에 막 참가한 참가자들과 다른 점은 특정 머신러닝 알고리듬을 수정하는 데 소홀히 하지 않는데, 이런 접근 방식은 확실히 성과가 있었죠!

일상 업무에서도 데이터를 이해하는 것은 더없이 중요해요. 하지만 캐글 대회에서는 전혀 찾아볼 수 없는 과정이 추가돼요.

- (사업 부서 동료들과 함께) 머신러닝으로 해결해야 할 사업 문제를 정의합니다.
- 데이터를 찾습니다. 때로는 외부 데이터 제공자를 찾기도 합니다.
- 머신러닝이 끝나면 제품에 어떻게 적용하고 발전을 관리하는지를 이해합니다.

참가했던 대회 중 특히 어려웠던 대회는 무엇이며, 어떤 통찰로 과제를 해결했나요?

제가 그랜드마스터가 된 대회였던 토킹데이터 애드트래킹 이상 거래 탐지 대회[21]가 특히 재미있었어요. (클릭 농장의 사기 행위에 대항한다는) 주제도 엄청나게 흥미로웠지만 (레이블이 지정된 1억 행 이상의) 거대한 데이터 때문에 효율적인 특징 공학을 해야 했고 다양한 접근 방법을 시험하려 계산 시간을 축소시켜야 했어요. 그리고 일종의 시계열을 생성하도록 lag/lead 특징(다른 윈도우 함수들)을 가장 잘 이용하는 방법을 이해해야 했어요.

캐글이 경력에 도움이 되었나요?

물론이죠! 큰 목적을 달성했다는 성과와 증거가 되는 결과가 있다는 점에서 분명히 이력서를 눈에 띄게 해요. 제가 2016년 (마케팅 지능 서비스 회사인) 서브드[Cerved]에 채용되었을 때 채용 담당자는 캐글이 무엇인지 알고 있었고 면접 동안 실제 현장 프로젝트를 이야기했다는 점이 매우 중요했어요. 캐글이 제 경력의 발전에 중요한 역할을 한 것은 분명하죠.

경험에 비추어볼 때, 초보 캐글러가 자주 놓치는 것은 뭘까요? 처음 시작할 때부터 알았으면 좋았겠다고 생각하는 것이 있나요?

막 시작한 참가자는 일단 코딩을 시작하고 공개 노트북을 복사하고 몇 줄을 바꾸거나 파라미터를 바꾸어보죠. 초보자들에게는 당연한 일이죠! 그런데 코딩도 중요하지만 데이터를 연구하고 문제를 이해하는 데도 충분한 시간을 사용해야 합니다.

대회에서 어떤 실수를 해봤나요?

이걸 실수라 할지 모르겠는데 저는 대회에 혼자 참가하는 것을 더 좋아했어요. 한편으로는 대회의 모든 면을 직접 처리해야 하고 시간을 원하는 대로 사용할 수 있기 때문에 장점도 있었죠. 하지만 일부 대회에서 다른 팀원들과 협업하는 것이 정말 즐거웠어요. 더 자주 팀을 구성해서 도전했더라면 좋았을 것 같아요. 협업으로 많은 것을 배우니까요.

데이터 분석과 머신러닝에 특히 추천하는 툴이나 라이브러리가 있나요?

많이 추천하는 툴을 제외하면 저는 언제나 (R 버전에서 시작된) data.table의 팬이었습니다.

---

[21] TalkingData AdTracking Fraud Detection Challenge *https://www.kaggle.com/c/talkingdata-adtracking-fraud-detection*

data.table은 제대로 평가를 못 받고 있는 것 같아요! 개인 컴퓨터로 큰 데이터를 처리할 때 정말 좋은 패키지예요.

대회에 참가할 때 해야 하는 일 또는 중요하게 기억해야 할 것은 어떤 것이 있나요?

먼저 문제와 데이터를 이해하세요. 바로 코딩부터 시작하지 말고요!

- 루치 바티아^{Ruchi Bhatia}
- *https://www.kaggle.com/ruchi798*
- 오픈마인드^{OpenMined}의 데이터 과학자
- Z by HP 글로벌 데이터 과학 앰배서더
- 데이터 세트, 노트북 그랜드마스터

가장 좋아하는 대회 유형과 이유를 알려주세요. 어떤 대회가 가장 자신있나요?

저는 NLP나 분석하는 유형의 대회를 좋아해요. 자연어 처리에 관심을 가지고 집중하게 된 건 제가 다국어를 구사한다는 점이 큰 영향을 미쳤죠.

분석 대회는 복잡한 데이터를 이해하고, 제 대답을 데이터로 증명한다는 점이 정말 재미있어요! 캐글의 모든 대회는 새롭고 다양한 기법을 요구하죠. 저는 주로 데이터 중심 접근 방법을 따르죠. 따로 선호하는 설정은 없고요.

캐글 대회에서 사용하는 접근법이 있나요? 이 접근법을 일상 업무에서도 사용하나요?

새로운 대회가 공지되었을 때 가장 먼저 문제의 내용을 깊이 이해하려 합니다. 가끔 문제의 내용이 심리적으로 익숙한 범위나 영역 밖에 있을 수도 있어요. 그래서 탐색적 데이터 분석으로 옮겨가기 전에 문제를 잘 파악하는 것이 매우 중요하죠. EDA를 하는 목적은 데이터의 분포를 이해하고 데이터를 잘 이해하는 거예요. 그 과정에서 패턴을 우연히 발견할 가능성이 높고, 패턴을 발견했을 때는 패턴을 이해하고 이상값이나 예외적인 사례에 가설을 세우죠.

그다음은 대회 지표를 이해하는 데 시간을 써요. 누수 없는 교차검증 전략을 만드는 것이 그다음 단계입니다. 그런 다음 베이스라인 모델을 만들고 첫 제출을 하죠. 검증과 리더보드 사이의 상관관계가 만족스럽지 않으면 일치하지 않은 이유를 이해하고 설명할 수 있을 때까지 반복하죠.

그런 다음 곧 모델링 접근 방식을 개선하는 쪽으로 옮겨가요. 이외에도 파라미터를 수정한 후 새 실험을 시도하는 것은 가지고 있는 데이터에 무엇이 가장 효과가 있는지를 이해하는 데 도

움이 되죠(모든 진행 과정에서 과대적합을 막을 수 있음을 확인하기). 마지막으로 대회 마지막 몇 주 동안은 모델 앙상블을 실행하면서 제 설루션이 견고한지 확인해요.

캐글 밖 프로젝트에서는 대부분의 시간을 데이터를 수집하고 클리닝하고, 유효한 데이터 값을 확인하는 데 사용하죠.

캐글이 경력에 도움이 되었나요?

캐글은 제가 경력을 쌓는 데 엄청난 도움을 주었어요. 데이터 과학에 열정을 발견하는 계기가 되어주었을 뿐 아니라 효율적이고 꾸준하게 참여하는 동기도 부여했어요. 캐글은 엄청난 양의 데이터로 직접 실험을 해보고 작업을 세계적인 규모로 선보이는 완벽한 공간이죠. 거기다 모든 사람이 작업물에 매우 쉽게 접근할 수 있기에 더 많은 사람들에게 전달할 수도 있죠.

저는 캐글에서 만든 좋은 작업을 포트폴리오에 넣었어요. 이 작업을 통해 지금까지 제가 해온 여정에서 얼마나 다양한 일을 해왔는지 보여주었죠. 캐글 대회는 새로운 실제 현장의 문제 해결을 목적으로 하며, 고용주들 역시 이런 문제를 풀 수 있는 능력과 태도를 지닌 사람을 찾고 있을 거예요. 저는 매우 넓은 범위의 데이터 세트를 큐레이팅하기도 했어요. 이 작업을 통해 미가공 데이터로 작업을 하는 감각을 강조할 수 있었죠. 이런 프로젝트가 여러 직장을 얻는 데 도움이 되었어요.

경험에 비추어볼 때, 초보 캐글러가 자주 놓치는 것은 뭘까요? 처음 시작할 때부터 알았으면 좋았겠다고 생각하는 것이 있나요?

많은 캐글러가 대회 순위가 기대한 만큼 미치지 못하면 쉽게 실망한다는 것을 알게 되었어요. 몇 주, 몇 달 동안 열심히 작업을 해도 캐글 대회에서 우승하기란 쉬운 일이 아니죠. 왜 일찍 포기하는지 이해는 가요. 캐글 대회에서는 다른 교육 배경과 작업 경험을 가진 사람들과 경쟁하지만 정말 중요한 것은 도전하는 용기예요. 우리는 모두 성장에 초점을 맞추어야 해요. 우리가 얼마나 성장했는지 보는 것이죠.

데이터 분석과 머신러닝에 특히 추천하는 툴이나 라이브러리가 있나요?

유효한 시각화를 활용한 포괄적인 탐색적 데이터 분석으로 트렌드와 문맥을 발견해 방법론을 개선할 수 있죠. 저는 시각화의 힘을 신뢰하기 때문에 가장 좋아하는 데이터 과학 라이브러리도 Seaborn과 TensorBoard예요. 머신러닝 워크플로우에서 Seaborn은 EDA에

TensorBoard는 시각화에 필요해요. 저는 Tableau도 자주 써요.

대회에 참가할 때 해야 하는 일 또는 중요하게 기억해야 할 것은 어떤 것이 있나요?

만약 대회에 참가한다면 문제의 내용과 연구에 깊이 뛰어들 준비가 되어 있어야 한다고 생각해요. 캐글 대회는 어렵지만 실제 삶의 문제를 해결하는 데도 큰 도움이 돼요. 대회에 참가할 경우 긍정적인 마음가짐을 가지고 쉽게 낙담하지 않는 것이 중요해요. 캐글 대회는 배우고 성장할 완벽한 기회니까요!

블렌딩과 스태킹 설루션을 사용한 앙상블

> **이 장의 내용**
> - 앙상블 알고리듬
> - 앙상블로 모델 평균화하기
> - 메타 모델을 사용해서 모델 블랜딩하기
> - 모델 스태킹하기
> - 복잡한 스태킹과 블랜딩 설루션 만들기

캐글에서 대회에 참여하다 보면 단일 모델이 아무리 잘 만들어져도 얼마 안 가 우승은 어렵다는 사실을 깨닫게 됩니다. 여러 모델의 앙상블이 필요하다는 의미죠. 이제 앙상블을 어떻게 설정하는지 궁금해집니다. 주변을 둘러봐도 앙상블을 소개하는 가이드는 잘 보이지 않습니다. 논문보다는 캐글에서 전해지는 지식이 더 많죠.

중요한 부분은 앙상블이 캐글 대회에서는 우승의 열쇠지만 실제 현장에서는 복잡성, 형편없는 유지 보수성, 떨어지는 재현성, 그리고 작은 이득을 위해 감당해야 하는 숨겨진 기술적 비용으로 이어진다는 점입니다. 낮은 순위에서 리더보드 최상위로 올려주는 작은 개선이 실제 현장 애플리케이션에서는 보통 큰 의미가 없습니다. 작은 이득을 얻는 대신 발생하는 비용이 더 큰 경우가 많기 때문입니다. 하지만 실제 현장에서 앙상블이 전혀 사용되지 않는다는 의미는 아닙니다. 몇 가지 다양한 모델을 평균화하거나 혼합하는 등의 제한된 형태로 앙상블을 활용해서 더 효과적이고 효율적인 방식으로 많은 데이터 과학 문제를 해결할 모델을 만들 수 있습니다.

캐글에서 앙상블은 추가 예측 성능을 얻기 위한 방법일 뿐 아니라 팀 구성 전략이기도 합니다. 다른 팀원들과 함께 작업을 할 때는 모두가 기여한 작업을 하나로 모으면 일반적으로 혼자서 노력한 결과보다 더 좋은 결과를 얻을 수 있습니다. 또한 모두의 노력이 명확한 목표를 향하도록 구조화해서 팀의 작업을 체계화하는 데 도움이 됩니다. 실제로 각 구성원이 다른 시간대나 다른 제약 조건하에서 작업을 하게 된다면 짝 코딩pair coding 같은 협업 기법은 명백히 실현이 어렵습니다. 한 팀원은 근무 시간에, 다른 팀원은 학습이나 실험에 제약을 받는 등 여러 상황이 있을 수 있습니다.

대회의 팀에서는 보통 모든 구성원이 같은 과제에 지속적으로 참여하기도 어렵고 그렇게 할 필요도 없습니다. 그리고 팀원들의 능력도 각자 다른 경우가 많습니다.

어떤 팀에서 좋은 앙상블 전략이 공유되었다는 것은 팀원이 자신의 루틴과 방식대로 작업을 하면서도 그룹의 성공에 기여한다는 의미입니다. 따라서 예측의 다양성에 기반한 앙상블 기법을 사용할 때는 다양한 테크닉이 오히려 장점이 됩니다.

이번 장에서는 랜덤 포레스트, 그래디언트 부스팅과 같은 알고리듬으로 이미 익숙한 앙상블 기술을 알아본 후 평균 구하기, 블렌딩, 스태킹과 같이 여러 모델을 앙상블하는 테크닉을 살펴보겠습니다. 직접 캐글 설루션을 만들 때 템플릿으로 사용할 수 있는 일부 이론, 사례, 코드 예시도 함께 살펴봅니다.

> **NOTE_** 이 장에서 모든 실무자가 대회에서 앙상블을 활용해 참고할 만한 훌륭한 참고 자료[1]를 소개합니다.
> 이 글은 당시 캐글 포럼에서 앙상블을 언급한 대부분의 지식을 정리하고 있습니다.

9.1 앙상블 알고리듬

조합 모델이 단일 모델보다 더 좋은 성능을 보인다는 것은 최근에 등장한 아이디어가 아니며, 그 근원을 찾아보면 빅토리아 시대의 영국에 살았던 프랜시스 골턴Francis Galton까지 거슬러 올라갑니다. 골턴은 가축 품평회에서 황소의 몸무게를 추측하려면 전문가가 신중하게 구한 단일 추정값을 받기보다 학력이 높거나 낮은 다수 군중의 추정값의 평균을 구하는 편이 더 유용하다는 사실을 발견했습니다.

....
1 편집자_ 기존 게시글이 삭제되어 백업된 PDF 링크로 대체합니다 https://usermanual.wiki/Document/Kaggle20ensembling20guide.685545114.pdf

1996년에는 레오 브레이만Leo Breiman이 **배깅**bagging(부트스트랩 집계bootstrap aggregating)을 실증하면서 여러 모델을 결합해서 더 예측 성능이 높은 모델로 활용하는 아이디어를 공식화했습니다. 배깅의 공식화 덕분에 이후에는 더 효과적인 **랜덤 포레스트** 알고리듬이 개발되었습니다. 그 이후에 그레이디언트 부스팅과 스태킹 등의 다른 앙상블이 등장하면서 오늘날 사용되는 앙상블 방법들의 범위가 완성되었습니다.

> **NOTE_** 초기에 각 앙상블 알고리듬이 어떻게 고안되었는지 파악하는 데 좋은 논문을 소개합니다.
>
> - 랜덤 포레스트: 「Bagging predictors[i]」
> - 부스팅: 「Experiments with a new boosting algorithm[ii]」, 「Greedy function approximation: a gradient boosting machine[iii]」
> - 스태킹: 「Stacking bagged and dagged models[iv]」

캐글 대회에서 앙상블 예측 모델의 첫 기본 전략은 분류와 회귀를 위한 배깅과 랜덤 포레스트 전략에서 직접적으로 따왔습니다. 이 전략은 다양한 예측의 평균을 만드는 작업을 포함하기에 **평균화**averaging라는 이름이 붙었습니다. 이러한 접근 방식은 11년 전 첫 캐글 대회에서 빠르게 등장했습니다. 등장 배경은 다양한 모델들의 결과 평균에 기반한 전략이 현장을 지배했던 캐글 이전의 넷플릭스 대회 때문이기도 합니다. 이 성공들에 힘입어 평균화에 기반한 기본 앙상블은 이후의 많은 대회에서 기준이 되었고 지금도 여전히 리더보드에서 더 높은 점수를 얻는 데 유용한 방법입니다.

더 복잡하고 많은 계산 능력이 필요한 스태킹은 조금 더 시간이 지난 다음 등장했습니다. 대회 문제가 더 복잡해지고 참가자들 사이의 경쟁이 격렬해졌을 때 나타난 것이죠. 랜덤 포레스트 접근법이 다양한 예측을 평균화하는 아이디어를 제공했듯 부스팅도 스태킹 접근법의 아이디어가 탄생하는 데 큰 영향을 미쳤습니다. 부스팅에서는 정보를 순차적으로 재처리해서 학습 알고리듬이 문제를 더 완벽하고 나은 방식으로 모델링할 수 있습니다. 실제로 그래디언트 부스팅에서는 이전 반복에서 파악할 수 없었던 부분을 모델링하기 위해 순차적 의사결정 트리sequential decision tree가 구축됩니다. 이 아이디어는 이전 모델들의 결과를 쌓고 예측 성능을 개선하기 위해 재처리하는 스태킹 앙상블에서도 다시 등장했습니다.

9.2 모델 평균화로 앙상블하기

평균화 앙상블을 이해할 수 있도록 레오 브레이만이 앙상블을 위해 고안한 모든 전략을 빠르게 복습해 보겠습니다. 브레이만의 작업은 앙상블 전략의 기준이 되었고 그가 당시에 발견한 전략은 여전히 넓은 범위의 문제에서 효과를 발휘하고 있습니다.

브레이만은 의사결정 트리같이 훈련 데이터에 지나치게 과대적합하는 경향이 있는 강력한 모델에서 오류의 분산을 줄일 수 있는 방법이 있는지를 알아내기 위해서 모든 가능성을 분석했습니다.

개념적으로 브레이만은 앙상블의 효과는 3가지 요소에 영향을 받는다는 것을 발견했습니다. **훈련 사례를 샘플링**하는 방법, **모델을 구축**하는 방법, 그리고 마지막으로 얻게 된 **다양한 모델을 결합**하는 방법에 따라 효과가 달라집니다.

실험을 통해 발견된 샘플링 접근 방식은 다음과 같은 것들이 있습니다.

- **페이스팅**pasting : 예제(데이터 행)를 (중복을 허용하지 않는 방식으로 샘플링한) 서브샘플을 사용해서 일정 수의 모델을 구축합니다.
- **배깅**bagging : 부트스트랩한 예제(중복을 허용하는 샘플링)에서 무작위로 선발한 샘플을 사용해서 일정 수의 모델을 구축합니다.
- **랜덤 서브스페이스**random subspace : 특징(데이터 열)의 (중복을 허용하지 않는 방식으로 샘플링한) 서브 샘플을 사용해서 일정 수의 모델을 구축합니다.
- **랜덤 패치**random patch : 각 모델이 선택될 때 랜덤 서브스페이스와 마찬가지로 특징도 샘플링된다는 점을 제외하면 배깅과 유사한 접근법입니다.

같은 정보를 사용하는 대신 샘플링을 하는 이유는 사례와 특징을 서브샘플링해 모델을 만들 경우 같은 문제에 효율적인 다양한 모델을 만들기 때문입니다. 이 차이는 각 모델이 샘플에 과대적합되는 방식에도 적용됩니다. 모든 모델은 데이터에서 일반화할 수 있는 유용한 정보를 파악하고 예측에 유용하지 않은 잡음을 다른 방식으로 처리하기를 기대합니다. 따라서 모델링의 변형은 예측의 변동성을 줄입니다. 오류가 서로 상쇄되는 경향이 있기 때문이죠.

이 변형이 유용하다면 다음 단계는 모델이 학습한 데이터를 수정하는 것이 아닌 모델 자체도 수정하도록 해야 합니다. 모델을 위한 두 가지 주요 접근법이 있습니다.

- 같은 유형의 모델 앙상블
- 다른 모델의 앙상블

재미있게도 조합하는 모델의 예측력이 너무 차이가 난다면 어떤 방식으로 앙상블을 하든 크게 도움이 되지 않습니다. 여기서 핵심은 같은 유형의 예측을 정확하게 추측할 수 있는 모델을 함께 사용하면 잘못된 예측을 평균화할 때 오류를 완화해서 이득을 얻을 수 있다는 점입니다. 성능이 너무 다른 모델들로 앙상블한다면 전체 효과가 부정적이기 때문에 의미가 없다는 것을 곧 깨닫게 됩니다. 틀린 예측은 완화되지 않고 옳은 예측은 저하되니까요.

이는 평균화의 중요한 한계입니다. 예측력$^{predictive\ power}$이 유사할 때만 다양한 모델(예를 들면 다른 샘플이나 특징을 사용해서 훈련함)의 집합을 사용할 수 있습니다. 예를 들어 선형 회귀와 k-최근접 이웃 알고리듬은 문제를 모델링하고 데이터에서 신호를 잡아내는 방법이 다릅니다. 핵심이 되는 (독특한) 기능적 형태 덕분에 이러한 알고리듬은 데이터에서 다양한 예측 뉘앙스를 파악하고 예측 작업의 특정 부분을 더 잘 수행하지만 평균화를 사용할 때는 이런 장점을 활용하지 못합니다. 그해 비해 스태킹은 각 알고리듬에서 최고의 결과들만 취하기 때문에 다른 방식의 알고리듬이 포착하는 신호를 활용할 수 있습니다.

이를 바탕으로 평균화(여러 모델의 결과 평균화)에 기반한 효율적인 앙상블의 조건은 다음과 같이 요약할 수 있습니다.

- 다양한 샘플에서 학습한 모델로 구축하기
- 사용할 특징에서 다양한 서브샘플을 사용한 모델로 구축하기
- 예측력이 비슷한 모델로 구성하기

즉, 모델의 예측은 예측 과제에서 같은 수준의 정확도를 내는 동시에 상관관계가 없어야 합니다.

지금까지 여러 머신러닝 모델을 평균화할 때의 장점과 한계를 확인했습니다. 마지막으로 기술적 세부 사항을 자세히 살펴보겠습니다. 여러 분류 모델이나 회귀 모델의 평균을 구하는 3가지 방법이 있습니다.

- 다수결 투표 알고리듬: 여러 모델 가운데 가장 빈도가 높은 분류를 사용합니다(분류 모델에만 해당)
- 값이나 확률의 평균 계산
- 값이나 확률의 가중 평균 사용

다음 몇 절에 걸쳐 각 접근법의 세부 사상을 캐글 대회의 맥락에서 자세하게 살펴보겠습니다.

9.2.1 다수결 투표 알고리듬

앙상블에 사용하는 예시, 특징, 모델을 다르게 해서 다양한 모델을 생성하는 경우(앞서 언급한 것처럼 예측력이 비교할 만한 경우) 일정 수준의 계산 활동이 요구됩니다. 하지만 단일 모델을 사용할 때 설정하는 것과 전혀 다른 데이터 처리 파이프라인을 구성할 필요는 없습니다.

이 파이프라인에서 다양한 테스트 예측을 수집하고, 사용된 모델, 훈련에서 샘플이나 특징을 샘플링한 방법, 사용한 하이퍼파라미터, 그리고 교차검증 결과를 추적하기만 하면 됩니다.

대회에서 클래스를 예측해야 할 경우 **다수결 투표**majority voting 알고리듬을 사용할 수 있습니다. 다수결 투표 알고리듬은 각 예측마다 모델들의 예측 중 가장 빈도가 높은 것을 선택합니다. 모델이 가끔씩 오류가 발생한다고 가정하지만 대부분 정확하게 예측한다고 추정하는 방식이기 때문에 이진 예측과 다중 예측 모두에서 효과가 있습니다. 다수결 투표 알고리듬은 잡음을 제거하고 유의미한 신호를 유지하는 '오류 수정 절차'로 활용되었습니다.

간단한 첫 번째 예시에서 다수결 투표 알고리듬이 어떻게 작동하는지 확인할 수 있습니다. 우선 사이킷런의 `make_classification` 함수를 사용해서 예시 데이터 세트를 생성합니다.

> **NOTE_** 기존 Madelon은 일부 차원 하이퍼큐브의 정점에 배치되고 무작위로 레이블이 지정되었고 클러스터로 그룹화된 데이터 포인트를 포함하는 인공 데이터 세트였습니다. 이 인공 데이터 세트는 유용한 정보를 주는 몇 가지 특징과 관련성이 없고 반복되는 특징이 혼합(특징 간 다중 공선성을 생성)되어 있으며 일정량의 무작위 잡음이 주입되었습니다. (SVM 알고리듬의 창조자 중 한 명인) 이자벨 귀용Isabelle Guyon이 NIPS 2003 특징 선택 대회 NIPS 2003 Feature Selection Challenge를 위해 아이디어를 낸 Madelon 데이터 세트는 대회를 위한 도전적인 인공 데이터 세트 모델의 예시입니다. 일부 캐글 대회[2]는 여기에 영감을 받기도 했습니다.

이번 장에서는 전반적으로 Madelon 데이터 세트의 재현을 사용해 앙상블을 테스트합니다.

```
from sklearn.datasets import make_classification
from sklearn.model_selection import train_test_split

X, y = make_classification(n_samples=5000, n_features=50,
                           n_informative=10,
                           n_redundant=25, n_repeated=15,
                           n_clusters_per_class=5,
```

---

2   Don't Overfit!. *https://www.kaggle.com/c/overfitting*, Don't Overfit! II. *https://www.kaggle.com/c/dont-overfit-ii*

```
                      flip_y=0.05, class_sep=0.5,
                      random_state=0)

X_train, X_test, y_train, y_test = train_test_split(X, y,
                      test_size=0.33, random_state=0)
```

훈련과 테스트 데이터 세트로 나눈 다음 학습 알고리듬을 인스턴스화하면서 진행합니다. 설명
이 목적이기 때문에 디폴트 하이퍼파라미터로 SVM, 랜덤 포레스트, k-최근접 이웃 분류기,
세 가지 기본 알고리듬만 사용하겠습니다. 바꾸거나 수를 늘려 시도해도 좋습니다.

```
from sklearn.svm import SVC
from sklearn.ensemble import RandomForestClassifier
from sklearn.neighbors import KNeighborsClassifier
from sklearn.metrics import log_loss, roc_auc_score, accuracy_score

model_1 = SVC(probability=True, random_state=0)
model_2 = RandomForestClassifier(random_state=0)
model_3 = KNeighborsClassifier()
```

다음 단계로 각 모델을 훈련 세트에 훈련합니다.

```
model_1.fit(X_train, y_train)
model_2.fit(X_train, y_train)
model_3.fit(X_train, y_train)
```

이 시점에서 각 모델을 테스트 세트에서 예측하고 이 모든 예측을 다수결 투표 알고리듬을 사
용해서 앙상블합니다. SciPy의 mode 함수를 사용해서 구현하겠습니다.

```
import numpy as np
from scipy.stats import mode

preds = np.stack([model_1.predict(X_test),
                  model_2.predict(X_test),
                  model_3.predict(X_test)]).T

max_voting = np.apply_along_axis(mode, 1, preds)[:,0]
```

우선 각 단일 모델의 정확도를 확인합니다.

```
for i, model in enumerate(['SVC', 'RF ', 'KNN']):
    acc = accuracy_score(y_true=y_test, y_pred=preds[:, i])
    print(f"Accuracy for model {model} is: {acc:0.3f}")
```

세 모델이 0.8 정도 되는 비슷한 성능을 가집니다. 이제 다수결 투표 알고리듬 앙상블을 확인할 시간입니다.

```
max_voting_accuray = accuracy_score(y_true=y_test, y_pred=max_voting)
print(f"Accuracy for majority voting is: {max_voting_accuray:0.3f}")
```

다수결 투표 알고리듬 앙상블은 0.817로 실제로 조금 더 정확합니다. 다수의 올바른 신호를 합치려 하기 때문입니다.

다중 레이블 문제(여러 클래스를 예측할 수 있음)의 경우 클래스의 예측이 잡음이 아니라 신호임을 나타내는 임계값을 가정해서 특정 횟수 이상으로 예측되는 클래스를 선택할 수 있습니다. 예를 들어 5개의 모델을 가진 경우 이 임계값을 적어도 세 모델 이상이 예측하면 정답으로 고려한다는 것을 의미하는 3으로 설정할 수 있습니다.

회귀 문제나 확률을 예측하는 경우는 다수결 투표 알고리듬을 사용할 수 없습니다. 다수결 투표 알고리듬은 클래스 분류에만 효과가 있습니다. 숫자를 예측해야 하는 경우에는 결과를 수치로 결합시켜야 합니다. 이때 **평균** 또는 **가중 평균**을 활용해서 예측을 결합하는 올바른 방법을 찾습니다.

9.2.2 모델 예측의 평균화

대회에서 다양한 모델의 예측을 평균화할 때 모든 예측이 동일한 예측력을 가지고 있다고 보고 산술 평균을 사용해서 평균값을 구합니다.

산술 평균 이외에도 효과적인 방법은 다음과 같습니다.

- **기하 평균**: n개의 예측을 곱한 다음 곱셈 결과의 1/n승을 계산
- **로그 평균**: 기하 평균과 유사합니다. 예측의 로그를 구하고 그 평균을 구한 뒤 결과의 지수를 계산

- **조화 평균**: 예측의 역수를 취해 산술 평균을 구하고 결과의 역수를 계산
- **제곱의 평균**: 예측의 n제곱의 평균을 구하고 결과의 1/n승을 계산

산술 평균은 매우 효과적이고 일반적인 경우 예상보다 더 잘 작동해서 부담 없는 방법입니다. 간혹 기하 평균이나 조화 평균 같은 변형이 더 효과적이기도 합니다.

이전 예시를 계속 사용해서 **ROC-AUC**로 평가 지표를 바꾸었을 때 어떤 평균이 가장 효과적인지 확인하겠습니다. 처음에는 각 단일 모델의 성능을 평가할 것입니다.

```python
proba = np.stack([model_1.predict_proba(X_test)[:, 1],
                  model_2.predict_proba(X_test)[:, 1],
                  model_3.predict_proba(X_test)[:, 1]]).T

for i, model in enumerate(['SVC', 'RF ', 'KNN']):
    ras = roc_auc_score(y_true=y_test, y_score=proba[:, i])
    print(f"ROC-AUC for model {model} is: {ras:0.5f}")
```

0.875에서 0.881 사이의 결과를 얻었습니다.

첫 테스트는 산술 평균을 사용해서 실행했습니다.

```python
arithmetic = proba.mean(axis=1)
ras = roc_auc_score(y_true=y_test, y_score=arithmetic)
print(f"Mean averaging ROC-AUC is: {ras:0.5f}")
```

ROC-AUC 점수 결과는 0.90192로 명백하게 단일 모델의 성능보다 뛰어납니다. 이제 기하 평균, 조화 평균, 로그 평균 또는 제곱의 평균이 일반적인 평균을 뛰어넘는지 테스트하겠습니다.

```python
geometric = proba.prod(axis=1)**(1/3)
ras = roc_auc_score(y_true=y_test, y_score=geometric)
print(f"Geometric averaging ROC-AUC is: {ras:0.5f}")

harmonic = 1 / np.mean(1. / (proba + 0.00001), axis=1)
ras = roc_auc_score(y_true=y_test, y_score=harmonic)
print(f"Geometric averaging ROC-AUC is: {ras:0.5f}")

n = 3
```

```
mean_of_powers = np.mean(proba**n, axis=1)**(1/n)
ras = roc_auc_score(y_true=y_test, y_score=mean_of_powers)
print(f"Mean of powers averaging ROC-AUC is: {ras:0.5f}")

logarithmic = np.expm1(np.mean(np.log1p(proba), axis=1))
ras = roc_auc_score(y_true=y_test, y_score=logarithmic)
print(f"Logarithmic averaging ROC-AUC is: {ras:0.5f}")
```

코드 실행을 통해 어떤 다른 평균도 일반 평균의 성능을 넘지 못했습니다. 이번 사례에서는 산술 평균이 앙상블을 위해서 가장 좋은 선택지입니다. 실제로 일반 평균보다 더 좋은 효과를 보이는 것은 대부분 숫자를 결합하는 방식에 사전 지식을 활용하는 경우입니다. 이런 상황은 평균 계산에서 모델에 가중치를 부여할 때 일어납니다.

9.2.3 가중 평균

모델에 가중치를 부여할 때는 올바른 가중치를 파악하려면 경험적인 방법을 찾아야 합니다. (과대적합에 빠지기 쉽긴 하지만) 가장 일반적인 방법은 공개 리더보드에 가장 좋은 점수를 얻는 조합을 찾을 때까지 다양한 조합을 테스트하는 것입니다. 여기서 원칙은 더 효과가 좋은 것에 가중치를 부여한다는 것입니다. 하지만 앞서 자세히 살펴봤듯 보통 공개 리더보드의 피드백은 비공개 테스트 데이터와 중요한 차이가 있을지 몰라 신뢰하기 어려워 교차검증 점수나 OFF 점수를 사용합니다(후자는 스태킹과 함께 다른 절에서 살펴봅니다). 다른 전략은 **모델의 교차검증의 성능에 비례해서** 가중치를 사용하는 것입니다.

(다소 직관적이지 않지만) 매우 효과적인 다른 방법은 **공분산에 반비례해서** 제출물에 가중치를 부여하는 것입니다. 평균화는 사실 오류를 무효화하려 합니다. 따라서 각 제출물의 고유 분산 unique variance 를 바탕으로 평균화를 하면 더 연관성이 낮고, 더 다양하고 효과적으로 예측의 분산을 줄여주는 예측에 가중치를 더 많이 부여합니다.

다음 예시에서는 우선 예측된 확률들의 **상관 행렬** correlation matrix 을 생성한 후 다음 과정을 진행합니다.

1. 대각선에서 1 값을 제거하고 0으로 바꿉니다.
2. 상관행렬을 행별로 평균을 구해 벡터를 얻습니다.
3. 각 행 합계의 역수를 구합니다.

4. 합계를 1.0으로 정규화합니다.

5. 예측 확률의 행렬 곱에서 가중치 벡터를 사용합니다.

다음은 실행 코드입니다.

```python
cormat = np.corrcoef(proba.T)
np.fill_diagonal(cormat, 0.0)
W = 1 / np.mean(cormat, axis=1)
W = W / sum(W) # 합계를 1.0으로 정규화
weighted = proba.dot(W)
ras = roc_auc_score(y_true=y_test, y_score=weighted)
print(f"Weighted averaging ROC-AUC is: {ras:0.5f}")
```

ROC-AUC 결과는 0.90206로 평균보다 약간 더 좋습니다. 상관관계가 낮은 예측에 중요성을 더 부여하는 것은 보통 성공하는 앙상블 전략입니다. 비록 개선되는 폭이 작지만 대회에서는 충분히 유리한 위치를 차지하게 됩니다.

9.2.4 교차검증 전략의 평균화

지금까지 살펴본 것처럼 평균화를 위해 특별하고 복잡한 파이프라인을 구축할 필요는 없습니다. 모델을 만드는 특정 수의 일반적인 파이프라인만 있으면 되며, 모델들의 모든 예측에 동일한 가중치를 사용하거나 경험적으로 발견한 가중치를 사용해서 평균화합니다. 테스트하는 유일한 방법은 공개 리더보드에 제출하는 것입니다. 그렇기에 평균화의 평가가 오직 캐글의 응답에만 기대 과대적합의 위험이 있습니다.

하지만 리더보드에 직접 테스트하기 전에 훈련하는 동안 검증 분할(훈련에 사용하지 않은 분할)에 평균화 작업을 실행해서 테스트합니다. 이 과정을 통해 리더보드의 피드백에 비해 덜 편향된 피드백을 받습니다. 다음 코드에서 교차검증 예측을 조직하는 방법의 예시를 확인하겠습니다.

```python
from sklearn.model_selection import KFold

kf = KFold(n_splits=5, shuffle=True, random_state=0)
scores = list()
```

```
for k, (train_index, test_index) in enumerate(kf.split(X_train)):
    model_1.fit(X_train[train_index, :], y_train[train_index])
    model_2.fit(X_train[train_index, :], y_train[train_index])
    model_3.fit(X_train[train_index, :], y_train[train_index])

    proba = np.stack(
            [model_1.predict_proba(X_train[test_index, :])[:, 1],
             model_2.predict_proba(X_train[test_index, :])[:, 1],
             model_3.predict_proba(X_train[test_index, :])[:, 1]]).T

    arithmetic = proba.mean(axis=1)
    ras = roc_auc_score(y_true=y_train[test_index],
                        y_score=arithmetic)
    scores.append(ras)
    print(f"FOLD {k} Mean averaging ROC-AUC is: {ras:0.5f}")

print(f"CV Mean averaging ROC-AUC is: {np.mean(scores):0.5f}")
```

교차검증 결과에 의지하는 이 코드는 직접적으로 공개 리더보드에 테스트하지 않아도 어떤 평균화 전략이 더 유력한지 평가하는 데 도움을 줄 것입니다.

9.2.5 ROC-AUC 평가를 위한 평균 수정

작업이 ROC-AUC 점수로 평가된다면 결과만 평균화해서는 충분하지 않습니다. 서로 다른 모델은 다른 최적화 전략을 적용했을 것이고 출력도 크게 다르기 때문입니다. 5장에서 다룬 후처리로 모델을 보정하는 것이 한 가지 해결 방법입니다. 하지만 이 보정은 확실히 더 긴 시간과 더 많은 계산이 필요합니다.

이런 경우 간단한 해결 방법은 출력 확률을 순위로 바꾸고 그 순위의 평균을 구하면 됩니다(또는 가중 평균을 구합니다). 최소-최대 스케일링 접근법을 사용해서 각 모델의 추정을 0-1 범위로 바꾸고 예측을 평균화합니다. 이로써 모델의 확률적 출력은 비교 가능한 순위로 변환될 것입니다.

```
from sklearn.preprocessing import MinMaxScaler

proba = np.stack(
        [model_1.predict_proba(X_train)[:, 1],
```

```
                model_2.predict_proba(X_train)[:, 1],
                model_3.predict_proba(X_train)[:, 1]]).T

arithmetic = MinMaxScaler().fit_transform(proba).mean(axis=1)
ras = roc_auc_score(y_true=y_test, y_score=arithmetic)
print(f"Mean averaging ROC-AUC is: {ras:0.5f}")
```

테스트 예측을 직접 처리할 때 이 접근 방법은 완벽하게 작동합니다. 하지만 교차검증을 하는 동안 결과의 평균을 구하면 훈련 데이터의 예측 범위가 테스트 예측의 범위와 달라 문제가 생길 것입니다. 이 경우 보정 모델(사이킷런의 확률 보정probability calibration[3]과 5장 참조)을 훈련해 각 모델의 예측을 비교 가능한 실제 확률로 변환해서 문제를 해결하는 방법이 있습니다.

9.3 메타 모델을 사용한 모델 블렌딩

(1장에서 길게 살펴본) 넷플릭스 대회는 평균화가 데이터 과학 대회에서 어려운 문제를 마주했을 때 유용하다는 사실을 보여주었을 뿐만 아니라 모델을 사용해 모델들의 결과에서 더 효율적으로 평균을 구한다는 아이디어가 등장하는 계기가 되었습니다. 우승팀 BigChaos는 논문[v]에 블렌딩을 많이 언급했고 효율성과 작동 방법에 많은 힌트를 제공하고 있습니다.

짧게 말하면 블렌딩은 예측을 결합하는 데 사용하는 가중치가 홀드아웃 세트와 그 출력을 학습한 메타 모델을 통해 추정되는 일종의 가중 평균화 절차입니다. **메타 모델**meta-model은 다른 머신러닝 모델의 출력을 학습한 머신러닝 알고리듬입니다. 일반적으로 메타학습기는 선형 모델(가끔은 비선형 모델)이지만 실제로는 원하는 것을 사용할 수 있습니다. 다만 이제부터 살펴볼 일부 위험성이 동반됩니다.

블렌딩을 얻는 절차는 간단합니다.

1. 모델을 구축하기 전에 훈련 데이터에서 홀드아웃 샘플을 무작위로 추출합니다(팀 안에서는 모두 같은 홀드아웃을 사용해야 합니다). 일반적으로 홀드아웃은 사용 가능한 데이터의 약 10% 정도를 사용하지만 (예를 들면 훈련 데이터의 예제 수, 계층화 등의) 상황에 따라서 더 작거나 더 많아질 수도 있습니다. 항상 그렇듯 샘플링에서는 샘플링의 대표성을 보장하기 위해서 계층화를 실행합니다. 그리고 적대적 검증을 사용해서 샘플이 나머지 훈련 데이터 세트의 분포와 실제로 일치하게 테스트할 수 있습니다.

---

3 *https://scikit-learn.org/stable/modules/calibration.html*

2. 남은 훈련 데이터로 모든 모델을 학습시킵니다.

3. 홀드아웃과 테스트 데이터로 예측을 합니다.

4. 아웃홀드 예측을 메타학습기의 훈련 데이터로 사용합니다. 그리고 이 메타학습기 모델을 재사용해 모델들의 테스트 예측을 사용해서 최종 테스트 예측을 계산합니다. 또는 메타학습기를 사용해서 가중 평균에 사용되어야 할 예측과 그 예측의 가중치를 선정하는 데 사용할 수도 있습니다.

이런 절차에는 몇 가지 장점과 단점이 있습니다. 우선 장점을 확인할까요? 첫째로 구현하기 쉽습니다. 홀드아웃 샘플이 무엇인지 파악하기만 하면 되죠. 또한 메타학습 알고리듬을 사용하면 공개 리더보드에 테스트하지 않고도 최적의 가중치를 찾을 수 있습니다.

단점을 살펴보면 샘플의 크기나 사용하는 모델의 유형에 따라서 훈련 예제의 수가 줄어서 예측의 분산을 증가시킵니다. 게다가 아무리 홀드아웃을 샘플링하는 방법에 공을 들여도 홀드아웃에는 맞지만 일반화할 수 없는 가중치를 찾아버리는 경우 여전히 과대적합에 빠질 수 있습니다. 특히 너무 복잡한 메타학습기를 사용하는 경우 리스크가 높아집니다. 마지막으로 테스트 목적으로 홀드아웃을 사용하는 것은 (모델 검증 관련 장에서 살펴본) 훈련과 테스트 분할과 같은 한계를 가집니다. 홀드아웃의 샘플 사이즈가 너무 작거나 어떤 이유로 인해서 대표성을 가지지 못한다면 신뢰할 만한 추정을 얻을 수 없습니다.

9.3.1 모델 블렌딩의 모범 사례

블렌딩에서는 사용하는 메타학습기의 종류에 따라 큰 차이가 발생합니다. 가장 일반적인 선택은 선형 모델이나 비선형 모델을 사용하는 것입니다. 선형 모델들 중에서는 선형 회귀와 로지스틱 회귀가 선호됩니다. 정규화된 모델을 사용해도 유용하지 않은 모델을 제거(L1 정규화)하거나 덜 유용한 모델의 영향력을 줄이는 데(L2 정규화) 도움이 됩니다. 이러한 세 종류의 메타학습기를 사용할 때의 한 가지 한계는 모델의 계수 값에서 알 수 있듯이 일부 모델에 부정적인 기여도를 할당한다는 점이며, 이런 상황에서는 일반적으로 모델이 과대적합됩니다. 모든 모델은 앙상블을 구성하는 데 적극적으로 기여하기 때문입니다(아니면 최악의 경우 전혀 기여하지 않습니다). 최신 버전의 사이킷런은 긍정적인 가중치만을 도입하고 차단을 제거합니다. 정규화 역할을 하는 이런 제약 조건이 과적합을 방지합니다.

비선형 모델 메타학습기는 회귀와 이진 분류 문제에서 과대적합되는 경향이 있기 때문에 덜 일반적입니다. 하지만 클래스들 사이의 복잡한 관계를 모델링할 수 있기 때문에 다중 분류나 다중 레이블 분류 문제에서는 자주 빛을 발합니다. 또한 모델들의 예측들 이외에도 원래 특징들을 함께 제공하는 경우 일반적으로 더 나은 성능을 보입니다. 비선형 모델 메타학습기는 더 신뢰해야 할 모델을 올바르게 선택하는 데 도움이 되는 유용한 상호작용을 발견하는 경우도 있기 때문입니다.

다음 예시에서는 먼저 선형 모델(로지스틱 회귀$^{logistic\ regression}$)을 사용해서 블렌딩을 시도하고 다음으로 비선형 접근법(랜덤 포레스트)을 사용합니다. 훈련 세트를 블렌딩 구성 요소를 위한 훈련 부분과 메타학습기를 위한 홀드아웃으로 나누면서 시작합니다. 그런 다음 훈련 부분에 모델을 적합하고 홀드아웃으로 예측합니다.

```python
from sklearn.preprocessing import StandardScaler

X_blend, X_holdout, y_blend, y_holdout = train_test_split(X_train, y_train, test_size=0.25, random_state=0)

model_1.fit(X_blend, y_blend)
model_2.fit(X_blend, y_blend)
model_3.fit(X_blend, y_blend)

proba = np.stack([model_1.predict_proba(X_holdout)[:, 1],
                  model_2.predict_proba(X_holdout)[:, 1],
                  model_3.predict_proba(X_holdout)[:, 1]]).T
scaler = StandardScaler()
proba = scaler.fit_transform(proba)
```

이제 홀드아웃으로 예측된 확률을 사용해서 선형 메타학습기를 훈련합니다.

```python
from sklearn.linear_model import LogisticRegression

blender = LogisticRegression(solver='liblinear')
blender.fit(proba, y_holdout)

print(blender.coef_)
```

결과로 나온 계수는 다음과 같습니다.

```
[[0.78911314 0.47202077 0.75115854]]
```

계수를 통해 어떤 모델이 메타앙상블에 더 기여하는지 확인합니다. 하지만 계수가 잘 보정되지 않은 경우 확률도 다시 조정되기 때문에 모델의 계수가 더 크다고 해서 가장 중요하다는 말은 아닙니다. 계수를 통해서 블렌딩에서 각 모델의 역할을 확인하려면 우선 계수를 표준화해서 다시 조정해야 합니다(이 코드 예제에서는 사이킷런의 **StandardScaler**를 사용해서 실행합니다).

예제의 출력은 랜덤 포레스트 모델보다 SVC와 k-최근접 이웃 모델에 가중치가 더 부여되었음을 보여줍니다. 두 모델의 계수는 거의 같으며 둘 다 랜덤 포레스트의 계수보다 큽니다.

일단 메타 모델이 훈련되면 테스트 데이터로 예측을 해서 성능을 확인합니다.

```
test_proba = np.stack([model_1.predict_proba(X_test)[:, 1],
                       model_2.predict_proba(X_test)[:, 1],
                       model_3.predict_proba(X_test)[:, 1]]).T

blending = blender.predict_proba(test_proba)[:, 1]
ras = roc_auc_score(y_true=y_test, y_score=blending)
print(f"ROC-AUC for linear blending {model} is: {ras:0.5f}")
```

비선형 메타학습기를 사용해도 괜찮습니다. 예를 들어 랜덤 포레스트의 경우 다음과 같이 사용합니다.

```
blender = RandomForestClassifier()
blender.fit(proba, y_holdout)

test_proba = np.stack([model_1.predict_proba(X_test)[:, 1],
                       model_2.predict_proba(X_test)[:, 1],
                       model_3.predict_proba(X_test)[:, 1]]).T

blending = blender.predict_proba(test_proba)[:, 1]
ras = roc_auc_score(y_true=y_test, y_score=blending)
print(f"ROC-AUC for non-linear blending {model} is: {ras:0.5f}")
```

선형 및 비선형 모델을 메타학습기로 사용하는 방법 이외의 대안은 카루아나Caruana, 니클레스쿠-미질Niculescu-Mizil, 크루Crew, 키시커스Ksikes가 공식화한 **앙상블 선택**ensemble selection[vi]에서 확인하세요.

앙상블 선택은 사실 가중 평균입니다. 따라서 단순하게 선형 결합과 유사합니다. 하지만 (언덕 오르기 최적화의 일부이기 때문에) 모델을 선택하고 예측에 양수 가중치만 부여하는 제한된 선형 결합입니다. 모델 선택이 포함될 것이기 때문에 과대적합의 리스크를 최소화하고 더 간편한 설루션이 됩니다. 이런 관점에서 앙상블 선택은 과대적합의 위험이 높거나(예를 들어 훈련 사례가 적거나 모델이 너무 복잡해서) 실제 현장의 애플리케이션의 모든 문제에 적합합니다. 더 단순하지만 효과적인 설루션을 제공하기 때문이죠.

메타학습기를 사용하는 경우 자체 비용 함수의 최적화에 의존하게 되기에 대회에서 채택된 지표와 다른 경우가 있습니다. 앙상블 선택의 또 하나의 훌륭한 장점은 최적화에 어떤 평가 함수든 사용할 수 있다는 것입니다. 따라서 대회의 지표가 머신러닝 모델에서 일반적으로 최적화에 사용되는 지표와 다른 경우 대부분 앙상블 선택이 권장됩니다.

앙상블 선택을 구현하려면 앞서 소개한 논문에 언급한 다음 단계가 필요합니다.

1. 훈련된 모델과 홀드아웃 샘플을 가지고 시작합니다.
2. 홀드아웃 샘플을 사용해서 평가 지표를 기준으로 모든 모델을 테스트하고 선택(앙상블 선택)에서 가장 효과적인 모델을 유지합니다.
3. 그런 다음 앙상블 선택에 추가할 다른 모델을 계속 테스트해서 제안된 선택의 평균이 이전 평균보다 향상되도록 합니다. 이 과정은 모델을 대체하거나 대체하지 않는 방식으로 진행할 수 있습니다. 대체하지 않는 경우 선택 앙상블에 모델을 한 번만 넣습니다. 이 경우 절차는 전진 선택 후 평균을 구하는 것과 같습니다(전진 선택에서는 모델을 더 추가해도 성능이 개선되지 않을 때까지 성능을 가장 개선하는 모델을 설루션에 반복적으로 추가합니다). 대체하면 모델을 선택에 여러 번 넣을 수 있어 가중 평균과 유사합니다.
4. 더 이상 개선할 수 없게 되었을 때 과정을 멈추고 앙상블 선택을 사용합니다.

다음은 앙상블 선택의 간단한 코드입니다. 훈련 데이터에서 홀드아웃 샘플과 훈련 샘플을 가져오면서 시작합니다. 앞서 블렌딩의 메타학습기처럼 모델을 적합하고 홀드아웃으로 예측을 얻습니다.

```python
X_blend, X_holdout, y_blend, y_holdout = train_test_split
    (X_train, y_train, test_size=0.5, random_state=0)

model_1.fit(X_blend, y_blend)
model_2.fit(X_blend, y_blend)
model_3.fit(X_blend, y_blend)

proba = np.stack([model_1.predict_proba(X_holdout)[:, 1],
```

```
                  model_2.predict_proba(X_holdout)[:, 1],
                  model_3.predict_proba(X_holdout)[:, 1]]).T
```

다음 코드에서 앙상블은 일련의 반복을 통해 생성됩니다. 매 반복마다 모든 모델을 현재 앙상블에 추가하고 모델이 개선되었는지 확인합니다. 이 추가를 통해 홀드아웃 샘플에 대한 예측이 이전 앙상블보다 나은 결과를 낸 경우 앙상블은 업데이트되고 기준은 현재 수준의 성능으로 올라갑니다.

더 이상 추가를 통해 앙상블을 개선할 수 없을 때 루프가 정지해 앙상블의 구성 요소를 보고받습니다.

```python
iterations = 100
proba = np.stack([model_1.predict_proba(X_holdout)[:, 1],
                  model_2.predict_proba(X_holdout)[:, 1],
                  model_3.predict_proba(X_holdout)[:, 1]]).T
baseline = 0.5
print(f"starting baseline is {baseline:0.5f}")

models = []

for i in range(iterations):
    challengers = list()
    for j in range(proba.shape[1]):
        new_proba = np.stack(proba[:, models + [j]])
        score = roc_auc_score(y_true=y_holdout,
                              y_score=np.mean(new_proba, axis=1))
        challengers.append([score, j])

    challengers = sorted(challengers, key=lambda x: x[0],
                         reverse=True)
    best_score, best_model = challengers[0]

    if best_score > baseline:
        print(f"Adding model_{best_model+1} to the ensemble",
              end=': ')
        print(f"ROC-AUC increases score to {best_score:0.5f}")
        models.append(best_model)
        baseline = best_score
    else:
        print("Cannot improve further - Stopping")
```

마지막으로 각 모델이 평균에 삽입된 횟수를 세고 테스트 세트로 구한 평균의 가중치를 계산합니다.

```python
from collections import Counter

freqs = Counter(models)
weights = {key: freq/len(models) for key, freq in freqs.items()}
print(weights)
```

이 과정은 다양한 방법을 사용해 더 정교하게 만들 수 있습니다. 이 접근법에서는 (특히 초기 단계에) 과대적합이 일어나기 때문에 무작위로 앙상블 집합을 초기화하거나 집합에서 n개의 가장 좋은 성능을 내는 모델들로 시작해야 합니다(n의 값은 하이퍼파라미터로 직접 결정합니다). 다른 변형으로는 각 반복에서 선택에 들어갈 모델 집합을 샘플링하는 방식이 있습니다. 즉 일부 모델을 선택에서 무작위로 제외해 무작위성을 주입할 뿐 아니라 특정 모델이 선택을 지배하지 못하도록 방지합니다.

9.4 모델 스태킹

스태킹stacking은 데이비드 울퍼트David Wolpert의 논문[vii]에서 처음 언급되었습니다. 하지만 아이디어가 널리 수용되고 일반화되기까지는 수년이 걸렸습니다(예를 들면 사이킷런이 2019년 12월 0.22 릴리스에서만 스태킹 래퍼를 구현했습니다). 넷플릭스 대회의 영향이 컸고 이후 캐글 대회의 영향을 받았습니다.

스태킹에는 항상 메타학습기가 있습니다. 하지만 이번에는 **out-of-fold**(OOF) 예측 전략 덕분에 홀드아웃이 아니라 전체 훈련 데이터 세트로 학습합니다. 이 전략은 6장에서 이미 다루었습니다. OOF 예측은 반복 가능한 k-분할 교차검증의 분할에서 시작합니다. '반복 가능'이란 각 라운드에서 각 훈련과 테스트 세트의 사례를 기록하고 무작위 시드로 보장되는 재현성을 활용해서 스택 앙상블의 일부가 될 필요가 있는 각 모델에 동일한 검증 체계를 반복할 수 있다는 의미입니다.

OOF 예측이 훈련 데이터에서 어떻게 작동하는지 다시 떠올려봅시다. 모델을 테스트할 때는 검증의 각 라운드에서 훈련 데이터 일부로 모델을 학습시키고 제외된 다른 부분으로 검증을 합니다.

검증 예측을 기록한 다음 기존 훈련 사례의 순서를 재구성하려 재정렬하면 사용한 것과 동일한 훈련 세트에서 모델의 예측을 얻습니다. 그러나 여러 모델을 사용했고 각 모델이 훈련에 사용하지 않은 사례로 예측을 했기 때문에 훈련 데이터 세트의 예측에 과대적합 효과는 없을 것입니다.

모든 모델의 OOF 예측을 얻은 다음 OFF 예측(첫 번째 수준 예측)을 기반으로 목표를 예측하는 메타학습기를 구축하거나 이전 예측 위에 추가 OOF 예측(두 번째 또는 더 높은 수준의 예측)을 계속 생성해 다중 스태킹 층을 생성합니다. 이는 울퍼드가 제시한 아이디어와 양립합니다. 여러 메타학습기를 사용해서 역전파가 없이 전결합된 순방향 신경망의 구조를 모방하며 가중치는 각 층 수준에서 예측 성능을 최대화하는 데 최적화되도록 계산됩니다. 실용적인 관점에서 여러 층을 쌓으면 단일 알고리듬이 최고의 결과를 얻을 수 없는 복잡한 문제에서 매우 효과적이고 잘 작동함이 입증되었습니다.

게다가 스태킹의 흥미로운 한 가지 측면은 평균화나 블렌딩에서처럼 예측력이 비슷한 모델일 필요가 없다는 점입니다. 실제로 성능이 더 나쁜 모델도 스태킹 앙상블의 일부로 효과가 있을 것입니다. k–최근접 이웃 모델은 그래디언트 부스팅 설루션과는 다르지만 스태킹을 위해 OOF 예측을 사용하는 경우라면 긍정적으로 기여하고 앙상블의 예측 성능을 개선시킬 것입니다.

모든 스태킹 층을 학습시켰다면 이제 예측을 합니다. 다양한 스태킹 단계에서 사용되는 예측을 생성한다면 이를 실행하는 두 가지 방법이 있다는 점에 유의해야 합니다. 올퍼드의 원본 논문에서는 모든 훈련 데이터에 모델을 재학습시키고 재학습된 모델을 테스트 세트를 예측하는 데 사용할 것을 제안합니다. 실제로는 많은 캐글러가 재학습을 하지 않고 각 분할을 위해 생성된 모델을 직접 사용해서 테스트 세트로 마지막에 평균화될 여러 예측을 생성합니다.

경험상 스태킹은 적은 수의 k-분할을 사용할 때 테스트 세트로 예측하기 전에 모든 데이터에 완전히 재학습시키는 것이 일반적으로 더 효율적입니다. 적은 데이터로 훈련을 하는 것은 추정에 더 많은 분산이 생긴다는 의미이므로 이 경우 데이터의 일관성이 예측의 질에 큰 차이를 만듭니다. 6장에서 언급했듯 OOF 예측을 생성할 때는 항상 10에서 20 사이의 높은 수의 분할을 사용하는 것이 더 좋습니다. 이것으로 유지되는 예제의 수를 제한하고 모든 데이터에 재학습하지 않고, 교차검증에서 학습된 모델에서 얻은 예측들의 평균을 사용해서 테스트 세트의 예측을 얻는 데 사용할 수 있습니다.

다음 예제에서는 설명을 목적으로 다섯 개의 분할만을 가지며 결과는 두 번 스태킹되었습니다.

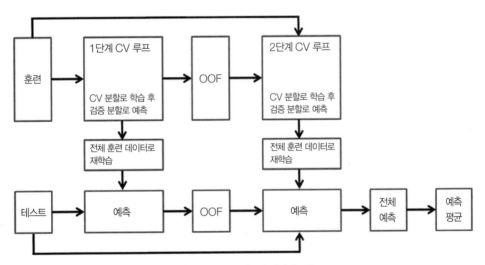

그림 9-1 최종 예측의 평균화를 사용하는 2층 스태킹 프로세스의 다이어그램

다음에 유의하세요.

- 훈련 데이터는 스태킹의 두 수준에 모두 전달되었습니다(스태킹의 두 번째 수준에서 OOF 예측은 훈련 데이터와 결합됩니다).
- CV 루프에서 OOF 예측을 얻으면 모델은 전체 데이터 세트로 재학습됩니다.
- 최종 예측은 스태킹된 예측기들로 얻은 모든 예측의 단순한 평균입니다.

이 다이어그램이 어떻게 파이썬 코드 명령으로 바뀌는지 알아볼까요? 첫 번째 수준의 훈련에서 시작합니다.

```python
from sklearn.model_selection import KFold

kf = KFold(n_splits=5, shuffle=True, random_state=0)
scores = list()

first_lvl_oof = np.zeros((len(X_train), 3))
fist_lvl_preds = np.zeros((len(X_test), 3))

for k, (train_index, val_index) in enumerate(kf.split(X_train)):
    model_1.fit(X_train[train_index, :], y_train[train_index])
    first_lvl_oof[val_index, 0] = model_1.predict_proba(
                                    X_train[val_index, :])[:, 1]

    model_2.fit(X_train[train_index, :], y_train[train_index])
    first_lvl_oof[val_index, 1] = model_2.predict_proba(
                                    X_train[val_index, :])[:, 1]

    model_3.fit(X_train[train_index, :], y_train[train_index])
    first_lvl_oof[val_index, 2] = model_3.predict_proba(
                                    X_train[val_index, :])[:, 1]
```

첫 번째 층 이후에 전체 데이터로 재학습합니다.

```python
model_1.fit(X_train, y_train)
fist_lvl_preds[:, 0] = model_1.predict_proba(X_test)[:, 1]

model_2.fit(X_train, y_train)
fist_lvl_preds[:, 1] = model_2.predict_proba(X_test)[:, 1]

model_3.fit(X_train, y_train)
fist_lvl_preds[:, 2] = model_3.predict_proba(X_test)[:, 1]
```

두 번째 스태킹에서 첫 번째 층과 동일한 모델을 재사용해서 기존 변수에 쌓인 OOF 예측을 추가합니다.

```python
second_lvl_oof = np.zeros((len(X_train), 3))
second_lvl_preds = np.zeros((len(X_test), 3))

for k, (train_index, val_index) in enumerate(kf.split(X_train)):
    skip_X_train = np.hstack([X_train, first_lvl_oof])
```

```
        model_1.fit(skip_X_train[train_index, :],
                    y_train[train_index])
        second_lvl_oof[val_index, 0] = model_1.predict_proba(
                        skip_X_train[val_index, :])[:, 1]

        model_2.fit(skip_X_train[train_index, :],
                    y_train[train_index])
        second_lvl_oof[val_index, 1] = model_2.predict_proba(
                        skip_X_train[val_index, :])[:, 1]

        model_3.fit(skip_X_train[train_index, :],
                    y_train[train_index])
        second_lvl_oof[val_index, 2] = model_3.predict_proba(
                        skip_X_train[val_index, :])[:, 1]
```

두 번째 층에서 다시 전체 데이터를 재학습합니다.

```
skip_X_test = np.hstack([X_test, fist_lvl_preds])

model_1.fit(skip_X_train, y_train)
second_lvl_preds[:, 0] = model_1.predict_proba(skip_X_test)[:, 1]

model_2.fit(skip_X_train, y_train)
second_lvl_preds[:, 1] = model_2.predict_proba(skip_X_test)[:, 1]

model_3.fit(skip_X_train, y_train)
second_lvl_preds[:, 2] = model_3.predict_proba(skip_X_test)[:, 1]
```

스태킹은 두 번째 층에서 쌓인 OOF 결과를 평균을 내서 판단을 내립니다.

```
arithmetic = second_lvl_preds.mean(axis=1)
ras = roc_auc_score(y_true=y_test, y_score=arithmetic)
scores.append(ras)
print(f"Stacking ROC-AUC is: {ras:0.5f}
```

ROC-AUC 점수 결과는 약 0.90424입니다. 앞서 같은 데이터와 모델로 블렌딩과 평균화를 시도한 것보다 더 나은 결과입니다.

9.4.1 스태킹 변형

스태킹의 주요 변형에는 여러 층에 걸쳐 테스트 데이터를 처리하는 방법을 바꾸는 부분이 포함됩니다. 쌓인 OOF 예측들만 이용할지, 아니면 기존 특징을 모든 스태킹 층에서 이용할지, 최종 모델로 무엇을 사용할지, 그리고 과대적합을 방지할 때 사용하는 다양한 요령에 따라서 달라집니다.

여기서는 독자적인 실험을 통한 일부 가장 효과적인 방법을 살펴보겠습니다.

- **최적화를 사용하거나 사용하지 않습니다.**
  일부 설루션은 단일 모델을 최적화하는 데 그리 신경을 쓰지는 않습니다. 일부는 오직 마지막 층만, 일부는 첫 번째 층만 최적화합니다. 경험상 단일 모델의 최적화는 중요하므로 스태킹 앙상블을 구축하는 경우 가능한 빨리 최적화하도록 합니다.

- **스태킹 층마다 다른 모델을 사용하거나 모든 스태킹 층에서 같은 순서의 모델을 반복해 사용합니다.**
  문제에 따라서 달라지므로 여기서 일반적으로 적용되는 규칙은 없습니다. 효과적인 모델의 종류도 문제에 따라 달라질 것입니다. 일반적인 제안을 하나 한다면 그래디언트 부스팅 설루션과 신경망을 함께 놓았을 때는 준수한 성능을 발휘했습니다.

- **스태킹 절차의 첫 수준에서 가능한 많은 모델을 생성합니다.**
  예를 들어 분류 문제에서 회귀 모델을 시도하거나 회귀 문제에서 분류 모델을 시도합니다. 또한 다양한 하이퍼파라미터를 설정한 다양한 모델을 이용해도 좋습니다. 그러니 지나치게 광범위한 최적화는 피합니다. 스태킹이 대신 결정할 테니까요. 신경망을 사용하는 경우 랜덤 초기화 시드를 바꾸는 것만으로도 다양한 모델을 만들 수 있습니다. 그리고 다양한 특징 공학을 사용하는 모델을 시도하거나 (t-SNE 차원을 사용한 설루션[4]처럼) 비지도 학습을 사용할 수도 있습니다. 이런 모든 기여도의 선택이 스택의 두 번째 수준에서 이루어진다는 주요 아이디어가 의미하는 바는 해당 시점에서는 더 이상 실험할 필요가 없으며 더 좋은 성능을 내는 모델의 좁은 범위의 집합에 집중하면 된다는 것입니다. 스태킹을 적용하면 모든 실험을 재사용할 수 있게 되며, 모델링 파이프라인에 무엇을 얼마만큼 사용해야 하는지 스태킹이 결정할 것입니다.

- 일부 스태킹 구현은 다음 단계로 모든 특징을 전달하거나 선발된 특징을 전달합니다. 신경망의 스킵 층을 연상시키죠. 스택의 후기 단계에서 특징을 가지고 오면 결과가 개선되지만 더 많은 노이즈와 과적합의 위험도 함께 가져오기 때문에 주의가 필요합니다.

- OOF 예측은 큰 수의 분할을 사용하는 교차검증 체계에서 만들어지는 것이 이상적입니다. 다시 말하면 10에서 20 사이의 분할을 권장합니다. 하지만 이미 5 분할같이 적은 수로 작동하는 설루션도 살펴보았습니다.

- 각 폴드별로 데이터를 여러 번 배깅(반복에 의한 재샘플링)한 다음 모델의 모든 결과(OOF 예측과 테스트 예측)를 평균화하면 과대적합을 피하고 더 나은 결과를 생성하는 데 도움이 됩니다.

---

4 *https://www.kaggle.com/c/otto-group-product-classificationchallenge/discussion/14295*

- **스태킹의 조기 중단에 주의하세요.**
검증 분할에 직접 사용할 경우 일정 수준의 과대적합을 유발합니다. 과대적합은 마지막에 스태킹 절차에 의해서 완화될 수도 있고 그렇지 않을 수도 있습니다. 조기 중단은 안전하게 실행할 것을 권장합니다. 항상 검증 분할이 아니라 훈련 분할의 검증 샘플을 기반으로 조기 중단을 적용하는 것이 좋습니다.

가능성은 끝이 없습니다. 일단 이 앙상블의 기본 개념을 파악한 다음 필요한 것은 문제에 창의력을 적용하는 것뿐입니다. 핵심 개념은 캐글 대회의 스태킹 설루션을 살펴볼 이 장의 마지막 절에서 확인합니다.

9.5 복잡한 스태킹과 블렌딩 설루션 만들기

지금까지 살펴본 테크닉을 얼마나 적용해야 할지 궁금할 것입니다. 이론적으로는 태뷸러 데이터 대회 이외에도 지금까지 소개한 앙상블 기법은 캐글의 모든 대회에서 사용해도 무방하지만 실제로는 몇 가지 제한 요소가 있습니다.

- 데이터가 거대하면 단일 모델을 학습시키는 데 긴 시간이 걸립니다.
- 이미지 인식 대회의 경우 딥러닝을 사용하기 어렵습니다.
- 딥러닝 대회에서는 모델을 스태킹할 수는 있지만 다양한 모델을 선택해 스태킹하는 데 제한이 있습니다. 딥러닝 설루션으로 제한되기 때문에 성능의 저하 없이 신경망과 일부 하이퍼파라미터(때로는 초기화 시드만)의 디자인 측면에 작은 변화를 줍니다. 모델 유형이 같다는 점과 차이점보다 유사성이 더 많은 구조를 고려할 때 결국 예측은 너무 유사하거나 필요 이상으로 상관관계를 가지는 경향을 보이고 앙상블의 효율성은 제한됩니다.

이런 조건에서는 일반적으로 복잡한 스태킹 체계를 실현하기 어렵습니다. 이에 비해 평균화와 블렌딩은 큰 데이터 세트일 때도 가능합니다.

최근의 태뷸러 데이터 대회에서처럼 초기 대회에서도 복잡한 스태킹 설루션과 블렌딩 설루션이 그 시대를 지배했습니다. 대회를 위한 스태킹에 들어갈 필요가 있는 복잡성과 창의성의 아이디어를 전달하도록 이 마지막 절에서는 지우베르투 치테릭스Gilberto Titericz와 스타니슬라프 세묘노프Stanislav Semenov가 오토 그룹 제품 분류 대회[5]에서 제공한 설루션을 살펴보겠습니다. 대회

---

5 Otto Group Product Classification Challenge. *https://www.kaggle.com/c/otto-group-product-classification-challenge*

는 2015년에 개최되었으며 과제는 93개의 특징을 토대로 20만 개가 넘는 제품을 9개의 다른 클래스로 분류하는 것이었습니다.

질베르토와 스타니슬라프가 제안한 설루션은 3가지 수준으로 구성되어 있습니다.

1. 첫 번째 수준에는 33개의 모델이 있습니다. k 파라미터만 바꾼 k-최근접 이웃의 군집을 제외하면 모든 모델은 상당히 다른 알고리듬을 사용했으며, 비지도 t-SNE도 사용했습니다. 거기에 차원 수 조작(최근접 이웃과 군집에서의 거리에 계산을 수행)과 행 통계(각 행에서 0이 아닌 요소의 수)를 토대로 8개의 특징을 제작했습니다. 모든 OOF 예측과 특징은 두 번째 층으로 넘어갔습니다.

2. 두 번째 층에서는 하이퍼파라미터 최적화와 모델 선택, 그리고 배깅(리샘플링으로 동일한 모델을 여러 버전으로 만들었고 각 모델의 결과들의 평균을 구했음)을 시작했습니다. 마지막에는 전체 데이터에 재학습시킨 3가지 모델(XGBoost, AdaBoost, 신경망)만 남았습니다.

3. 세 번째 층에서는 우선 XGBoost와 신경망의 기하 평균을 구한 다음, 이 값과 AdaBoost와의 평균을 구해서 결과의 가중 평균을 준비했습니다.

이 설루션에는 대회를 넘어 많은 곳에 적용할 수 있는 교훈을 얻을 수 있습니다. 복잡성(두 번째 층에서 리샘플링한 횟수는 각 모델당 수백 번 정도)을 제외하면 이번 장에서 설명했던 체계들의 여러 변형이 있습니다. 이 설루션을 지배하는 것은 창조성과 시행착오입니다. 이것은 한 대회와 다른 대회의 문제가 동일한 경우가 거의 없고 각 설루션이 고유하며 쉽게 반복할 수 없는 대부분의 캐글 대회에서 매우 일반적으로 나타나는 현상입니다.

AutoGluon 등 많은 AutoML 엔진은 다소 노골적으로 이러한 절차에서 영감을 얻으려는 시도를 합니다. 최고의 스태킹이나 블렌딩 결과를 보장하는 사전 정의된 일련의 자동화된 단계를 제공하는 것이 목적입니다.

> **NOTE_** AutoGluon이 스태킹 모델을 구성하는 데 사용한 알고리듬의 목록은 AutoGluon-Tabular를 소개하는 논문[viii]을 참고하세요. 상당히 길지만 자신의 스태킹 설루션에 적용할 많은 아이디어가 있습니다.

이렇게 AutoML 엔진이 일부 모범 사례를 구현하고 있지만 그 결과는 좋은 캐글러들의 팀이 달성한 것과 비교하면 언제나 수준 이하입니다. 실험을 하는 방식과 앙상블을 구성하는 방식에 창조성을 부여하는 것이 성공의 핵심이기 때문입니다. 지금까지 읽은 이번 챕터에도 같은 규칙이 적용됩니다. 지금까지 최고의 사례를 보여주었지만 이 사례를 시작점으로 받아들여주세요. 그리고 아이디어를 조합하고 해결해야 하는 캐글 대회나 실제 현장 문제를 토대로 혁신을 이끌어내어 자신의 설루션을 창조하세요.

9.6 요약

이번 장에서는 여러 설루션의 앙상블이 어떻게 작동하는지 살펴보았고 각자의 설루션을 구축하기 시작하는 데 유용한 코드 예제를 제시했습니다. 랜덤 포레스트와 그레이디언트 부스팅같이 모델 앙상블에 힘을 실어주는 아이디어에서 시작했습니다. 그런 다음 테스트 제출물의 단순한 평균부터 스태킹 모델의 여러 층에 걸친 메타 모델링까지 다양한 앙상블 접근법을 탐색했습니다.

마지막에 언급했듯 앙상블은 몇 가지 공유된 공통 사례를 기반으로 하는 예술 형식에 가깝습니다. 캐글 대회를 우승한 성공적이고 복잡한 스태킹 체계를 탐색하면서 어떻게 그 조합으로 그 데이터와 문제에 맞췄는지를 확인하고 감탄했습니다. 하지만 스태킹을 가져와서 복제하는 정도로 다른 문제에서 최고의 설루션이 되기를 바랄 수는 없습니다. 가이드라인을 따라 많은 실험과 계산 과정을 거치면 평균화/스태킹/블렌딩으로 구성된 최고의 설루션을 찾을 겁니다.

다음 장에서는 딥러닝 대회를 자세히 살펴보기 시작합니다. 먼저 분류와 분할 과제를 위한 컴퓨터 비전 대회에서 출발합니다.

인터뷰 | 18 데이터를 이해하면 프로젝트가 시작된다

- 롭 물라Rob Mulla
- https://www.kaggle.com/robikscube
- 바이오코어LLCBiocore LLC. 의 책임 데이터 과학자
- 대회, 노트북, 토론 그랜드마스터

가장 좋아하는 대회 유형과 이유를 알려주세요. 어떤 대회가 가장 자신있나요?

제가 가장 좋아하는 유형의 대회는 독특한 데이터 세트가 있는 대회예요. 다양한 유형의 모델링 접근법을 포함하는 새로운 솔루션이 필요할 때 재미있어지거든요. 데이터 세트로 큰 모델들을 훈련시키기보다는 데이터를 잘 이해하고 과제에 맞는 구조를 활용하는 아이디어를 구현하는 게 훨씬 재미있어요. 저는 어떤 특정한 접근법을 전문적으로 다루려고 하지는 않아요. 처음 캐글을 시작했을 때는 주로 그래디언트 부스팅 모델들에 빠져 있었지만 최근에는 대회에서 경쟁력을 갖추려 딥러닝, 컴퓨터 비전, NLP, 최적화를 공부하고 있어요. 저는 여러 기법을 사용하는 대회를 좋아하고요.

캐글 대회에서 사용하는 접근법이 있나요? 이 접근법을 일상 업무에서도 사용하나요?

저는 캐글 대회도 업무와 매우 유사한 방식으로 접근해요. 우선 데이터를 이해해야 하죠. 실제 현장 프로젝트에서는 직접 문제를 정의하고 좋은 지표를 개발해야 하며, 캐글에서는 이미 적용이 되어 있죠. 다음에는 데이터와 지표가 서로 어떻게 연관되어 있는지를 이해한 후, 문제를 푸는 데 가장 적절해 보이는 모델링 기법을 개발하고 테스트합니다. 캐글과 실생활 데이터 과학의 가장 큰 차이는 마지막에 약간의 우위를 얻으려 모델을 앙상블하고 조율한다는 점이에요. 실제 애플리케이션에는 이런 유형의 큰 앙상블이 필요한 경우가 많지 않아요. 계산량이 커지는 데 비해서 얻는 성능 향상이 미미한 경우가 많기 때문이죠.

참가했던 대회 중 특히 어려웠던 대회는 무엇이며, 어떤 통찰로 과제를 해결했나요?

참가했던 대회 중에서 어려웠던 대회는 NFL 헬멧 충격 감지 대회[6]였어요. 이 대회에는 제가 다른 경험이 없었던 비디오 데이터가 포함되어 있었어요. 이 주제와 관련된 일반적인 접근법을 연구하고 기존 논문도 읽어야 했죠. 저는 2단계 접근법을 연구해야 했고 설루션의 복잡성도 높아졌어요. 어려웠던 다른 대회로는 실내 위치 탐색 대회[7]가 있어요. 모델링과 최적화가 필요했고 무엇보다도 데이터를 아주 잘 이해해야 했어요. 결국 대회에서 좋은 성과를 거두지는 못했지만 정말 많은 것을 배웠죠.

캐글이 경력에 도움이 되었나요?

네. 캐글은 제가 데이터 과학 공간에서 명성을 얻는 데 큰 역할을 했어요. 새로운 기술도 캐글에서 익혔죠. 그리고 캐글에서 훌륭한 사람들과 함께 작업을 했고 덕분에 머신러닝 능력도 발전시키는 데 많은 도움을 받았어요.

우리 팀은 NFL 헬멧 충격 감지 대회에서 2위를 했어요. 그리고 이 대회에 참가하기 전에 저는 이미 NFL이 개최한 대회에 몇 차례 참가했었고요. 대회 주최 측에서 연락을 받아 현재 직업에 정착했어요.

경험에 비추어볼 때, 초보 캐글러가 자주 놓치는 것은 뭘까요? 처음 시작할 때부터 알았으면 좋았겠다고 생각하는 것이 있나요?

아직 익숙하지 않은 캐글러는 가끔씩 모델의 앙상블과 하이퍼파라미터 조율을 두고 걱정을 많이 하는 것 같아요. 이런 부분이 대회가 막바지에 이르렀을 때는 중요하지만 좋은 베이스 모델을 구축하기 전이라면 그렇게 중요하지 않아요. 그리고 대회의 지표를 완벽하게 이해하는 것이 아주 중요하다고 생각해요. 많은 캐글러가 이게 설루션을 평가 지표에 최적화하는 방법을 이해하는 데 얼마나 중요한지 모르는 것 같아요.

대회에서 어떤 실수를 해봤나요?

정말 많아요. 모델을 과대적합시켰고 결국 마지막에는 효과가 없이 끝난 것을 작업하는 데 시간을 썼죠. 하지만 저는 이런 실수들이 다음 대회에 필요한 전략을 배우는 데 필요했다고 생각

---

6 NFL 1st and Future – Impact Detection. *https://www.kaggle.com/c/nfl-impact-detection*

7 Indoor Location & Navigation. *https://www.kaggle.com/c/indoor-location-navigation*

해요. 이전 대회에서 꽤 고생했지만 이때 배운 내용은 이후 대회에서 좋은 성적을 내는 데 도움이 되었어요.

데이터 분석과 머신러닝에 특히 추천하는 툴이나 라이브러리가 있나요?

EDA에서는 데이터를 처리하는 방법을 파악할 때 넘파이, 판다스, 맷플롯립Matplotlib이나 다른 시각화 라이브러리를 사용해요. 모델링에서는 사이킷런으로 적절한 교차검증 체계를 설립하고요. XGBoost/LightGBM 같은 표준 모델은 베이스라인을 설정하는 법을 알아두면 좋아요. 딥러닝 라이브러리는 주로 텐서플로우/케라스, 파이토치를 사용해요. 두 라이브러리 중 하나는 잘 알아둘 필요가 있어요.

새로운 영역에 겁내지 말 것

- 그자비에 코노트^{Xavier Conort}
- *https://www.kaggle.com/xavierconort*
- 데이터매핑^{Data Mapping}의 창업자 겸 CEO, 엔지니어
- 대회 그랜드마스터

가장 좋아하는 대회 유형과 이유를 알려주세요. 어떤 대회가 가장 자신있나요?

여러 테이블에 특징 공학을 적용해서 좋은 결과를 얻는 대회가 정말 재미있었어요. 좋은 특징을 캐내는 게 재밌거든요. 특히 새로운 비즈니스 문제인 경우가 더 재미있어요. 이런 경험을 통해 새로운 문제를 해결하는 제 능력에 큰 자신감을 얻게 됐죠. 좋은 특징 공학 외에도 스태킹이 좋은 결과를 얻는 데 도움이 되었어요. 여러 모델을 혼합하거나 텍스트나 카디널리티가 높은 범주형 변수를 수치형 특징으로 변환하는 데 사용했어요. 제가 가장 좋아하는 알고리듬은 GBM이었지만 조합에 다양성을 주려고 다른 알고리듬들도 많이 테스트했고요.

캐글 대회에서 사용하는 접근법이 있나요? 이 접근법을 일상 업무에서도 사용하나요?

가장 중요한 목적은 각 대회에서 최대한 많이 배우는 것이었어요. 참가하기 전에 어떤 기술을 개발할 것인지 평가하려고 노력했죠. 제가 편안함을 느끼는 영역을 넘어서는 걸 겁내지 않았어요. 리더보드의 피드백 덕분에 실수에서 고칠 부분을 빨리 배운다는 사실을 알았으니까요. 일상 업무에서는 이런 기회가 자주 없어요. 우리가 작업하는 솔루션의 실제 품질을 평가하기란 어려워요. 그래서 안전하게 시도하고 과거의 레시피를 자주 반복하죠. 캐글이 없었다면 지금만큼 학습하기는 어려웠을 거예요.

참가했던 대회 중 특히 어려웠던 대회는 무엇이며, 어떤 통찰로 과제를 해결했나요?

제가 가장 좋아하는 대회는 GE 비행 퀘스트[8]예요. GE가 주최했던 대회로 참가자는 미국 국내선 비행들의 도착 시간을 예측해야 했어요. 특히 대회의 비공개 리더보드가 디자인된 방식이

---

8 GE Flight Quest. *https://www.kaggle.com/c/flight*

마음에 들었어요. 미래 이벤트를 예측하는 능력을 측정하는 데 대회 마감 이후의 비행을 사용했거든요.

몇 달치 이력만(기억대로라면 서너 달 정도) 있어서 과대적합될 리스크가 크다는 것을 알고 있었어요. 이 리스트를 완화하려 기상 조건이나 교통량처럼 지연과 명백한 인과 관계가 있는 특징만 구축하기로 결정했어요. 주요 특징 목록에서 공항 이름을 제외하는 건 아주 조심스러웠죠. 사실 기록된 몇 달 동안 일부 공항은 날씨가 나쁜 적이 없었거든요. 그래서 제가 가장 좋아하는 머신러닝 알고리듬 GBM이 공항 이름을 좋은 날씨의 대리로 사용해서 비공개 리더보드에서 이 공항을 제대로 예측하지 못할까 봐 걱정되었어요. 일부 공항은 다른 공항보다 더 잘 관리되고 있다는 사실을 발견하고 리더보드 점수를 약간이라도 올리려고 공항 이름을 사용했지만 잔여 효과로만 사용했어요. 모델의 첫 번째 층 예측의 오프셋으로 사용하는 두 번째 층의 특징이었죠. 이 접근 방식은 첫 번째 단계에서 일부 정보를 검열하는 2단계 부스팅이죠. 저는 이걸 지역과 관련된 잔여 효과를 포착하려고 보험에 이 접근법을 적용한 보험계리사들에게 문의했어요.

캐글이 경력에 도움이 되었나요?

데이터 과학 경력을 시작하는 데 확실한 도움이 되었어요. 데이터 과학으로 전환하기 전에는 보험 계리사로 일했어요. 머신러닝은 아무것도 몰랐고 아는 데이터 과학자도 없었어요. 캐글의 대회의 다양성 덕분에 저는 학습곡선에 속도를 붙였어요. 좋은 결과를 얻어 실적을 증명했고 고용주에게 39살의 보험계리사가 성공적으로 새로운 능력을 가질 수 있다고 납득시켰죠. 그리고 캐글 커뮤니티 덕분에 저는 전 세계의 많은 열정적인 데이터 과학자를 만났어요. 처음에는 이 사람들과 경쟁하는 것이 재미있었어요. 결국 이들 중 몇 사람들과 함께 일할 기회를 가지게 되었어요. 데이터로봇의 창립자인 제러미 아친Jeremy Achin과 토마스 드 고도이Tom De Godoy는 나중에 데이터로봇에 합류할 것을 제안하기 전에는 대회 팀 동료였어요. 만약 캐글이 없었다면 전 아직도 보험 업계에서 보험 계리사로 일하고 있었을 거예요.

캐글 대회에서 나온 결과물을 면접 포트폴리오에 사용한 적이 있나요?

몇 대회에는 고용주나 잠재적 고객에게 좋은 인상을 주려는 목적으로 참가했다는 것을 고백해야겠네요. 결과는 좋았지만 훨씬 덜 재미있었고 스트레스도 많이 받았어요.

경험에 비추어볼 때, 초보 캐글러가 자주 놓치는 것은 뭘까요? 처음 시작할 때부터 알았으면 좋았겠다고 생각하는 것이 있나요?

저는 경험이 적은 캐글러들에게 대회 도중에 포스팅되는 설루션을 보지 말고 직접 좋은 설루션을 찾는 시도를 해보라고 조언하고 싶어요. 캐글 초기에는 참가자들이 코드를 공유하지 않았던 것이 다행이었던 것 같아요. 덕분에 어려운 방법을 배우도록 압박을 받았으니까요.

대회에서 어떤 실수를 해봤나요?

한 가지 실수는 잘못 디자인되어 누수가 발생한 대회에서 너무 오래 시간을 들인 거예요. 이건 정말 시간 낭비예요. 이런 대회에서는 많이 배울 수 없으니까요.

데이터 분석과 머신러닝에 특히 추천하는 툴이나 라이브러리가 있나요?

그레이디언트 부스팅 머신은 제가 가장 좋아하는 알고리듬이에요. 처음에는 R의 gbm을 썼고 다음에는 사이킷런 GBM, 그다음에는 XGBoost, 그리고 마지막으로 LightGBM을 썼어요. 제가 우승한 설루션의 대부분에서 주요 재료가 되어주었어요. GBM이 무엇을 학습하는지 이해하고 싶다면 SHAP를 추천합니다.

대회에 참가할 때 해야 하는 일 또는 중요하게 기억해야 할 것은 어떤 것이 있나요?

대회에 참여해 새로운 걸 배우고, 다른 열정적인 데이터 과학자를 만나세요. 대회에 참여하는 목적을 우승에 두지 마세요.

컴퓨터 비전 모델링

> **이 장의 내용**
>
> - 이미지 분류
>
> - 객체 탐지
>
> - 이미지 분할

컴퓨터 비전은 실용적인 머신러닝 응용 방식으로 인기가 많습니다. 컴퓨터 비전은 많은 캐글러가 딥러닝에 진입하는 시작점이 되기도 합니다(저자 콘라트 역시 마찬가지입니다). 이 분야에는 최근 몇 년간 엄청난 발전이 있었고 계속해서 새로운 라이브러리들도 공개되고 있습니다.

우선 이미지 증강image augmentation을 살펴보면서 시작하겠습니다. 이미지 증강이란 다양한 문제에서 과제에 관계없이 모델의 일반화 능력을 개선하는 기술의 집합을 의미합니다.

10.1 증강 전략

딥러닝 기술이 이미지 인식, 이미지 분할, 객체 탐지 같은 컴퓨터 비전 분야에서 엄청난 성공을 거두는 동안 그 기저에는 일반적으로 극도로 데이터 집중적인 알고리듬이 사용되었습니다. 과대적합을 피하려면 매우 많은 양의 데이터가 필요하다는 의미입니다. 하지만 모든 관심 분야가 이 요구 사항을 충족시킬 수는 없기 때문에 **데이터 증강**data augmentation이 필요합니다. 데이터 증강은 수정된 버전의 이미지를 생성해서 훈련 데이터 세트의 규모와 질을 향상하고 딥러닝 모델의 성능의 개선을 이끌어내는 이미지 처리 기법의 집합을 부르는 이름입니다. 증강된 데이터는 일반적으로 사용 가능한 데이터 포인트의 더 포괄적인 집합을 표현하기 때문에 훈련 세트와 검증 세트 또는 이후의 테스트 세트와 거리를 최소화해 줍니다.

이번 절에서는 소프트웨어 구현의 선택지들과 함께 더 일반적인 증강 기법을 검토하겠습니다. 가장 자주 사용되는 변환은 다음과 같습니다.

- **반전**flipping: 이미지를 (수평이나 수직 축을 기준으로) 반전시키기
- **회전**rotation: 이미지를 주어진 각도만큼 (시계 방향 또는 반시계 방향으로) 회전
- **자르기**cropping: 무작위로 이미지의 일부분을 선택
- **밝기**brightness: 이미지의 밝기를 수정
- **크기 조정**scaling: 이미지를 더 크거나(바깥쪽) 더 작은(안쪽) 크기로 늘리거나 줄이기

미국의 코미디언이자 전설적인 배우 베티 화이트의 이미지로 변환을 설명하겠습니다. [그림 10-1]은 베티 화이트의 원본 이미지입니다.

그림 10-1 베티 화이트 이미지

[그림 10-2]는 수직, 수평 축을 따라 반전한 이미지입니다.

그림 10-2 베티 화이트 이미지-수직 반전(왼쪽)과 수평 반전(오른쪽)

시계 방향으로 회전하겠습니다. [그림 10-3]의 배경에서 여백을 확인하세요.

그림 10-3 베티 화이트 이미지–시계 방향으로 회전

이미지에서 보고 싶은 영역만 잘라낼 수도 있습니다. [그림 10-4]를 확인하세요.

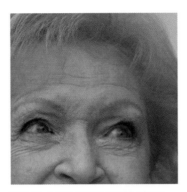

그림 10-4 베티 화이트 이미지–자르기

높은 수준에서 보면 증강은 이 두 방법 중 하나가 적용됩니다.

- **오프라인**^{offline}: 일반적으로 더 작은 데이터 세트(이미지가 적거나 크기가 작은 경우, 하지만 '작다'의 정의는 사용 가능한 하드웨어의 크기에 따라 달라짐)에 적용됩니다. 데이터의 전처리로 원본 이미지의 수정된 버전을 생성해서 원본들과 함께 사용한다는 아이디어입니다.
- **온라인**^{online}: 더 큰 데이터 세트에 사용됩니다. 증강된 이미지는 디스크에 저장되지 않고 미니 배치에 적용되어 모델에 전달됩니다.

다음 몇 개의 절에서는 이미지 데이터 세트 증강에서 가장 일반적으로 쓰이는 2가지 방법인 케라스 내장 기능과 Albumentations 패키지의 개요를 설명합니다. 이외에도 몇 가지 다른 선택지(skimage, OpenCV, imgaug, Augmentor, SOLT)가 있습니다. 여기서는 가장 인기 있는 것들에 집중하겠습니다.

여기서는 카사바 잎 질병 분류 대회[2]의 데이터를 사용합니다. 항상 그렇듯 준비 작업부터 시작합니다. 우선 필요한 패키지를 로딩합니다.

```
import os
import glob
import numpy as np
import scipy as sp
import pandas as pd

import cv2
from skimage.io import imshow, imread, imsave

# imgaug 임포트
import imageio
import imgaug as ia
import imgaug.augmenters as iaa

# Albumentations 임포트
import albumentations as A

# Keras 임포트
# from keras.preprocessing.image import ImageDataGenerator, array_to_img,
# img_to_array, load_img
```

1   https://www.kaggle.com/cdeotte/triple-stratified-kfold-with-tfrecords

2   Cassava Leaf Disease Classification competition. https://www.kaggle.com/c/cassava-leaf-disease-classification

```
# 시각화
import matplotlib.pyplot as plt
import matplotlib.image as mpimg
%matplotlib inline
import seaborn as sns
from IPython.display import HTML, Image

# 경고
import warnings
warnings.filterwarnings("ignore")
```

다음으로 나중에 전달을 간소하게 정리할 도우미 함수를 정의합니다. 배열에 이미지를 로드할
방법이 필요합니다.

```
def load_image(image_id):
    file_path = image_id
    image = imread(Image_Data_Path + file_path)
    return image
```

갤러리 스타일로 여러 이미지를 표시하고 싶습니다. 그래서 원하는 열 수와 함께 이미지를 포
함하는 배열을 입력으로 받고 지정된 열 수를 가진 그리드 모양으로 변형된 배열을 출력하는
함수를 만듭니다.

```
def gallery(array, ncols=3):
    nindex, height, width, intensity = array.shape
    nrows = nindex//ncols
    assert nindex == nrows*ncols
    result = (array.reshape(nrows, ncols, height, width, intensity)
              .swapaxes(1,2)
              .reshape(height*nrows, width*ncols, intensity))
    return result
```

표준 코드boilerplate를 수정해 증강할 이미지를 로드합니다.

```
data_dir = '../input/cassava-leaf-disease-classification/'
Image_Data_Path = data_dir + '/train_images/'
train_data = pd.read_csv(data_dir + '/train.csv')
```

```
# 더 빠른 접근을 위해서 앞 이미지 10개를 메모리에 로드해서 저장한다
train_images = train_data["image_id"][:10].apply(load_image)
```

이미지 하나를 로드해 참조한 이미지를 확인하겠습니다.

```
curr_img = train_images[7]
plt.figure(figsize = (15,15))
plt.imshow(curr_img)
plt.axis('off')
```

그림 10-5 참조 이미지

이후 절들에서는 케라스 내장 기능과 Albumentations 라이브러리를 사용해서 이 참조 이미지에서 증강 이미지를 생성하는 방법을 설명하겠습니다.

10.1.1 케라스 내장 증강

케라스 라이브러리는 증강을 위한 내장 기능이 있습니다. 전용 패키지만큼 범위가 넓지는 않지만 코드와 통합하기 쉽다는 장점이 있습니다. 증강 변환을 정의하는 별도의 코드 블록 없이 어차피 사용할 가능성이 높은 ImageDataGenerator 기능 내부에 통합합니다.

검토할 첫 번째 케라스 접근법은 ImageDataGenerator 클래스에 기초를 두고 있습니다. 이름이 알려주듯 실시간 데이터 증강으로 이미지 데이터 배치를 생성합니다.

ImageDataGenerator 접근법

다음 방식으로 ImageDataGenerator 클래스의 객체의 인스턴스를 생성하면서 시작합니다.

```
import tensorflow as tf
from tensorflow.keras.preprocessing.image import ImageDataGenerator,\
    array_to_img, img_to_array, load_img

datagen = ImageDataGenerator(rotation_range = 40,
                             shear_range = 0.2,
                             zoom_range = 0.2,
                             horizontal_flip = True,
                             brightness_range = (0.5, 1.5))

curr_img_array = img_to_array(curr_img)
curr_img_array = curr_img_array.reshape((1,) + curr_img_array.shape)
```

원하는 증강을 ImageDataGenerator의 인수로 정의합니다. 공식 문서에서는 이 주제를 다루지 않지만 실제 결과에는 인수가 정의된 순서로 증강이 적용됐습니다.

> NOTE_ 위 예시에서는 가능한 선택지 중 제한된 일부만을 활용합니다. 전체 목록을 보고 싶은 경우 다음 링크의 공식 문서에서 찾아볼 것을 권장합니다.
>
> https://keras.io/api/preprocessing/image/

다음은 ImageDataGenerator 객체의 .flow 메서드로 이미지 전체를 반복해서 처리합니다. ImageDataGenerator 클래스는 이미지 데이터 세트를 메모리에 로드하고 증강 데이터의 배치를 생성하는 3가지 다른 함수를 제공합니다.

- flow
- flow_from_directory
- flow_from_dataframe

세 함수는 모두 동일한 목표를 달성하지만 파일 위치를 지정하는 방식이 다릅니다.

```
i = 0
for batch in datagen.flow(
    curr_img_array,
```

```
        batch_size=1,
        save_to_dir='.',
        save_prefix='Augmented_image',
        save_format='jpeg'):
    i += 1
    # 하드 코딩된 중단 - 없으면 생성기는 무한 루프에 빠지게 됨
    if i > 9:
        break
```

앞서 정의한 도우미 함수를 사용해서 증강된 이미지를 검토합니다.

```
aug_images = []
for img_path in glob.glob("*.jpeg"):
    aug_images.append(mpimg.imread(img_path))
plt.figure(figsize=(20,20))
plt.axis('off')
plt.imshow(gallery(np.array(aug_images[0:9]), ncols = 3))
plt.title('Augmentation examples')
```

결과는 다음과 같습니다.

증강 예시

그림 10-6 증강된 이미지 컬렉션

증강은 매우 유용하지만 효율적으로 사용하려면 적절한 판단이 필요합니다. 우선 시각화로 데이터에 미친 영향력을 느껴보는 건 아주 좋은 생각입니다. 모델의 일반화 성능을 높이려 데이터에 일부 변형을 도입하지만 이미지의 근본적인 부분을 지나치게 변형하면 입력 데이터의 정보가 줄어들어 모델의 성능이 저하됩니다. 또한 어떤 증강 방법을 사용하는지 또한 문제에 따라 다릅니다.

[그림 10-6](카사바 잎 질병 분류 대회를 참조)을 보면 질병을 식별해야 하는 잎은 식물의 모양과 이미지 촬영 방법에 따라 크기나 향하고 있는 각도 등이 다릅니다. 따라서 이 맥락에서는 수직과 수평을 기준으로 반전하거나 잘라내거나 회전하는 것이 모두 의미가 있습니다.

세베르스탈: 강철 결함 탐지 대회[3]에서는 맥락이 대조적인 샘플 이미지를 볼 수 있습니다. 이 대회에서 참가자는 강판에서 결함의 위치를 찾고 분류를 해야 했습니다. 모든 이미지는 같은 크기와 방향을 가지고 있어 회전이나 잘라내기를 적용하면 비현실적인 이미지를 생성합니다. 비현실적인 이미지를 데이터에 추가할 경우 알고리듬의 일반화 능력에 부정적인 영향을 미치는 잡음이 추가됩니다.

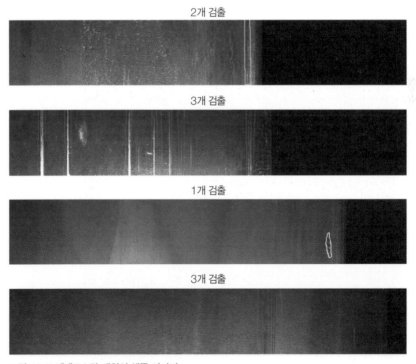

그림 10-7 세베르스탈 대회의 샘플 이미지

---

3 Severstal: Steel Defect Detection. *https://www.kaggle.com/c/severstal-steel-defect-detection*

전처리 층

기본 케라스 방식의 전처리 단계로 데이터 증강에 접근하는 방식 대신 preprocessing API를 사용할 수도 있습니다. 이 기능은 놀라울 정도로 유연해서 파이프라인을 케라스 모델과 조합해서 사용하거나 ImageDataGenerator와 유사한 방식으로 독립적으로 사용할 수 있습니다.

다음은 간단히 전처리 층을 설정하는 방법입니다. 우선 임포트부터 시작합니다.

```
from tensorflow.keras.layers.experimental import preprocessing
from tensorflow.keras import layers
```

표준 케라스 방식으로 사전 훈련된 모델을 로드합니다.

```
pretrained_base = tf.keras.models.load_model(
    '../input/cv-course-models/cv-course-models/vgg16-pretrained-base',
)
pretrained_base.trainable = False
```

전처리 층은 **Sequential** 생성자constructor 안에서 다른 층이 사용되는 것과 같은 방식으로 사용합니다. 다만 모델 정의의 시작 부분에 다른 층들보다 먼저 지정해야 합니다.

```
model = tf.keras.Sequential([
    # 전처리 층
    preprocessing.RandomFlip('horizontal'), # 좌우반전
    preprocessing.RandomContrast(0.5), # 대비 50%로 변경
    # 기본 모델
    pretrained_base,
    # 모델 정의
    layers.Flatten(),
    layers.Dense(6, activation='relu'),
    layers.Dense(1, activation='sigmoid'),
])
```

10.1.2 Albumentations

albumentations 패키지는 다른 라이브러리를 대상으로 한 일종의 래퍼로 구축된 이미지 증강 라이브러리입니다.

NOTE_ 이 패키지[4]는 몇 캐글 대회의 집중적인 코딩의 결과[5]로 예우헤니 흐베드체냐[Eugene Khvedchenya], 블라디미르 이글로비코프[Vladimir Iglovikov], 알렉스 파리노프[Alex Parinov], ZFTurbo를 포함한 유명한 캐글러가 개발에 참가했습니다.

다음은 Albumentations가 가진 장점입니다.

- 다양한 데이터 타입의 통합된 API
- 모든 일반적인 컴퓨터 비전 과제를 지원
- 텐서플로, 파이토치와 통합 가능

albumentations의 기능을 사용해 이미지를 변형하는 것은 간단합니다. 먼저 필요한 변환을 초기화합니다.

```python
import albumentations as A
horizontal_flip = A.HorizontalFlip(p=1)
rotate = A.ShiftScaleRotate(p=1)
gaus_noise = A.GaussNoise()
bright_contrast = A.RandomBrightnessContrast(p=1)
gamma = A.RandomGamma(p=1)
blur = A.Blur()
```

다음은 참조 이미지에 변형을 적용합니다.

```python
img_flip = horizontal_flip(image = curr_img)
img_gaus = gaus_noise(image = curr_img)
img_rotate = rotate(image = curr_img)
img_bc = bright_contrast(image = curr_img)
img_gamma = gamma(image = curr_img)
img_blur = blur(image = curr_img)
```

----

4 _https://albumentations.readthedocs.io/en/latest_

5 _https://medium.com/@iglovikov/the-birth-of-albumentationsfe38c1411cb3_

'image' 키로 증강된 이미지에 접근해 결과를 시각화합니다.

```
img_list = [img_flip['image'],img_gaus['image'], img_rotate['image'],
            img_bc['image'], img_gamma['image'], img_blur['image']]
plt.figure(figsize=(20,20))
plt.axis('off')
plt.imshow(gallery(np.array(img_list), ncols = 3))
plt.title('Augmentation examples')
```

결과는 다음과 같습니다.

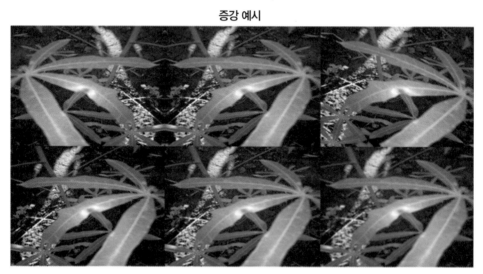

그림 10-8 albumentations 라이브러리를 사용해서 이미지를 증강했다

증강을 컴퓨터 비전 문제에 접근하는 데 핵심적인 처리 단계임을 확인했으며, 다음 절에서 이 지식을 적용합니다. 우선 가장 일반적인 과제인 이미지 분류에서 시작합니다.

10.2 분류

이번 절에서는 이미지 분류 문제를 처리할 때 템플릿으로 사용할 엔드투엔드 파이프라인을 소개합니다. 데이터 준비부터 모델 설정과 추정, 그리고 결과 시각화까지 필요한 과정을 하나하나 살펴보겠습니다. 시각화는 (멋지고) 유용한 정보를 주는 것 이외에도 성능을 더 잘 이해하도록 코드를 면밀하게 검토해야 할 때 매우 유용합니다.

계속해서 카사바 잎 질병 분류 대회의 데이터를 이용합니다.

먼저 필요한 라이브러리를 로딩합니다.

```python
import numpy as np
import pandas as pd
import matplotlib.pyplot as plt
import datetime

from sklearn.model_selection import train_test_split
from sklearn.metrics import accuracy_score
import tensorflow as tf
from tensorflow.keras import models, layers
from tensorflow.keras.preprocessing import image
from tensorflow.keras.preprocessing.image import ImageDataGenerator
from tensorflow.keras.callbacks import ModelCheckpoint, EarlyStopping,
ReduceLROnPlateau
from tensorflow.keras.applications import EfficientNetB0
from tensorflow.keras.optimizers import Adam

import os, cv2, json
from PIL import Image
```

도우미 함수는 코드 가독성을 높이고 디버그가 용이해지기 때문에 일반적으로 정의하는 것이 좋습니다. 만약 일반적인 이미지 분류 문제를 풀려고 한다면 구글 리서치 브레인 팀의 2019년 논문[6]에서 소개한 **EfficientNet** 계열의 모델이 좋은 시작점입니다. EfficientNet의 기본 아이디어는 네트워크 깊이, 너비, 해상도의 균형을 유지해서 모든 차원에서 더 효율적으로 스케일링해 결과적으로 성능을 향상합니다. 여기서 살펴보는 솔루션에서는 계열에서 가장 단순한 모델인 **EfficientNet B0**를 사용합니다. EfficientNet B0는 1100만 개의 파라미터가 있는 작은 신경망입니다.

---

6 *https://ai.googleblog.com/2019/05/efficientnet-improving-accuracy-and.html*

B0를 기반으로 모델을 구성했고 변환 불변성translation invariance을 개선하는 풀링층pooling layer과 다중 분류 문제에 적합한 활성화 함수를 가진 조밀층dense layer이 이어집니다.

```
class CFG:
    # 설정
    WORK_DIR = '../input/cassava-leaf-disease-classification'
    BATCH_SIZE = 8
    EPOCHS = 5
    TARGET_SIZE = 512

def create_model():
    conv_base = EfficientNetB0(include_top = False, weights = None,
                              input_shape = (CFG.TARGET_SIZE,
                              CFG.TARGET_SIZE, 3))
    model = conv_base.output
    model = layers.GlobalAveragePooling2D()(model)
    model = layers.Dense(5, activation = "softmax")(model)
    model = models.Model(conv_base.input, model)
    model.compile(optimizer = Adam(lr = 0.001),
                  loss = "sparse_categorical_crossentropy",
                  metrics = ["acc"])
    return model
```

EfficientNetB0 함수에 전달할 파라미터를 가볍게 살펴보겠습니다.

- include_top은 최종 조밀층을 포함할지 여부를 결정합니다. 여기서는 사전 훈련된 모델을 특징 추출기로 사용하고 싶기 때문에 기본 전략은 모델을 건너뛰고 헤드를 직접 정의하는 것입니다.
- weights는 밑바닥부터 모델을 학습시킬 경우에는 None으로 설정합니다. 큰 이미지 집합에서 사전 학습한 가중치를 사용하고 싶을 경우는 'imagenet'나 'noisy-student'를 설정합니다.

다음 도우미 함수는 활성화 층activation layer을 시각화해 신경망의 성능을 시각적으로 검토하도록 만듭니다. 이 부분은 불투명성으로 악명이 높은 분야에서 직관력을 개발하는 데 도움이 되는 경우가 많습니다.

```
def activation_layer_vis(img, activation_layer = 0, layers = 10):
    layer_outputs = [layer.output for layer in model.layers[:layers]]
    activation_model = models.Model(inputs = model.input,
                                    outputs = layer_outputs)
    activations = activation_model.predict(img)

    rows = int(activations[activation_layer].shape[3] / 3)
    cols = int(activations[activation_layer].shape[3] / rows)
    fig, axes = plt.subplots(rows, cols, figsize = (15, 15 * cols))
    axes = axes.flatten()

    for i, ax in zip(range(activations[activation_layer].shape[3]), axes):
        ax.matshow(activations[activation_layer][0, :, :, i],
                   cmap = 'viridis')
        ax.axis('off')
    plt.tight_layout()
    plt.show()
```

'제한된' 모델, 즉 끝에서 두 번째 층까지의 전체 구조를 사용해서 주어진 모델의 예측을 통해 활성화를 생성합니다. 여기까지가 **activations** 변수까지의 코드입니다. 함수의 나머지 부분에서는 합성곱층의 필터 모양에 맞게 활성화의 올바른 레이아웃을 표시하게 합니다.

다음은 레이블을 처리하고 검증 체계를 설정합니다. 데이터에 (예를 들면 시간 차원이나 클래스 간의 겹침과 같은) 특별한 구조가 없기 때문에 단순한 무작위 분할을 사용합니다.

```
train_labels = pd.read_csv(os.path.join(CFG.WORK_DIR, "train.csv"))

STEPS_PER_EPOCH = len(train_labels)*0.8 / CFG.BATCH_SIZE
VALIDATION_STEPS = len(train_labels)*0.2 / CFG.BATCH_SIZE
```

> **NOTE_** 보다 정교한 검증 체계를 복습하려면 6장을 참조하세요.

TF 기반 알고리듬이 전체 이미지 데이터를 확인하는 데 필요한 데이터 생성기를 설정하겠습니다.

먼저 이미지 확대를 포함시킬 때 **ImageDataGenerator** 객체 2개를 인스턴스화합니다. 지금은 설명을 위해 케라스에 내장된 기본 함수를 사용하며 시작합니다. 다음은 실시간 데이터 증강으로 텐서 이미지 데이터 배치를 생성하는 데 사용되는 flow_from_dataframe() 메서드를 사용해서 생성기를 생성합니다.

```python
train_labels.label = train_labels.label.astype('str')

train_datagen = ImageDataGenerator(
    validation_split = 0.2, preprocessing_function = None,
        rotation_range = 45, zoom_range = 0.2,
        horizontal_flip = True, vertical_flip = True,
        fill_mode = 'nearest', shear_range = 0.1,
        height_shift_range = 0.1, width_shift_range = 0.1)

train_generator = train_datagen.flow_from_dataframe(
    train_labels,
    directory = os.path.join(CFG.WORK_DIR, "train_images"),
    subset = "training",
    x_col = "image_id",y_col = "label",
    target_size = (CFG.TARGET_SIZE, CFG.TARGET_SIZE),
    batch_size = CFG.BATCH_SIZE,
    class_mode = "sparse")

validation_datagen = ImageDataGenerator(validation_split = 0.2)

validation_generator = validation_datagen.flow_from_dataframe(
        train_labels,
        directory = os.path.join(CFG.WORK_DIR, "train_images"),
        subset = "validation",
        x_col = "image_id",y_col = "label",
        target_size = (CFG.TARGET_SIZE, CFG.TARGET_SIZE),
        batch_size = CFG.BATCH_SIZE, class_mode = "sparse")
```

지정한 데이터 구조로 모델을 생성합니다.

```python
model = create_model()
model.summary()
```

일단 모델이 생성되면 빠르게 요약을 검토합니다. 완전기억능력이 없는 이상 EffNetB0와 같이 정교한 모델의 층 구성 배치를 기억하지 못할 가능성이 높기 때문에 요약은 온전성 검사sanity

^{check}에 유용합니다. 실제로 요약을 사용해서 출력 필터의 차원이 올바른지 (훈련 가능하거나 훈련 불가능한) 파라미터 개수가 기대와 일치하는지 여부를 확인합니다. 내용이 너무 길어지므로 출력의 처음 부분만 표시하겠습니다. BO의 아키텍처 다이어그램을 검사해 전체 출력을 확인하세요.

```
Model: "functional_1"
_____
Layer (type)                    Output Shape          Param # Connected to
===============================================================================
input_1 (InputLayer)            [(None, 512, 512, 3) 0
_____
rescaling (Rescaling)           (None, 512, 512, 3)  0        input_1[0][0]
_____
normalization (Normalization) (None, 512, 512, 3)  7        rescaling[0][0]
_____
stem_conv_pad (ZeroPadding2D) (None, 513, 513, 3)  0        normalization[0][0]
_____
stem_conv (Conv2D)              (None, 256, 256, 32) 864      stem_conv_pad[0][0]
_____
stem_bn (BatchNormalization)    (None, 256, 256, 32) 128      stem_conv[0][0]
_____
stem_activation (Activation)    (None, 256, 256, 32) 0        stem_bn[0][0]
_____
block1a_dwconv (DepthwiseConv2D) (None, 256, 256, 32) 288     stem_activation[0][0]
_____
block1a_bn (BatchNormalization) (None, 256, 256, 32) 128      block1a_dwconv[0][0]
```

위 단계를 처리하면 모델 적합을 진행합니다. 이 단계에서 매우 간편하게 콜백을 정의합니다.

```
model_save = ModelCheckpoint('./EffNetB0_512_8_best_weights.h5',
                            save_best_only = True,
                            save_weights_only = True,
                            monitor = 'val_loss',
                            mode = 'min', verbose = 1)
```

체크포인트에는 몇 가지 파라미터를 정교하게 조절합니다.

• save_best_only = True로 설정해 모델 가중치의 최적의 집합을 보존합니다.
• 전체 최적화기의 상태 집합 대신 가중치들만 유지해 모델의 사이즈를 줄입니다.

- 검증 손실의 최솟값을 찾아 최적의 모델을 결정합니다.

다음은 과대적합을 방지하는 방법으로 인기가 있는 조기 중단early stopping을 사용합니다. 홀드아웃 세트에 대한 모델의 성능을 모니터링하고 주어진 에포크 수 동안 지표의 개선이 멈춘다면 알고리듬을 중지합니다. 예제에서는 5를 사용합니다.

```
early_stop = EarlyStopping(monitor = 'val_loss', min_delta = 0.001,
                           patience = 5, mode = 'min',
                           verbose = 1, restore_best_weights = True)
```

ReduceLROnPlateau 콜백은 홀드아웃 세트에 대한 손실을 모니터링하고 에포크의 patience 수 동안 개선이 보이지 않으면 학습률을 감소시킵니다. 예제에서는 factor를 0.3으로 설정했습니다.

```
reduce_lr = ReduceLROnPlateau(monitor = 'val_loss', factor = 0.3,
                              patience = 2, min_delta = 0.001,
                              mode = 'min', verbose = 1)
```

이제 모델을 적합할 준비가 되었습니다.

```
history = model.fit(
    train_generator,
    steps_per_epoch = STEPS_PER_EPOCH,
    epochs = CFG.EPOCHS,
    validation_data = validation_generator,
    validation_steps = VALIDATION_STEPS,
    callbacks = [model_save, early_stop, reduce_lr]
)
```

처음 보는 두 파라미터를 간단히 설명하겠습니다.

- 학습 생성기training generator는 학습 에포크마다 steps_per_epoch 배치를 생성합니다.
- 에포크가 끝났을 때 검증 생성기는 validation_steps 배치를 생성합니다.

model.fit()을 호출했을 때의 출력 예시를 보겠습니다.

```
Epoch 00001: val_loss improved from inf to 0.57514, saving model to ./
EffNetB0_512_8_best_weights.h5
```

일단 모델이 적합되면 시작할 때 작성했던 도우미 함수를 사용해서 샘플 이미지의 활성화를 검사합니다. 성공적인 모델 실행에 꼭 필요한 것은 아니지만 맨 위의 분류층을 적용하기 전에 모델이 추출할 특징의 종류를 결정하는 데 도움이 됩니다.

```
activation_layer_vis(img_tensor, 0)
```

결과는 다음과 같습니다.

그림 10-9 적합한 모델의 샘플 활성화

`model.predict()`로 예측을 생성합니다.

```
ss = pd.read_csv(os.path.join(CFG.WORK_DIR, "sample_submission.csv"))

preds = []

for image_id in ss.image_id:
    image = Image.open(os.path.join(CFG.WORK_DIR, "test_images",
                                    image_id))
    image = image.resize((CFG.TARGET_SIZE, CFG.TARGET_SIZE))
    image = np.expand_dims(image, axis = 0)
    preds.append(np.argmax(model.predict(image)))
ss['label'] = preds
```

이미지 목록 전체를 돌면서 예측을 만듭니다. 각 이미지를 필요한 차원으로 재구성하고 가장 강한 신호가 있는 채널을 선택합니다(모델은 클래스의 확률을 예측하고 **argmax**로 가장 큰 것을 선택합니다). 최종 예측은 대회에서 사용된 지표에 따른 클래스 번호입니다.

지금까지 이미지 분류를 위한 최소한의 엔드투엔드 파이프라인을 설명했습니다. 물론 다양한 개선(예를 들면 더 많은 증강이나 더 큰 구조, 콜백의 사용자 정의 등)이 가능하며, 이 기본 템플릿은 앞으로 나아갈 좋은 시작 지점을 제공합니다.

이제 컴퓨터 비전에서 두 번째로 자주 출제되는 객체 탐지로 넘어가겠습니다.

10.3 객체 탐지

객체 탐지는 이미지나 비디오의 특정 클래스의 의미적 객체semantic object의 인스턴스를 확인해야 하는 컴퓨터 비전/이미지 처리 과제입니다. 이전 절에서 설명한 분류 문제의 경우 각 이미지에 클래스를 할당하면 됩니다. 하지만 객체 탐지 과제에서는 관심 객체 주변에 경계 상자bounding box의 위치를 이미지 안에서 찾아야 합니다.

이번 절에서는 글로벌 밀 탐지 대회[7]의 데이터를 사용하겠습니다. 이 대회에서 참가자는 식물 꼭대기에 있는 스파이크인 밀이삭을 찾아야 했습니다. 실물 이미지에서 밀이삭을 검출하는 것은 작물 품종 전반에 걸쳐 밀 이삭의 크기와 밀도를 추정하는 데 사용됩니다. 여기서는 Yolov5를 사용해 모델을 학습시켜 문제를 푸는 방법을 설명합니다. Yolov5는 객체 탐지에서는 이미 입지를 다지고 있는 모델이고 (예비 조사 결과를 기준으로) YoloX 구조에 추월당한 2021년 말까지는 최신 모델이었습니다. Yolov5는 대회에서 매우 치열한 결과를 낳았고 주최 측에서 결국 라이선스 문제로 받아들이지는 않았지만 설명을 목적으로 할 경우 매우 적합합니다.

---

7   Global Wheat Detection. *https://www.kaggle.com/c/global-wheat-detection*

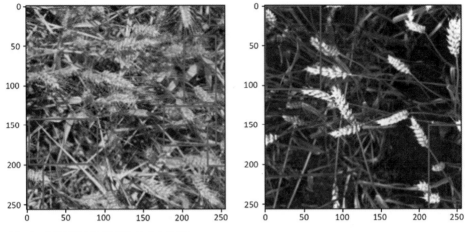

그림 10-10 밀이삭 검출의 샘플 이미지 시각화

시작하기 전에 중요한 개념인 경계 상자를 표시하는 방법을 살펴보겠습니다. (수학적으로는 같지만) 직사각형의 좌표를 나타내는 다양한 방법이 있습니다.

가장 일반적인 유형은 coco와 voc-pascal, yolo입니다. 세 유형의 차이는 다음 그림에서 명확히 드러납니다.

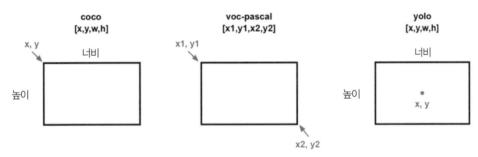

그림 10-11 경계 상자의 표시 형식

정의해야 하는 또 한 부분은 그리드 구조입니다. Yolo는 이미지에 그리드를 배치하고 모든 셀에서 관심을 가지는 개체(여기서는 밀이삭)의 존재를 확인해서 객체를 검출합니다. 경계 상자는 이미지의 관련 셀 안에 포함되도록 모양이 변형되며 (x, y, w, h) 파라미터는 단위 간격으로 조정됩니다.

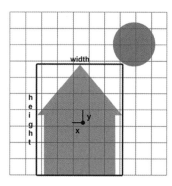

그림 10-12 Yolo 어노테이션 위치 잡기

훈련 데이터의 어노테이션을 로딩하면서 시작합니다.

```
df = pd.read_csv('../input/global-wheat-detection/train.csv')
df.head(3)
```

몇 개를 보겠습니다.

	image_id	width	height	bbox	source
0	b6ab77fd7	1024	1024	[834.0, 222.0, 56.0, 36.0]	usask_1
1	b6ab77fd7	1024	1024	[226.0, 548.0, 130.0, 58.0]	usask_1
2	b6ab77fd7	1024	1024	[377.0, 504.0, 74.0, 160.0]	usask_1

그림 10-13 어노테이션이 있는 훈련 데이터

Bbox 컬럼에서 경계 상자의 실제 좌표를 추출합니다.

```
bboxs = np.stack(df['bbox'].apply(lambda x: np.fromstring(x[1:-1],
                                  sep=',')))
bboxs
```

배열을 살펴볼까요?

```
array([[834., 222.,  56.,  36.],
       [226., 548., 130.,  58.],
       [377., 504.,  74., 160.],
```

```
...,
[134., 228., 141.,  71.],
[430.,  13., 184.,  79.],
[875., 740.,  94.,  61.]])
```

다음 단계는 Yolo 형식의 좌표를 별도의 열로 추출하는 것입니다.

```
for i, column in enumerate(['x', 'y', 'w', 'h']):
    df[column] = bboxs[:,i]

df.drop(columns=['bbox'], inplace=True)
df['x_center'] = df['x'] + df['w']/2
df['y_center'] = df['y'] + df['h']/2
df['classes'] = 0
df = df[['image_id','x', 'y', 'w', 'h','x_center','y_center','classes']]

df.head(3)
```

Ultralytics의 구현에는 데이터 세트의 구조, 특히 어노테이션이 저장되는 위치와 훈련/검증 데이터 폴더가 필요합니다.

폴더를 생성하는 간단한 방법은 다음 코드에서 보면 됩니다. 더 자세히 알고 싶다면 공식 문서[8]를 추천합니다.

```
# 소스로 계층화
source = 'train'
# 설명을 위해 단일 폴드를 선택
fold = 0
val_index = set(df[df['fold'] == fold]['image_id'])
# 각 이미지별로 경계 상자 전체에 루프 돌기
for name,mini in tqdm(df.groupby('image_id')):
    # 파일을 저장하는 곳
    if name in val_index:
        path2save = 'valid/'
    else:
        path2save = 'train/'
```

----

8 *https://github.com/ultralytics/yolov5/wiki/Train-Custom-Data*

```python
# 레이블 저장 경로
if not os.path.exists('convertor/fold{}/labels/'.
                        format(fold)+path2save):
    os.makedirs('convertor/fold{}/labels/'.format(fold)+path2save)
with open('convertor/fold{}/labels/'.format(fold)+path2save+name+".
            txt", 'w+') as f:
# Yolo 형식 요구 사항에 따라 좌표를 정규화
    row = mini[['classes','x_center','y_center','w','h']].
    astype(float).values
    row = row/1024
    row = row.astype(str)
    for j in range(len(row)):
        text = ' '.join(row[j])
        f.write(text)
        f.write("\n")
if not os.path.exists('convertor/fold{}/images/{}'.
                        format(fold,path2save)):
    os.makedirs('convertor/fold{}/images/{}'.format(fold,path2save))
# 이미지 전처리가 필요 없음 => 배치로 복사
sh.copy("../input/global-wheat-detection/{}/{}.jpg".
        format(source,name),
        'convertor/fold{}/images/{}/{}.jpg'.
        format(fold,path2save,name))
```

다음으로 Yolo 패키지를 설치합니다. 이 코드를 캐글 노트북이나 Colab에서 실행한다면 GPU를 사용하는지 꼭 확인하세요. Yolo는 GPU 없이도 설치되지만 CPU와 GPU의 성능 차이 때문에 타임아웃과 메모리 이슈가 발생합니다.

```
!git clone https://github.com/ultralytics/yolov5 && cd yolov5 && pip install -r
requirements.txt
```

내용이 방대하기 때문에 출력은 보지 않겠습니다. 마지막으로 필요한 준비 작업은 훈련과 검증 파일 위치와 클래스 수를 지정하는 YAML의 configuration 파일입니다. 관심이 있는 것은 밀이삭을 감지하는 것뿐이고 다른 유형은 구별하지 않기 때문에 클래스는 하나만 있습니다(이 름은 표기상의 일관성을 위해서 제공될 뿐 임의의 문자열을 입력합니다).

```python
yaml_text = """train: /kaggle/working/convertor/fold0/images/train/
            val: /kaggle/working/convertor/fold0/images/valid/
            nc: 1
```

```
        names: ['wheat']"""

with open("wheat.yaml", 'w') as f:
    f.write(yaml_text)
%cat wheat.yaml
```

이제 모델의 학습을 시작합니다.

```
!python ./yolov5/train.py --img 512 --batch 2 --epochs 3 --workers 2 --data wheat.
yaml --cfg "./yolov5/models/yolov5s.yaml" --name yolov5x_fold0 --cache
```

커맨드라인이 익숙하지 않다면 명령어가 수수께끼 같아 보일 겁니다. 그러니 명령어를 잠시 살펴보겠습니다.

- train.py는 YoloV5를 열심히 학습시키는 스크립트입니다. 사전 학습된 가중치에서 시작합니다.
- --img 512는 원본 이미지(사전 처리하지 않은 이미지)를 512x512로 재조정하고 싶다는 것을 의미합니다. 경쟁력 있는 결과를 얻고 싶다면 더 높은 해상도를 사용해야 하지만 이 코드는 리소스에 제한이 있는 캐글 노트북에서 실행되었습니다.
- --batch는 훈련 과정의 배치 사이즈를 가리킵니다.
- --epochs 3은 3 에포크만큼 모델을 학습시킨다는 의미입니다.
- --workers 2는 데이터 로더의 작업자 수를 지정합니다.
- --data wheat.yaml은 위에서 정의한 데이터 사양 YAML 파일을 가리키는 파일입니다.
- --cfg "./yolov5/models/yolov5s.yaml"은 초기화에 사용할 모델 구성과 가중치 집합을 지정합니다. 설치 단계에서 제공되는 모델을 사용할 수도 있고(자세한 내용은 공식 문서를 확인) 직접 지정해서 .yaml 형식으로 저장해도 됩니다.
- --name 결과 모델을 저장할 위치를 지정합니다.

훈련 명령의 출력을 나누어보겠습니다. 우선 준비 작업입니다.

```
Downloading the pretrained weights, setting up Weights&Biases https://wandb.ai/site
 integration, GitHub sanity check.
Downloading https://ultralytics.com/assets/Arial.ttf to /root/.config/Ultralytics/
Arial.ttf...
wandb: (1) Create a W&B account
wandb: (2) Use an existing W&B account
wandb: (3) Don't visualize my results
wandb: Enter your choice: (30 second timeout)
```

```
wandb: W&B disabled due to login timeout.
train: weights=yolov5/yolov5s.pt, cfg=./yolov5/models/yolov5s.yaml, data=wheat.
yaml, hyp=yolov5/data/hyps/hyp.scratch-low.yaml, epochs=3, batch_size=2, imgsz=512,
rect=False, resume=False, nosave=False, noval=False, noautoanchor=False,
evolve=None, bucket=, cache=ram, image_weights=False, device=, multi_scale=False,
single_cls=False, optimizer=SGD, sync_bn=False, workers=2, project=yolov5/
runs/train, name=yolov5x_fold0, exist_ok=False, quad=False, cos_lr=False,
label_smoothing=0.0, patience=100, freeze=[0], save_period=-1, local_rank=-1,
entity=None, upload_dataset=False, bbox_interval=-1, artifact_alias=latest
github: up to date with https://github.com/ultralytics/yolov5
YOLOv5  v6.1-76-gc94736a torch 1.9.1 CUDA:0 (Tesla P100-PCIE-16GB, 16281MiB)
hyperparameters: lr0=0.01, lrf=0.01, momentum=0.937, weight_decay=0.0005, warmup_
epochs=3.0, warmup_momentum=0.8, warmup_bias_lr=0.1, box=0.05, cls=0.5, cls_pw=1.0,
obj=1.0, obj_pw=1.0, iou_t=0.2, anchor_t=4.0, fl_gamma=0.0, hsv_h=0.015, hsv_s=0.7,
hsv_v=0.4, degrees=0.0, translate=0.1, scale=0.5, shear=0.0, perspective=0.0,
flipud=0.0, fliplr=0.5, mosaic=1.0, mixup=0.0, copy_paste=0.0
Weights & Biases: run 'pip install wandb' to automatically track and visualize
YOLOv5  runs (RECOMMENDED)
TensorBoard: Start with 'tensorboard --logdir yolov5/runs/train', view at http://
localhost:6006/
Downloading https://github.com/ultralytics/yolov5/releases/download/v6.1/yolov5s.pt
to yolov5/yolov5s.pt...
100%|████████████████████████████████████████████████████████|
14.1M/14.1M [00:00<00:00, 40.7MB/s]
```

다음은 모델입니다. 구성^{architecture}, 최적화기 설정, 사용된 증강의 요약을 보겠습니다.

```
Overriding model.yaml nc=80 with nc=1
          from  n  params  module                                    arguments
  0         -1  1     3520  models.common.Conv                        [3, 32, 6, 2, 2]
  1         -1  1    18560  models.common.Conv                        [32, 64, 3, 2]
  2         -1  1    18816  models.common.C3                          [64, 64, 1]
  3         -1  1    73984  models.common.Conv                        [64, 128, 3, 2]
  4         -1  2   115712  models.common.C3                          [128, 128, 2]
  5         -1  1   295424  models.common.Conv                        [128, 256, 3, 2]
  6         -1  3   625152  models.common.C3                          [256, 256, 3]
  7         -1  1  1180672  models.common.Conv                        [256, 512, 3, 2]
  8         -1  1  1182720  models.common.C3                          [512, 512, 1]
  9         -1  1   656896  models.common.SPPF                        [512, 512, 5]
 10         -1  1   131584  models.common.Conv                        [512, 256, 1, 1]
 11         -1  1        0  torch.nn.modules.upsampling.Upsample      [None, 2,
                                                                       'nearest']
 12     [-1, 6] 1        0  models.common.Concat                      [1]
```

```
13               -1  1    361984  models.common.C3                        [512, 256, 1,
                                                                           False]
14               -1  1     33024  models.common.Conv                      [256, 128, 1, 1]
15               -1  1         0  torch.nn.modules.upsampling.Upsample    [None, 2,
                                                                           'nearest']
16          [-1, 4]  1         0  models.common.Concat                    [1]
17               -1  1     90880  models.common.C3                        [256, 128, 1,
                                                                           False]
18               -1  1    147712  models.common.Conv                      [128, 128, 3, 2]
19         [-1, 14]  1         0  models.common.Concat                    [1]
20               -1  1    296448  models.common.C3                        [256, 256, 1,
                                                                           False]
21               -1  1    590336  models.common.Conv                      [256, 256, 3, 2]
22         [-1, 10]  1         0  models.common.Concat                    [1]
23               -1  1   1182720  models.common.C3                        [512, 512, 1,
                                                                           False]
24 [17, 20, 23]  1    16182  models.yolo.Detect                          [1, [[10, 13, 16,
30, 33, 23], [30, 61, 62, 45, 59, 119], [116, 90, 156, 198, 373, 326]], [128, 256,
512]

YOLOv5s summary: 270 layers, 7022326 parameters, 7022326 gradients, 15.8 GFLOPs
Transferred 342/349 items from yolov5/yolov5s.pt
Scaled weight_decay = 0.0005
optimizer: SGD with parameter groups 57 weight (no decay), 60 weight, 60 bias
albumentations: Blur(always_apply=False, p=0.01, blur_limit=(3, 7)),
MedianBlur(always_apply=False, p=0.01, blur_limit=(3, 7)), ToGray(always_
apply=False, p=0.01), CLAHE(always_apply=False, p=0.01, clip_limit=(1, 4.0), tile_
grid_size=(8, 8))
train: Scanning '/kaggle/working/convertor/fold0/labels/train' images and labels
train: New cache created: /kaggle/working/convertor/fold0/labels/train.cache
train: Caching images (0.0GB ram): 100%|███████████| 51/51 [00:00<00:00,
76.00it/
val: Scanning '/kaggle/working/convertor/fold0/labels/valid' images and labels..
val: New cache created: /kaggle/working/convertor/fold0/labels/valid.cache
val: Caching images (2.6GB ram): 100%|███████████| 3322/3322 [00:47<00:00,
 70.51i
Plotting labels to yolov5/runs/train/yolov5x_fold0/labels.jpg...
AutoAnchor: 6.00 anchors/target, 0.997 Best Possible Recall (BPR). Current anchors
are a good fit to dataset
Image sizes 512 train, 512 val
Using 2 dataloader workers
```

다음은 실제 훈련 로그가 이어집니다.

```
Starting training for 3 epochs...
    Epoch   gpu_mem       box       obj       cls    labels  img_size
      0/2    0.371G    0.1196   0.05478         0        14       512: 100%|██
              Class    Images    Labels         P         R    mAP@.5 mAP@WARNING: NMS
                                                                      time limit
                                                                      0.120s exceeded

              Class    Images    Labels         P         R    mAP@.5 mAP@
                all      3322    147409   0.00774    0.0523   0.00437   0.000952
    Epoch   gpu_mem       box       obj       cls    labels  img_size
      1/2    0.474G    0.1176   0.05625         0         5       512: 100%|██
              Class    Images    Labels         P         R    mAP@.5 mAP@WARNING: NMS
                                                                      time limit
                                                                      0.120s exceeded

              Class    Images    Labels         P         R    mAP@.5 mAP@WARNING: NMS
                                                                      time limit
                                                                      0.120s exceeded

              Class    Images    Labels         P         R    mAP@.5 mAP@
                all      3322    147409   0.00914    0.0618   0.00493   0.00108
    Epoch   gpu_mem       box       obj       cls    labels  img_size
      2/2    0.474G    0.1146   0.06308         0        12       512: 100%|██
              Class    Images    Labels         P         R    mAP@.5 mAP@
                all      3322    147409   0.00997    0.0674   0.00558   0.00123
3 epochs completed in 0.073 hours.
Optimizer stripped from yolov5/runs/train/yolov5x_fold0/weights/last.pt, 14.4MB
Optimizer stripped from yolov5/runs/train/yolov5x_fold0/weights/best.pt, 14.4MB
Validating yolov5/runs/train/yolov5x_fold0/weights/best.pt...
Fusing layers...
YOLOv5s summary: 213 layers, 7012822 parameters, 0 gradients, 15.8 GFLOPs
              Class    Images    Labels         P         R    mAP@.5 mAP@
WARNING: NMS time limit 0.120s exceeded
              Class    Images    Labels         P         R    mAP@.5 mAP@
WARNING: NMS time limit 0.120s exceeded
              Class    Images    Labels         P         R    mAP@.5 mAP@
WARNING: NMS time limit 0.120s exceeded
              Class    Images    Labels         P         R    mAP@.5 mAP@
WARNING: NMS time limit 0.120s exceeded
              Class    Images    Labels         P         R    mAP@.5 mAP@
WARNING: NMS time limit 0.120s exceeded
              Class    Images    Labels         P         R    mAP@.5 mAP@
WARNING: NMS time limit 0.120s exceeded
              Class    Images    Labels         P         R    mAP@.5 mAP@
WARNING: NMS time limit 0.120s exceeded
              Class    Images    Labels         P         R    mAP@.5 mAP@
WARNING: NMS time limit 0.120s exceeded
```

```
              Class     Images     Labels          P          R     mAP@.5 mAP@
WARNING: NMS time limit 0.120s exceeded
              Class     Images     Labels          P          R     mAP@.5 mAP@
WARNING: NMS time limit 0.120s exceeded
              Class     Images     Labels          P          R     mAP@.5 mAP@
                all       3322     147409    0.00997     0.0673    0.00556
0.00122
Results saved to yolov5/runs/train/yolov5x_fold0
```

훈련과 검증 단계의 결과는 `./yolov5/runs/train/yolov5x_fold0` 다음의 yolov5 폴더에
저장됩니다.

그림 10-14 어노테이션이 있는 검증 데이터

일단 모델이 학습되면 테스트 데이터에서 예측을 생성하는 데 성능이 가장 좋은 모델의 가중치를 사용합니다(Yolov5는 최고의 모델과 마지막 에포크 모델을 모두 자동으로 유지하는 깔끔한 기능을 가지고 있습니다. 각각 best.pt와 last.pt로 저장됩니다).

```
!python ./yolov5/detect.py --weights ./yolov5/runs/train/yolov5x_fold0/weights/
best.pt --img 512 --conf 0.1 --source /kaggle/input/global-wheat-detection/test
--save-txt --save-conf --exist-ok
```

추론 단계에 특정해서 파라미터를 살펴보겠습니다.

- --weights: 앞에서 학습시킨 모델의 최적의 가중치 위치를 지정합니다.
- --conf 0.1: 모델이 생성한 경계 상자 후보들 중 유지해야 할 비율을 지정합니다. 언제나 그렇듯 정밀도와 재현율 사이의 절충이 필요합니다(임계값이 너무 낮으면 잘못된 양성이 많이 발생하고 임계값을 너무 높이면 밀이삭을 전혀 찾을 수 없다는 것을 의미합니다).
- --source: 테스트 데이터의 위치입니다.

테스트용 이미지로 생성된 레이블은 로컬에서 검사합니다.

```
!ls ./yolov5/runs/detect/exp/labels/
```

다음과 같이 출력됩니다.

```
2fd875eaa.txt   53f253011.txt   aac893a91.txt   f5a1f0358.txt
348a992bb.txt   796707dd7.txt   cc3532ff6.txt
```

개별 예측을 살펴볼까요?

```
!cat 2fd875eaa.txt
```

예측의 형식은 다음과 같습니다.

```
0 0.527832 0.580566 0.202148 0.838867 0.101574
0 0.894531 0.587891 0.210938 0.316406 0.113519
```

출력은 이미지 2fd875eaa에서 학습한 모델이 행 끝의 신뢰도 점수가 0.1 이상인 두 개의 경계 상자(좌표는 행의 2~5항목)를 검출했다는 의미입니다.

예측을 어떻게 필요한 형식의 제출물로 결합할까요? 우선 YOLO 형식의 좌표를 (이 대회에서 지정한 대로) COCO 형식으로 변환하는 도우미 함수를 정의하는 것에서 시작합니다. 순서를 재정렬하고 분수를 이미지 크기에 곱해서 원래 값 범위로 정규화하면 됩니다.

```python
def convert(s):
    x = int(1024 * (s[1] - s[3]/2))
    y = int(1024 * (s[2] - s[4]/2))
    w = int(1024 * s[3])
    h = int(1024 * s[4])

    return(str(s[5]) + ' ' + str(x) + ' ' + str(y) + ' ' + str(w)
           + ' ' + str(h))
```

그런 다음 제출 파일을 생성합니다.

1. 위에 나열된 파일을 순환합니다.
2. 각 파일의 모든 행은 지정된 형식의 문자열로 변환됩니다(한 행은 검출된 하나의 경계 상자입니다).
3. 그런 다음 행은 이 파일에 해당하는 단일 문자열로 연결됩니다.

코드는 다음과 같습니다.

```python
with open('submission.csv', 'w') as myfile:
    # 제출물 준비
    wfolder = './yolov5/runs/detect/exp/labels/'
    for f in os.listdir(wfolder):
        fname = wfolder + f
        xdat = pd.read_csv(fname, sep = ' ', header = None)
        outline = f[:-4] + ' ' + ' '.join(list(xdat.apply(lambda s:
                                convert(s), axis = 1)))
        myfile.write(outline + '\n')

myfile.close()
```

어떻게 되어 있는지 한번 볼까요?

```
!cat submission.csv
53f253011 0.100472 61 669 961 57 0.106223 0 125 234 183 0.1082 96 696 928 126
```

```
0.108863 515 393 86 161 0.11459 31 0 167 209 0.120246 517 466 89 147
aac893a91 0.108037 376 435 325 188
796707dd7 0.235373 684 128 234 113
cc3532ff6 0.100443 406 752 144 108 0.102479 405 87 4 89 0.107173 576 537 138 94
0.113459 256 498 179 211 0.114847 836 618 186 65 0.121121 154 544 248 115 0.125105
40 567 483 199
2fd875eaa 0.101398 439 163 204 860 0.112546 807 440 216 323
348a992bb 0.100572 0 10 440 298 0.101236 344 445 401 211
f5a1f0358 0.102549 398 424 295 96
```

생성된 submission.csv 파일로 파이프라인이 완성되었습니다.

이번 장에서는 YoloV5를 사용해서 객체 탐지 문제를 푸는 방법을 설명했습니다. 다양한 포맷에서 어노테이션을 처리하는 방법, 특정 과제를 위해 모델을 커스터마이즈하는 방법, 모델을 학습시키고 결과를 평가하는 방법을 살펴보았습니다.

10.4 시맨틱 분할

분할segmentation은 이미지의 각 픽셀을 분류하고 해당 클래스를 할당한다고 생각하면 이해하기 쉽습니다. 이런 픽셀을 결합하면 의료 이미지에서 장기의 질병 영역과 같이 관심이 있는 영역을 형성합니다. 이와 대조적으로 (앞 장에서 설명한) 객체 탐지의 경우는 이미지의 부분을 다른 클래스로 분류하고 주위에 경계 상자를 생성합니다.

세포 인스턴스 분할 대회[9]의 데이터를 활용해 모델링 접근법을 설명하겠습니다. 이 대회는 현미경 이미지를 사용해서 신경 세포를 인스턴스 분할하는 모델을 학습시키는 대회였습니다.

이제 소개하는 설루션은 페이스북 AI 연구 Facebook AI Research에서 만든 라이브러리인 **Detectron2**를 중심으로 구축합니다. Detectron2는 다중 탐지와 분할 알고리듬을 지원합니다.

> **NOTE_** Detectron2는 기존 Detectron 라이브러리[10]와 Mask R-CNN 프로젝트[11]를 계승했습니다.

----

9 Sartorius – Cell Instance Segmentation. *https://www.kaggle.com/c/sartorius-cell-instance-segmentation*
10 *https://github.com/facebookresearch/Detectron*
11 *https://github.com/facebookresearch/maskrcnn-benchmark*

추가 패키지를 설치하며 시작하겠습니다.

```
!pip install pycocotools
!pip install 'git+https://github.com/facebookresearch/detectron2.git'
```

어노테이션 형식을 만드는 pycocotools[12]와 이 과제를 열심히 해결할 Detectron2를 설치합니다.

모델을 학습시키기 전에 약간의 준비가 필요합니다. 주최 측에서 제공한 **런 렝스 인코딩**run-length encoding(RLE) 형식에서 Detectron2 입력에 필요한 COCO 형식으로 변환해야 합니다. RLE의 기본 아이디어는 공간을 절약하는 것입니다. 분할 생성은 특정 방식으로 픽셀 그룹을 표시합니다. 이미지를 배열로 생각해 이 영역을 일련의 직선(행 방향 또는 열 방향)으로 표시하겠습니다.

인덱스를 나열하거나 후속 근접 블록의 시작 지점과 길이를 지정하는 방식으로 각 라인을 인코딩합니다.

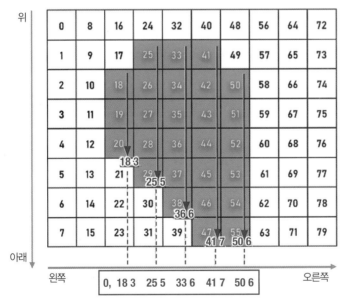

그림 10-15 RLE의 시각적 표현

---

12 https://github.com/cocodataset/cocoapi/tree/master/PythonAPI/pycocotools

마이크로소프트의 **Common Objects in Context**(COCO) 형식은 이미지 데이터를 위해 레이블과 메타데이터가 저장되는 방식을 지정하는 특정 JSON 구조입니다. 다음에서 RLE를 COCO로 변환하고 이를 k−분할 검증의 분할과 결합해서 각 분할에 필요한 학습/검증 쌍을 JSON 파일로 얻는 방법을 소개합니다.

```python
import skimage.io as io
import matplotlib.pyplot as plt
from pathlib import Path
from PIL import Image

import pandas as pd
import numpy as np
from tqdm.notebook import tqdm
import json,itertools
from sklearn.model_selection import GroupKFold

# 설정
class CFG:
    data_path = '../input/sartorius-cell-instance-segmentation/'
    nfolds = 5
```

RLE에서 COCO로 변환하려면 3개의 함수가 필요합니다. 우선 RLE를 바이너리 마스크로 변환해야 합니다.

```python
# https://www.kaggle.com/stainsby/fast-tested-rle
def rle_decode(mask_rle, shape):
    '''
    mask_rle: run-length as string formatted (start length)
    shape: (height,width) of array to return
    Returns numpy array, 1 - mask, 0 - background
    '''
    s = mask_rle.split()
    starts, lengths = [np.asarray(x, dtype=int)
                        for x in (s[0:][::2], s[1:][::2])]
    starts -= 1
    ends = starts + lengths
    img = np.zeros(shape[0]*shape[1], dtype=np.uint8)
    for lo, hi in zip(starts, ends):
        img[lo:hi] = 1
    return img.reshape(shape)
```

두 번째 함수는 바이너리 마스크를 RLE로 변환합니다.

```
# https://newbedev.com/encode-numpy-array-using-uncompressed-rle-for-coco-dataset
def binary_mask_to_rle(binary_mask):
    rle = {'counts': [], 'size': list(binary_mask.shape)}
    counts = rle.get('counts')
    for i, (value, elements) in enumerate(
            itertools.groupby(binary_mask.ravel(order='F'))):
        if i == 0 and value == 1:
            counts.append(0)
        counts.append(len(list(elements)))
    return rle
```

마지막으로 둘을 결합해 COCO 출력을 생성합니다.

```
def coco_structure(train_df):
    cat_ids = {name: id+1 for id, name in enumerate(
        train_df.cell_type.unique())}
    cats = [{'name': name, 'id': id} for name, id in cat_ids.items()]
    images = [{'id': id, 'width': row.width, 'height': row.height,
               'file_name':f'train/{id}.png'} for id,
               row in train_df.groupby('id').agg('first').iterrows()]
    annotations = []
    for idx, row in tqdm(train_df.iterrows()):
        mk = rle_decode(row.annotation, (row.height, row.width))
        ys, xs = np.where(mk)
        x1, x2 = min(xs), max(xs)
        y1, y2 = min(ys), max(ys)
        enc =binary_mask_to_rle(mk)
        seg = {
            'segmentation':enc,
            'bbox': [int(x1), int(y1), int(x2-x1+1), int(y2-y1+1)],
            'area': int(np.sum(mk)),
            'image_id':row.id,
            'category_id':cat_ids[row.cell_type],
            'iscrowd':0,
            'id':idx
        }
        annotations.append(seg)
    return {'categories':cats, 'images':images,'annotations':annotations}
```

데이터를 중복되지 않는 분할로 나눕니다.

```python
train_df = pd.read_csv(CFG.data_path + 'train.csv')

gkf = GroupKFold(n_splits = CFG.nfolds)

train_df["fold"] = -1
y = train_df.width.values

for f, (t_, v_) in enumerate(gkf.split(X=train_df, y=y,
                               groups=train_df.id.values)):
    train_df.loc[v_, "fold"] = f

fold_id = train_df.fold.copy()
```

이제 분할을 순환합니다.

```python
all_ids = train_df.id.unique()
# For fold in range(CFG.nfolds):
for fold in range(4,5):
    train_sample = train_df.loc[fold_id != fold]
    root = coco_structure(train_sample)

    with open('annotations_train_f' + str(fold) +
              '.json', 'w', encoding='utf-8') as f:
        json.dump(root, f, ensure_ascii=True, indent=4)

    valid_sample = train_df.loc[fold_id == fold]
    print('fold ' + str(fold) + ': produced')

for fold in range(4,5):
    train_sample = train_df.loc[fold_id == fold]
    root = coco_structure(train_sample)
    with open('annotations_valid_f' + str(fold) +
              '.json', 'w', encoding='utf-8') as f:
        json.dump(root, f, ensure_ascii=True, indent=4)

    valid_sample = train_df.loc[fold_id == fold]
    print('fold ' + str(fold) + ': produced')
```

루프를 조각 단위로 실행해야 하는 이유는 캐글 환경의 크기 제한 때문입니다. 노트북 출력의 최대 크기는 20GB로 제한되며 각 분할에 2개의 파일(학습/검증)이 있는 5개의 분할은 총 10개의 JSON 파일을 의미하며 이 제한을 초과합니다.

캐글 노트북에서 코드를 실행할 때 이런 사항을 주의해야 합니다. 물론 이런 준비 작업은 다른 곳에서 생성한 다음 결과를 캐글 데이터 세트로 업로드할 수도 있습니다.

분할이 생성되면 Detectron2 모델을 데이터 세트에 학습시킵니다. 언제나 그렇듯 필요한 패키지를 로드하면서 시작합니다.

```python
from datetime import datetime
import os

import pandas as pd
import numpy as np
import pycocotools.mask as mask_util
import detectron2
from pathlib import Path
import random, cv2, os
import matplotlib.pyplot as plt

# detectron2 임포트
from detectron2 import model_zoo
from detectron2.engine import DefaultPredictor, DefaultTrainer
from detectron2.config import get_cfg
from detectron2.utils.visualizer import Visualizer, ColorMode
from detectron2.data import MetadataCatalog, DatasetCatalog
from detectron2.data.datasets import register_coco_instances
from detectron2.utils.logger import setup_logger
from detectron2.evaluation.evaluator import DatasetEvaluator
from detectron2.engine import BestCheckpointer
from detectron2.checkpoint import DetectionCheckpointer
setup_logger()

import torch
```

Detectron2에서 임포트하는 양이 꽤 많지만 과제 정의를 진행하면서 각 기능이 명확해집니다. 입력 데이터 폴더, 어노테이션 폴더, 그리고 선호하는 모델 구조를 정의하는 YAML 파일을 지정합니다.

```
class CFG:
    wfold = 4
    data_folder = '../input/sartorius-cell-instance-segmentation/'
    anno_folder = '../input/sartoriusannotations/'
    model_arch = 'mask_rcnn_R_50_FPN_3x.yaml'
    nof_iters = 10000
    seed = 45
```

반복 파라미터(앞 코드의 **nof_iters**)를 주목하세요. 일반적으로 모델 학습은 훈련 데이터를 완전히 통과하는 에포크 수의 관점에서 파라미터화됩니다. Detectron2는 다른 방식으로 설계되었습니다. 한 번의 반복은 하나의 미니 배치를 나타내고 모델의 다른 부분에는 다른 크기의 미니 배치가 사용됩니다.

결과를 재현하도록 모델의 다른 부분에서 사용되는 랜덤 시드를 고정합니다.

```
def seed_everything(seed):
    random.seed(seed)
    os.environ['PYTHONHASHSEED'] = str(seed)
    np.random.seed(seed)
    torch.manual_seed(seed)
    torch.cuda.manual_seed(seed)
    torch.backends.cudnn.deterministic = True

seed_everything(CFG.seed)
```

대회 지표는 서로 다른 IoU$^{\text{intersection over union}}$ 임계값의 평균 정밀도 평균값이었습니다. '5장 대회 과제와 지표'의 내용을 간단히 복습하면 제안된 객체 픽셀 집합과 실제 픽셀 집합의 IoU는 다음과 같이 계산됩니다.

$$IoU(A, B) = A \cap B \ / \ A \cup B$$

지표는 평균 정밀도를 계산하는 각 지점에서 IoU 임계값 범위를 훑습니다. 임계값 범위는 0.5에서 0.95까지로 0.05씩 증가합니다. 각 임계값에서 정확도는 예측된 객체와 실제로 측정된 객체를 비교한 결과로 나온 **참 양성**(TP), **거짓 음성**(FN), **거짓 양성**(FP)의 수를 바탕으로 계산됩니다. 마지막으로 대회 지표에서 반환된 점수는 테스트 데이터 세트에 있는 각 이미지의 개별 평균 정밀도에 대한 평균입니다.

다음 코드에서 지표를 계산하는 데 필요한 함수를 정의해 직접 모델 내부에서 목적 함수로 사용하겠습니다.

```python
# https://www.kaggle.com/theoviel/competition-metric-map-iou
def precision_at(threshold, iou):
    matches = iou > threshold
    true_positives = np.sum(matches, axis=1) == 1  # Correct objects
    false_positives = np.sum(matches, axis=0) == 0  # Missed objects
    false_negatives = np.sum(matches, axis=1) == 0  # Extra objects
    return np.sum(true_positives), np.sum(false_positives),
    np.sum(false_negatives)


def score(pred, targ):
    pred_masks = pred['instances'].pred_masks.cpu().numpy()
    enc_preds = [mask_util.encode(np.asarray(p, order='F'))
                 for p in pred_masks]
    enc_targs = list(map(lambda x:x['segmentation'], targ))
    ious = mask_util.iou(enc_preds, enc_targs, [0]*len(enc_targs))
    prec = []
    for t in np.arange(0.5, 1.0, 0.05):
        tp, fp, fn = precision_at(t, ious)
        p = tp / (tp + fp + fn)
        prec.append(p)
    return np.mean(prec)
```

지표가 정의되면 모델 안에서 사용합니다.

```python
class MAPIOUEvaluator(DatasetEvaluator):
    def __init__(self, dataset_name):
        dataset_dicts = DatasetCatalog.get(dataset_name)
        self.annotations_cache = {item['image_id']:item['annotations']
                                  for item in dataset_dicts}

    def reset(self):
        self.scores = []

    def process(self, inputs, outputs):
        for inp, out in zip(inputs, outputs):
            if len(out['instances']) == 0:
                self.scores.append(0)
            else:
```

```
                targ = self.annotations_cache[inp['image_id']]
                self.scores.append(score(out, targ))

    def evaluate(self):
        return {"MaP IoU": np.mean(self.scores)}
```

Detectron2를 중심으로 구축된 솔루션의 핵심인 트레이너 객체를 만드는 토대가 됩니다.

```
class Trainer(DefaultTrainer):
    @classmethod
    def build_evaluator(cls, cfg, dataset_name, output_folder=None):
        return MAPIOUEvaluator(dataset_name)

    def build_hooks(self):
        # cfg 복제
        cfg = self.cfg.clone()
        # 기존 모델 빌드
        hooks = super().build_hooks()
        # 체크포인트 추가
        hooks.insert(-1, BestCheckpointer(cfg.TEST.EVAL_PERIOD,
                                          DetectionCheckpointer(self.model,
                                          cfg.OUTPUT_DIR),
                                          "MaP IoU",
                                          "max",
                                          ))
        return hooks
```

Detectron2 방식으로 훈련/검증 데이터 로드를 진행합니다.

```
dataDir=Path(CFG.data_folder)
register_coco_instances('sartorius_train',{}, CFG.anno_folder +
                        'annotations_train_f' + str(CFG.wfold) +
                        '.json', dataDir)

register_coco_instances('sartorius_val',{}, CFG.anno_folder +
                        'annotations_valid_f' + str(CFG.wfold) +
                        '.json', dataDir)

metadata = MetadataCatalog.get('sartorius_train')
train_ds = DatasetCatalog.get('sartorius_train')
```

Detectron2 모델을 인스턴스화하기 전에 모델 환경 설정을 해야 합니다. (적어도 첫 번째 전달에서는) 대부분의 값은 디폴트 값으로 두어도 됩니다. 조금 더 고려하고 싶다면 (일반화 성능을 높이도록) BATCH_SIZE_PER_IMAGE와 (거짓 음성을 제안하도록) SCORE_THRESH_TEST를 먼저 보는 것이 좋습니다.

```
cfg = get_cfg()
cfg.INPUT.MASK_FORMAT='bitmask'
cfg.merge_from_file(model_zoo.get_config_file('COCO-InstanceSegmentation/' +
                    CFG.model_arch))
cfg.DATASETS.TRAIN = ("sartorius_train",)
cfg.DATASETS.TEST = ("sartorius_val",)
cfg.DATALOADER.NUM_WORKERS = 2
cfg.MODEL.WEIGHTS = model_zoo.get_checkpoint_url('COCO-InstanceSegmentation/'
                    + CFG.model_arch)
cfg.SOLVER.IMS_PER_BATCH = 2
cfg.SOLVER.BASE_LR = 0.001
cfg.SOLVER.MAX_ITER = CFG.nof_iters
cfg.SOLVER.STEPS = []
cfg.MODEL.ROI_HEADS.BATCH_SIZE_PER_IMAGE = 512
cfg.MODEL.ROI_HEADS.NUM_CLASSES = 3
cfg.MODEL.ROI_HEADS.SCORE_THRESH_TEST = .4
cfg.TEST.EVAL_PERIOD = len(DatasetCatalog.get('sartorius_train'))
                        // cfg.SOLVER.IMS_PER_BATCH
```

모델 학습은 간단합니다.

```
os.makedirs(cfg.OUTPUT_DIR, exist_ok=True)
trainer = Trainer(cfg)
trainer.resume_or_load(resume=False)
trainer.train()
```

학습이 진행되는 동안 출력되는 내용으로 절차의 진행 상황을 파악할 수 있습니다.

```
[01/06 22:26:36 d2.data.datasets.coco]: Loading ../input/sartorius-annotations/annotations_t
rain_f4.json takes 1.16 seconds.
[01/06 22:26:36 d2.data.datasets.coco]: Loaded 485 images in COCO format from ../input/sarto
rius-annotations/annotations_train_f4.json
[01/06 22:26:38 d2.data.build]: Removed 0 images with no usable annotations. 485 images lef
t.
[01/06 22:26:38 d2.data.build]: Distribution of instances among all 3 categories:
|  category  | #instances  |  category  | #instances  |  category  | #instances  |
|:----------:|:------------|:----------:|:------------|:----------:|:------------|
|   shsy5y   | 41952       |   astro    | 8360        |    cort    | 8556        |
|            |             |            |             |            |             |
|   total    | 58868       |            |             |            |             |
[01/06 22:26:38 d2.data.dataset_mapper]: [DatasetMapper] Augmentations used in training: [Re
sizeShortestEdge(short_edge_length=(640, 672, 704, 736, 768, 800), max_size=1333, sample_sty
le='choice'), RandomFlip()]
[01/06 22:26:38 d2.data.build]: Using training sampler TrainingSampler
[01/06 22:26:38 d2.data.common]: Serializing 485 elements to byte tensors and concatenating
them all ...
[01/06 22:26:38 d2.data.common]: Serialized dataset takes 6.79 MiB

model_final_f10217.pkl: 178MB [00:04, 35.8MB/s]
```

그림 10-16 Detectron2의 학습 출력

일단 모델이 학습되면 그 가중치를 저장하고 추론(잠재적으로 별도의 노트북에서—이 장의 앞
부분 설명 참조)과 제출물 준비에 사용합니다. 예측을 규제하는 새로운 파라미터를 추가하면
서 시작합니다. 신뢰도 임계값confidence threshold과 최소 마스크 사이즈를 설정합니다.

```
THRESHOLDS = [.18, .35, .58]
MIN_PIXELS = [75, 150, 75]
```

단일 마스크를 RLE 형식으로 인코딩하는 도우미 함수가 필요합니다.

```
def rle_encode(img):
    '''
    img: numpy array, 1 - mask, 0 - background
    Returns run length as string formatted
    '''
    pixels = img.flatten()
    pixels = np.concatenate([[0], pixels, [0]])
    runs = np.where(pixels[1:] != pixels[:-1])[0] + 1
    runs[1::2] -= runs[::2]
    return ' '.join(str(x) for x in runs)
```

다음은 이미지마다 모든 마스크를 생성하는 주요 함수입니다. (임계값 이하의 신뢰도 점수로) 의심스러운 마스크나 (MIN_PIXELS 보다 적은 픽셀을 포함하는) 작은 영역을 필터링합니다.

```python
def get_masks(fn, predictor):
    im = cv2.imread(str(fn))
    pred = predictor(im)
    pred_class = torch.mode(pred['instances'].pred_classes)[0]
    take = pred['instances'].scores >= THRESHOLDS[pred_class]
    pred_masks = pred['instances'].pred_masks[take]
    pred_masks = pred_masks.cpu().numpy()
    res = []
    used = np.zeros(im.shape[:2], dtype=int)
    for mask in pred_masks:
        mask = mask * (1-used)
        # 작은 영역 필터링
        if mask.sum() >= MIN_PIXELS[pred_class]:
            used += mask
            res.append(rle_encode(mask))
    return res
```

다음은 image ID와 마스크가 저장될 리스트를 준비합니다.

```python
dataDir=Path(CFG.data_folder)

ids, masks=[],[]
test_names = (dataDir/'test').ls()
```

(이 절에서 이야기한 것과 같은) 큰 이미지 세트를 포함한 대회는 모델을 학습시키는 시간이 코드 대회에 부과된 제한 시간[13]인 9시간 이상이 필요한 경우가 많습니다. 모델 학습과 추정 실행을 같은 노트북에서 실행하기엔 불가능하다는 의미죠. 일반적인 해결 방법은 학습용 노트북/스크립트를 먼저 캐글이나 구글 코랩, GCP, 로컬에서 독립 실행형 노트북으로 실행하는 것입니다. 첫 번째 노트북의 출력(학습된 가중치)은 두 번째 노트북의 입력, 즉 예측에 사용되는 모델을 정의하는 데 사용됩니다.

---

13 *https://www.kaggle.com/docs/competitions*

이 방법대로 학습된 모델의 가중치를 로드해서 진행합니다.

```
cfg = get_cfg()
cfg.merge_from_file(model_zoo.get_config_file("COCO-InstanceSegmentation/"+
                    CFG.arch+".yaml"))
cfg.INPUT.MASK_FORMAT = 'bitmask'
cfg.MODEL.ROI_HEADS.NUM_CLASSES = 3
cfg.MODEL.WEIGHTS = CFG.model_folder + 'model_best_f' +
                    str(CFG.wfold)+'.pth'
cfg.MODEL.ROI_HEADS.SCORE_THRESH_TEST = 0.5
cfg.TEST.DETECTIONS_PER_IMAGE = 1000
predictor = DefaultPredictor(cfg)
```

일부 예측을 시각화하겠습니다.

```
encoded_masks = get_masks(test_names[0], predictor)

_, axs = plt.subplots(1,2, figsize = (40, 15))
axs[1].imshow(cv2.imread(str(test_names[0])))
for enc in encoded_masks:
    dec = rle_decode(enc)
axs[0].imshow(np.ma.masked_where(dec == 0, dec))
```

다음은 예시입니다.

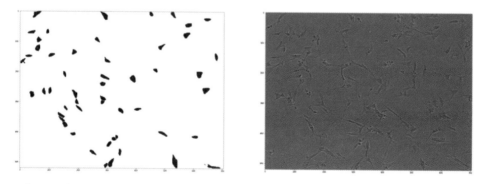

그림 10-17 원본 이미지와 함께 Detectron2의 샘플 예측을 시각화

앞에서 정의했던 도우미 함수를 사용하면 제출용 RLE 형식으로 마스크를 간단히 생성합니다.

```
for fn in test_names:
    encoded_masks = get_masks(fn, predictor)
    for enc in encoded_masks:
        ids.append(fn.stem)
        masks.append(enc)

pd.DataFrame({'id':ids, 'predicted':masks}).to_csv('submission.csv',
                                                    index=False)

pd.read_csv('submission.csv').head()
```

다음은 최종 제출물의 초기 행의 일부입니다.

	id	predicted
0	7ae19de7bc2a	139541 4 140244 7 140948 8 141652 8 142356 9 1...
1	7ae19de7bc2a	96418 4 97121 6 97825 7 98529 8 99233 8 99937...
2	7ae19de7bc2a	26627 14 27329 17 28031 19 28733 21 29435 23 3...
3	7ae19de7bc2a	148230 2 148931 6 149633 9 150336 11 151039 13...
4	7ae19de7bc2a	224918 2 225620 7 226324 9 227027 12 227731 13...

그림 10-18 학습된 Detectron2 모델에서 포매팅된 제출물

이제 이 절의 마지막입니다. 파이프라인은 시맨틱 분할 모델을 설정하고 학습시키는 방법을 보여줍니다. 여기서는 작은 수의 반복을 사용하지만 더 긴 학습을 거치면 경쟁력 있는 결과를 얻게 됩니다.

10.5 요약

이번 장에서 컴퓨터 비전과 관련된 가장 중요한 주제들의 개요를 캐글 대회 관점으로 전달했습니다. 알고리듬의 일반화 능력을 증강하는 데 사용되는 중요한 기술 클래스인 증강을 소개했으며, 이어서 가장 자주 만나게 되는 세 가지 문제인 이미지 분류, 객체 탐지, 의미적 분할의 엔드투엔드 파이프라인을 선보였습니다.

다음 장에서는 마찬가지로 자주 출제되는 아주 광범위한 범주의 문제인 자연어 처리로 초점을 옮깁니다.

- 크리스 디오트Chris Deotte
- *https://www.kaggle.com/cdeotte*
- 엔비디아 책임 데이터 과학자이자 연구원
- 대회, 데이터 세트, 노트북, 토론 그랜드마스터

가장 좋아하는 대회 유형과 이유를 알려주세요. 어떤 대회가 가장 자신있나요?

매력적인 데이터가 있거나 창조적인 새로운 모델을 얻어야 하는 대회를 좋아해요. 저는 훈련된 모델을 분석해 강점과 약점을 알아내는 데 강점이 있어요. 분석한 다음 교차검증이나 리더보드 점수를 높이기 위해 모델을 개선하거나 전처리를 개발하는 것을 좋아하죠.

캐글 대회에서 사용하는 접근법이 있나요? 이 접근법을 일상 업무에서도 사용하나요?

저는 모든 대회에서 EDA(탐색적 데이터 분석)로 시작해요. 그런 다음 검증 과정을 생성하고 몇 개의 단일 모델을 구축해서 캐글 리더보드에 제출하죠. 이 과정을 통해서 정확하고 경쟁력 있는 모델을 구축하는 데 필요한 게 무엇인지 직감적으로 파악하죠.

참가했던 대회 중 특히 어려웠던 대회는 무엇이며, 어떤 통찰로 과제를 해결했나요?

캐글의 쇼피 가격 일치 보장 대회[14]는 이미지 모델과 자연어 모델이 모두 필요한 어려운 대회 였어요. 통찰의 핵심은 두 유형의 모델에서 임베딩을 추출하고 일치하는 제품을 찾는 데 이미 지와 언어 두 정보를 같이 사용하는 방법을 알아내는 것이었죠.

캐글이 경력에 도움이 되었나요?

네. 캐글은 제가 엔비디아에서 책임 데이터 과학자가 되는 데 도움을 주었어요. 캐글에서 기술 을 개선시켰고 이력서의 시장성을 크게 높인 덕분이죠.

---

14 Shopee – Price Match Guarantee. *https://www.kaggle.com/competitions/shopee-product-matching*

경험에 비추어볼 때, 초보 캐글러가 자주 놓치는 것은 뭘까요? 처음 시작할 때부터 알았으면 좋았겠다고 생각하는 것이 있나요?

저는 경험이 적은 캐글러들이 성능을 직접 검증하는 과정을 중요하게 여기지 않는 경우가 많다고 생각해요. 리더보드에서 자신의 이름을 보는 건 흥분되는 일이죠. 그래서 교차검증 점수 대신 리더보드 점수를 높이는 데 초점을 두는 경우가 많은 것 같아요.

대회에서 어떤 실수를 해봤나요?

직접 한 교차검증 점수보다 리더보드 점수를 더 신뢰해서 최종 제출물을 잘못 선택하는 실수를 여러 번 저질렀어요.

데이터 분석과 머신러닝에 특히 추천하는 툴이나 라이브러리가 있나요?

물론이죠. 태뷸러 데이터 모델을 최적화할 때는 특징 공학과 빠른 실험이 중요해요. 실험과 검증의 사이클을 가속하려면 GPU 기반으로 NVIDIA RAPIDS의 cuDF와 cuML 라이브러리를 사용하는 것이 필수예요.

대회에 참가할 때 해야 하는 일 또는 중요하게 기억해야 할 것은 어떤 것이 있나요?

재미를 느끼고 배우는 것이 가장 중요해요. 최종 순위는 신경 쓰지 마세요. 배우고 즐기는 데 집중한다면 시간이 지나면서 최종 순위는 점점 더 좋아질 거예요.

다른 대회 플랫폼을 사용하나요? 캐글과 비교하면 어떤가요?

캐글 밖에서도 대회에 참가한 적이 있어요. 부킹닷컴Booking.com이나 트위터Twitter 같은 기업도 가끔 대회를 개최해요. 이런 대회는 재미있을 뿐만 아니라 질이 좋은 실제 생활 데이터를 갖추고 있죠.

- 로라 핑크^{Laura Fink}
- *https://www.kaggle.com/allunia*
- 마이크로메타^{Micromata} 데이터 과학 책임자
- 노트북 그랜드마스터

가장 좋아하는 대회 유형과 이유를 알려주세요. 어떤 대회가 가장 자신있나요?

제가 좋아하는 대회는 인류에 도움이 되는 무엇인가를 생산하는 대회예요. 특히 건강 관리 관련 대회를 좋아해요. 그렇지만 모든 대회가 해결할 퍼즐이 있는 모험 같아요. 새로운 기술을 배우고 새로운 유형의 데이터 세트나 문제를 탐험하는 것은 정말 재미있어요. 결과적으로 특정 기술에 집중하기보다는 오히려 새로운 것을 배우는 데 집중하고 있어요. 제가 생각하기에 저는 탐색적 데이터 분석(EDA)에 강점이 있는 것 같아요.

캐글 대회에 어떤 식으로 접근하나요? 이 접근법을 일상 업무에서도 사용하나요?

대회에 참가하면 문제 설명과 데이터 설명을 먼저 읽어요. 보통 포럼과 공개 노트북을 훑어보며 아이디어를 얻은 다음 직접 설루션을 개발하기 시작하죠. 초기 단계에서는 EDA에 일부 시간을 써서 숨겨진 그룹을 찾고 어느 정도 영감을 얻습니다. 저는 검증 전략이 남은 모든 과정의 기초가 된다고 생각하는데, EDA를 하는 과정은 올바른 검증 전략을 설정하는 데 큰 도움이 돼요. 다음은 특징 공학이나 전처리, 모델 구조 개선, 데이터 수집 관련 질문하기, 누수 찾기, EDA 다시 하기, 앙상블 구축 등의 다양한 머신러닝 파이프라인의 과정을 반복하죠. 저는 탐욕적으로 설루션을 개선하려 노력해요. 캐글 대회는 매우 역동적이고 마지막까지 살아남으려면 다양한 아이디어와 다른 설루션을 시도해야 하죠.

이 부분은 명백하게 일상 업무와 다른 점이에요. 일상 업무에서는 데이터에서 통찰을 얻고 사업 과정을 개선할 수 있는 간단하지만 효율적인 설루션을 찾는 데 더 초점을 두고 있으니까요. 일상 업무에서 과제는 보통 사용된 모델보다 더 복잡해요. 해결해야 할 문제는 매우 명확하게 정의되어야 하죠. 그래서 달성해야 할 목표, 관련이 있는 과정, 데이터를 수집하는 방법 또는

융합하는 방법을 다른 배경을 가진 전문가들과 논의해야 해요. 캐글 대회와 비교하면 일상 업무에서는 머신러닝 능력보다 소통이 더 많이 필요하죠.

참가했던 대회 중 특히 어려웠던 대회는 무엇이며, 어떤 통찰로 과제를 해결했나요?

G2Net 중력파 탐지 대회[15]는 제가 가장 좋아하는 대회 중 하나예요. 목표는 탐지 부품과 지구 중력에서 발생하는 잡음 사이에 숨은 시뮬레이션된 중력파 신호를 탐지하는 것이었어요. 이 대회에서 얻은 중요한 통찰은 데이터를 분석하는 표준적인 방법에 비판적인 시각을 가져야 하고 자신의 아이디어를 시험해야 한다는 것이었어요. 제가 읽은 논문에서는 주로 데이터를 백색화 whitening하고 대역 필터를 적용한 다음 푸리에 변환이나 상수-Q 변환을 사용해서 준비했어요.

그 자체로 잡음이 많은 전력 스펙트럼 밀도의 스플라인 보간법spline interpolation of the Power Spectral Density을 사용했기 때문에 백색화는 도움이 되지 않는다는 사실이 금방 드러났어요. 잡음이 있는 데이터의 작은 하위 집합에 다항식을 적합시키면 과대적합으로 인해서 다른 오류의 원인이 추가되니까요.

백색화를 제외한 후에 저는 오랫동안 포럼과 공개 노트북에서 가장 선도적인 방법으로 판명된 다양한 상수-Q 변환 하이퍼파라미터로 시도를 했어요. 다른 범위의 Q-값으로 커버할 두 가지 중력파 소스가 있었기 때문에 하이퍼파라미터가 다른 모델들로 앙상블을 시도했어요. 이 방법이 점수를 개선하는 데 도움이 되기는 했지만 곧 한계에 부딪혔어요. 상수-Q 변환은 시계열에 일련의 필터를 적용하고 이를 주파수 영역으로 변환하죠. 저는 이런 필터링 작업을 유연한 방식으로 수행할 방식이 있는지 스스로에게 묻기 시작했죠. 이와 동시에 커뮤니티에서 1D CNN을 사용하는 아이디어가 등장했고 너무 좋다고 생각했어요. 모두 2D CNN 필터가 주어진 이미지 데이터에서 가장자리, 선, 텍스쳐texture를 감지한다는 것을 알고 있죠. 라플라스Laplace 필터나 소벨Sobel 필터와 같은 '고전적인' 필터를 사용해서도 같은 작업을 할 수 있습니다. 그래서 저는 스스로 질문했습니다. '이미 고정된 변환을 적용하는 대신 1D CNN을 사용해서 자체적으로 가장 중요한 필터를 학습할 수 없을까?'

결국 1D CNN 설루션이 작동하게 하지는 못했어요. 하지만 나중에 많은 최상위 팀이 이를 해냈다는 것을 알게 되었어요. G2Net 대회에서는 비록 메달을 획득하지는 못했지만 제가 가장 좋아하는 대회 중 하나가 되었어요. 그리고 이 과정에서 얻은 지식과 소위 표준 접근법이라 부르는 방식의 교훈은 매우 중요했어요.

....

15 G2Net Gravitational Wave Detection. *https://www.kaggle.com/c/g2net-gravitational-wave-detection*

캐글이 경력에 도움이 되었나요?

저는 석사 논문을 쓰는 도중 이미 머신러닝을 접했지만 대학을 마친 후 처음에는 자바 소프트웨어 개발자로 일했어요. 저는 더 많은 데이터 분석을 하고 싶었지만 당시에는 데이터 과학 관련 직업이 거의 없거나 그런 식으로 이름을 짓지 않았어요. 캐글을 처음 알게 되었을 때부터 빠져들기 시작했어요. 이후에는 자주 저녁 시간에 캐글에서의 시간을 즐겼어요. 당시에는 직책을 바꾸려는 의도는 없었지만 머신러닝이 필요한 연구 프로젝트가 등장했어요. 캐글에 참여하면서 얻었던 지식들 덕분에 저는 제가 이 프로젝트에 적절한 후보라고 어필할 수 있었고, 결국 제가 데이터 과학 경력을 시작하는 계기가 되어주었어요.

아이디어를 시험하고 새로운 방법이나 툴을 배우고 실용적인 경험을 얻는 데 캐글은 언제나 훌륭한 장소가 되어주었어요. 이런 방식으로 얻었던 기술은 직장에서 데이터 과학 프로젝트를 하는 데 큰 도움이 되었어요. 캐글에서는 지식을 대폭 늘릴 수 있어요. 위험성 없이 다양한 아이디어를 시도하고 창의적으로 행동할 수 있는 놀이터를 제공하죠. 대회에서 실패했다는 건 적어도 하나는 배웠다는 것을 의미해요. 하지만 실제 프로젝트에서 실패한다면 자신이나 다른 사람들에게 아주 부정적인 영향을 미치게 되죠.

대회 참가 외에 포트폴리오를 구성하는 다른 좋은 방법은 노트북을 작성하는 거예요. 노트북 작성을 통해 전 세계에 자신이 문제에 접근하는 방법, 통찰과 결론을 전달하는 방법을 보여줄 수 있어요. 후자는 경영진, 고객, 다른 배경을 가진 전문가들과 함께 일해야 할 때 매우 중요해요.

경험에 비추어볼 때, 초보 캐글러가 자주 놓치는 것은 뭘까요? 처음 시작할 때부터 알았으면 좋았겠다고 생각하는 것이 있나요?

제 생각에는 대회에 참가하는 많은 초보자들이 공개 리더보드 결과에 매혹되어서 좋은 검증 전략 없이 모델을 구축하는 것 같아요. 리더보드에서 성공 가능성을 측정하려 하지만 이 결과는 공개 테스트 데이터에 과대적합될 가능성이 있어요. 이 경우 대회가 끝난 후 모델은 접하지 않은 비공개 테스트 데이터에 일반화되지 못하고 순위가 수백 단위로 떨어지기도 해요. 저는 메르세데스벤츠 자연 친화 제조 대회[16]에서 공개 리더보드 순위를 올리지 못해서 얼마나 좌절했는지 아직도 기억이 생생해요. 하지만 최종 순위가 나왔을 때 너무나 많은 사람이 급격한 순위

---

16 Mercedes-Benz Greener Manufacturing. *https://www.kaggle.com/c/mercedes-benz-greener-manufacturing*

변동을 겪어서 크게 놀랐어요. 이후로 저는 적절한 검증 체계는 과소적합과 과대적합의 어려움을 극복하는 데 아주 중요하다는 것을 늘 염두에 둬요.

대회에서 어떤 실수를 해봤나요?

저의 가장 큰 실수는 대회 시작부터 설루션의 세부 내용에 지나치게 많은 시간과 노력을 쏟아부었던 거예요. 하지만 적절한 검증 전략을 세운 뒤에 다양하고 차이가 나는 아이디어를 빠르게 반복하는 것이 훨씬 나은 방법이죠. 이 방식을 사용하면 개선 가능성이 있는 방향을 헤매지 않고 쉽게 찾을 수 있어요.

데이터 분석과 머신러닝에 특히 추천하는 툴이나 라이브러리가 있나요?

캐글 커뮤니티에서 활동을 시작할 때 배울 많은 일반 툴과 라이브러리가 있어요. 저는 그 모두를 추천할 수밖에 없어요. 유연한 자세로 각 툴과 라이브러리들의 장점과 단점을 배우는 것이 중요해요. 이런 사고방식이 있어야 설루션이 툴이 아닌 아이디어와 창의성에 의해 좌우된답니다.

대회에 참가할 때 해야 하는 일 또는 중요하게 기억해야 할 것은 어떤 것이 있나요?

데이터 과학은 모델을 구축하는 것이라기보다는 데이터와 데이터가 수집된 방법을 이해하는 것에 가까워요. 지금까지 참가했던 대회 중 다수가 테스트 데이터에 누수나 숨겨진 그룹을 포함하고 있었어요.

NLP 모델링

이 장의 내용

- 감정 분석
- 오픈 도메인 Q&A
- 텍스트 확장 전략

자연어 처리 Natural language processing(NLP)는 언어학, 컴퓨터 과학, AI가 모두 활용되는 영역입니다. NLP가 가장 중점을 두는 것은 많은 양의 자연어 데이터를 처리하고 분석하는 알고리듬입니다. 최근 몇 년간 NLP는 캐글 대회에서 점점 더 많은 인기를 얻고 있는 주제입니다. NLP 분야 자체가 방대하고 챗봇이나 기계 번역같이 매우 인기 있는 주제를 포함하지만 이 장에서는 캐글 대회에서 자주 마주치게 되는 특정 부분 집합에 초점을 두겠습니다.

간단한 분류 문제로서의 감정 분석sentiment analysis은 매우 인기가 있고 거의 모든 곳에서 논의되고 있습니다. 그래서 여기서는 이 문제의 재미있는 변형인 '트윗에서 감정을 뒷받침하는 문구를 식별하기'로 시작하겠습니다. 오픈 도메인 질의응답open domain question answering 문제의 설루션 예시를 설명하고 (컴퓨터 비전의 같은 항목에 비해서는 훨씬 덜 주목을 받고 있지만) NLP 문제의 확장augmentation을 마지막 절에서 설명하면서 마무리를 하겠습니다.

11.1 감정 분석

긍정적인 트윗은 입소문이 나고 널리 퍼지만 특히 부정적인 트윗은 사람들에게 해로운 영향을 미칩니다.

언어에서 감정을 포착하는 것은 특히 후자의 맥락에서 중요합니다. 인간의 언어는 복잡하기 때문에 감정으로 결론을 내리는 것이 아니라 어떤 단어가 실제로 감정 표현으로 이어졌는지 조사하는 것이 중요합니다.

트윗 감정 추출 대회[1]의 데이터를 사용해 이 문제를 설명하겠습니다. 간결성을 위해서 다음의 코드에서는 임포트를 생략했지만 깃허브 리포지토리의 해당 노트북에 전체 코드가 정리되어 있습니다.

먼저 데이터를 살펴보도록 하죠.

```
df = pd.read_csv('/kaggle/input/tweet-sentiment-extraction/train.csv')
df.head()
```

다음은 데이터의 첫 행의 일부입니다.

	textID	text	selected_text	sentiment
0	cb774db0d1	I'd have responded, if I were going	I'd have responded, if I were going	neutral
1	549e992a42	Sooo SAD I will miss you here in San Diego!!!	Sooo SAD	negative
2	088c60f138	my boss is bullying me...	bullying me	negative
3	9642c003ef	what interview! leave me alone	leave me alone	negative
4	358bd9e861	Sons of ****, why couldn't they put them on t...	Sons of ****,	negative

그림 11-1 훈련 데이터의 행 샘플

실제 트윗은 **text** 열에 저장되어 있습니다. 각각 **selected_text** 열(감정 할당의 결정 기준이 된 트윗의 일부)에 저장된 **지원 문구**와 연관된 감정 정보가 있습니다.

클린업 함수^{cleanup function}를 정의하면서 시작합니다. 우선 웹사이트 URL과 비문자를 제거하고 사람들이 욕설 대신 사용하는 별표를 단일 토큰인 'swear'로 대체하려고 합니다. 이 작업을 위해 몇 가지 정규 표현식을 사용합니다.

---

1   Tweet Sentiment Extraction. *https://www.kaggle.com/c/tweet-sentiment-extraction*

```python
def basic_cleaning(text):
    text=re.sub(r'https?://www\.\S+\.com','',text)
    text=re.sub(r'[^A-Za-z¦\s]','',text)
    text=re.sub(r'\*+','swear',text) # **** 형태의 욕설 감지
    return text
```

다음으로는 트윗 내용과 이모티콘에서 HTML을 제거합니다.

```python
def remove_html(text):
    html=re.compile(r'<.*?>')
    return html.sub(r'',text)

def remove_emoji(text):
    emoji_pattern = re.compile("["
                               u"\U0001F600-\U0001F64F"  #emoticons
                               u"\U0001F300-\U0001F5FF"  #symbols & pictographs
                               u"\U0001F680-\U0001F6FF"  #transport & map symbols
                               u"\U0001F1E0-\U0001F1FF"  #flags (iOS)
                               u"\U00002702-\U000027B0"
                               u"\U000024C2-\U0001F251"
                               "]+", flags=re.UNICODE)
    return emoji_pattern.sub(r'', text)
```

마지막으로 (예를 들면 waaaayyyyy 대신 way를 사용하도록) 반복되는 문자를 제거합니다.

```python
def remove_multiplechars(text):
    text = re.sub(r'(.)\1{3,}',r'\1', text)
    return text
```

편리성을 위해서 4개의 함수를 하나의 클린업 함수로 결합합니다.

```python
def clean(df):
    for col in ['text']:#,'selected_text']:
        df[col]=df[col].astype(str).apply(lambda x:basic_cleaning(x))
        df[col]=df[col].astype(str).apply(lambda x:remove_emoji(x))
        df[col]=df[col].astype(str).apply(lambda x:remove_html(x))
        df[col]=df[col].astype(str).apply(lambda x:remove_multiplechars(x))
    return df
```

마지막으로 미리 훈련된 모델(tokenizer)을 바탕으로 임베딩을 생성하는 함수를 작성합니다.

```python
def fast_encode(texts, tokenizer, chunk_size=256, maxlen=128):
    tokenizer.enable_truncation(max_length=maxlen)
    tokenizer.enable_padding(max_length=maxlen)
    all_ids = []

    for i in range(0, len(texts), chunk_size):
        text_chunk = texts[i:i+chunk_size].tolist()
        encs = tokenizer.encode_batch(text_chunk)
        all_ids.extend([enc.ids for enc in encs])

    return np.array(all_ids)
```

다음은 전체 코퍼스를 사용할 수 있게 변환하는 전처리 함수를 만듭니다.

```python
def preprocess_news(df,stop=stop,n=1,col='text'):
    '''전처리를 하고 코퍼스를 생성하는 함수'''
    new_corpus=[]
    stem=PorterStemmer()
    lem=WordNetLemmatizer()
    for text in df[col]:
        words=[w for w in word_tokenize(text) if (w not in stop)]

        words=[lem.lemmatize(w) for w in words if(len(w)>n)]

        new_corpus.append(words)

    new_corpus=[word for l in new_corpus for word in l]
    return new_corpus
```

앞서 준비한 함수를 사용해서 훈련 데이터를 클리닝해서 준비합니다. sentiment 컬럼은 목표입니다. 그리고 성능을 위해 sentiment 컬럼의 값을 가변수^{dummy variable}(원-핫 인코딩)로 변환합니다.

```python
df.dropna(inplace=True)
df_clean = clean(df)
```

```
df_clean_selection = df_clean.sample(frac=1)
X = df_clean_selection.text.values
y = pd.get_dummies(df_clean_selection.sentiment)
```

다음으로 필요한 단계는 입력 텍스트의 **토큰화**tokenization와 시퀀스로 변환하는 것입니다(데이터 세트 전체에서 동일한 길이를 보장하는 패딩 포함).

```
tokenizer = text.Tokenizer(num_words=20000)
tokenizer.fit_on_texts(list(X))
list_tokenized_train = tokenizer.texts_to_sequences(X)
X_t = sequence.pad_sequences(list_tokenized_train, maxlen=128)
```

DistilBERT를 사용해서 모델에 임베딩을 생성하고 그대로 사용합니다. DistilBERT는 BERT 가 경량화된 버전입니다. 파라미터가 40% 더 적을 때 3%의 성능 손실이 일어나는 트레이드오 프가 있습니다. 임베딩 레이어를 학습시키고 성능을 얻습니다. 대신 학습 시간이 늘어납니다.

```
tokenizer = transformers.AutoTokenizer.from_pretrained("distilbert-base-uncased")

# 로드된 tokenizer를 로컬에서 저장
save_path = '/kaggle/working/distilbert_base_uncased/'
if not os.path.exists(save_path):
    os.makedirs(save_path)
tokenizer.save_pretrained(save_path)

# huggingface tokenizers 라이브러리로 다시 로드
fast_tokenizer = BertWordPieceTokenizer(
                'distilbert_base_uncased/vocab.txt', lowercase=True)
fast_tokenizer
```

앞서 정의했던 **fast_encode**를 앞서 정의한 **fast_tokenizer**와 함께 트윗을 인코딩하는 데 사용합니다.

```
X = fast_encode(df_clean_selection.text.astype(str),
                fast_tokenizer,
                maxlen=128)
```

준비된 데이터로 모델을 구성합니다. 설명을 위해 애플리케이션에서 표준적인 구조, 즉 글로벌 풀링과 드롭아웃으로 정규화된 LSTM 층과 맨 위에 있는 조밀층^{dense layer}의 조합을 사용합니다. 정말로 경쟁력이 있는 솔루션을 얻고 싶다면 구조에 약간의 수정이 필요할 것입니다. 예를 들면 '더 무거운' 모델, 더 큰 임베딩, LSTM 층의 유닛수 늘리기 등의 변화를 시도합니다.

```python
transformer_layer = transformers.TFDistilBertModel.from_pretrained('distilbert-
base-uncased')

embedding_size = 128
input_ = Input(shape=(100,))
inp = Input(shape=(128, ))

embedding_matrix=transformer_layer.weights[0].numpy()
x = Embedding(embedding_matrix.shape[0],
              embedding_matrix.shape[1],
              embeddings_initializer=Constant(embedding_matrix),
              trainable=False)(inp)

x = Bidirectional(LSTM(50, return_sequences=True))(x)
x = Bidirectional(LSTM(25, return_sequences=True))(x)
x = GlobalMaxPool1D()(x)
x = Dropout(0.5)(x)
x = Dense(50, activation='relu', kernel_regularizer='L1L2')(x)
x = Dropout(0.5)(x)
x = Dense(3, activation='softmax')(x)
model_DistilBert = Model(inputs=[inp], outputs=x)
model_DistilBert.compile(loss='categorical_crossentropy',
                         optimizer='adam',
                         metrics=['accuracy'])
```

데이터의 시간적 차원에 특별히 주의를 기울일 필요는 없기 때문에 `fit` 메서드를 호출해 무작위로 훈련과 검증을 분할해도 괜찮습니다.

```python
model_DistilBert.fit(X,y,batch_size=32,epochs=10,validation_split=0.1)
```

다음은 샘플 출력의 일부입니다.

```
Epoch 1/10
27480/27480 [===============] - 480s 17ms/step - loss: 0.5100 - accuracy: 0.7994
Epoch 2/10
27480/27480 [===============] - 479s 17ms/step - loss: 0.4956 - accuracy: 0.8100
```

```
Epoch 3/10
27480/27480 [===============] - 475s 17ms/step - loss: 0.4740 - accuracy: 0.8158
Epoch 4/10
27480/27480 [===============] - 475s 17ms/step - loss: 0.4528 - accuracy: 0.8275
Epoch 5/10
27480/27480 [===============] - 475s 17ms/step - loss: 0.4318 - accuracy: 0.8364
Epoch 6/10
27480/27480 [===============] - 475s 17ms/step - loss: 0.4069 - accuracy: 0.8441
Epoch 7/10
27480/27480 [===============] - 477s 17ms/step - loss: 0.3839 - accuracy: 0.8572
```

적합된 모델의 예측 생성은 간단한 방식으로 진행됩니다. 모든 데이터를 활용하도록 모든 데이터로 모델을 다시 학습시키면서 시작합니다(따라서 검증은 없습니다).

```
df_clean_final = df_clean.sample(frac=1)
X_train = fast_encode(df_clean_selection.text.astype(str),
                      fast_tokenizer,
                      maxlen=128)
y_train = y
```

예측을 생성하기 전에 전체 데이터 세트에 모델을 다시 적합합니다.

```
Adam_name = adam(lr=0.001)
model_DistilBert.compile(loss='categorical_crossentropy',
                         optimizer=Adam_name,metrics=['accuracy'])
history = model_DistilBert.fit(X_train,y_train,batch_size=32,epochs=10)
```

다음으로 테스트 데이터를 모델에 입력하는 훈련데이터에서 사용하는 형식과 동일하게 가공합니다.

```
df_test = pd.read_csv('/kaggle/input/tweet-sentiment-extraction/test.csv')
df_test.dropna(inplace=True)
df_clean_test = clean(df_test)

X_test = fast_encode(df_clean_test.text.values.astype(str),
                     fast_tokenizer,
                     maxlen=128)
y_test = df_clean_test.sentiment
```

마지막으로 예측을 생성합니다.

```
y_preds = model_DistilBert.predict(X_test)
y_predictions = pd.DataFrame(y_preds,
                             columns=['negative','neutral','positive'])
y_predictions_final = y_predictions.idxmax(axis=1)
accuracy = accuracy_score(y_test,y_predictions_final)
print(f"The final model shows {accuracy:.2f} accuracy on the test set.")
```

최종 모델은 테스트 세트를 대상으로 0.74의 정확도를 보여주었습니다. 다음에는 출력이 어떻게 보이는지 확인하는 샘플이 있습니다. 몇 개의 행에서 이미 확인할 수 있듯 사람이 읽었을 때는 감정이 분명하지만 모델이 포착하지 못하는 경우가 있습니다.

	textID	text	sentiment	predicted_negative	predicted_neutral	predicted_positive
0	f87dea47db	Last session of the day httptwitpiccomezh	neutral	0.022949	0.967165	0.009886
1	96d74cb729	Shanghai is also really exciting precisely s...	positive	0.000075	0.012165	0.987760
2	eee518ae67	Recession hit Veronique Branquinho she has to ...	negative	0.993622	0.006364	0.000014
3	01082688c6	happy bday	positive	0.000020	0.005859	0.994122
4	33987a8ee5	httptwitpiccomwp I like it	positive	0.006184	0.119946	0.873870
5	726e501993	thats great weee visitors	positive	0.000165	0.019434	0.980401
6	261932614e	I THINK EVERYONE HATES ME ON HERE lol	negative	0.916203	0.081649	0.002148
7	afa11da83f	so wish i oould but im in school and myspace ...	negative	0.877504	0.116624	0.005871
8	e64208b4ef	and within a short time of the last clue all ...	neutral	0.116272	0.859304	0.024424
9	37bcad24ca	What did you get My day is alright havent do...	neutral	0.223977	0.756474	0.019550

그림 11-2 예측된 결과의 행 예시

지금까지 감정 속성 문제를 해결하는 (감정 분류의 어노테이션 결정을 이끄는 텍스트의 일부를 찾는) 파이프라인 예시를 선보였습니다. 경쟁력이 있는 성능을 얻고 싶다면 일부 개선이 필요한 부분이 있습니다. 다음은 영향력을 미칠 요소입니다.

- **더 큰 임베딩**: (처리된) 입력 데이터 수준에서 더 많은 정보를 포착합니다.
- **더 큰 모델**: LSTM층에 더 많은 유닛을 포함합니다.
- **더 긴 학습**: 다른 말로 더 많은 에포크 수를 적용합니다.

이러한 개선 사항은 모델의 성능을 높이지만 파이프라인의 핵심 요소는 재사용 가능합니다.

- 데이터 클리닝과 전처리
- 텍스트 엠베딩 생성
- 목표 모델 구조에서 순환층^{recurrent layer}과 정규화^{regularization} 통합

이제 NLP 대회에서 자주 마주치는 문제인 오픈 도메인 Q&A로 이동하겠습니다.

11.2 오픈 도메인 Q&A

이번 절에서는 구글 퀘스트 Q&A 레이블링 대회[2]를 살펴봅니다. 이 대회의 질문-답변 쌍은 인간 평가자가 질문 대회형^{question conversational}, 질문 사실 찾기^{question fact-seeking}, 도움이 되는 답변 ^{answer helpful} 등 다양한 기준에 따라 평가했습니다. 과제는 (기준에 해당하는) 각 목표 열을 예측하는 것이었습니다. 레이블이 여러 평가자에 의해서 집계되었기 때문에 목표 열이 단위 범위로 정규화된 상태에서 목적은 사실상 다변량 회귀 출력이었습니다.

(NLP를 위한 트랜스포머 기반 모델과 같은) 고급 기술을 모델링에 적용하기 전에 더 단순한 방식으로 베이스라인을 설정하는 것이 좋습니다. 이전 절과 마찬가지로 간결함을 위해 임포트를 생략하지만 깃허브 리포지토리 노트북에 전체 코드[3]가 있습니다.

먼저 텍스트의 다양한 측면을 추출하는 데 도움을 주는 몇 가지 도우미 함수를 정의합니다.

```
def word_count(xstring):
    return xstring.split().str.len()
```

대회에서 사용된 지표는 스피어먼 상관관계^{Spearman correlation}[4] (순위로 계산된 선형 상관관계)입니다.

사이킷런 파이프라인을 구축할 것이므로 지표를 채점자^{scorer}로 정의해야 합니다(make_scorer 메서드는 사이킷런의 래퍼로 정확도 또는 MSE와 같은 점수 함수^{scoring function}를 사용하고 추정량의 출력을 채점하는 호출 가능한 객체^{callable}를 반환합니다).

---

2 Google QUEST Q&A Labeling. *https://www.kaggle.com/c/google-quest-challenge*
3 *https://bit.ly/3yhgEBP*
4 *https://en.wikipedia.org/wiki/Spearman%27s_rank_correlation_coefficient*

```
def spearman_corr(y_true, y_pred):
    if np.ndim(y_pred) == 2:
        corr = np.mean([stats.spearmanr(y_true[:, i],
                                        y_pred[:, i])[0]

for i in range(y_true.shape[1])])
    else:
        corr = stats.spearmanr(y_true, y_pred)[0]
    return corr

custom_scorer = make_scorer(spearman_corr, greater_is_better=True)
```

다음은 l에서 크기 n의 연속적인 청크를 추출하는 작은 도우미 함수입니다. 이 도우미 함수는 나중에 메모리 문제를 겪지 않고 텍스트 본문의 임베딩을 생성합니다.

```
def chunks(l, n):
    for i in range(0, len(l), n):
        yield l[i:i + n]
```

사용할 특징 집합의 일부는 사전 학습된 모델의 임베딩입니다. 이번 절의 아이디어를 다시 떠올려보면 학습시킨 정교한 모델을 사용하지 않고 베이스라인을 구축하는 것이었습니다. 하지만 우리가 기존 모델을 사용하지 말아야 할 이유는 없습니다.

tokenizer와 모델을 임포트하면서 시작한 다음 질문/답변을 고정된 크기의 임베딩으로 인코딩해서 코퍼스를 청크로 가공합니다.

```
def fetch_vectors(string_list, batch_size=64):
    DEVICE = torch.device("cuda")
    tokenizer = transformers.DistilBertTokenizer.from_pretrained
                    ("../input/distilbertbaseuncased/")
    model = transformers.DistilBertModel.from_pretrained
                ("../input/distilbertbaseuncased/")
    model.to(DEVICE)

    fin_features = []
    for data in chunks(string_list, batch_size):
        tokenized = []
        for x in data:
```

```python
        x = " ".join(x.strip().split()[:300])
        tok = tokenizer.encode(x, add_special_tokens=True)
        tokenized.append(tok[:512])

    max_len = 512
    padded = np.array([i + [0] * (max_len - len(i)) for i in tokenized])
    attention_mask = np.where(padded != 0, 1, 0)
    input_ids = torch.tensor(padded).to(DEVICE)
    attention_mask = torch.tensor(attention_mask).to(DEVICE)

    with torch.no_grad():
        last_hidden_states = model(input_ids,
                                   attention_mask=attention_mask)

    features = last_hidden_states[0][:, 0, :].cpu().numpy()
    fin_features.append(features)

    fin_features = np.vstack(fin_features)
    return fin_features
```

이제 데이터를 로드합니다.

```python
xtrain = pd.read_csv(data_dir + 'train.csv')
xtest = pd.read_csv(data_dir + 'test.csv')

xtrain.head(4)
```

다음은 첫 행의 일부입니다.

question_title	question_body	question_user_name	question_user_page	answer
What am I losing when using extension tubes in...	After playing around with macro photography on...	ysap	https://photo.stackexchange.com/users/1024	I just got extension tubes, so here's the skin...
What is the distinction between a city and a s...	I am trying to underestand what kinds of places...	russellpierce	https://rpg.stackexchange.com/users/8774	It might be helpful to look into the definitio...
Maximum protusion length for through-hole comp...	I'm working on a PCB that has through-hole com...	Joe Baker	https://electronics.stackexchange.com/users/10157	Do you even need grooves? We make several pro...

Can an affidavit be used in Beit Din?	An affidavit, from what i understand, is basic...	Scimonster	https://judaism.stackexchange.com/users/5151	Sending an "affidavit" it is a dispute between...

그림 11-3 훈련 데이터의 행 샘플

30개의 관심 목표 열을 지정합니다.

```python
target_cols = ['question_asker_intent_understanding',
               'question_body_critical',
               'question_conversational', 'question_expect_short_answer',
               'question_fact_seeking',
               'question_has_commonly_accepted_answer',
               'question_interestingness_others',
               'question_interestingness_self',
               'question_multi_intent', 'question_not_really_a_question',
               'question_opinion_seeking', 'question_type_choice',
               'question_type_compare', 'question_type_consequence',
               'question_type_definition', 'question_type_entity',
               'question_type_instructions', 'question_type_procedure',
               'question_type_reason_explanation',
               'question_type_spelling',
               'question_well_written', 'answer_helpful',
               'answer_level_of_information', 'answer_plausible',
               'answer_relevance', 'answer_satisfaction',
               'answer_type_instructions', 'answer_type_procedure',
               'answer_type_reason_explanation', 'answer_well_written']
```

각 목표열이 갖는 의미와 해석은 대회의 Data 페이지[5]를 참조하세요.

다음은 **특징 공학**을 진행합니다. 우선 질문과 답변의 제목과 본문의 단어를 셉니다. 단순하지만 많은 애플리케이션에서 놀랍도록 유용한 특징입니다.

```python
for colname in ['question_title', 'question_body', 'answer']:
    newname = colname + '_word_len'

    xtrain[newname] = xtrain[colname].str.split().str.len()
    xtest[newname] = xtest[colname].str.split().str.len()
```

---

5 *https://www.kaggle.com/c/google-quest-challenge/data*

다음에 생성할 특징은 **어휘 다양성**lexical diversity입니다. 텍스트 청크에서 유일한 단어의 비율을 계산합니다.

```
colname = 'answer'
xtrain[colname+'_div'] = xtrain[colname].apply
                    (lambda s: len(set(s.split())) / len(s.split()) )
xtest[colname+'_div'] = xtest[colname].apply
                    (lambda s: len(set(s.split())) / len(s.split()) )
```

온라인에서 가져온 정보를 처리할 때 사이트 주소의 구성 요소를 검사해서 잠재적으로 정보를 제공할 특징을 추출합니다(구성 요소는 점으로 구분된 주소의 요소로 정의됩니다). 구성 요소의 수를 세고 개별 구성 요소를 특징으로 저장합니다.

```
for df in [xtrain, xtest]:
    df['domcom'] = df['question_user_page'].apply
                (lambda s: s.split('://')[1].split('/')[0].split('.'))

    # 구성 요소 카운트
    df['dom_cnt'] = df['domcom'].apply(lambda s: len(s))

    # 일부 도메인 이름에 더 적은 구성 요소가 있는 경우 길이 채우기
    df['domcom'] = df['domcom'].apply(lambda s: s + ['none', 'none'])

    # 구성 요소들
    for ii in range(0,4):
        df['dom_'+str(ii)] = df['domcom'].apply(lambda s: s[ii])
```

많은 목표 열이 주어진 질문에 정답이 얼마나 관련이 있는지를 다룹니다. 이 관계를 정량화하는 방법 중 하나는 문자열 쌍 안에서 **공유하는 단어**shared words를 평가하는 것입니다.

```
for df in [xtrain, xtest]:
    df['q_words'] = df['question_body'].apply(lambda s:
        [f for f in s.split() if f not in eng_stopwords] )
    df['a_words'] = df['answer'].apply(lambda s:
        [f for f in s.split() if f not in eng_stopwords] )
    df['qa_word_overlap'] = df.apply(lambda s:
        len(np.intersect1d(s['q_words'], s['a_words'])), axis=1)
    df['qa_word_overlap_norm1'] = df.apply(lambda s:
```

```
              s['qa_word_overlap']/(1 + len(s['a_words'])), axis=1)
        df['qa_word_overlap_norm2'] = df.apply(lambda s:
              s['qa_word_overlap']/(1 + len(s['q_words'])), axis = 1)
        df.drop(['q_words', 'a_words'], axis = 1, inplace = True)
```

불용어^{stopword}와 구두점 출현 패턴은 스타일이나 의도를 알려줍니다.

```
for df in [xtrain, xtest]:

    ## 텍스트의 글자 수 ##
    df["question_title_num_chars"] =\
        df["question_title"].apply(lambda x: len(str(x)))
    df["question_body_num_chars"] =\
        df["question_body"].apply(lambda x: len(str(x)))
    df["answer_num_chars"] =\
        df["answer"].apply(lambda x: len(str(x)))
    ## 텍스트의 불용어 수 ##
    df["question_title_num_stopwords"] =\
        df["question_title"].apply(lambda x:
            len([w for w in str(x).lower().split() if w in eng_stopwords]))
    df["question_body_num_stopwords"] =\
        df["question_body"].apply(lambda x:
            len([w for w in str(x).lower().split() if w in eng_stopwords]))
    df["answer_num_stopwords"] =\
        df["answer"].apply(lambda x:
            len([w for w in str(x).lower().split() if w in eng_stopwords]))
    ## 텍스트의 구두점 수 ##
    df["question_title_num_punctuations"] =\
        df['question_title'].apply(lambda x:
            len([c for c in str(x) if c in string.punctuation]) )
    df["question_body_num_punctuations"] =\
        df['question_body'].apply(lambda x:
            len([c for c in str(x) if c in string.punctuation]) )
    df["answer_num_punctuations"] =\
        df['answer'].apply(lambda x:
            len([c for c in str(x) if c in string.punctuation]) )
    ## 텍스트에서 제목용 대문자(title case)를 쓴 단어 ##
    df["question_title_num_words_upper"] =\
        df["question_title"].apply(lambda x:
            len([w for w in str(x).split() if w.isupper()]))
    df["question_body_num_words_upper"] =\
        df["question_body"].apply(lambda x:
            len([w for w in str(x).split() if w.isupper()]))
```

```python
df["answer_num_words_upper"] =\
    df["answer"].apply(lambda x:
        len([w for w in str(x).split() if w.isupper()]))
```

의미적 구조를 신경 쓰지 않고 텍스트의 간단한 요약 통계에 초점을 맞추는 "전통적인" 특징이 준비되면 이제 질문과 답변을 위한 **임베딩**을 생성합니다. 이론적으로는 데이터에 별도의 word2vec 유형 모델을 학습시킬 수도 있지만(또는 기존 모델을 미세 조정할 수도 있지만) 여기서는 사전 학습한 모델을 그대로 사용합니다. 유용한 선택지 중 하나로 구글에서 나온 **범용 문장 인코더**universal sentence encoder[6]가 있습니다. 이 모델은 다양한 데이터 소스를 학습했습니다. 영어로 된 텍스트 조각을 입력으로 받고 512-차원 벡터를 출력합니다.

```python
module_url = "../input/universalsentenceencoderlarge4/"
embed = hub.load(module_url)
```

다음은 텍스트 필드를 임베딩으로 바꾸는 코드입니다. 훈련/테스트 세트 항목을 배치 단위로 순환하고 (메모리 효율성을 위해서) 각 배치를 임베딩한 다음 원래 리스트에 추가합니다.

최종 데이터 프레임은 배치 수준 임베딩의 각 목록을 수직으로 쌓아서 구성됩니다.

```python
embeddings_train = {}
embeddings_test = {}
for text in ['question_title', 'question_body', 'answer']:
    train_text = xtrain[text].str.replace('?', '.').str.replace('!', '.').tolist()
    test_text = xtest[text].str.replace('?', '.').str.replace('!', '.').tolist()

    curr_train_emb = []
    curr_test_emb = []
    batch_size = 4
    ind = 0
    while ind*batch_size < len(train_text):
        curr_train_emb.append(embed(train_text[ind*batch_size:
            (ind + 1)*batch_size])["outputs"].numpy())
        ind += 1

    ind = 0
    while ind*batch_size < len(test_text):
```

---

6 https://tfhub.dev/google/universal-sentence-encoder/4

```
        curr_test_emb.append(embed(test_text[ind*batch_size:
            (ind + 1)*batch_size])["outputs"].numpy())
        ind += 1

    embeddings_train[text + '_embedding'] = np.vstack(curr_train_emb)
    embeddings_test[text + '_embedding'] = np.vstack(curr_test_emb)
    print(text)
```

질문과 답변의 벡터 표현이 주어지면 벡터 쌍의 다른 거리 지표를 활용해서 필드 간의 의미적 유사성을 계산할 수 있습니다. 다양한 지표를 시도하는 배경에는 다양한 유형의 특성을 포착하고 싶다는 욕구가 있습니다. 분류의 맥락에서 비유하자면 상황의 완벽한 그림을 얻도록 정확도와 엔트로피를 모두 사용하는 것입니다.

```
l2_dist = lambda x, y: np.power(x - y, 2).sum(axis=1)
cos_dist = lambda x, y: (x*y).sum(axis=1)
dist_features_train = np.array([
    l2_dist(embeddings_train['question_title_embedding'],
            embeddings_train['answer_embedding']),
    l2_dist(embeddings_train['question_body_embedding'],
            embeddings_train['answer_embedding']),
    l2_dist(embeddings_train['question_body_embedding'],
            embeddings_train['question_title_embedding']),
    cos_dist(embeddings_train['question_title_embedding'],
            embeddings_train['answer_embedding']),
    cos_dist(embeddings_train['question_body_embedding'],
            embeddings_train['answer_embedding']),
    cos_dist(embeddings_train['question_body_embedding'],
            embeddings_train['question_title_embedding'])
]).T
dist_features_test = np.array([
    l2_dist(embeddings_test['question_title_embedding'],
            embeddings_test['answer_embedding']),
    l2_dist(embeddings_test['question_body_embedding'],
            embeddings_test['answer_embedding']),
    l2_dist(embeddings_test['question_body_embedding'],
            embeddings_test['question_title_embedding']),
    cos_dist(embeddings_test['question_title_embedding'],
            embeddings_test['answer_embedding']),
    cos_dist(embeddings_test['question_body_embedding'],
            embeddings_test['answer_embedding']),
    cos_dist(embeddings_test['question_body_embedding'],
```

```
        embeddings_test['question_title_embedding'])
]).T
```

거리 특징을 별도의 열로 모으겠습니다.

```
for ii in range(0,6):
    xtrain['dist'+str(ii)] = dist_features_train[:,ii]
    xtest['dist'+str(ii)] = dist_features_test[:,ii]
```

마지막으로 텍스트 필드의 TF-IDF 표현을 만들 수도 있습니다. 일반적인 아이디어는 입력 텍스트의 다양한 변환을 토대로 여러 특징을 만들어 간단한 모델에 제공하는 것입니다.

이렇게 하면 복잡한 딥러닝 모델에 적합하지 않고 데이터의 특성을 포착할 겁니다.

단어 수준이나 문자 수준에서 텍스트를 분석해서 특성을 포착할 수도 있습니다. 두 특징의 최대 상한선을 설정해 메모리 소비를 제한합니다(메모리 용량이 클수록 이 제한을 높일 수 있습니다).

```
limit_char = 5000
limit_word = 25000
```

문자 수준, 단어 수준 벡터화기vectorizer를 인스턴스화합니다. 문제 설정은 사이킷런의 파이프라인 기능을 사용해서 모델 적합 절차의 여러 단계를 편리하게 조합합니다. 우선 제목 열을 위해 두 개의 변환기를 만들겠습니다(단어 수준, 문자 수준).

```
title_col = 'question_title'
title_transformer = Pipeline([
    ('tfidf', TfidfVectorizer(lowercase = False, max_df = 0.3, min_df = 1,
                              binary = False, use_idf = True, smooth_idf = False,
                              ngram_range = (1,2), stop_words = 'english',
                              token_pattern = '(?u)\\b\\w+\\b' ,
                              max_features = limit_word ))
])
title_transformer2 = Pipeline([
 ('tfidf2',  TfidfVectorizer(sublinear_tf=True,
    strip_accents='unicode', analyzer='char',
    stop_words='english', ngram_range=(1, 4), max_features= limit_char))
])
```

본문에도 마찬가지로 두 개의 파이프라인 변환기를 사용합니다.

```
body_col = 'question_body'
body_transformer = Pipeline([
    ('tfidf',TfidfVectorizer(lowercase = False, max_df = 0.3, min_df = 1,
                                binary = False, use_idf = True, smooth_idf = False,
                                ngram_range = (1,2), stop_words = 'english',
                                token_pattern = '(?u)\\b\\w+\\b' ,
                                max_features = limit_word ))
])
body_transformer2 = Pipeline([
 ('tfidf2',  TfidfVectorizer( sublinear_tf=True,
    strip_accents='unicode', analyzer='char',
    stop_words='english', ngram_range=(1, 4), max_features= limit_char))
])
```

마지막으로 답변 열입니다.

```
answer_col = 'answer'
answer_transformer = Pipeline([
    ('tfidf', TfidfVectorizer(lowercase = False, max_df = 0.3, min_df = 1,
                                binary = False, use_idf = True, smooth_idf = False,
                                ngram_range = (1,2), stop_words = 'english',
                                token_pattern = '(?u)\\b\\w+\\b' ,
                                max_features = limit_word ))
])

answer_transformer2 = Pipeline([
 ('tfidf2',  TfidfVectorizer( sublinear_tf=True,
    strip_accents='unicode', analyzer='char',
    stop_words='english', ngram_range=(1, 4), max_features= limit_char))
])
```

수치형 특징을 처리하면서 특징 공학 부분을 마무리합니다. 간단한 방법만 사용하겠습니다. N/A 값을 처리하고자 결측값 대체missing value imputation를 사용해 분포를 안정화하고 멱변환기power transformer를 사용해 (수치형 특징을 신경망 안에서 사용할 경우 자주 도움이 되는) 가우시안 분포에 가깝게 만듭니다.

```python
num_cols = [
    'question_title_word_len', 'question_body_word_len',
    'answer_word_len', 'answer_div',
    'question_title_num_chars','question_body_num_chars',
    'answer_num_chars',
    'question_title_num_stopwords','question_body_num_stopwords',
    'answer_num_stopwords',
    'question_title_num_punctuations',
    'question_body_num_punctuations','answer_num_punctuations',
    'question_title_num_words_upper',
    'question_body_num_words_upper','answer_num_words_upper',
    'dist0', 'dist1', 'dist2', 'dist3', 'dist4', 'dist5'
]

num_transformer = Pipeline([
    ('impute', SimpleImputer(strategy='constant', fill_value=0)),
    ('scale', PowerTransformer(method='yeo-johnson'))
])
```

파이프라인의 유용한 특징은 과정을 결합하거나 끼워 넣을 수 있는 점입니다. 다음은 범주형 변수를 처리할 기능을 추가하고 모두 ColumnTransformer 객체에 결합해서 데이터 전처리와 특징 공학 로직을 간소화하며, 입력의 각 부분은 적절한 방식으로 처리합니다.

```python
cat_cols = [ 'dom_0', 'dom_1', 'dom_2',
    'dom_3', 'category','is_question_no_name_user',
    'is_answer_no_name_user','dom_cnt'
]
cat_transformer = Pipeline([
    ('impute', SimpleImputer(strategy='constant', fill_value='')),
    ('encode', OneHotEncoder(handle_unknown='ignore'))
])
preprocessor = ColumnTransformer(
    transformers = [
        ('title', title_transformer, title_col),
        ('title2', title_transformer2, title_col),
        ('body', body_transformer, body_col),
        ('body2', body_transformer2, body_col),
        ('answer', answer_transformer, answer_col),
        ('answer2', answer_transformer2, answer_col),
        ('num', num_transformer, num_cols),
        ('cat', cat_transformer, cat_cols)
    ]
)
```

마침내 전처리와 모델 적합이 결합된 파이프라인 객체를 사용할 준비가 되었습니다.

```python
pipeline = Pipeline([
    ('preprocessor', preprocessor),
    ('estimator',Ridge(random_state=RANDOM_STATE))
])
```

샘플에 포함되지 않은 데이터로 모델의 성능을 평가하려는 태도는 항상 바람직합니다. 편리한
방법으로 6장에서 설명한 **OOF 예측**out-of-fold prediction이 있습니다. 절차에는 다음과 같은 단계
가 필요합니다.

1. 데이터를 분할합니다. 여기서는 질문 하나가 (데이터 프레임의 개별 행에) 여러 개의 답변을 가지기 때문에
   GroupKFold를 사용합니다. 정보 누수를 예방하도록 각 질문은 하나의 분할에만 포함되게 하고 싶습니다.
2. 각 분할에서 모델은 다른 분할의 데이터로 학습시킵니다. 그리고 해당 분할과 테스트 세트로 예측을 생성합
   니다.
3. 테스트 세트의 예측의 평균을 구합니다.

예측을 저장할 보관소 행렬을 준비합니다. `mvalid`가 OOF 예측을 담고 `mfull`은 전체 분할에
서 평균을 구한 전체 테스트 세트 예측을 담습니다. 몇 질문은 한 개 이상의 후보 답변을 가지
고 있기 때문에 `question_body`의 KFold 분할을 계층화합니다.

```python
nfolds = 5
mvalid = np.zeros((xtrain.shape[0], len(target_cols)))
mfull = np.zeros((xtest.shape[0], len(target_cols)))

kf = GroupKFold(n_splits= nfolds).split(X=xtrain.question_body, groups=xtrain.
question_body)
```

분할을 순환하고 별도의 모델을 구축합니다.

```python
for ind, (train_index, test_index) in enumerate(kf):

    # 데이터를 훈련과 검증으로 분할
    x0, x1 = xtrain.loc[train_index], xtrain.loc[test_index]
    y0, y1 = ytrain.loc[train_index], ytrain.loc[test_index]

    for ii in range(0, ytrain.shape[1]):
```

```
# 모델 적합
be = clone(pipeline)
be.fit(x0, np.array(y0)[:,ii])
filename = 'ridge_f' + str(ind) + '_c' + str(ii) + '.pkl'
pickle.dump(be, open(filename, 'wb'))

# OOF와 테스트 예측을 위한 저장소 행렬
mvalid[test_index, ii] = be.predict(x1)
mfull[:,ii] += be.predict(xtest)/nfolds

print('---')
```

일단 적합 부분이 완료되면 대회에서 지정한 지표에 따라 성능을 평가합니다.

```
corvec = np.zeros((ytrain.shape[1],1))
for ii in range(0, ytrain.shape[1]):
    mvalid[:,ii] = rankdata(mvalid[:,ii])/mvalid.shape[0]
    mfull[:,ii] = rankdata(mfull[:,ii])/mfull.shape[0]

    corvec[ii] = stats.spearmanr(ytrain[ytrain.columns[ii]], mvalid[:,ii])[0]

print(corvec.mean())
```

최종 점수는 0.34입니다. 시작 지점으로서는 나쁘지 않은 점수입니다.

이번 절에서는 텍스트의 본문으로 정보를 제공하는 특징을 구축하는 방법을 설명했습니다. NLP 대회를 우승할 공식은 아니지만(점수는 나쁘지 않지만 메달권에 진입한다는 보장은 없음) 한번 시도할 만합니다. 이번에는 텍스트 확장을 소개하겠습니다.

11.3 텍스트 데이터 증강 전략

이전 장에서 컴퓨터 비전 문제의 확장 전략을 다양하게 살펴보았습니다. 하지만 텍스트 데이터를 대상으로 하는 유사한 접근법은 연구가 훨씬 적었습니다(그 증거로 albumentations와 같은 단일 패키지가 없습니다). 이번 절에서는 텍스트 데이터 문제를 해결하는 데 유용한 몇 가지 접근 방식을 소개합니다.

11.3.1 기본 테크닉

무작위 변경과 유의어 처리에 집중하는 기본 접근 방법을 우선 검토하는 방법은 언제나 유용합
니다. 기본 접근법을 체계적으로 다룬 참고문헌[7]을 추천합니다.

유의어 대체synonym replacement에서 시작합니다. 특정 단어를 유의어로 바꾸면 원래 의미와 비슷하
지만 약간 혼란스러운 텍스트가 생성됩니다. 유의어가 실제로 어디서 나오는지 등의 자세한 사
항은 프로젝트 페이지[8]를 참조하세요.

```python
def get_synonyms(word):

    synonyms = set()

    for syn in wordnet.synsets(word):
        for l in syn.lemmas():
            synonym = l.name().replace("_", " ").replace("-", " ").lower()
            synonym = "".join([char for char in synonym if char in\
                        'qwertyuiopasdfghjklzxcvbnm'])
            synonyms.add(synonym)
    if word in synonyms:
        synonyms.remove(word)

    return list(synonyms)
```

앞서 정의한 주력 함수 주변에 텍스트 청크(여러 단어를 포함하는 문자열)를 지정하고 최대 n
개의 단어를 바꾸는 간단한 래퍼를 만듭니다.

```python
def synonym_replacement(words, n):
    words = words.split()
    new_words = words.copy()
    random_word_list = list(set([word for word in words\
                        if word not in stop_words]))
    random.shuffle(random_word_list)
    num_replaced = 0

    for random_word in random_word_list:
```

---

7 Wei, J., & Zou, K. (2019). Eda: Easy data augmentation techniques for boosting performance on text classification tasks. arXiv preprint arXiv:1901.11196. *https://arxiv.org/abs/1901.11196*

8 *https://wordnet.princeton.edu*

```
        synonyms = get_synonyms(random_word)

        if len(synonyms) >= 1:
            synonym = random.choice(list(synonyms))
            new_words = [synonym if word == random_word\
                        else word for word in new_words]
            num_replaced += 1

        if num_replaced >= n: # Only replace up to n words
            break
    sentence = ' '.join(new_words)
    return sentence
```

실제로 이 함수가 어떻게 작동하는지 보겠습니다.

```
print(f" Example of Synonym Replacement: {\
    synonym_replacement('The quick brown fox jumps over the lazy dog',4)}")
```

Example of Synonym Replacement: The spry brown university fox jumpstart over the lazy detent

셰익스피어라고 부를 정도는 아니지만 스타일을 현저하게 바꾸면서도 동일한 메시지를 전달하고 있습니다. 트윗마다 여러 개의 새로운 문장을 생성해서 이 접근법을 확장합니다.

```
trial_sent = data['text'][25]
print(trial_sent)
the free fillin' app on my ipod is fun, im addicted
for n in range(3):
    print(f" Example of Synonym Replacement: {synonym_replacement(trial_sent,n)}")
```

Example of Synonym Replacement: the free fillin' app on my ipod is fun, im addict
Example of Synonym Replacement: the innocent fillin' app on my ipod is fun, im addicted
Example of Synonym Replacement: the relinquish fillin' app on my ipod is fun, im addict

이처럼 유의어를 활용한 텍스트 청크의 변형을 생성하기란 꽤 간단합니다.

다음으로 **스와핑**swapping도 간단하고 효과적인 방법입니다. 스와핑은 텍스트 단어의 순서를 무작위로 바꿔 수정된 문장을 생성합니다.

신중하게 적용하면 LSTM과 같은 모델이 의존하는 데이터의 순차적인 특성을 방해하기 때문에 잠재적으로 유용한 형식의 **정규화**regularization로 볼 수 있습니다. 먼저 단어를 바꾸는 함수를 정의하겠습니다.

```python
def swap_word(new_words):
    random_idx_1 = random.randint(0, len(new_words)-1)
    random_idx_2 = random_idx_1
    counter = 0
    while random_idx_2 == random_idx_1:
        random_idx_2 = random.randint(0, len(new_words)-1)
        counter += 1
        if counter > 3:
            return new_words

    new_words[random_idx_1], new_words[random_idx_2] =\
            new_words[random_idx_2], new_words[random_idx_1]
    return new_words
```

그런 다음 이 함수 주변에 래퍼를 작성합니다.

```python
# n은 단어가 교체되는 수
def random_swap(words, n):
    words = words.split()
    new_words = words.copy()

    for _ in range(n):
        new_words = swap_word(new_words)

    sentence = ' '.join(new_words)
    return sentence
```

유의어와 스와핑은 수정한 문장의 길이에는 영향을 미치지 않습니다. 만약 특정 애플리케이션에서 이 속성을 바꾸는 것이 유용한 경우 문장의 단어를 제거하거나 추가합니다.

단어 제거를 구현하는 가장 일반적인 방법은 무작위로 단어를 삭제하는 것입니다.

```
def random_deletion(words, p):
    words = words.split()

    # 한 단어만 있는 경우 삭제하지 않기
    if len(words) == 1:
        return words

    # 확률 p로 임의의 단어를 삭제
    new_words = []
    for word in words:
        r = random.uniform(0, 1)
        if r > p:
            new_words.append(word)

    # 모든 단어를 삭제한 경우 임의의 단어를 반환
    if len(new_words) == 0:
        rand_int = random.randint(0, len(words)-1)
        return [words[rand_int]]
    sentence = ' '.join(new_words)

    return sentence
```

일부 예시를 살펴보겠습니다.

```
print(random_deletion(trial_sent,0.2))
print(random_deletion(trial_sent,0.3))
print(random_deletion(trial_sent,0.4))
```

```
the free fillin' app on my is fun, addicted
free fillin' app on my ipod is im addicted
the free on my ipod is fun, im
```

삭제가 가능하다면 당연히 추가도 가능합니다. NLP에서 문장에 단어를 무작위로 삽입하는 것은 이미지에 잡음이나 흐림을 추가하는 것과 같습니다.

```
def random_insertion(words, n):
    words = words.split()
    new_words = words.copy()
```

```
    for _ in range(n):
        add_word(new_words)
    sentence = ' '.join(new_words)
    return sentence
def add_word(new_words):
    synonyms = []
    counter = 0

    while len(synonyms) < 1:
        random_word = new_words[random.randint(0, len(new_words)-1)]
        synonyms = get_synonyms(random_word)
        counter += 1
        if counter >= 10:
            return
    random_synonym = synonyms[0]
    random_idx = random.randint(0, len(new_words)-1)
    new_words.insert(random_idx, random_synonym)
```

함수를 실행한 결과의 예시는 다음과 같습니다.

```
print(random_insertion(trial_sent,1))
print(random_insertion(trial_sent,2))
print(random_insertion(trial_sent,3))
```

```
the free fillin' app on my addict ipod is fun, im addicted
the complimentary free fillin' app on my ipod along is fun, im addicted
the free along fillin' app addict on my ipod along is fun, im addicted
```

샘플 문장의 4가지 변형을 생성하도록 하나의 함수에 지금까지 소개한 변환을 모두 결합합니다.

```
def aug(sent,n,p):
    print(f" Original Sentence : {sent}")
    print(f" SR Augmented Sentence : {synonym_replacement(sent,n)}")
    print(f" RD Augmented Sentence : {random_deletion(sent,p)}")
    print(f" RS Augmented Sentence : {random_swap(sent,n)}")
    print(f" RI Augmented Sentence : {random_insertion(sent,n)}")

aug(trial_sent,4,0.3)
```

```
Original Sentence : the free fillin' app on my ipod is fun, im addicted
SR Augmented Sentence : the disembarrass fillin' app on my ipod is fun, im hook
RD Augmented Sentence : the free app on my ipod fun, im addicted
RS Augmented Sentence : on free fillin' ipod is my the app fun, im addicted
RI Augmented Sentence : the free fillin' app on gratis addict my ipod is
complimentary make up fun, im addicted
```

지금 소개한 확장 방법은 텍스트 데이터의 구조를 사용하지 않습니다. 예를 들면 '품사'와 같이 간단한 특성을 분석하는 것만으로도 원본 텍스트를 변환하는 더 유용한 방식을 구성하는 데 도움이 됩니다. 이제부터 집중을 할 부분이 이 접근법입니다.

11.3.2 nlpaug

이번 절은 nlpaug 패키지[9]가 제공하는 기능을 소개하면서 마치려고 합니다. 이 패키지는 텍스트 확장을 위한 다양한 방식을 통합하고 있으며 가볍고 워크플로우에 통합하기 쉽도록 설계되어 있습니다.

이 패키지에 포함된 몇 가지 기능의 예시를 소개하겠습니다.

```
! pip install nlpaug
```

앞으로 사용할 특정 방식에 연결하도록 문자 수준, 단어 수준의 **augmenter**를 임포트합니다.

```
import nlpaug.augmenter.char as nac
import nlpaug.augmenter.word as naw

test_sentence = "I genuinely have no idea what the output of this sequence of words
will be - it will be interesting to find out what nlpaug can do with this!"
```

만약 테스트 문장에 **모의 오타**simulated typo를 적용하면 어떻게 될까요? 이 변환은 다양한 방법으로 파라미터화됩니다. 모든 파라미터 목록과 설명을 보고 싶다면 공식 문서[10]를 참조하세요.

---

9 https://github.com/makcedward/nlpaug
10 https://nlpaug.readthedocs.io/en/ latest/augmenter/char/keyboard.html

```
aug = nac.KeyboardAug(name='Keyboard_Aug', aug_char_min=1,
                      aug_char_max=10, aug_char_p=0.3, aug_word_p=0.3,
                      aug_word_min=1, aug_word_max=10, stopwords=None,
                      tokenizer=None, reverse_tokenizer=None,
                      include_special_char=True, include_numeric=True,
                      include_upper_case=True, lang='en', verbose=0,
                      stopwords_regex=None, model_path=None, min_char=4)

test_sentence_aug = aug.augment(test_sentence)
print(test_sentence)
print(test_sentence_aug)
```

출력은 다음과 같습니다.

```
I genuinely have no idea what the output of this sequence of words will be - it
will be interesting to find out what nlpaug can do with this!
I geb&ine:y have no kdeZ qhQt the 8uYput of tTid sequsnDr of aorVs will be - it
wi,k be jnterewtlHg to find out what nlpaug can do with this!
```

입력에 들어갈 광학 문자 인식(OCR) 오류를 시뮬레이션하겠습니다.

```
aug = nac.OcrAug(name='OCR_Aug', aug_char_min=1, aug_char_max=10,
                 aug_char_p=0.3, aug_word_p=0.3, aug_word_min=1,
                 aug_word_max=10, stopwords=None, tokenizer=None,
                 reverse_tokenizer=None, verbose=0,
                 stopwords_regex=None, min_char=1)

test_sentence_aug = aug.augment(test_sentence)
print(test_sentence)
print(test_sentence_aug)
```

출력은 다음과 같습니다.

```
I genuinely have no idea what the output of this sequence of words will be - it
will be interesting to find out what nlpaug can do with this!
I 9enoine1y have no idea what the ootpot of this sequence of wokd8 will be - it
will be inteke8tin9 to find out what nlpaug can du with this!
```

유용하지만 문자 수준 변환은 데이터의 창의적인 변경 부분에서는 범위가 제한됩니다. 단어 수준 변경에서 nlpaug가 가진 가능성을 살펴볼까요? 먼저, 고정된 비율로 등장하는 단어를 반의어로 바꾸는 예시입니다.

```
aug = naw.AntonymAug(name='Antonym_Aug', aug_min=1, aug_max=10, aug_p=0.3,
                     lang='eng', stopwords=None, tokenizer=None,
                     reverse_tokenizer=None, stopwords_regex=None,
                     verbose=0)

test_sentence_aug = aug.augment(test_sentence)
print(test_sentence)
print(test_sentence_aug)
```

출력은 다음과 같습니다.

```
I genuinely have no idea what the output of this sequence of words will be - it
will be interesting to find out what nlpaug can do with this!
I genuinely lack no idea what the output of this sequence of words will differ - it
will differ uninteresting to lose out what nlpaug can unmake with this!
```

nlpaug는 예를 들면 유의어로 대체하는 기능도 제공합니다. 이 기능은 앞서 소개한 기본적인 기술로도 구현할 수 있습니다. 설명의 완전성을 고려해서 BERT 구조 안에서 사용된 작은 샘플을 소개합니다.

```
aug = naw.ContextualWordEmbsAug(model_path='bert-base-uncased',
                                model_type='', action='substitute',
                                # temperature=1.0,
                                top_k=100,
                                # top_p=None,
                                name='ContextualWordEmbs_Aug', aug_min=1,
                                aug_max=10, aug_p=0.3,
                                stopwords=None, device='cpu',
                                force_reload=False,
                                # optimize=None,
                                stopwords_regex=None,
                                verbose=0, silence=True)

test_sentence_aug = aug.augment(test_sentence)
print(test_sentence)
print(test_sentence_aug)
```

결과는 다음과 같습니다.

```
I genuinely have no idea what the output of this sequence of words will be - it
will be interesting to find out what nlpaug can do with this!
i genuinely have no clue what his rest of this series of words will say - its will
seemed impossible to find just what we can do with this!
```

이처럼 nlpaug는 텍스트 데이터 입력을 수정할 수 있는 넓은 범위의 선택지를 제공하며, 이를 사용해서 텍스트 데이터의 확장을 생성할 수 있습니다. 실제로 어떤 방식을 선택할지는 상황에 따라 달라지며, 방식을 결정하는 데는 특정 애플리케이션에 적합한 약간의 도메인 지식이 필요합니다.

TIP 재난 트윗을 사용한 자연어 처리[11]와 같은 초보자 대회에서 추가 정보를 얻을 수 있습니다. 중고급 정보는 직소 유해 댓글 비율 심각도[12]나 구글 퀘스트 Q&A 레이블링[13] 같은 대회에서 얻을 수 있습니다. 이 모든 대회에서 우승 솔루션을 포함해 nlpaug가 광범위하게 활용되었습니다.

11.4 요약

이번 장에서는 NLP 대회의 모델링을 설명했습니다. 캐글 대회에 등장하는 다양한 범위의 문제에 적용하는 전통적인 방법과 최신 방법을 모두 설명했습니다. 또한 자주 외면받는 텍스트 확장이라는 주제도 다루었습니다.

다음 장에서는 지난 몇 년간 인기를 얻고 있는 새로운 유형의 대회인 시뮬레이션 대회를 설명하겠습니다.

---

11 Natural Language Processing with Disaster Tweets. *https://www.kaggle.com/c/nlp-getting-started*

12 Jigsaw Rate Severity of Toxic Comments. *https://www.kaggle.com/c/jigsaw-toxic-severity-rating*

13 Google QUEST Q&A Labeling. *https://www.kaggle.com/c/google-quest-challenge*

- 아비섹 타쿠르Abhishek Thakur
- *https://www.kaggle.com/abhishek*
- 허깅 페이스Hugging Face AutoNLP 개발팀 멤버
- 대회, 데이터 세트, 노트북, 토론 그랜드마스터
- 『Approaching (Almost) Any Machine Learning Problem』 (2020) 저자

캐글에서 전문 분야는 무엇인가요?

없어요. 모든 대회는 다르고 각 대회에서 배워야 할 것이 너무 많아요. 만약 전문 분야가 있었다면 그 분야의 모든 대회에서 우승했을 거예요.

캐글 대회에 어떤 식으로 접근하나요? 이 접근법을 일상 업무에서도 사용하나요?

가장 먼저 데이터를 살펴보고 어느 정도 이해하려고 노력합니다. 대회에서 뒤처진 경우는 공개 EDA 커널의 도움을 받아요.

캐글에서 (또는 캐글 밖에서) 문제에 접근할 때 가장 먼저 하는 것은 벤치마크를 구축하는 거예요. 구축할 미래 모델을 비교할 기준이 되어주기 때문에 벤치마크를 구축하는 것은 매우 중요하죠. 만약 대회에서 뒤처지고 있다면 베이스라인을 구축할 때 공개 노트북의 도움을 받지 않으려고 해요. 이렇게 하면 한 방향으로 생각하게 돼요. 최소한 저는 그렇게 느껴요.

벤치마크가 끝나면 스태킹이나 블렌딩같이 복잡한 기법을 사용하기보단 최대한 (성능을) 짜내죠. 그리고 데이터와 모델을 다시 살펴보고 한 번에 한 단계씩 베이스라인을 개선하려고 노력해요.

가끔 일상 업무도 매우 비슷해요. 대부분의 경우 벤치마크가 있고 그다음 벤치마크를 넘어설 기법과 특징, 모델을 생각해 내야 하니까요.

가장 재미있었던 대회는 무엇인가요? 특별한 통찰을 얻었나요?

모든 대회가 재미있어요.

캐글이 경력에 도움이 되었나요?

물론 도움이 되었죠. 최근 몇 년간 캐글은 데이터 과학자와 머신러닝 엔지니어 채용에서 매우 좋은 평가를 받고 있어요. 캐글 순위와 다양한 데이터 세트를 경험한 것은 어떤 식으로든 업계에서 확실히 도움이 돼요. 다양한 유형의 문제를 풀어본 경험이 많을수록 더 빠르게 반복하죠. 그리고 이 부분은 업계에서도 아주 유용해요. 사업에 아무런 이득도 가져다주지 못하는 것에 몇 달이나 시간을 쓰고 싶어 하는 사람은 없으니까요.

경험에 비추어볼 때, 초보 캐글러가 자주 놓치는 것은 뭘까요? 처음 시작할 때부터 알았으면 좋았겠다고 생각하는 것이 있나요?

대부분의 초보자는 너무 빨리 포기해요. 캐글 대회에 참가한 후 최상위 점수를 보고 금방 겁을 먹죠. 만약 초보자가 캐글에서 성공하고 싶다면 인내가 필요해요. 저는 인내가 핵심이라고 생각해요. 그리고 많은 초보자가 직접 시도하는 것에 실패하고 공개 커널(노트북)에 집착해요. 공개 커널에 집착하게 되면 공개 커널의 작성자처럼 생각하게 되죠. 제가 조언하고 싶은 건 대회에 참가했을 때 우선은 직접 해보라는 거예요. 데이터를 보고, 특징을 구축하고 모델을 구축한 다음 커널이나 토론에 뛰어들어서 다른 사람은 어떻게 다르게 하고 있는지 보는 거죠. 그런 다음 배운 것을 자신의 설루션에 통합시켜요.

인터뷰 | 23 **신문사 데이터 과학자가 텍스트를 다루는 법**

- 쇼타로 이시하라Shotaro Ishihara
- *https://www.kaggle.com/sishihara*
- 닛케이 신문 데이터 과학자 및 연구원
- 대회, 노트북 마스터
- 『파이썬으로 시작하는 캐글』(2021, 제이펍) 저자

가장 좋아하는 대회 유형과 이유를 알려주세요. 기술과 해결 방법 관점으로 볼 때 실력을 가장 잘 발휘할 수 있는 대회는 무엇인가요?

캐글에서는 태뷸러 데이터나 텍스트 데이터 세트를 갖춘 대회에 참가하는 것을 좋아합니다. 신문사에서 널리 사용하고 있기 때문에 이런 유형의 데이터 세트는 저에게 익숙해요. 저는 이런 데이터 세트를 처리하는 데 사용할 수 있는 좋은 접근법에 대한 지식이 있죠.

캐글 대회에 어떤 식으로 접근하나요? 이 접근법을 일상 업무에서도 사용하나요?

첫 과정은 같아요. 데이터 탐색을 통해 어떻게 문제를 해결할지 고민하죠. 캐글에서는 고급 머신러닝을 사용한다고 가정하지만 실제 사업에서는 달라요. 현장에서는 머신러닝 사용을 피하는 방법을 찾으려 해요. 저도 BERT 같은 고급 기술보다는 TF-IDF나 선형 회귀 같은 고전적인 방법을 사용하는 경우가 더 많습니다.

실제 현장에서 머신러닝을 사용하지 않는 경우를 몇 가지 예로 들어주세요.

직장에서 자동화된 기사 요약 작업을 할 때는 신경망 기반 방식[i] 대신 더 간단한 추출 방식[ii]을 채택합니다.

머신러닝으로 100%의 성능을 보장하기는 어려워요. 그리고 때로는 이해하고 사용하기 쉬운 간단한 방법을 선호하죠.

참가했던 대회 중 특히 어려웠던 대회는 무엇이며, 어떤 통찰로 과제를 해결했나요?

PetFinder.my 입양 예측 대회[14]에서는 멀티모달 데이터 세트가 제공되었어요. 많은 참가자가 모든 유형의 데이터를 탐색하고 사용하고자 했어요. 주요 접근 방식은 이미지와 텍스트에서 추출한 특징을 연결해서 LightGBM을 학습시키는 것이었으며, 저도 같은 접근법을 채택했어요. 놀랍게도 팀원 중 한 명인 takuoko는 모든 데이터 세트를 엔드투엔드end to end로 처리하는 훌륭한 신경망을 개발했어요. 멀티모달 대회에서는 잘 설계된 신경망은 LightGBM을 뛰어넘는 성능을 보일 가능성이 있다는 사실을 2019년에 알게 되었습니다.

지금도 통용되는 교훈일까요?

그렇다고 생각해요. 2019년과 비교해서 신경망은 멀티모달 데이터를 점점 더 잘 처리하고 있어요.

캐글이 경력에 도움이 되었나요?

네, 캐글 덕에 데이터 분석에서 많은 경험을 했어요. 캐글에서 배운 머신러닝 지식이 성공적으로 작업을 하는 데 큰 도움이 되었죠. 캐글과 비즈니스 작업에서 달성한 업적은 2020년에 INMA(International News Media Association)에서 30 Under 30 어워즈와 최우수상을 받은 주된 이유 중 하나였습니다. 그리고 캐글을 통해서 많은 사람을 알게 되었으며, 이러한 관계는 제 경력 개발에 확실한 도움이 되었죠.

캐글로 포트폴리오를 만드는 방법은 무엇인가요?

학습한 기술, 성취한 대회 결과, 공개한 노트북, 책, 뉴스레터 등을 사용했어요.

도서는 어떻게 홍보했나요?

저는 다양한 소통 채널이 있어서 홍보에 맞는 툴을 사용해요. 예를 들면 트위터나 개인 블로그, 유튜브 등이요.

---

14 PetFinder.my Adoption Prediction. https://www.kaggle.com/c/petfinder-adoption-prediction

경험에 비추어볼 때, 초보 캐글러가 자주 놓치는 것은 뭘까요? 처음 시작할 때부터 알았으면 좋았겠다고 생각하는 것이 있나요?

탐색적 데이터 분석의 중요성입니다. 머신러닝 분야에서는 '공짜 점심은 없다 정리'라는 개념이 있어요. 우리는 알고리듬만 배우는 것이 아니라 문제를 해결하는 방법도 함께 배워야 해요. '공짜 점심은 없다 정리'는 모든 문제에서 성능이 좋은 범용적인 모델은 없다는 점을 설명해요. 머신러닝 대회에서 점수를 올리려면 데이터 세트와 과제의 특성에 맞는 모델을 찾는 것이 필수예요.

대회에서 어떤 실수를 해봤나요?

공개 리더보드에 과대적합을 해버렸죠. LANL 지진 예측 대회[15]에서 공개 리더보드 점수가 꽤 좋았는데, 대회에서 5위를 했어요. 하지만 최종 순위는 211위였어요. 제한된 데이터를 너무 신뢰했던 거죠. 과대적합은 머신러닝에서 매우 대중적인 개념이에요. 저는 캐글에서 실수를 통해 그 중요성을 깨달았죠.

과대적합을 피하는 데 주로 어떤 방식을 사용하나요?

훈련 데이터 세트와 검증 데이터 세트가 나누어진 방법을 세심하게 관찰하는 게 중요해요. 저는 이 분할 방식을 복제해서 검증 데이터 세트를 만들어요.

데이터 분석과 머신러닝에 특히 추천하는 툴이나 라이브러리가 있나요?

태뷸러 데이터 세트를 다루는 데 필수적인 라이브러리인 판다스를 좋아해요. 저는 판다스를 추출, 집계 시각화를 통해 탐색적 데이터 분석을 할 때 사용해요.

판다스를 마스터하고 싶은 독자들에게 어떤 것을 추천하나요?

일부 커뮤니티에서 제공하는 튜토리얼을 추천해요. 캐글도 판다스와 특징 공학의 학습 튜토리얼을 제공하고 있어요.

---

15 LANL Earthquake Prediction. *https://www.kaggle.com/c/LANL-Earthquake-Prediction*

다른 대회 플랫폼을 사용하나요? 캐글과 비교하면 어떤가요?

제가 참가한 대회는 모두 블로그[16]에 정리해 두는데요. 가끔 Signate나 Nishika 등의 일본 플랫폼을 사용합니다. 확실히 UI/UX 면에서는 캐글에 비해서 떨어지지만 일본어 등 익숙한 주제를 보는 것이 재미있어요.

---

16 *https://upura.github.io/projects/data_science_competitions*

시뮬레이션과 최적화 대회

이 장의 내용

- 발견법을 활용한 Connect X 접근법
- 이중 접근 방식을 사용한 가위바위보 에이전트 구
- 멀티 암드 밴딧을 사용한 산타 대회 해결법

다양한 머신러닝의 종류 중에 **강화학습**Reinforcement learning(RL)은 재미있는 영역입니다. 기술적인 관점에서는 상당이 까다롭습니다. 지도 학습의 다양한 직관이 적용되지 않고 관련된 수학적 장치는 더 진보했습니다. 반면 외부인이나 비전문가들에게 설명하기는 가장 쉽습니다. 단순한 비유는 반려동물에게 요령을 가르치는 것입니다. 요령을 잘 실행하면 간식을 제공하고 그렇지 않으면 거부하는 것이죠.

강화학습이 캐글 대회의 주제가 된 건 꽤 늦었지만 각종 시뮬레이션 대회가 열리며 상황이 달라졌습니다. 이번 장에서는 이 캐글 세계의 새롭고 흥미로운 부분을 설명합니다. 지금까지(작성 시점 기준) 4개의 Featured 대회와 2개의 Playground 대회가 있었습니다. 대회 수가 많지는 않지만 다양한 내용을 폭넓게 살펴보기에는 충분합니다. 이번 장의 범위에서는 약간 외곽에 있는 나머지 대회들의 개요를 소개하면서 마무리합니다.

만약 강화학습(RL)의 개념을 전혀 알지 못한다면 먼저 어느 정도 기본적인 부분을 이해하는 것이 좋습니다. RL을 향한 모험을 시작하는 좋은 방법은 게임 AI의 맥락에서 이 주제를 집중적으로 다루는 캐글의 학습 코스[1]를 듣는 것입니다. 코스에서는 에이전트agents나 정책policy 같은

---

1 https://www.kaggle.com/learn/intro-to-game-ai-and-reinforcement-learning

기본 개념을 소개하고 심층 강화학습에 단기 집중 도입 강의도 제공합니다. 코스의 모든 예제
는 체커를 일렬로 연결하는 게임을 플레이하는 에이전트의 훈련이 목적인 Playground 대회
인 Connect X 대회[2]의 데이터를 사용합니다.

조금 더 일반적인 수준에서 시뮬레이션 대회와 최적화 대회의 중요한 요소는 **환경**environment이라
는 점을 지적할 필요가 있습니다. 문제의 특성 때문에 솔루션은 ('일반적인' 지도 학습 대회처
럼) 단순한 숫자의 집합을 제출하기보다는 역동적인 특성을 보여야 합니다. 캐글은 시뮬레이
션 대회에 사용할 환경을 구성하는 라이브러리 kaggle-environment[3]를 제공합니다.

12.1 Connect X

이번 절에서는 발견법heuristics을 활용해서 체커를 플레이하는 간단한 문제에 접근하는 방법을
소개합니다. 딥러닝 솔루션은 아니지만 RL을 많이 접하지 않은 사람들에게는 이런 기본적인
개념의 표현이 훨씬 더 유용할 것입니다. 보드게임에 AI를 사용한다는 개념이 생소하다면 톰
반드빌Tom van de Wiele의 프레젠테이션[4]을 확인하세요.

Connect X는 상대보다 먼저 체커 X개를 보드 위에 (수평 혹은 수직, 대각선) 한 줄로 놓는
게임입니다. 플레이어는 번갈아가면서 체커를 상단의 열 중 하나에 떨어뜨립니다. 따라서 각
순서마다 승리를 하거나 상대의 승리를 막을 수를 놓습니다.

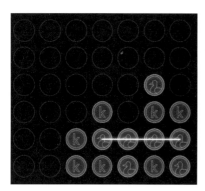

그림 12-1 Connect X 보드

2 Connect X. https://www.kaggle.com/c/connectx/overview
3 https://github.com/Kaggle/kaggle-environments
4 https://tinyurl.com/36rdv5sa

Connect X는 에이전트를 도입한 최초의 대회로 모든 참가자는 정적인 제출물(또는 공개되지 않은 데이터 세트로 평가되는 노트북) 대신 다른 플레이어를 상대로 게임을 플레이할 에이전트를 제출했습니다. 평가는 다음과 같은 단계로 이뤄졌습니다.

1. 업로드 시 제출물이 제대로 작동하는지 확인하도록 자신을 상대로 플레이합니다.
2. 이 검증 에피소드에서 성공하면 기술 등급이 할당되고 제출물은 모든 참가자의 순위에 포함됩니다.
3. 매일 각 제출물은 여러 에피소드로 플레이하게 되고 이후 순위가 조절됩니다.

이런 단계를 염두에 두고 Connect X 대회 제출물을 구축하는 방법의 설명을 진행하겠습니다. 여기서 선보이는 코드는 X=4인 경우를 상정하지만 쉽게 다른 값이나 변수 X에 맞게 조정합니다.

우선 패키지를 설치합니다.

```
!pip install kaggle-environments --upgrade
```

에이전트를 평가할 환경을 정의합니다.

```
from kaggle_environments import evaluate, make

env = make("connectx", debug=True)
env.render()
```

복잡한 방법을 시도하고 싶겠지만 예제처럼 단순한 발견법을 사용해서 간단히 시작하는 것도 좋습니다. 함께 쓰이는 전체 코드에서는 하나의 함수로 결합되지만 여기서는 보여주는 것을 목적으로 하기 때문에 한 번에 하나씩 설명하겠습니다.

첫 번째 규칙은 어느 한 플레이어가 4개의 체커를 수직으로 연결할 기회가 있는지 확인하고 기회가 있는 경우 가능한 위치를 반환하는 것입니다. 단순한 변수를 입력 인수로 사용해서 기회를 확인하는데 이 변수는 어떤 플레이어의 기회가 분석되고 있는지를 나타내는 2가지 값을 가집니다.

```
def my_agent(observation, configuration):
    from random import choice
    # me:me_or_enemy=1, enemy:me_or_enemy=2
```

```python
def check_vertical_chance(me_or_enemy):
    for i in range(0, 7):
        if observation.board[i+7*5] == me_or_enemy \
        and observation.board[i+7*4] == me_or_enemy \
        and observation.board[i+7*3] == me_or_enemy \
        and observation.board[i+7*2] == 0:
            return i
        elif observation.board[i+7*4] == me_or_enemy \
        and observation.board[i+7*3] == me_or_enemy \
        and observation.board[i+7*2] == me_or_enemy \
        and observation.board[i+7*1] == 0:
            return i
        elif observation.board[i+7*3] == me_or_enemy \
        and observation.board[i+7*2] == me_or_enemy \
        and observation.board[i+7*1] == me_or_enemy \
        and observation.board[i+7*0] == 0:
            return i
    # no chance
    return -99
```

유사한 방법으로 정의해 수평으로 연결할 기회를 확인합니다.

```python
def check_horizontal_chance(me_or_enemy):
    chance_cell_num = -99
    for i in [0,7,14,21,28,35]:
        for j in range(0, 4):
            val_1 = i+j+0
            val_2 = i+j+1
            val_3 = i+j+2
            val_4 = i+j+3
            if sum([observation.board[val_1] == me_or_enemy, \
                    observation.board[val_2] == me_or_enemy, \
                    observation.board[val_3] == me_or_enemy, \
                    observation.board[val_4] == me_or_enemy]) == 3:
                for k in [val_1,val_2,val_3,val_4]:
                    if observation.board[k] == 0:
                        chance_cell_num = k
                        # bottom line
                        for l in range(35, 42):
                            if chance_cell_num == l:
                                return l - 35
                        # others
                        if observation.board[chance_cell_num+7] != 0:
```

```
                    return chance_cell_num % 7
        # no chance
        return -99
```

같은 접근법을 재사용해 대각선 조합의 기회를 확인합니다.

```
# me:me_or_enemy=1, enemy:me_or_enemy=2
def check_slanting_chance(me_or_enemy, lag, cell_list):
    chance_cell_num = -99
    for i in cell_list:
        val_1 = i+lag*0
        val_2 = i+lag*1
        val_3 = i+lag*2
        val_4 = i+lag*3
        if sum([observation.board[val_1] == me_or_enemy, \
                observation.board[val_2] == me_or_enemy, \
                observation.board[val_3] == me_or_enemy, \
                observation.board[val_4] == me_or_enemy]) == 3:
            for j in [val_1,val_2,val_3,val_4]:
                if observation.board[j] == 0:
                    chance_cell_num = j
                    # 맨 밑 줄
                    for k in range(35, 42):
                        if chance_cell_num == k:
                            return k - 35
                    # 그 외
                    if chance_cell_num != -99 \
                    and observation.board[chance_cell_num+7] != 0:
                        return chance_cell_num % 7
    # 기회 없음
    return -99
```

단일 함수 안에 (적을 상대로 게임을 플레이하는) 기회를 확인하는 로직을 결합합니다.

```
def check_my_chances():
    # 수직 방향 확인
    result = check_vertical_chance(my_num)
    if result != -99:
        return result
    # 수평 방향 확인
    result = check_horizontal_chance(my_num)
```

```
        if result != -99:
            return result
        # 대각선 방향(우상에서 좌하) 확인
        result = check_slanting_chance(my_num, 6, [3,4,5,6,10,11,12,13,17,18,19,20])
        if result != -99:
            return result
        # 대각선 방향(좌상에서 우하) 확인
        result = check_slanting_chance(my_num, 8, [0,1,2,3,7,8,9,10,14,15,16,17])
        if result != -99:
            return result
        # 기회 없음
        return -99
```

이 블록이 로직의 기본을 구성합니다. 공식화하기에는 약간 복잡하고 무겁기는 하지만 직관을 게임에서 경쟁하는 에이전트가 사용할 발견법으로 변환하는 유용한 연습입니다.

> **NOTE_** 이 예시 에이전트의 전체 정의는 리포지토리에서 제공되는 코드를 확인하세요

새로 정의된 에이전트의 성능은 이전에 정의된 에이전트와 비교해서 평가합니다. 예를 들면 무작위로 에이전트를 선택할 수도 있습니다.

```
env.reset()
env.run([my_agent, "random"])
env.render(mode="ipython", width=500, height=450)
```

위 코드는 상대적으로 간단한 문제의 설루션을 토대부터 설정하는 방법을 보여줍니다 (Connect X가 Featured 대회가 아니라 Playground 대회인 이유가 있습니다). 놀랍게도 이 단순한 문제는 AlphaZero 같은 (거의) 최첨단 방법[5]으로 처리합니다.

도입 예제를 통해 더 정교한(또는 장난감 예제를 기반으로 하지 않은) 대회에 뛰어들 준비가 되어 있어야 합니다.

---

5 *https://www.kaggle.com/connect4alphazero/alphazero-baseline-connectx*

12.2 가위바위보

시뮬레이션 대회의 여러 문제가 게임 플레이와 관련된 것은 우연이 아닙니다. 다양한 수준의 복합성으로 게임은 명확하게 정의된 규칙이 있는 환경을 제공하기 때문에 자연스럽게 에이전트-액션-보상 프레임워크가 주어집니다. 틱택토 게임을 제외하면 체커를 연결하는 게임은 경쟁 게임의 가장 단순한 예시입니다. 이제 (게임의) 난이도를 높여서 **가위바위보**rock-paper-scissors 를 살펴보겠습니다. 그리고 이 게임을 활용한 대회에 접근할 방법을 확인하겠습니다.

가위바위보 대회[6]의 아이디어는 모두가 아는 가위바위보를 확장하는 것입니다. 일반적으로 사용하는 '3전 다승제'가 아니라 '1000전 다승제'를 사용합니다.

이 문제에 접근할 2가지 방법을 설명합니다. 한 가지는 게임 이론 접근법에 토대를 두며, 다른 것은 알고리듬 측면에 더 집중하는 방식입니다.

내시 균형 Nash equilibrium에서 시작합니다. 위키피디아에서는 내시 균형을 두 명 이상의 플레이어가 참가하는 비협력 게임non-cooperative game에 사용할 설루션으로 정의하고 있습니다. 비협력 게임에서 각 플레이어는 다른 플레이어의 균형 전략을 알고 있다고 가정하고 어떤 플레이어도 자신의 전략만 변경해서 이점을 얻을 수는 없습니다.

가위바위보 게임 이론 프레임워크[7]는 다음과 같습니다. 빨간색과 파란색 글씨는 각 플레이어가 내는 행동(가위, 바위, 보)을 의미하며, 표의 각 셀은 주어진 행동을 조합한 결과가 들어갑니다.

	Rock	paper	Scissors
Rock	0, 0	−1, 1	1, −1
paper	1, −1	0, 0	−1, 1
Scissors	−1, 1	1, −1	0, 0

그림 12-2 가위바위보의 **보수 행렬**payoff matrix

---

6 Rock, Paper, Scissors. https://www.kaggle.com/c/rock-paper-scissors

7 https://youtu.be/-1GDMXoMdaY

예를 들어 설명하면 만약 두 플레이어가 모두 바위를 냈다면(왼쪽 상단) 모두 0점을 얻습니다. 만약 파란색이 바위를 내고 빨간색이 보를 냈다면(두 번째 열의 첫 번째 행) 빨간색이 이기고 빨간색이 +1점을 얻습니다. 그리고 파란색은 −1점을 결과로 받습니다.

각 1/3의 동일한 확률로 액션을 하는 방식으로 플레이를 한다면 상대방도 똑같이 해야 합니다. 그렇지 않고 상대방이 항상 묵을 낸다면 묵과 비기고 보에게 패배하고 가위에 승리할 것입니다. 각각은 1/3의 확률입니다. 이 경우 예상되는 보상은 0이지만 전략을 보로 바꾸면 항상 이기게 됩니다. 보 대 가위의 전략, 가위 대 바위의 전략에도 같은 추론이 되지만 불필요한 중복을 피하도록 결과표는 따로 싣지 않겠습니다.

균형을 유지할 나머지 선택지는 두 플레이어가 모두 무작위 전략으로 플레이하는 것입니다. 이 것이 내시 균형입니다. 이 아이디어를 활용해서 간단한 에이전트를 구축하겠습니다.

```
%%writefile submission.py
import random
def nash_equilibrium_agent(observation, configuration):
    return random.randint(0, 2)
```

내시 에이전트는 다른 플레이어를 상대로 어떻게 행동할까요? 성능을 평가해서 확인하겠습니다.

```
!pip install -q -U kaggle_environments
from kaggle_environments import make
```

가위바위보 환경을 생성하고 시뮬레이션당 에피소드를 1000개로 제한합니다.

```
env = make(
        "rps",
        configuration={"episodeSteps": 1000}
)
```

이 대회에서 탄생한 결정론적 발견법을 토대로 많은 에이전트를 구현한 노트북[8]을 이용해 경쟁할 에이전트의 코드를 가져오겠습니다.

```
%%writefile submission_copy_opponent.py
def copy_opponent_agent(observation, configuration):
    if observation.step > 0:
        return observation.lastOpponentAction
    else:
        return 0
# nash_equilibrium_agent vs copy_opponent_agent
env.run(
    ["submission.py", "submission_copy_opponent.py"]
)
env.render(mode="ipython", width=500, height=400)
```

이전 블록을 실행하고 환경을 실행하면 1,000 에포크의 애니메이션 보드를 확인할 수 있습니다. 그 스냅샷은 다음과 같습니다.

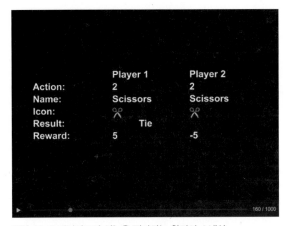

그림 12-3 에이전트의 성능을 평가하는 환경의 스냅샷

---

8 https://www.kaggle.com/ilialar/multi-armed-banditvs-deterministic-agents

(분류와 회귀의) 지도 학습에서는 어떤 문제든 (보통 선형 모델인) 단순한 벤치마크로 접근을 시작하는 편이 유용한 경우가 많습니다. 최신 모델은 아니지만 벤치마크는 도움이 되는 예상 및 성능을 측정할 수 있게 해줍니다. 강화학습에서도 유사한 아이디어가 유효합니다. 이때 시도할 접근 방법은 RL에 해당하는 것 중 가장 단순한 알고리듬인 멀티 암드 밴딧입니다. 다음 절에서는 시뮬레이션 대회에서 이 접근 방식을 어떻게 사용할지 설명합니다.

12.3 산타 대회 2020

몇 년 전부터 캐글에 새로운 전통이 등장했습니다. 12월 초에 산타를 주제로 한 대회가 열리며, 대회에서 사용하는 알고리듬은 매년 다릅니다. 이번에 살펴볼 2020년 산타 대회[9]는 재미있는 경우였습니다.

자판기에서 반복적인 작업을 수행해서 보상을 극대화하는 전통적인 **멀티 암드 밴딧**multi-armed bandit(MAB) 문제로 두 가지 추가 사항이 있었습니다.

- **보상 감소**reward decay: 기계에서 보상을 받을 확률은 매 단계마다 3%씩 감소합니다.
- **대회**: (제한된 시도 횟수로) 시간 제약을 받을 뿐만 아니라 동일한 목표를 달성하려는 다른 플레이어의 제약도 받게 됩니다. 소개하는 설루션에 통합하는 데는 중요하지 않기 때문에 이 제약은 완전성 측면을 위해 언급합니다.

TIP 일반적인 MAB 문제에 접근하는 방법은 릴리안 웽Lilian Weng의 블로그[10]에 자세히 정리돼있습니다.

지금부터 소개할 설루션은 일리아 라르첸코Ilia Larchenko의 코드[11]를 수정한 것입니다. 접근 방식은 보상 분포의 연속적인 업데이트에 토대를 두고 있습니다. 각 단계에서 파라미터 (a+1, b+1)를 사용해서 베타 분포에서 난수를 생성합니다. a와 b의 의미는 다음과 같습니다.

- a는 팔arm의 총 보상(승리 횟수)입니다.
- b는 패배 이력의 수입니다.

어떤 팔을 당길지 결정해야 할 때 생성된 수가 가장 높은 팔을 선택합니다. 그리고 이를 활용해

---

9 Santa 2020 – The Candy Cane Contest. *https://www.kaggle.com/c/santa-2020*
10 *https://lilianweng.github.io/posts/2018-01-23-multi-armed-bandit*
11 *https://www.kaggle.com/ilialar/simple-multiarmed-bandit*

다음 단계를 생성합니다. 사후 분포는 다음 단계의 사전 분포가 됩니다.

다음 그래프에서는 다른 (a, b) 값 쌍들의 베타 분포의 모양을 보여줍니다.

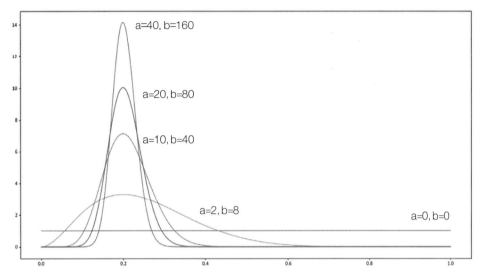

그림 12-4 (a,b) 파라미터의 다양한 조합의 베타 분포 밀도 모양

이처럼 처음에는 분포가 평평하지만(Beta (0,0)는 균일) 더 많은 정보를 수집할수록 최빈값 근처로 확률이 집중되기 때문에 불확실성이 적어지고 판단을 확신하게 됩니다. 팔이 사용될 때마다 a 파라미터를 감소시켜 대회 특유의 보상 감소도 적용합니다.

제출물 파일을 작성하면서 에이전트 생성합니다. 우선 필요한 모듈을 임포트하고 변수를 초기화합니다.

```
%%writefile submission.py

import json
import numpy as np
import pandas as pd

bandit_state = None
total_reward = 0
last_step = None
```

MAB 에이전트를 지정하는 클래스를 정의합니다. 가독성의 일관성 측면을 고려해서 모든 코드를 복제하고 주석에 설명합니다.

```python
def multi_armed_bandit_agent (observation, configuration):
    global history, history_bandit
    step = 1.0          # 탐색 / 활용 균형
    decay_rate = 0.97   # 각 call 후 승리 횟수를 감소시킬 비율

    global bandit_state,total_reward,last_step

    if observation.step == 0:
        # 초기 bandit state
        bandit_state = [[1,1] for i in range(configuration["banditCount"])]
    else:
        # 이전 단계의 결과를 사용해서 bandit_state 업데이트하기
        last_reward = observation["reward"] - total_reward
        total_reward = observation["reward"]

        # Player 1인지 2인지 파악하기
        player = int(last_step == observation.lastActions[1])

        if last_reward > 0:
            bandit_state[observation.lastActions[player]][0] += last_reward * step
        else:
            bandit_state[observation.lastActions[player]][1] += step

        bandit_state[observation.lastActions[0]][0] = \
            (bandit_state[observation.lastActions[0]][0] - 1) * decay_rate + 1
        bandit_state[observation.lastActions[1]][0] = \
            (bandit_state[observation.lastActions[1]][0] - 1) * decay_rate + 1
    # 각 에이전트를 위해 베타 분포에서 난수를 생성하고 가장 운이 좋은 것을 선택
    best_proba = -1
    best_agent = None
    for k in range(configuration["banditCount"]):
        proba = np.random.beta(bandit_state[k][0],bandit_state[k][1])
        if proba > best_proba:
            best_proba = proba
            best_agent = k

    last_step = best_agent
    return best_agent
```

이처럼 간단히 구현한 MAB 알고리듬이 함수의 핵심 로직입니다. bandit_state 변수에 감소 승수decay multiplier를 적용해서 대회에 맞춘 특정한 조정이 이루어집니다.

이전 예제처럼 대회 환경에서 에이전트의 성능을 평가할 준비를 마쳤습니다. 코드는 다음과 같이 구현됩니다.

```
%%writefile random_agent.py

import random

def random_agent(observation, configuration):
    return random.randrange(configuration.banditCount)

from kaggle_environments import make

env = make("mab", debug=True)

env.reset()
env.run(["random_agent.py", "submission.py"])
env.render(mode="ipython", width=800, height=700)
```

다음과 같은 화면이 출력됩니다.

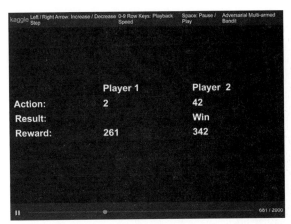

그림 12-5 에이전트 성능을 평가하는 실행된 환경의 스냅샷

이번 절에서는 캐글의 시뮬레이션 대회에서 고전적인 멀티 암드 밴딧 알고리듬이 어떻게 활용

되는지 설명했습니다. 시작점으로서는 유용하긴 하지만 메달권에 오르기에는 부족합니다. 메달권의 설루션들에서는 심층 강화학습 접근법이 더 인기가 있었습니다.

다양한 범위의 대회에서 활용된 다른 방법에 기반한 접근 방식을 계속해서 소개하겠습니다.

12.4 Halite

앞에서 설명한 게임은 상대적으로 간단한 게임이지만 이외에도 시뮬레이션 대회에서는 더 정교한 구조를 포함하기도 합니다. 이번 절에서는 관련 대회를 간단히 설명합니다. 첫 예시는 Halite(암염)입니다. Halite는 대회 페이지[12]에 다음과 같이 정의되어 있습니다.

> Halite[…]는 소규모 선박함대를 만들고 제어하는 자원 관리 게임입니다. 알고리듬은 다음 움직임을 결정해 빛나는 에너지원인 암염을 모아야 합니다. 경기가 끝났을 때 가장 많은 암염을 모으면 승리하지만 효과적이고 효율적인 움직임을 만드는 방법을 알아내는 것은 당신에게 달렸습니다. 배를 조종하고 새 배를 건조하고 조선소를 만들고 게임 보드에서 재생되는 암염을 채굴합니다.

게임 화면은 다음과 같습니다.

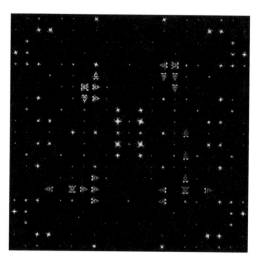

그림 12-6 암염 게임 보드

---

12 Halite by Two Sigma. *https://www.kaggle.com/c/halite*

캐글은 이 게임으로 두 대회를 주최했습니다. 하나는 Playground 버전[13]이고 다른 하나는 Featured 버전[14]입니다. 고전적인 강화학습 접근 방식은 이 사례에서는 덜 유용했습니다. 유닛(선박/기지)의 수가 임의로 변하고 상대의 수도 동적이기 때문에 '일반적인' 수준의 계산 자원만 활용할 사람들로서는 신용 할당 문제problem of credit assignment를 다루기 어려워졌습니다.

> **TIP** 신용 할당 문제의 전체 개념은 이 책의 범위를 벗어나므로, 관심이 있다면 위키백과[15]를 읽어본 뒤 관련 논문을 읽어보세요.

톰 반드빌Tom van de Wiele의 우승 솔루션[16]은 이 경우(유닛마다 독립적인 신용 할당을 하는 심층 RL)에 맞게 성공적으로 수정된 접근 방식을 사용합니다.

비교적 정교한 게임을 활용한 다른 대회로는 Lux AI[17]가 있습니다. 이 대회에서 참가자는 자원 수집과 할당을 결합한 다변량 최적화 문제를 해결하는 에이전트를 설계해서 다른 플레이어들과 경쟁해야 합니다. 게다가 성공적인 에이전트는 적의 움직임을 분석하고 이에 따라 반응할 필요가 있었습니다. 이 대회에서 흥미로웠던 것은 '메타' 접근 방식인 **모방 학습**imitation learning[18]이 인기가 있었다는 점입니다. 상태-행동 쌍의 생성을 설명하는 특정 모델 없이 시연에서 행동 정책을 학습하는 데 초점을 둔 제법 새로운 접근 방식이었습니다. 이 아이디어를 경쟁력 있게 구현한 캐글러 Ironbar[19]는 대회에서 5위를 차지했습니다.

마지막으로 맨체스터 시티 FC와 함께한 구글 리서치 풋볼 대회[20]를 언급하고자 합니다. 이 대회의 목적은 연구자가 축구처럼 복잡한 환경에서 플레이하는 AI 에이전트의 능력을 탐구하는 것이었습니다. 대회 개요 섹션에서는 문제를 다음과 같이 공식화하고 있습니다.

> 스포츠는 단기 조절의 균형, 패스와 같이 학습된 개념, 높은 수준의 전략 등 에이전트에게 학습시키기 어려운 것들이 요구됩니다. 에이전트를 훈련하고 테스트할 현재의 환경이 존재하지만 다른 솔루션이 더 좋은 결과를 낼 가능성이 있습니다.

---

13 Halite by Two Sigma – Playground Edition. *https://www.kaggle.com/c/halite-iv-playground-edition*

14 Halite by Two Sigma. *https://www.kaggle.com/c/halite*

15 *https://en.wikipedia.org/wiki/Assignment_problem*

16 *https://www.kaggle.com/c/halite/discussion/183543*

17 Lux AI. *https://www.kaggle.com/c/lux-ai-2021*

18 *https://paperswithcode.com/task/imitation-learning*

19 *https://www.kaggle.com/c/lux-ai-2021/discussion/293911*

20 Google Research Football with Manchester City F.C. *https://www.kaggle.com/c/google-football*

앞서 언급한 몇 가지 예시와 달리 이 대회는 강화학습 접근법이 높은 순위를 차지했습니다.

- 3위 팀 Raw Beast는 알파스타^{AlphaStar}에서 영감을 받은 방법[21]을 따랐습니다.
- 2위 팀 Salty Fish는 자체 대결$^{self-play}$ 형식[22]을 활용했습니다.
- 우승팀 WeKick은 창의적인 특징 공학과 보상 구조 조정이 포함된 딥러닝 기반 설루션[23]을 사용했습니다.

나열된 설루션을 공부하면 이런 종류의 문제에서 RL이 어떻게 활용되는지 배우는 데 매우 좋은 시작점이 되어줄 것입니다.

12.5 요약

이번 장에서는 점점 더 많은 인기를 얻고 있는 새로운 유형의 대회인 시뮬레이션 대회를 살펴보았습니다. 비전이나 NLP 중심의 대회들과 비교할 때 시뮬레이션 대회는 지도 학습과 강화학습의 차이를 반영하는 (수학적 내용이 다소 많은) 광범위한 방법을 포함합니다.

이 책에서 기술적인 설명은 이번 장이 마지막입니다. 나머지 부분에서는 캐글 노트북을 프로젝트 포트폴리오로 전환해서 새로운 경력 기회를 찾는 데 활용하는 방법을 설명합니다.

---

21 *https://www.kaggle.com/c/google-football/discussion/200709*
22 *https://www.kaggle.com/c/google-football/discussion/202977*
23 *https://www.kaggle.com/c/google-football/discussion/202232*

- 피랏트 고넨Firat Gonen
- *https://www.kaggle.com/frtgnn*
- 게티르Getir의 데이터 과학 및 분석 책임자
- Z by HP 글로벌 데이터 과학 앰베서더
- 데이터 세트, 노트북, 토론 그랜드마스터

가장 좋아하는 대회 유형과 이유를 알려주세요. 기술과 해결 방법 관점으로 볼 때 실력을 가장 잘 발휘할 수 있는 대회는 무엇인가요?

제가 좋아하는 대회는 그때그때 달라졌어요. 괜찮은 노트북과 약간의 인내심만 있으면 대회의 트렌드를 마스터하기에 충분한 매우 일반적인 태뷸러 데이터 대회를 선호했어요. 훈련 세트와 테스트 세트 사이의 외부 경향이 꽤 잘 보였죠. 시간이 지나서 Z by HP와 my workstation 장비 홍보대사로 선정되면서 더 많은 컴퓨터 비전 대회에 참가하게 되었어요. 여전히 배울 것이 많지만요.

캐글 대회에 어떤 식으로 접근하나요? 이 접근법을 일상 업무에서도 사용하나요?

저는 모델링 부분을 최대한 오래 미루려고 해요. 저는 시간을 EDA나 이상값, 포럼 읽기 등에 쓰는 걸 좋아하죠. 인내심을 가지려고 노력해요. 특징 공학이 끝났다고 느낄 때 다양한 구성의 결과를 파악하려 벤치마크 모델만 구성해보죠. 실제 업무에서도 제 테크닉은 매우 비슷해요. 저는 오랜 시간 동안 최선을 다하려고 노력하는 건 적절하지 않다고 생각해요. 시간과 성공 사이에는 균형이 필요하죠.

참가했던 대회 중 특히 어려웠던 대회는 무엇이며, 어떤 통찰로 과제를 해결했나요?

프랑소와 숄레François Chollet가 주최했던 대회가 엄청나게 어려웠어요. 우리를 인공 일반 지능 Artificial General Intelligence(AGI)으로 몰아넣은 최초의 대회였죠. 몇 가지 새로운 기술을 배웠지만 그 대회에서 꽤 무력감을 느꼈어요. 저뿐만 아니라 모두가 데이터 과학이 단순한 머신러닝이 아니라는 것을 느끼면서 비슷한 기분이었다고 생각해요. 혼합 정수 프로그래밍 같은 몇 가지 기법은 캐글에 다시 등장하기도 했습니다.

캐글이 경력에 도움이 되었나요?

물론이죠. 저는 캐글 덕분에 많은 새로운 기술을 배웠고 최신 정보도 얻었어요. 제 경력은 관리가 주요 업무의 대부분을 차지하고 있어요. 그래서 여러 가지 최신 정보를 계속 업데이트하는데 캐글이 매우 중요한 역할을 하고 있어요.

캐글로 포트폴리오를 만드는 방법은 무엇인가요?

저는 조금 더 간접적인 방식으로 이점이 있었다고 생각해요. (캐글 덕분에) 실용적인 능력을 선보일 수 있었고 제가 받은 더 전통적인 교육 자격을 통해 더 이론적인 기술을 보여줄 수 있었어요.

경험에 비추어볼 때, 초보 캐글러가 자주 놓치는 것은 뭘까요? 처음 시작할 때부터 알았으면 좋았겠다고 생각하는 것이 있나요?

새로 들어온 사람은 주로 두 가지 실수를 하는 것 같아요. 먼저, 새로운 대회에 참가하기를 두려워합니다. 나쁜 성적을 얻고 그게 기록된다고 생각하는 거죠. 전혀 겁낼 필요가 없습니다. 모두 좋지 않은 점수를 받아요. 새로운 대회는 얼마나 열정적으로 참여하는지가 중요해요. 다음으로, 최대한 빨리 모델을 구축하려 해요. 아주 잘못된 습관이에요. 벤치마크 점수를 확인하려 하고 좌절하죠. 저는 특징 생성과 선택, EDA 단계에 시간을 충분히 투자하라고 조언하고 싶어요.

대회에서 어떤 실수를 해봤나요?

제 실수는 아쉽게도 캐글 초보자가 하는 실수와 아주 비슷해요. 여러 대회에서 초반에 신경을 안 써서 조급해하고 시간이 지나고 나면 돌아갈 시간이 부족하다고 느끼게 되죠.

데이터 분석과 머신러닝에 특히 추천하는 툴이나 라이브러리가 있나요?

속도 향상을 위한 벤치마킹에는 PyCaret를, 모델 구축 프레임워크로는 파이토치를 추천합니다.

대회에 참가할 때 해야 하는 일 또는 중요하게 기억해야 할 것은 어떤 것이 있나요?

탐색적 데이터 분석을 하고 이전에 열린 유사한 대회에서 이뤄진 토론을 살펴봐야 합니다.

다른 대회 플랫폼을 사용하나요? 캐글과 비교하면 어떤가요?

솔직히 캐글 밖에서 활동한 적은 없어요. 하지만 지켜보는 입장으로 참가한 적은 있어요. 다른 플랫폼에 적응하는 데는 시간이 필요하죠.

데이터 과학 경력 관리

3부는 캐글을 활용해 데이터 과학 경력을 쌓는 방법을 안내합니다. 캐글에서의 결과물을 통해 포트폴리오를 만드는 방법을 소개하고 이를 바탕으로 데이터 과학 업계에서 새로운 기회를 찾는 방법을 안내합니다.

Part III

데이터 과학 경력 관리

포트폴리오 준비

이 장의 내용

- 캐글로 포트폴리오 구성하기
- 캐글을 넘어선 온라인 입지 구축하기
- 대회 업데이트와 뉴스레터 모니터링하기

캐글에는 참여하면 이점이 있습니다. 네 가지 영역에서 좋은 점수를 얻어서 다른 캐글러의 존경을 받고 높은 순위에 오르면 확실히 만족감과 성취감을 얻습니다. 캐글에서 한 경험은 캐글 밖에서도 영향력을 미칠 수 있고 경력을 발전시키는 데도 도움이 됩니다. 대회에 참가해서 처음 다루어 보는 데이터로 실험을 하고 새로운 테크닉을 반복해서 실험하면 경험을 얻을 뿐 아니라 다른 데이터 과학자를 알게 되거나 여러 회사의 관심을 받을 수도 있습니다.

캐글에서의 경험을 자격으로 인정하지 않는 회사들도 많지만 대회에서 한 작업은 참여자의 데이터 과학 역량을 드러내며, 많은 사람 사이에서 돋보이게 해줍니다.

다음 장에서는 캐글이 어떻게 (전문적인 관계망을 향상하고 경력 기회를 제공해서) 경력에 직접적으로 영향을 미치는지 설명하면서 이 책을 마무리합니다.

13.1 캐글로 포트폴리오 구축하기

'데이터 과학의 고향'이라는 캐글의 주장은 하나의 관점으로 받아들일 필요가 있습니다. 긴 시간에 걸쳐 살펴본 것처럼 캐글은 대회에 참가하고 싶은 모든 사람에게 열려 있습니다. 참가자는 주어진 평가 지표에 따라 예측 과제에 가장 적절한 모델을 찾습니다.

살고 있는 지역, 교육, 예측 모델링의 숙달 정도 등을 기준으로 한 제약은 없습니다. 때로는 본질적으로 예측이 아닌 대회들도 개최됩니다. 예를 들면 강화학습 대회, 알고리듬 대회, 분석 대회와 같이 데이터 과학자뿐만 아니라 더 많은 청중을 수용하는 대회가 있습니다. 하지만 캐글 대회의 핵심 목적은 지표에 따라 최적의 예측을 만드는 것입니다.

실제 현장의 데이터 과학에는 더 많은 측면을 고려합니다. 먼저 가장 중요한 것은 문제를 해결하는 것입니다. 모델을 채점하는 지표는 문제를 얼마나 잘 해결하는지 측정하는 방법일 뿐입니다. 하나의 지표뿐 아니라 여러 지표를 함께 고려해야 합니다. 그리고 문제는 다양한 방식으로 해결되며 해결 방식의 많은 부분이 문제를 어떻게 공식화하는지에 따라 달라집니다.

데이터의 경우 사용하는 데이터의 세부 사항을 알아내는 경우가 드물고 필요에 따라 기존 데이터 세트를 수정해야 합니다. 가끔은 필요에 따라 토대부터 데이터를 만드는 경우도 있습니다. 당연히 데이터를 준비하거나 처리하는 방법을 친절하게 설명하지 않습니다. 문제를 해결할 때는 다음과 같은 사항도 같이 고려해야 합니다.

- 기술 부채
- 설루션의 유지 보수성
- 설루션을 실행하는 시간과 계산 비용
- 모델 작동의 설명 가능성
- 영업 이익에 미치는 영향력(실제 현장 프로젝트가 사업적인 것이라면 이익을 증가시키고 비용을 줄이는 것은 항상 등장하는 주제입니다)
- 다양한 수준의 복잡성과 추상화를 고려한 결과 전달

이 모든 전문 지식이 캐글을 통해 보완되지는 않습니다. 관련 지식 대부분은 기업 환경에서 직접적인 연습과 경험 구축을 통해 얻습니다. 하지만 캐글 대회와 관련된 지식과 기술이 방금 언급한 고려 사항들과 완전히 분리된 것은 아니며 많은 기업 수준의 데이터 과학 프로세스를 보완합니다. 캐글에서는 다양한 유형의 데이터와 문제에 노출되고 광범위한 특징 공학을 실행하고 모델 가정을 빠르게 반복해야 합니다. 그리고 일반적인 오픈 소스 패키지를 사용해서 최첨단 설루션을 결합하는 방법을 고안해야 합니다. 이렇게 얻게 된 기술은 유용하며 장점이 많습니다. 가장 좋은 방법은 캐글 대회와 다른 리소스를 토대로 설루션과 작업을 모아둔 포트폴리오를 구축하는 것입니다.

캐글 대회를 통해 포트폴리오를 구성하려면 여러 접근 방법을 사용합니다. 가장 쉬운 방법은 데이터 세트, 노트북, 토론 등 캐글이 제공하는 기능을 활용하는 것입니다.

13.1.1 노트북과 토론 활용하기

순위 외에 캐글에서 주목을 받는 방법으로 노트북 활용이 있습니다. 노트북은 문제를 해결하는 방법, 아이디어를 제시하는 방법, 코딩 방법 등을 동시에 보여줍니다. 노트북은 참가자들 사이에서 설루션과 아이디어를 쉽고 공개적으로 공유하는 방법으로 고안되었지만 고용주가 높이 평가하는 능력을 증명하는 데 (순위 다음으로) 사용이 가능합니다.

사실 최근 데이터 과학계에서 중요한 변화 하나는 뛰어난 인재(매우 뛰어난 데이터 과학자)만 돋보이던 게임에서 팀 게임으로 바뀌었다는 사실입니다. 팀 게임에서는 데이터 과학자가 프로젝트를 성공시키려 다른 데이터 과학자나 다른 부서와 협력해야 합니다. 그 결과로 채용 과정에서도 회사는 아이디어와 결과를 제대로 표현하는지, 코드를 깔끔하고 효과적으로 작성하는지를 중요하게 여깁니다.

이전 절에서는 기술 부채 처리에서 비용 효율적인 설계까지 실제 프로젝트에서 어떤 기술이 더 필요한지를 살펴보았습니다. 비록 대회에서 우승할 정도는 아니더라도 노트북(3장 참조)은 이런 기술을 캐글에서 선보이기에 가장 적합한 툴입니다.

캐글에서는 다양한 유형의 노트북이 있습니다. 대략적으로 4가지 범주로 그룹화되며 각 유형의 노트북은 작성자가 다양한 테크닉을 활용해 각 영역에서 우위를 점할 역량이 있음을 보여줍니다.

- 대회에서 높은 순위를 얻은 설루션과 아이디어: 복잡한 문제를 해결하는 능력
- 데이터 세트의 탐색적 데이터 분석(EDA): 시각 및 비시각적 통찰을 조작, 표현, 추출하는 능력
- 머신러닝 모델이나 데이터 과학 원리를 설명하는 튜토리얼: 데이터 과학 교육 능력
- 논문이나 다른 원본 설루션에서 파생된 모델의 구현: 연구를 실용 사례로 전환하는 능력

캐글 대회에서 높은 순위를 차지하거나 보여줄 놀라운 설루션을 가지고 있지 않더라도 최선의 방식으로 홍보한다면 다른 3종류의 노트북(EDA, 튜토리얼, 논문 구현)이 실제 현장에서 작업할 기회를 제공합니다. 그러려면 끊임없는 연습과 경험을 통해 가독성이 높고 흥미로운 노트북을 코딩하는 방법을 이해해야 합니다. 노트북 작성은 예술의 영역이기 때문에 다른 사람들의 작업을 보고 배우기를 권장합니다. 특히 노트북 부문에서 순위[1]가 높은 노트북 그랜드마스터들에게 배우는 게 좋겠죠.

어떤 종류의 노트북을 개발했는지, 어떻게 수치를 사용해서 작업을 정리하고 있는지, 어떻게 코드를 구조화했는지 살펴보기를 권장합니다. 그리고 마지막으로 자신의 기술과 흥미를 토대로 그 노트북 중 하나를 복제하세요. 성공의 기회를 코드와 차트에만 걸지 말고 전달하는 묘사 역시 중요하게 생각해야 합니다. 설루션을 보여주든, 텐서플로에서 신경망 구조를 가르치든 신경망 구조를 구현하든 노트북의 셀을 단어들로 설명하는 방식은 지속적으로 긍정적인 인상을 남긴다는 점에서 매우 중요합니다.

상위 랭커들의 노트북 말고도 정교하게 제작된 노트북을 확인하는 방법이 있습니다. 천체 물리학자이자 열정적인 캐글 사용자인 마틴 헨체Martin Henze가 게재하는 「금주의 노트북: 숨겨진 보석 Notebooks of the Week: Hidden Gems」입니다. 매주 토론 포럼에 한 주간 흥미를 모은 노트북을 모은 이 게시글은 현재 100회가 넘게 게시되었으며 저자는 계속 흥미로운 노트북을 소개하고 있습니다.

---

1 https://www.kaggle.com/rankings?group=notebooks&page=1&pageSize=20

계속해서 멋진 노트북 소식을 계속 받고 싶다면 캐글의 마틴 헨체의 프로파일을 팔로우하거나 마틴 헨체의 계정 페이지에서 새로운 토론이 게시되었는지 확인하세요.

노트북을 뒤져서 아이디어를 찾고 배우는 것을 좋아한다면 다른 사람의 작업을 아무 생각 없이 복사해서는 안 된다는 점은 아무리 강조해도 지나치지 않습니다. 캐글에는 많은 노트북이 있으며, 어떤 사람이 하나를 복사하고 약간 변화를 주고는 마치 자신의 원래 아이디어인 양 다른 캐글러들에게 공개하는 일이 자주 일어납니다. 또한 노트북에서 함수나 코드의 일부를 선별해서 자신의 노트북에 삽입하는 것도 관행입니다. 어느 쪽이든 항상 출처와 저자를 인용하세요. 원본의 저자를 추적하지 못했다고 해도 사용한 해당 코드를 찾은 마지막 노트북을 기록하는 것으로 충분합니다. 공개의 주요 목적은 자신의 노력과 능력을 전시하는 것이지만 코드나 아이디어의 일부가 다른 곳에서 가져왔다는 것을 인정하는 것도 중요합니다. 출처 표시는 동료 캐글러들에게 표하는 존중인 동시에 여러분이 다른 사람의 노력과 발명을 인식할 만한 충분한 지식이 있으며 이를 작업에 사용하는 방법을 안다는 증거입니다.

주류가 아닌 방식이지만 캐글 포럼 토론 역시 데이터 과학과 소프트웨어 개발의 특정 역할에서 어필하는 데 도움이 됩니다. 초기에는 캐글 토론은 주최자와 소통하거나 대회 자체와 관련된 긴급한 질문을 하는 용도로 사용되었습니다. 대회가 끝난 뒤 참가자들은 자신의 설루션을 제시하거나 토론을 해야 한다고 느끼는 경우가 드물었지만 토론이 자체 순위와 마스터 등급을 가지게 된 이후 포럼에서 훨씬 더 많은 정보가 업로드되었습니다.

> **NOTE_** 캐글의 토론 포럼을 자세히 알고 싶다면 4장을 참조하세요.

경험상 캐글의 토론은 4가지 범주로 나눕니다.

- 상위권 팀이 어떻게 비공개 리더보드에서 특정 위치에 올랐는지 자세히 설명하는 대회 설루션(때로는 관련된 노트북의 도움을 받기도 합니다).
- 대회에 필요한 도움과 설명
- 감사, 칭찬, 잡담
- 설명을 통해 다른 참가자를 돕거나 튜터링하는 포스트

마지막 유형의 게시물이 효과가 탁월하며, 널리 알려질 경우 개발자를 지지하는 역할을 수행하는 데 도움이 된다는 사실을 확인했습니다. 특히 동료 데이터 과학자와 상호작용하는 (예를 들

면 트위치 채널, 유튜브 채널, 트위터 계정, 미디엄 블로그 등) 다른 채널이 있는 경우 도움이 됩니다.

대기업과 스타트업 모두에서 디벨로퍼 애드보킷Developer Advocate[2]이 늘어나며, 다른 데이터 과학자와 개발자가 프로젝트에서 진행하는 데 도움을 주는 숙련된 전문가를 찾는 수요도 늘고 있습니다.

데이터 세트 활용하기

캐글은 이미 잘 정리된 데이터를 제공해서 실제 현장의 데이터를 대표할 수 없다는 비판을 받습니다. 하지만 캐글이 대회에서 제시하는 데이터 역시 지저분하고 잡음이 많이 포함되는 경우도 있습니다. 때로는 제시된 데이터가 최고 점수를 얻기에는 품질과 양 측면에서 부족하며 인터넷에서 추가할 데이터를 찾아야 하는 경우도 있습니다.

데이터 과학 프로젝트의 데이터와 관련해서 캐글이 놓치는 것은 조직화된 저장소와 파일에서 데이터를 모으고 수집하는 과정입니다. 이 과정은 회사 혹은 문제에 따라서 다르기 때문에 실제 환경에서 표준화할 수 없습니다.

캐글은 모델링 문제에만 집중한다는 이미지를 벗어나려 데이터 세트를 도입했습니다. 캐글 데이터 세트에는 사용자가 직접 데이터를 만들거나 업로드하며, 특징과 가치를 문서화할 수 있습니다. 그리고 데이터를 업데이트하거나 완전히 교체할 시기를 계획해서 시간의 흐름에 따라 데이터를 관리해야 합니다.

> **NOTE_** 캐글 데이터 세트에 관한 내용은 2장을 참조하세요.

더욱 흥미로운 것은 캐글 데이터 세트에는 자신의 데이터나 대회에서 업로드된 노트북을 사용해 구축된 다양한 분석과 모델도 첨부할 수 있다는 점입니다. 모델은 대회 중에 생각해 낸 작업이거나 업로드된 데이터를 자세히 연구해 고안한 결과일 수 있습니다.

또한 캐글 데이터 세트는 데이터와 같이 제공되는 메타 정보의 완전성을 확인하는 템플릿도 제공합니다. 설명, 태그, 라이선스, 소스, 업데이트 빈도 등 데이터를 사용하는 모든 사람이 데이

---

2 https://draft.dev/learn/what-is-a-developer-advocate

터 사용 방법을 이용하는 데 도움이 되는 필수 정보(유용성 점수 계산에 사용)의 일부에 불과합니다. 심지어 (설명이나 토론에서) 데이터 세트로 수행하고 싶은 작업과 관련된 과제를 언급할 수도 있습니다. 데이터로 응용할 수 있는 작업을 언급하면 업로드한 데이터의 잠재적 가치를 전달하는 좋은 방법입니다.

> **NOTE_** 캐글 데이터 세트에서 앞선 설명에 사용하는 기능이었던 Tasks는 최근 제거되었습니다.[3] 데이터 설명이나 토론으로 데이터가 사용될 방식을 예측하면 됩니다.

이런 모든 특성 덕분에 캐글 데이터 세트는 캐글 문제를 해결한 경험과 데이터 및 머신러닝 알고리듬 능력을 보여주는 좋은 방법입니다. 캐글 데이터 세트에서는 다음과 같은 활동을 합니다.

- 데이터 세트 게시와 유지보수
- 과제 로드맵으로 데이터의 가치를 이해하고 있다는 것을 보여주기
- 데이터 준비부터 데이터 분석 설명, 예측 모델링에 이르기까지 (캐글 노트북은 준비 없이 같은 데이터로 즉시 작업을 실행하므로) 코딩되고 완벽하게 작동하는 솔루션을 보여주기

캐글 대회나 다른 프로젝트에서 한 작업을 보여줄 때 캐글 데이터 세트를 사용하기를 권장합니다. 다른 사람들의 작업과 당신의 작업을 분리하고 데이터와 노트북을 통합하기 때문입니다. 짧게 말하면 캐글 데이터 세트로 직접 구현했고 작동하는 솔루션을 누구나 조회할 수 있습니다. 하지만 (심지어 스크립트를 사용하는 경우에도) 다른 환경에서 코드를 실행하는 데 필요한 패키지와 버전 요구 사항 측면이 완벽하게 투명하지 않은 노트북 환경에 얽매이게 된다는 단점이 있습니다.

사실 캐글 노트북은 어떤 버전을 설치할지 결정하는 환경 설정 파일인 **Dockerfile**로 설정되는 도커 환경에 따라 달라집니다. 브라우저로 노트북을 띄울 때 환경 설정 파일을 조사하기 전에는 어떤 버전의 패키지가 사용되는지 바로 확인할 수 없습니다. 설정 파일을 조사하거나 Dockerfile의 설정을 복제하는 것이 목적이라면 캐글 깃허브 리포지토리[4]를 참고하세요. 하지만 Dockerfile은 계속 변하기 때문에 이력을 거슬러 올라가 작업에 사용된 것을 확인해야 할 수도 있습니다.

---

3 https://www.kaggle.com/product-feedback/292674
4 https://github.com/Kaggle/docker-python/blob/main/Dockerfile.tmpl

마지막으로 이런 측면 이외에도 데이터 세트나 관련된 노트북을 조회하려면 캐글 커뮤니티에 접속해야 한다는 점을 기억하세요.

13.2 캐글을 넘어 온라인에 존재감 드러내기

캐글 데이터 세트나 노트북은 조회하는 데 캐글 계정이 필요합니다. 캐글 계정이 없는 사람이 단지 당신의 작업물을 보려고 계정을 만들지는 않는다는 사실을 염두에 두어야 합니다. 그리고 더 접근성이 높은 대체 수단을 고려해야 합니다. 이에 대한 대안으로 많은 캐글러가 자신의 블로그나 깃허브[GitHub](*https://github.com*) 프로젝트, 미디엄[Medium](*https://medium.com*) 같은 다른 플랫폼에 글을 씁니다. 하지만 작업과 역량을 알릴 다른 방법도 있습니다.

- 딥노트(*https://deepnote.com*)에서 캐글 대회 관련 코드 공개
- 디스코드[Discord] 커뮤니티[5]나 유튜브[Youtube] 채널[6], 트위치 채널[7] 운영
- 주간 캐글 뉴스레터 발행
- 다른 데이터 과학 전문가를 인터뷰[8]

달성하고자 하는 목표에 따라 캐글에서의 작업과 역량을 알릴 다양한 기회와 미디어가 있습니다. 이번 장에서는 (가장 일반적인 선택이면서 매우 효과적인) 블로그와 깃허브의 존재에 초점을 맞추지만 목적에 맞는다고 생각된다면 어떤 접근 방식이든 자유롭게 선택하세요.

13.2.1 블로그

글쓰기는 (관련 내용을 쓰기 위해 많은 것을 학습해야 하기 때문에) 지식을 정제하고 다른 사람들에게 자신과 자신의 역량을 알리는 방법이 됩니다. 글쓰기를 통해 유명해지면 다양한 방면에서 도움이 됩니다. 채용 담당자나 회사들의 관심을 받게 되고 캐글 대회, 더 넓게는 경력 전반을 위한 인맥을 구축할 수도 있습니다.

---

5 예. 아비섹 타쿠르의 MLSpace: *https://discord.com/invite/4RMwz64gdH*
6 예. 아비섹 타쿠르의 유튜브: *https://www.youtube.com/channel/UCBPRJjIWfyNG4X-CRbnv78A*
7 예. 롭 물라의 트위치: *https://www.twitch.tv/medallionstallion*
8 예. *https://chaitimedatascience.com*

아이디어나 짧은 텍스트를 게시하는 소셜 미디어(링크드인, 트위터, 페이스북)는 이에 맞게 활용해야 합니다. 하지만 데이터 과학과 캐글 대회 주제는 긴 토론과 추론이 필요하다는 점을 생각하면 가장 좋은 접근 방식은 긴 글을 작성하고 블로그나 웹사이트를 통해 그 글을 공유하는 것입니다. 소셜 미디어와 글이 이어지도록 조절해서 글을 홍보하는 것이 이상적입니다. 글을 알리는 포스트나 글의 핵심 사항을 논의하는 내용을 소셜미디어에 게시하는 것입니다.

우선 글을 공개할 방법과 장소를 살펴볼까요?

미디엄의 글, 특히 Towards Data Science(*https://towardsdatascience.com*) 같은 **미디엄 퍼블리케이션**Medium publications도 큰 주목을 모읍니다. 미디엄 퍼블리케이션은 보통 여러 저자가 작성한 공통 개념이나 주제로 이야기를 나누는 공유 공간입니다. 미디엄은 웹사이트처럼 매우 넓은 독자층으로 전달되며 일부 발행물은 데이터 과학 커뮤니티에서 좋은 품질로 추천하기도 합니다. 미디엄 퍼블리케이션에는 업로드할 글을 선별하고 내용이 자체 정책이나 품질 수준에 맞는지 확인하는 한 명 이상의 편집자가 있습니다. 데이터 과학 관련 미디엄 퍼블리케이션 중 유명한 곳은 다음과 같습니다.

- **Towards Data Science**(*https://towardsdatascience.com/questions-96667b06af5*)
- **Better Programming**(*https://betterprogramming.pub/write-for-us-5c4bcba59397*)
- **Mlearning.ai**(*https://medium.com/mlearning-ai/mlearning-ai-submission-suggestions-b51e2b130bfb*)
- **Becoming Human**(*https://becominghuman.ai/write-for-us-48270209de63*)
- **Towards AI**(*https://pub.towardsai.net/submit-your-medium-story-to-towards-ai-a4fa7e8b141d*)

각 퍼블리케이션은 많은 독자를 가지고 있기 때문에 대단한 이점이 있습니다. 아마 일반적으로 개인이 소셜미디어에서 팔로우되고 있는 수보다 훨씬 많을 것입니다. 아마 예상하는 것보다 훨씬 많은 독자를 얻을 것이고 기업에 근무하는 사람이나 다른 전문가들에게도 전달되어 교류의 폭을 넓힐 수 있습니다.

미디엄 이외에도 글을 업로드할 다양한 서비스가 있습니다.

- **Hacker Noon**(*https://publish.hackernoon.com*): 기술 블로거들 사이에서 인기가 있으며 데이터 과학과 관련된 모든 내용이 있습니다(다방면에 능통한 제너럴리스트입니다). 월간 400만 명의 독자가 있으며, 기술을 좋아하는 많은 사람들에게 내용을 전달하고 싶다면 매우 적절한 곳이지만 상위 페이지에 소개되기란 매우 어렵기에 양날의 검이기도 합니다. 많은 관심을 받지만 동시에 많은 비평도

받게 됩니다.

- Dev.to(*https://dev.to*): 주로 (약 80만 명의) 개발자 독자가 존재하며 코딩에 필요한 글과 튜토리얼을 소개합니다. 게시물을 올릴 때 코드의 품질과 효율성에 더 중점을 두어야 합니다(모델링은 그다음입니다).
- FreeCodeCamp(*https://www.freecodecamp.org/news/developer-news-style-guide*튜토리얼에 더 초점을 맞추고 있고, 사람들은 코딩하는 방법을 배우기 위해 방문합니다. 머신러닝 코스나 새로운 패키지를 홍보하기에 이상적입니다.
- Analytics Vidhya(*https://www.analyticsvidhya.com/about/write*): 인도에서 인기가 많습니다. 머신러닝과 딥러닝 구성 요소를 설명하는 기사가 중심입니다.
- KDnuggets(*https://www.kdnuggets.com/news/submissions.html*): 오래된 데이터 마이닝 사이트입니다. 이전 세대의 데이터 과학자와 학계 구성원들 사이에는 여전히 꽤 많은 팔로워(2021년 3월 순 방문자 100만 명)가 있습니다.

각 사이트는 장단점이 있고 독자층도 다릅니다. 따라서 어떤 것이 자신의 내용에 맞는지 선택해야 합니다. 자신의 글이 어떻게 들어가는지 이해하려면 먼저 각 사이트가 제공하는 발행물을 읽어보세요.

물론 자신의 블로그를 사용할 수도 있습니다. 자신의 블로그를 만들면 작성한 내용을 두고 광고나 편집을 위한 조사를 하지 않아도 됩니다. 하지만 한편으로는 이미 존재하는 독자를 활용할 수 없어 소셜 미디어에 글을 홍보해 독자를 모아야 합니다. 선택한 웹 도메인에 토대부터 웹사이트를 만들 수도 있습니다. 또는 깃허브에서 블로그를 생성할 수도 있습니다.

> **NOTE_** (무료이고 이미 코드의 저장소로 활용하고 있기 때문에) 깃허브를 사용하기로 결정했다면 여기에 깃허브 블로그 포스트를 만드는 간단하고 빠른 방법(*http://jmcglone.com/guides/github-pages*)을 소개합니다.

더 자동화된 곳을 원한다면 제러미 하워드[Jeremy Howard]의 **fastpages**(*https://github.com/fastai/fastpages*) 같은 플랫폼을 추천합니다. fastpages는 자동으로 노트북과 워드 문서를 블로그 페이지로 변환 및 발행하므로 코드가 포함된 글을 쓰기 훨씬 간단합니다.

독립적인 자신의 웹사이트를 만들고 싶다면 더 많은 노력과 약간의 비용이 필요합니다. 도메인 이름과 웹 공간은 무료가 아니니까요. 이 경우 자신의 콘텐츠를 직접 홍보하는 것이 매우 중요합니다.

자신의 설루션을 두고 글을 쓰는 이점은 스토리텔링 요소입니다. 코드에 묘사나 설명을 추가해야 하고 노트북에서 쓰는 것에 비해서 훨씬 자세한 방식으로 써야 하기 때문입니다. 어떤 의미에서는 작업을 설명하는 방법이 작성하는 코드만큼 중요합니다. 글의 어조를 조절해서 다양한 유형의 독자들에게 전달하세요. 이해하기 쉬운 방식으로 개념을 설명하면 독자를 넓히고 더 많은 전문가와 연결된다는 장점이 있습니다. 반대로 고도로 기술적인 글을 쓰면 독자 수는 제한되지만 채용을 고려하는 회사에 깊은 인상을 줄 수도 있습니다.

글쓰기는 매우 개인적인 행위이고 여기서 소개한 힌트나 제안이 모든 상황에 적용되는 것은 아닙니다. 따라서 더 전반적인 제안은 글의 목적과 전달하고 싶은 대상을 미리 결정하라는 것입니다.

13.2.2 깃허브

글을 작성하고 독자에게 안내하는 코드 저장소가 있다는 것 외에도 깃허브에 코드가 있으면 참가하는 모든 대회에서 이미 만들었던 것을 다시 만드느라 시간을 낭비하지 않을 수 있습니다. 프로젝트에 다시 사용하고 싶은 코드를 저장할 수도 있고 **Gists**[9]에 저장할 수도 있습니다. Gists는 개별적으로 짧은 코드 스니펫을 저장하는 곳입니다.

모든 코드를 캐글에 남겨두고자 해도 시간이 지나면 접근하기 어려워지며 코드를 모두 찾는 데 어려움을 겪을 수도 있습니다. 이것이 캐글 노트북을 분리된 프로젝트에 정리하지 못하는 이유입니다. 노트북은 단순한 긴 목록으로 표시되고 '좋아요' 수나 마지막으로 실행한 시간 등의 몇 가지 속성별로 정렬됩니다. 깃허브는 필요한 코드를 다시 사용하고자 할 때 훨씬 쉽게 찾을 수 있도록 합니다. 예를 들면 모든 코드를 포함하는 스크립트를 만든 후, 추후 코드를 복사할 필요 없이 다운로드하거나 캐글 노트북으로 가져올 수 있습니다.

다음 예시에서는 표형 형식 데이터 신경망의 도우미 함수를 다운로드해서 재사용합니다.

```
!wget https://raw.githubusercontent.com/lmassaron/deep_learning_for_
tabular_data/master/tabular.py

# tabular 임포트
```

---

9   https://docs.github.com/en/github/writing-on-github/editing-and-sharing-content-with-gists

```
from tabular import gelu, Mish, mish
from tabular import TabularTransformer, DataGenerator
```

wget 명령어로 깃허브에 직접 접속해서 노트북의 디스크로 다운로드합니다. 그런 다음 필요한 함수나 클래스를 임포트합니다. 코드에 직접 접근하는 링크를 얻으려면 깃허브 리포지토리에서 해당 파일이 포함된 파일을 찾은 다음 페이지 헤더에 있는 [Raw] 버튼을 클릭하면 됩니다.

그림 13-1 깃허브에서 시각화된 파일의 헤더입니다. 헤더바의 오른쪽 상단 부분의 Raw 버튼을 확인해 주세요.

[Raw] 버튼을 클릭하면 깃허브에 파일이 저장된 주소로 이동합니다. 이 주소는 깃허브 외부에서 해당 파일을 참조하는 데 사용할 수 있습니다.

(캐글 포럼에 더 이상 이미지를 업로드할 수 없기 때문에) 깃허브는 캐글 토론에서 사용할 이미지를 저장하는 데도 유용합니다. 이미지의 경우 Raw 버튼이 없지만 대신 이미지 위에서 마우스 오른쪽 버튼을 클릭해 다른 탭에서 열면 주소가 나옵니다.

깃허브는 자신의 작업을 보여줄 또 하나의 훌륭한 방법입니다. 하지만 (개발자를 대상으로 하는) 웹사이트의 특성과 콘텐츠(코드를 포함하는 파일)를 고려할 때 기술에 많은 관심을 가진 독자를 예상해야 합니다. 회사 인사 팀에서는 깃허브 계정을 자세히 살펴보기보단 README.md에 머무를 것입니다. 그러니 README.md 파일의 내용을 잘 작성하고 시각적으로 보기 좋게 만들어야 합니다. 하지만 채용 관리자는 프로젝트의 코드에 더 많은 관심을 보일 것입니다. 파일, 프로시저, 클래스 속의 코드를 잘 구조화하고자 노력해야 하며, 설치하거나 결과를 재현하는 데 필요한 지시 사항을 포함시켜야 합니다.

코드가 작동하는 데 필요한 패키지가 설치되었는지 확인할 때 conda(*https://docs.conda.io/en/latest*)나 poetry(*https://python-poetry.org*) 같은 툴이 필요합니다. 또, 프로젝트의 구조를 최적화할 때 CookieCutter(*https://drivendata.github.io/cookiecutter-data-science*) 같은 툴이 필요합니다. CookieCutter 등에서 제공하는 템플릿은 프로젝트에 사용하면 코드를 특정 디렉터리에 쉽게 정리할 수 있으며, 사용법을 이해하기 쉽고 편리한 파일을 제공합니다. CookieCutter 템플릿은 프로젝트를 읽고 이해하고 유지보수하기 쉽게 만듭니다.

마지막으로 실험과 데이터 소스를 관리하려면 **Data Version Control**(DVC)[10] 같이 코드뿐 아니라 사용 중인 데이터의 **버전을 제어하는 시스템**도 필요합니다. 이런 모든 자원과 (환경생성, 프로젝트 구조화, 데이터와 모델 버전 관리 등) 실험을 실행하는 데 필요한 능력은 데이터 과학 역량보다는 소프트웨어 엔지니어링 역량에 가깝습니다. 이런 자원과 능력은 캐글과 큰관련은 없으며 (또는 간단한 방법으로 수행되며) 노력과 학습이 필요합니다. 하지만 깃허브에서 프로젝트를 통해 보여주는 역량의 일부로 면접관에게 좋은 인상을 남길 가능성을 높여줄 것입니다.

모델을 실시간으로 시연하고 싶다면 몇 가지 옵션이 있습니다. 가장 쉬운 방법은 원본 노트북(깃허브 프로젝트 README.md 파일에 캐글 노트북 링크를 넣기)이나 구글 코랩에서 코드를 실행시키는 것입니다. **구글 코랩**에서 깃허브에 저장한 노트북을 자동으로 실행하려면 링크의 도메인 부분에서 *github.com*을 *githubtocolab.com*으로 바꿔 접속하면 링크가 코랩에서노트북이 열립니다.

하지만 인상을 주고 싶다면 **HuggingFace Spaces**(*https://huggingface.co/spaces*)를 사용해 캐글에서 만든 모델을 온라인 애플리케이션에서 사용하는 방법이 있습니다. Spaces는 이 설명[11]에서 알 수 있듯 머신러닝 시연과 작업의 온라인 포트폴리오를 간단하게 만드는방법입니다. 16GB의 RAM과 8 CPU 코어로 제한이 있지만 무료이며 전용 애플리케이션에서모델을 실행하는 방법을 시연하기에 충분합니다. 디펜던시를 HuggingFace 리모트 머신에설치하고 깃허브와 코드 및 모델을 동기화하거나 Streamlit(*https://streamlit.io*) 또는Gradio(*https://gradio.app*)를 사용해서 앱을 구축합니다.

한 예시로 하버드 대학의 조교이자 캐글 엑스퍼트인 라슈미 반티아[Rashmi Banthia]는 싸토리우스 세포 인스턴스 분할 대회[12]에서 가져온 모델[13]의 시연을 게시했습니다. 실시간 시연을 통해 모델을 몇 가지 예시로 소개하면 머신러닝 분야가 아닌 청중에게도 즉시 효과를 전달합니다.

---

10 *https://dvc.org*

11 *https://huggingface.co/docs/hub/spaces*

12 Sartorius – Cell Instance Segmentation *https://www.kaggle.com/c/sartorius-cell-instance-segmentation*

13 *https://huggingface.co/spaces/rashmi/sartorius-cell-instance-segmentation*

13.3 대회 최신 소식과 뉴스레터 모니터링하기

이제 캐글에서의 작업을 선보이며 특정 유형의 모델과 데이터 문제에 대한 관심을 세계에 알리는 것이 중요하다는 사실을 알게 되었습니다. 이런 관점에서 대회를 통해 제공받을 수 있는 기회를 항상 인지하는 것이 중요합니다.

기회를 확인할 수 있는 가장 중요한 방법은 캐글 웹사이트를 자주 방문하고 캐글의 이메일을 받는 데 동의하는 것으로, 프로필의 Notification and e-mail settings 페이지에서 이 옵션을 설정합니다. 캐글의 새로운 기능과 계획에 대한 팁과 최근 시작된 대회에 대한 뉴스를 담은 이메일을 수신하도록 설정하면 됩니다.

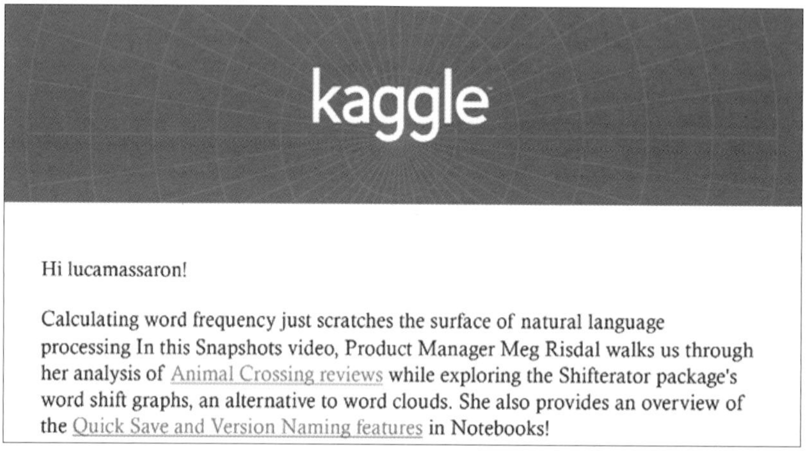

그림 13-2 캐글 팀의 비디오 시리즈를 알리는 캐글 이메일

새로 올라온 캐글 관련 정보를 알려주는 서비스도 있습니다. **Kagoole**(*https://kagoole.herokuapp.com*)은 새로운 대회 정보를 알려주는 서비스로 과거 대회의 설루션도 제공합니다.

1장에서 살펴봤듯 캐글 이외에도 데이터 과학 대회를 개최하는 조직이 있습니다. 캐글과 다른 데이터 과학 대회 웹사이트에서 어떤 일이 일어나고 있는지 확인하려면 캐글, AI크라우드, 드리븐데이터 등의 플랫폼에서 진행 중인 모든 대회를 모니터링하는 ML Contests(*https://mlcontests.com*)나 ods.ai(*https://ods.ai/competitions*) 같은 웹사이트도 추천합니다. 예를 들면 ML Contests는 각 대회의 상, 마감 시간, 유용한 링크 등의 정보를 제공합니다.

성능, 머신, 가격 면에서 클라우드 GPU 비교도 제공합니다. 이메일을 등록하고 이 많은 정보를 이메일로 바로 받을 수 있습니다.

13.4 요약

이번 장에서는 작업을 선보이는 방법과 이것이 경력을 높이는 데 중요한 이유를 설명했습니다. 작업을 선보일 수 있다면 역량을 증명하는 데 도움이 됩니다. 물론 데이터 과학 지식과 경험의 모든 범위를 커버할 수는 없겠지만 여전히 훌륭한 자산을 보여줍니다.

작업에 위해 캐글의 자원이나 외부 자원을 모두 사용할 수 있습니다. 캐글 리소스는 통합된 환경을 제공하며 모든 것이 준비되어 있는 경우 쉽고 빠르게 접근을 설정할 수 있습니다. 외부 리소스(미디엄 퍼블리케이션, 깃허브, HuggingFace Spaces 등)는 다수의 채용 담당자나 인사 관리 담당자, 고용 책임자가 일상적으로 사용하기에 접근성도 높습니다.

다음 장에서는 관계망을 구축하는 방법과 캐글에서 이룬 노력을 통해 인터뷰 기회를 얻는 방법을 살펴보면서 캐글 대회가 제공할 수 있는 기회들에 대한 이야기를 마무리하겠습니다.

- 질베르토 티테리츠Gilberto Titericz
- https://www.kaggle.com/titericz
- 엔비디아 책임 데이터 과학자
- 대회, 토론 그랜드 마스터

가장 좋아하는 대회 유형과 이유를 알려주세요. 어떤 대회가 가장 자신있나요?

2011년 캐글에서 활동을 시작한 이후 제가 선호하는 유형의 대회는 구조화된 태뷸러 데이터로 진행되는 대회예요. 제가 캐글에서 더 자주 사용하는 테크닉은 범주형 특징의 목표 인코딩(이 걸 잘못하는 방법은 무한히 많아요)과 스태킹 앙상블입니다.

캐글 대회에 어떤 식으로 접근하나요? 이 접근법을 일상 업무에서도 사용하나요?

캐글은 머신러닝을 위한 훌륭한 놀이터예요. 실제 현장의 프로젝트와의 가장 큰 차이점은 캐글에는 이미 잘 정의되고 정형화된 문제가 있으며 데이터 세트가 만들어져 있고, 목표변수가 구축되어 있고 지표가 선택되어 있다는 점이에요. 그래서 저는 언제나 EDA를 즐기며 캐글 대회를 시작하죠. 문제를 이해하고 데이터 세트를 잘 알면 다른 플레이어들을 앞지르는 열쇠가 돼요. 그런 다음 적절한 검증 전략을 정의해요. 적절한 검증 전략은 비공개 테스트 세트를 채점하는 방식에 맞게 모델을 정확하게 검증하는 데 매우 중요하죠. 계층화된 k분할을 사용하는 게 대부분의 이진 분류 문제에 효과적이지만 그 이외에는 올바르게 검증하고 과대적합을 피하고 비공개 테스트 세트를 최대한 모방하도록 그룹화된 k분할이나 시간 기반 분할time-based split의 사용 여부를 평가해야 해요. 그런 다음 특징 공학과 하이퍼파라미터 최적화 실험을 어느 정도 진행하는 것이 중요해요. 그리고 저는 항상 적어도 하나 이상의 그래디언트 부스티드 트리 모델과 하나 이상의 딥러닝 기반 접근법으로 대회를 마무리하죠. 예측의 다양성을 높이고 대회 지표 점수를 높이려면 다양한 접근 방식을 혼합하는 것이 매우 중요해요.

캐글이 경력에 도움이 되었나요?

네, 캐글은 제가 경력을 바꾸게 된 주된 이유였어요. 2016년까지 저는 전자 장비 기술자로 일했어요. 2011년 이후 캐글에서 대회에 참여하며 배운 모든 지식 덕분에 데이터 과학 영역으로 옮겨올 수 있었죠. 캐글은 머신러닝의 개념을 이해하고 이론에서 배운 모든 것을 적용하도록 도와주었어요. 캐글은 실험을 위한 훌륭한 장소이기도 해요. 데이터 세트를 다운로드하고 데이터에서 최대한의 정보를 추출하기 위해 즐길 수 있죠. 이런 부분이 대회 환경과 결합해서 코딩과 머신러닝을 배우기에 완벽한 곳이죠. 동시에 중독성이 있어서 점점 더 많은 것을 배우게 만들어요. 몇 번 대회에서 우승하면 리더보드 상단에 이름이 올라가고 경력에 매우 중요한 영향을 미치죠. 전 세계의 헤드헌터가 자신들의 포지션과 맞는 좋은 후보자를 찾고 있으며, 대회에서 얻은 지식과 경험은 누구에게나 경력에 도움이 될 거예요.

캐글로 포트폴리오를 만드는 방법은 무엇인가요?

일단 캐글을 시작하고 기술과 알고리듬, 데이터에서 더 많은 정보를 추출하고 지표 점수를 높이는 비법을 수년에 걸쳐 배웠어요. 높은 정확도는 대부분의 대회에서 주요 목적이 됩니다. 하지만 운에만 의지해서 정확도를 높이는 것은 거의 불가능해요. 우승을 목표로 하거나 금메달 존에서 마치고 싶다면 지식과 경험이 필요하죠. 캐글 대회에서 받은 메달의 수가 제 포트폴리오예요. 지금까지(2021/11) 받은 58개의 금메달과 47개의 은메달은 제가 캐글에서 ML을 경험했던 경력을 잘 요약해주고 있어요. 각 대회가 적어도 1개월 동안 운영된다는 것을 감안하면 연속 105개월의 ML 대회 경험이 있다는 의미죠.

경험에 비추어볼 때, 초보 캐글러가 자주 놓치는 것은 뭘까요? 처음 시작할 때부터 알았으면 좋았겠다고 생각하는 것이 있나요?

초심자들은 적절한 검증 전략을 중요하지 않게 생각하는 경우가 많아요. 이런 일은 캐글에서만 일어나지 않아요. 전 세계 데이터 과학자들이 모델을 구축하고 실험 이론에서 중요한 검증 전략을 무시하는 걸 보았어요. 적절한 검증 전략을 설정하는 공통적인 규칙은 없지만 데이터 과학자는 모델이 이후 어떻게 사용될지 고려하고 최대한 이에 맞춰 검증을 해야 해요.

대회에서 어떤 실수를 해봤나요?

여러 실수를 했어요. 모두 나열하기 불가능할 정도죠. 아마 가능한 실수의 조합은 모두 만들어봤을 거예요. 실수를 통해 배운다는 장점도 있어요. 일단 실수를 한 다음 그 실수를 깨달았다면 같은 실수를 반복하지 않을 가능성이 높아지죠. 캐글에서 사람들이 저지르는 일반적인 실수는 리더보드 점수를 신뢰하며, 직접 구한 검증 점수를 신뢰하지 않는 거예요. 리더보드에 과대적합하는 것은 캐글에서 항상 일어나는 일이고 실제 현장과 다른 중요한 점 중 하나죠. 실제 프로젝트에서는 견고하고 반드시 신뢰할 만한 검증 전략을 구축해야 합니다. 실제 현장의 모델은 실제 데이터로 테스트되고 하루에 여러 번 제출할 수 있는 캐글과 달리 목적을 달성할 있는 기회는 단 한 번뿐이죠.

데이터 분석과 머신러닝에 특히 추천하는 툴이나 라이브러리가 있나요?

몇 년 전에는 R을 추천했어요. 하지만 ML 영역에서 파이썬이 빠르게 성장하고 있으며, 프로덕션에 사용하기 쉽다는 장점이 있기에 ML을 시작하는 모든 사람들에게 파이썬을 배우기를 권장합니다. 태뷸러 데이터용 라이브러리의 경우 조작에 도움을 주는 pandas를 추천하고 속도를 원한다면 cuDF(RAPIDS.ai GPU 버전의 pandas)를 추천해요. EDA의 경우 데이터프레임DataFrame을 씨본Seaborn이나 Matplotlib과 함께 사용하기를 추천해요. 머신러닝은 사이킷런, 사이파이, cuML(GPU), XGBoost, LightGBM, CatBoost, 파이토치를 추천해요. 가공하지 않은 특징을 사용해서 단일 XGBoost 모델을 구축하면 빠르고 이후 구축할 모델들과 비교할 좋은 벤치마크를 얻는다는 점을 항상 기억하세요.

대회에 참가할 때 해야 하는 일 또는 중요하게 기억해야 할 것은 어떤 것이 있나요?

캐글 대회에 참가하고 공개 노트북을 제출하는 것은 쉬워요. 하지만 금메달 권에서 대회를 마치기란 매우 어렵습니다. 그래서 저는 최종 순위와 별개로 캐글 토론 포럼, 공개 노트북, 그리고 심지어 대회 이후 우승자가 공개하고 설명하는 아이디어와 작업에서 가능한 많이 배우는 것을 가장 중요하게 생각해요.

그리고 모두가 하는 걸 따라만 해서는 대회 우승을 차지할 수 없다는 것을 기억하세요. 독창적으로 생각하며 새로운 아이디어, 전략, 구조, 접근 방법을 찾아낼 때 우승을 차지할 수 있습니다.

다른 대회 플랫폼을 사용하나요? 캐글과 비교하면 어떤가요?

다른 대회 플랫폼에서도 몇 개 대회에서 우승한 경험이 있어요. 캐글과 비교했을 때 가장 큰 차이는 사용자의 수인데, 캐글은 2021년 11월을 기준으로 17.1만 명의 유저가 활동 중이에요.

덕분에 컨텐츠 면에서 포럼, 노트북, 데이터 세트 소통이 훨씬 풍부하죠. 그리고 캐글은 코드를 작성하고 구글 서버를 이용해서 무료로 실행하는 노트북을 제공해요. 만약 좋은 하드웨어에 접속하기 어렵다면 매우 중요해요.

- 가브리엘 프레다Gabriel Preda
- https://www.kaggle.com/gpreda
- 엔다바Endava 수석 데이터 과학자
- 데이터 세트, 노트북, 토론 그랜드마스터

캐글이 경력에 도움이 되었나요?

캐글은 데이터 과학의 학습 곡선을 가속화하는 데 도움을 주었어요. 캐글에 참여하기 전에는 정보나 문제를 제공하는 곳을 찾아 헤매었지만 그다지 체계적이거나 효과적이지는 않았어요. 캐글에서는 저와 같은 관심을 가지는 사람들의 커뮤니티가 있었어요. 각 분야 최고의 전문가들의 작업을 보고 분석이나 모델과 함께 게시된 그들의 노트북에서 배웠죠. 전문가의 작업에서 통찰을 얻고 전문가들에게 질문을 했으며 때로는 그들과 경쟁을 하기도 했죠. 캐글에 참여하기 시작했을 때는 대부분 데이터 분석에 시간을 쓰고 있었어요. 하지만 빠르게 경쟁을 시작했고 어떻게 모델을 구성 및 검증하고 반복적으로 개선하는지 배우게 되었죠. 캐글에서 2년을 보낸 다음 소프트웨어 프로젝트 매니저에서 데이터 과학 업무 상주 직원으로 경력을 바꾸었어요. 캐글은 저를 약간 돋보이게 만들어주기도 했어요. 현재 회사의 지원자들과 인터뷰하는 과정에서 지원자가 제가 일하는 회사이기에 지원했다고 이야기하기도 했어요.

캐글 대회에서 나온 결과물을 면접 포트폴리오에 사용한 적이 있나요?

저는 잠재적 고용주에게 보여줄 주요 정보 자료로 캐글 포트폴리오를 사용해요. 링크드인 프로필에서도 캐글 프로필을 포트폴리오로 지정했죠. 그리고 최근 몇 년간 고용주들이 캐글을 더 많이 인식하게 되었고 일부 고용주들은 캐글 프로필을 직접 묻기도 해요. 캐글과 관련 없는 내용을 분명히 표현하는 잠재적 고용주들도 있지만 저는 이 시각에 반대합니다. 개인적으로는 지원자들에게 인터뷰하기 전에 깃허브나 캐글 프로필을 체크했는데 매우 효과가 있었어요. 좋은 캐글 프로필은 특정 언어, 툴, 기술, 문제 해결 능력만 보여주는 것이 아니라 토론이나 노트북을 통해 소통하는 능력도 보여줘요. 소통은 데이터 과학자로서 매우 중요한 자질이죠.

처음에는 노트북 그랜드마스터가 되었고 그다음 토론 그랜드마스터, 마지막으로 데이터 세트 그랜드마스터가 되었습니다. 이 여정을 이야기해 주세요.

저는 7번째로 노트북(당시 커널) 그랜드마스터가 되었고 3위까지 올랐어요. 아마 2년 정도 노트북 순위에서 상위 10위 이내를 유지했던 것 같아요. 흥미롭다고 생각하는 데이터 세트를 분석하면서 R언어 지식을 향상하려 노트북을 쓰기 시작했어요. 그리고 폴리곤 클립polygon clip, 보로노이 폴리곤의 이중 메시dual meshes of Voronoi polygons 구축, 들로네 테셀레이션Delaunay tessellation 등 모든 종류의 테크닉을 실험했죠. 점차 탐색적 데이터 분석에 집중하기 시작했으며, 다음에는 데이터 세트용 모델과 대회를 위한 모델을 구축했어요. 이전보다 대회에 열심히 참가하기 시작했고, 파이썬으로 대회에 참여하려 노트북을 작성하기 시작했어요. 비슷한 시기에 제 노트북 몇 개가 캐글러들의 관심을 끌었다는 사실을 알게 되었어요. '좋아요'와 포크가 더 많았지만 호의적인 댓글도 있었어요. 진행 중인 대회에서 데이터 탐색을 위해 작성한 일부 노트북은 많은 사용자가 보게 되었고 많은 금메달을 얻는 계기도 되었어요. 그렇게 마스터와 그랜드마스터에 올랐죠. 최근에는 대회와 관련된 노트북을 많이 게시하지는 않아요. 대부분 제가 게시한 데이터 세트와 관련된 시작용 노트북을 만들고 있죠.

저는 토론 그랜드마스터 레벨도 얻었어요. 토론에서 이 단계에 오를 거라고는 기대도 안 했죠. 우선 다른 사람들의 노트북에 댓글을 달면서 시작했어요. 그러다 점점 더 많은 대회에 참여하면서 대부분의 댓글은 진행 중인 대회의 토론 섹션에 달게 되었죠. 이 대회들에서 관심이 있는 주제를 두고 질문하거나 새로운 주제를 시작하기도 했어요. 예를 들면 대회의 어떤 문제에 해결책을 제시하거나 대회와 관련된 다양한 열린 문제를 해결하는 자료 모음을 제시했어요. 제가 달았던 특별한 댓글 집합을 언급하고 싶어요. (초기) 노트북 그랜드마스터 중의 한 사람으로서 저는 새로운 캐글러가 올린 노트북에서 좋은 내용을 발견하면 자주 '좋아요'를 누릅니다.

이런 경우 (특히 내용의 질이 높은 경우) 자세히 읽어보고 칭찬을 해요. 특히 초보자의 경우 자신의 작업에서 '좋아요'를 받는 것뿐 아니라 기여에 긍정적인 피드백을 받게 되면 자신감을 얻고, 캐글에서 배우고 공유하는 데 더 많은 노력을 기울이게 돼요. 저도 마찬가지라 도움이 되었으면 좋겠어요. 캐글에서 댓글 다는 방법을 모아서 추천 목록을 만든 적도 있어요. 짧지만 (하지만 너무 짧지는 않습니다) 구체적인 목록이지요. 의견이 아닌 정보를 제공하세요. 기회가 있다면 다른 사람들의 작업을 칭찬하세요. 침착하게 도움이 되고자 노력하세요. (예를 들면 토론에서 해당 스레드에서 자신을 언급한 사람에게 댓글을 전달해야 하는 경우 등) 필요하지 않은 댓글에 사람을 태그하지 마세요.

그랜드마스터 단계에 이른 마지막 분야는 데이터 세트예요. 데이터 세트는 제가 가장 높은 순위를 얻었던 분야이기도 해요. 순위 진전은 매우 느렸어요. 우선은 제가 좋아하는 것에서 시작했어요. 데이터 세트에서 높은 인지도를 얻으려면 데이터 큐레이팅, 정리, 문서화 등에 시간을 투자해야 하죠. 정말 좋아하는 분야가 아니라면 대부분 계속할 수 없어요. 저에게도, 커뮤니티 사람들(우리 나라, 내가 속한 대륙, 전 세계)에게도 중요할 내용을 계속 추적했어요. 자국인 루마니아의 선거에 대한 데이터 세트와 유럽의 다양한 사회적, 인구학적, 경제적 주제에 대한 데이터 세트를 공개했어요. 저는 커뮤니티에 유의미하면서 중요도가 높은 실제 문제들에 초점을 맞추었어요. 예를 들면 팬데믹 동안은 코로나19 사례를 다룬 데이터 세트를 공개했어요. 제가 사는 국가나 전 세계의 예방 접종, 테스트, 바이러스 변종 등에 관련된 내용으로, 단순한 수치나 표 형태의 값을 넘어선 데이터를 포착했습니다. 특히 사람들이 직접 참여해서 나온 텍스트 데이터는 많은 사람에게 중요한 통찰력을 제공했어요. 가장 많은 '좋아요'를 받은 데이터 세트는 백신에 대한 미신, 크리켓, 팬데믹, 스포츠 이벤트, 정치적 인물 같은 다양한 주제에 대한 레딧 포스트, 댓글, 트윗(트위터 포스트)의 모음으로 구성했어요. 데이터 수집, 데이터 클리닝, 데이터 처리 스크립트를 자동화하는 데 상당한 시간을 투자했어요. 자동화를 통해서 소중한 시간을 절약했어요(특히 자주 업데이트되는 데이터 세트의 경우 매시간 스크립트를 실행해서 계속 수집하기도 했어요). 과정도 더 잘 통제할 수 있었죠. 매번 데이터 세트를 공개할 때마다 하나 이상의 시작용 노트북을 같이 작성했어요. 이 노트북은 많은 사람이 볼 것이라 전제하고 작성하지는 않았어요. 잠재적 사용자가 데이터를 다루기 더 쉽게 도움을 주는 도우미 로 만들었죠. 대부분의 경우 원본 데이터(수집하거나 대체 출처에서 다운로드한 데이터)를 유지하고 데이터 클리닝과 변환, 예비 분석 노트북을 포함시키는 것을 선호합니다. 이런 방식을 통해 데이터 자체보다 더 많은 것을 데이터 세트에 포함시키고자 하며, 데이터 변환 기법에 대한 정보도 같이 제공해요.

## CHAPTER 14

새로운 기회를 찾는 법

이 장의 내용

- 대회로 다른 데이터 과학자와 관계 구축하기
- Kaggle Days와 캐글 밋업에 참가하기
- 주목받기 그리고 다른 일자리 기회

앞 장에서 대회에서 작업하거나 달성한 경험을 더 잘 강조하는 방법을 소개했습니다. 이번 장에서는 어떻게 캐글이 경력에 긍정적인 영향을 미치는지 전체적인 관점을 정리하고자 합니다. 마지막인 이번 장에서는 새로운 경력 기회를 찾기 위해 모든 노력을 활용하는 최선의 방법을 소개합니다. 앞서 소개한 수단들(캐글 토론, 노트북, 데이터 세트, 그리고 캐글에서 파생된 다양한 프로젝트를 소개하는 깃허브 계정)은 모두 갖추었을 것으로 보고 이번 장에서는 더 부드러운 측면으로 이동하겠습니다. 관계를 맺는 방법과, 채용 담당자나 회사에 캐글 경험을 보여주는 방법에 관한 것입니다.

다양한 관계를 맺는 것이 많은 가능성을 열어준다는 것은 상식입니다. 공개 게시판에 게시되지 않는 새로운 일자리에 관한 연락을 받거나 전문 영역이 아닌 문제에 의지할 사람이 생길 기회 등 다양한 가능성이 생깁니다. 캐글에서의 네트워킹은 대회 도중의 팀 협업과 캐글이 개최한 밋업이나 이벤트에서 만난 인연으로 시작합니다.

> **TIP** 여러 번 설명했듯 캐글은 인사나 고용 관리자가 후보자를 선택하는 데 활용하지 않습니다. 일부 회사는 캐글에서의 순위나 성과를 긍정적으로 고려하지만 특별한 경우로, 일반적인 규칙은 아닙니다. 캐글 관련 경험이 무시

되거나 비판을 받을 수 있다는 점도 기억하세요. 하지만 경험상 캐글에서 배우고 연습한 경험은 매우 귀중하며 코딩과 모델링에 쏟은 노력을 보여주고 개인적으로 또는 팀으로 작업한 경험을 이야기함으로써 자신의 능력을 선보입니다.

14.1 대회에 참여한 다른 데이터 과학자와 관계 구축하기

취업 기회가 공개되고 잠재적 후보자를 찾기 전에 그 기회를 알고 있는 사람들과 연락하는 데 도움이 되기 때문에 인맥은 일자리를 찾는 데 아주 중요한 역할을 합니다. 최근 몇 년간 캐글은 점점 더 다른 데이터 과학자를 만나서 협업하고 친구가 되기 좋은 곳이 되었습니다. 과거에는 대회의 포럼에서 많은 교류가 일어나지 않았고 대회 점수가 팀원들 사이에 균등하게 분배되었기 때문에 팀은 글로벌 순위에서 큰 불이익을 받았습니다. 개선된 순위[1]는 팀을 구성하는 데 더 긍정적으로 작용하는 요인이 되었습니다. 이미 다른 팀원을 알고 있으며, 작업을 할당하고 원격으로 협업하는 방식이 이미 확립되어 있다면 캐글에서 팀을 구성해서 참여하는 데 문제가 없습니다. 각 팀원이 이미 협업을 하는 방법을 알고 있다면 다음과 같은 상황이 연출됩니다.

- 팀원들의 동의 하에 실험 일부를 담당하기
- 솔루션을 구축하기 위해 다른 팀원과 협업하기
- 테크닉과 경험을 토대로 새로운 솔루션을 탐색하기
- 쉽게 스태킹 또는 블렌딩하도록 모델과 제출물을 준비하기

만약 팀 활동을 한 적이 없다면 팀에 들어가기도 어렵고 새로운 팀을 만들기도 어렵습니다. 연락처를 가지고 있지 않은 이상 리더보드에 오른 다른 사람들과 연락하기는 어렵습니다. 우선 모두가 팀을 구성하고 싶어 하지는 않습니다. 혼자 작업하는 것을 선호하는 사람들이 있기 때문입니다. 뿐만 아니라 일부 참가자는 팀을 구성하는 데 관심이 있겠지만 제안을 했을 때 받아들여야 할지 경계하고 고민할 것입니다. 잘 알지 못하는 캐글러와 팀을 구성할 때 몇 가지 주의해야 하는 점이 있습니다.

- 팀에 참가하는 사람이 팀에 아무런 도움을 제공하지 않는 경우도 있습니다.
- 팀에 참가하는 사람이 실제로 협업하지 않고 무임승차하기도 합니다.

---

1 https://www.kaggle.com/general/14196

- 팀에 참가하는 사람이 캐글 규정을 위반해서 팀 전체가 실격당하기도 합니다.
- 스파이 활동으로 다른 팀에 정보를 흘리는 팀원이 있기도 합니다.

이 모든 상황은 대회에 치명적으로 작용합니다. 그리고 다른 캐글러들과 처음으로 팀을 구성할지 여부를 결정하는 데 일반적으로 이러한 사항을 고려한다는 사실을 기억하세요. 이런 걱정을 하지 않으려면 자신이 캐글에서 탄탄한 배경을 가진 사람임을 보여줘야 합니다. 즉, 일부 대회에 혼자 참가하고, 특히 노트북을 발행하거나 토론에 참여한 경험이 중요합니다. 관련 경험이 있다면 제안의 신뢰도가 높아지고 팀으로 받아들여질 가능성을 높여줍니다.

팀에 합류했다면 팀원 간에 **효율적인 전용 소통 형식**을 정해야 합니다(예: 슬랙 또는 디스코드 채널 생성 등). 그리고 다음 두 가지를 포함하는 일간 작업을 협의하는 것이 중요합니다.

- 실험에서 역할을 어떻게 나눌지 결정하기
- 제한된 수의 일간 제출을 어떻게 사용할지 결정하기(팀에서 자주 마찰이 발생하는 요인). 결국 2개의 최종 제출물은 팀장이 선택하지만 최종 선택에 도달하는 과정에서 자연스럽게 토론과 반대 의견도 등장하게 됩니다. 직접 한 교차검증 전략과 결과를 보여주면서 왜 특정 제출물을 최종적으로 선택했는지 팀원들에게 보여줄 준비를 하세요.

팀에서 긍정적인 태도로 작업했다면 자연스럽게 팀원들의 존중과 신뢰를 얻게 될 테고, 이후의 대회에서 같은 사람들과 팀을 구성하기가 쉬워질 것입니다. 또는 이전 팀원의 도움으로 그들이 속한 팀에 더 쉽게 합류할 겁니다.

캐글에서는 데이터 과학자, 데이터 애호가, 학생, 특정 분야의 전문가 등 다양한 사람들과 만나고 함께 작업을 하게 됩니다.

14.2 캐글 데이와 캐글 밋업에 참가하기

다른 캐글러들과 직접 만나는 것은 인맥을 구축하는 (그리고 팀에 더 쉽게 합류하는) 좋은 방법입니다. 밋업이나 컨퍼런스는 언제나 다른 캐글러를 직접 만나는 가장 좋은 방법이었습니다. 연사가 이야기하는 내용이 캐글에서 겪은 경험이거나 캐글 대회에서 다룬 주제이기 때문입니다. 예를 들면 많은 Research 대회는 성공한 경쟁자가 자신의 경험을 논문으로 작성하도록 요구하고, 논문은 컨퍼런스 연설에서 발표되거나 인용될 수 있습니다.

마리아 파리시^{Maria Parysz}와 파베우 얀키에비치^{Paweł Jankiewicz}가 만든 회사인 LogicAI가 캐글과 공동으로 폴란드 바르샤바에서 첫 번째 캐글 데이^{Kaggle Days} 이벤트를 개최한 2018년 이전에는 직접 캐글과 연결된 이벤트는 없었습니다. 이 이벤트에는 100명의 참가자가 모였고 8명의 캐글 그랜드마스터가 연사로 나섰습니다.

이후 더 많은 캐글 데이 이벤트가 열렸습니다. 지금까지 열린 이벤트의 내용과 발표는 다음 웹사이트에서 확인할 수 있습니다.

- 바르바샤 2018(https://kaggledays.com/events/warsaw2018)
- 파리 2019(https://kaggledays.com/events/paris2019)
- 샌프란시스코 2019(https://kaggledays.com/event/sanfrancisco2019)
- 두바이 2019(https://kaggledays.com/events/dubai2019)
- 베이징 2019(https://kaggledays.com/events/beijing2019)
- 도쿄 2019(https://kaggledays.com/events/tokyo2019)
- 파리 2022(https://kaggledays.com/events/kaggle-days-paris-2022)

파리에서 열린 두 번째 이벤트를 시작으로 밋업 형태의 소규모 이벤트가 다양한 도시에서 열렸습니다(30개 지역, 50개 이상의 밋업). 주요 이벤트나 밋업은 다른 캐글러를 만나서 친구를 만들 아주 좋은 기회로, 경력이나 대회 팀 구성에 도움이 됩니다.

14.3 주목받는 방법과 다른 직업 기회들

때때로 캐글은 데이터 분석과 머신러닝 모델링 분야에서 고용주들이 특별하고 드문 역량을 가진 후보를 발견할 수 있는 핫스팟이었습니다. 캐글 자체에서 토론 포럼 사이에 구인 게시판을 제공하기도 했고 많은 채용 담당자가 연락할 프로필을 찾기 위해서 배회하고 있습니다. (페이스북, 인텔, 옐프가 이 목적을 위해 대회를 개최했던 것처럼) 회사가 후보자를 찾기 위한 목적을 직접 알리며 대회를 열거나 (보험 회사 AXA가 텔레매틱스 대회 이후 그랬던 것처럼) 특정 유형의 문제에 대한 훌륭한 성과를 보인 최고의 참가자를 선정하기도 합니다. 이런 상황은 질베르토 티테리츠가 와이어드와 한 인터뷰[2]에서 "순위가 높은 참가자는 많은 일자리 제안을 받는다"고 언급한 데에서도 잘 알 수 있습니다.

---

2 https://www.wired.com/story/solve-these-tough-data-problems-and-watch-job-offers-roll-in

최근에는 상황이 다소 바뀌었습니다. 많은 캐글러가 대회에서 우승하거나 좋은 점수를 얻으면 채용 담당자에게 연락을 받는 건 고작 몇 달뿐이라고 합니다. 상황이 어떻게 바뀌고 있고 그 이유는 무엇일까요?

요즘은 캐글 경험을 요구하는 구인 광고를 거의 볼 수 없습니다. 대부분의 회사는 해당 분야의 경험자(같은 산업이거나 같은 영역이면 더 좋음)나 수학이 깊이 연관된 학문의 학력 배경 또는 구글, 아마존, 마이크로소프트의 자격증을 요구합니다. 하지만 캐글 활동 이력은 여전히 유효합니다.

- 캐글 순위와 대회를 모니터링하는 스카우터가 주목을 합니다.
- 많은 관리자들과 인사팀에서 캐글 프로필을 주목하고 있어 기업 역시 주목합니다.
- 회사가 코딩과 머신러닝 역량을 평가할 근거를 가지게 됩니다. 추가 테스트를 요구하지 않을 수도 있습니다.
- 다른 방법으로는 쉽게 경험할 수 없는 특정 회사와 관련성이 높은 문제를 구체적으로 경험할 수 있습니다. 모든 사람이 데이터에 쉽게 접근하지 못하기 때문입니다(예를 들면 모두 캐글 대회의 주제였던 텔레매틱스, 이상거래 검출, 딥페이크 등이 있습니다).

하지만 결과와 순위가 액면 그대로 고려되는 경우는 드뭅니다. 결과에 영향을 미친 부분과 고용하려는 회사가 덜 관심을 가지는 부분을 구분하기가 어렵기 때문입니다(예를 들면 대회에 들일 시간, 하드웨어, 약간의 운 등이 있습니다).

캐글 순위와 결과는 다음과 같은 경우 더 눈에 띕니다.

- 해당 회사에 특히 중요한 문제를 해결하는 대회에서 좋은 점수를 받았을 때.
- 해당 회사가 관심을 가진 주제를 중심으로 하는 여러 대회에서 체계적으로 좋은 점수를 받았을 때. 탄탄한 기초 없이 스스로 '데이터 과학자'나 '머신러닝 엔지니어'라고 칭하는 것이 아니라는 실제 역량을 나타내기 때문입니다.
- 캐글 참가를 통해 자유 시간을 무료로 투자하고 있을 정도로 데이터 분석을 향한 열정을 보여줄 때. 긍정적인 부분도 있지만 양날의 검이 될 수도 있습니다. 자신의 가치를 인식하지 못한다면 더 낮은 금액을 제안받습니다.

캐글 순위와 결과만으로 차이를 만들지는 못할 수도 있지만 차별화 요소가 됩니다. 스카우터들과 회사는 캐글 순위를 사용해서 잠재적 후보자의 목록을 만들 것입니다. 가장 주목을 받는 순위는 대회와 노트북입니다(따라서 경쟁이 더 치열하고 순위를 매기는 4가지 영역 중에서 더 많은 수의 그랜드마스터가 있습니다). 하지만 때로는 특정 대회의 순위도 고려합니다. (예를 들면 NLP나 컴퓨터 비전과 같은) 특정 희소 역량을 찾는다면 이 기술을 능숙하게 사용해야 하는 대화에서 찾기가 더 쉽겠죠?

큰 차별화 요소는 면접을 통해 생기기도 합니다. 문제를 해결한 방법과 설루션을 코딩한 방법, 팀원들과 의견을 교환하고 협력한 방법을 보이도록 대회의 경험을 활용합니다. 이런 상황에서는 캐글에서 얻은 순위나 메달보다 캐글 대회의 세부 내용을 이야기하는 것이 더 중요합니다. 세부 내용으로는 대회와 관련된 산업, 처리해야 했던 데이터 타입, 흥미를 가진 이유, STAR 접근법을 활용해서 대회 중의 자신의 행동을 설명하기 등이 있습니다.

14.3.1 STAR 접근법

STAR 접근법에서는 Situation(상황), Task(과제), Action(행동), Result(결과)라는 틀을 토대로 대회에서 한 일을 구조화해야 합니다. 이 방법은 기술보다 행동을 더 많이 이야기함으로써, 선택한 알고리듬의 기능보다 자신의 능력을 더 강조하는 것이 목적입니다. 다른 사람들도 같은 알고리듬을 사용할 수 있었지만 알고리듬을 성공적으로 활용한 것이 본인임을 알리는 것입니다.

> **NOTE_** 이 방법은 주로 성공 사례를 다룰 때 효과가 있지만 실패한 사례에도 적용해도 좋습니다. 특히 같은 이유로 다시 실패하지 않도록 실패 이유의 중요한 통찰을 얻은 상황에 적용합니다.

이 방법을 적용하려면 자신의 이야기를 4가지 요소로 나누어야 합니다.

- **Situation(상황)**: 면접관이 문제와 기회를 한눈에 이해하도록 문맥과 상황의 세부 내용을 설명하세요.
- **Task(과제)**: 기술과 태도 면에서의 개별적인 기여를 표현하도록 상황 속에서의 세부적인 역할과 책임을 설명하세요.
- **Action(행동)**: 과제를 해결하려 어떤 행동을 했는지 설명하세요.
- **Result(결과)**: 전체 결과와 함께 자신의 행동이 만든 결과를 전달하세요.

일부 회사는 STAR 접근법(또는 유사하지만 결과를 더 강조하는 **목표-효과-도전-발견 방식** Goal–Impact–Challenges–Finding method)을 명시하며 질문하기도 합니다. 다른 회사는 명시적으로 질문하지는 않지만 비슷한 대답을 원합니다.

TIP 최고의 답변은 면접을 보는 회사의 가치와 목적에 맞는 답변입니다.

대회에서 얻은 순위와 메달을 보고하는 것만으로는 면접관에게 깊은 인상을 주기에 충분하지 않기 때문에 캐글 대회에서 경험한 성공을 재구성하는 것이 무엇보다 중요합니다. 이 접근법은 혼자 혹은 팀으로 완성했을 때 모두 효과가 있습니다. 팀으로 완성했을 경우 설명해야 할 중요한 부분은 팀원들과 교류한 방법과 긍정적인 영향을 미친 방법입니다. 어떻게 설명할지 더 자세히 살펴보겠습니다.

우선 대회에서 발생한 상황을 설명합니다. 이 상황은 실험의 초기 단계나 최종 마무리 단계일수 있습니다. 상황에 적절한 행동을 했는지 평가하는 사람에게 정확한 문맥을 전달하는 것이 중요합니다. 세부적인 부분까지 상황을 전달하고 왜 자신의 관심과 행동이 필요했는지 전달합니다.

그런 다음 자신이 맡은 역할을 설명합니다. 예를 들면 데이터 클리닝일 수도 있고, 탐색적 분석이나 벤치마크 모델 생성, 솔루션의 지속적인 개선일 수도 있습니다.

다음은 과제를 해결한 방법을 설명합니다. (앞에서 소개했듯) 여기서 설명 보조 자료로 미디엄에 쓴 글이나 깃허브 프로젝트를 활용하면 도움이 됩니다. 잘 작성된 문서와 좋은 코딩으로 경험과 역량을 체계적으로 나타내 면접관 앞에서 자신의 능력을 강조할 수 있습니다.

마지막으로 얻은 결과를 설명합니다. 결과는 정성적인 부분(예: 캐글에서 팀의 작업을 조율한 방법)이나 정량적인 부분(예: 최종 결과에 자신의 기여가 얼마나 영향을 미쳤는지)이 됩니다.

14.4 요약

이번 장에서는 캐글 활동이 경력에 어떻게 도움이 되는지 이야기했습니다. 대회에서 팀을 구성하고, 과거 대회와 관련된 이벤트에 참여해서 인맥을 구축하고 새로운 일자리를 찾는 데 캐글에서의 경험을 활용하는 방법을 다루었습니다. 캐글에서 얻은 결과만으로는 일자리를 얻을 수 없다는 점에 대해서도 설명했습니다. 하지만 채용 담당자와 인사 부서의 관심을 끌거나 (이전 장에서 설명한 대로 신중한 포트폴리오로 뒷받침한다면) 데이터 과학의 역량을 보여주는 방식을 보강하는 데는 도움이 될 수 있습니다.

이번 장은 이 책을 마무리하는 장이기도 합니다. 14장의 챕터를 통해 다양한 캐글 대회, 데이터 세트, 노트북, 토론에 대해 살펴보았습니다. 캐글에서, 그리고 캐글 밖에서 더 많은 성과를 얻을 수 있도록 (평가 지표부터 시뮬레이션 대회까지) 머신러닝과 딥러닝 주제를 다루었습니다.

인터뷰 | 27 적극적인 정보 공유로 키운 실력

- 이룬 장Yirun Zhang
- *https://www.kaggle.com/gogo827jz*
- 응용 머신러닝과 킹스 칼리지 런던 박사 과정
- 노트북, 토론 그랜드마스터

자기소개를 부탁드립니다.

시계열 예측ime series forecasting, 자원 할당resource allocation, 최적화 등 현대 무선 통신 네트워크 환경에서 머신러닝 알고리듬을 적용해 어려움을 겪고 있는 문제를 해결하는 연구를 하고 있습니다. AI 프라이버시, 연합 학습federated learning, 데이터 압축과 전송을 연구하는 프로젝트에도 참가했어요.

박사 연구 일상 이외에도 캐글에서 활동을 하고 있어요. 캐글에서의 활동은 박사 2년 차 이후로 시작했습니다. 제가 캐글에서 처음 참가한 대회는 즉각적 만족Instant Gratification이었어요. 여기서 저는 사이킷런 라이브러리의 다양한 머신러닝과 통계 방법을 활용했어요. 이 대회는 캐글 대회의 머신러닝 모델링 파이프라인에 대한 전반적인 감을 잡는 데 도움을 주었어요.

노트북과 토론 포럼을 통해서 제 지식을 적극적으로 커뮤니티와 공유했어요. 덕분에 지금은 캐글 노트북과 토론의 그랜드마스터가 될 수 있었죠. 포럼에서 다른 사람들과 공유하고 토론하는 과정을 통해 소중한 피드백과 새로운 지식을 얻었고, 이런 과정은 제가 최근 마침내 대회에서 우승을 하는 데 도움을 주었어요.

우승한 대회를 간단히 소개해주세요.

제인 스트리트 시장 예측은 어려운 대회였어요. 힘들었던 이유는 견고한 교차검증 전략을 구축하기 어려웠기 때문입니다. 실제로 많은 사람은 공개 리더보드를 검증 세트로 활용했어요. 검증 전략을 사용하지 않고 수백 에포크씩 공개 리더보드에 과대적합되도록 신경망을 학습시켰죠. 우리 팀은 교차검증 전략을 유지하려 노력했고 셰이크업에서 살아남을 수 있었어요.

캐글 대회에서 사용하는 접근법이 있나요? 이 접근법을 일상 업무에서도 사용하나요?

캐글 대회는 일상적인 박사 연구와는 매우 달라요. 캐글 대회는 긴장감이 감돌고 즉각적인 피드백이 주어지지만 박사 연구는 장기적인 과정이죠. 하지만 캐글 대회에서 배운 새로운 지식과 방법은 박사 연구에도 매우 유용하다는 사실을 알게 되었어요.

비전공자의 데이터 과학 도전기

- 오사무 아키야마Osamu Akiyama
- *https://www.kaggle.com/osciiart*
- 오사카 대학교 의학박사
- 대회 마스터

자기소개를 부탁드립니다.

저는 오사카 대학 병원에서 일하고 있는 2년 차 레지던트로, 교토 대학에서 생명과학 석사 학위를 받았어요. 제약회사에서 연구개발 일을 한 후 오사카 대학 의학부로 편입해서 일본 의사 면허를 취득했어요.

제가 데이터 과학과 AI를 배우기 시작한 건 알파고를 보고 충격을 받았기 때문이에요. 저는 데이터 과학과 AI의 기술을 배우고 실험하려 캐글에 참가하기 시작했어요.

캐글이 경력에 도움이 되었나요?

저는 정보 과학 교육을 받지 않기 때문에 AI 회사에 인턴으로 지원했을 때와 AI 연구실에 단기 학생으로 지원할 때 캐글의 결과를 활용해 제 실력을 증명했어요. 저는 의사이기 때문에 데이터 과학 능력을 실제 직업에서 사용한 적은 없어요. 하지만 캐글에서의 결과 덕분에 가끔 의료 데이터 연구에 참가할 기회를 얻고 있어요. 제가 처음 참가한 대회는 2017년에 개최된 미국 해양대기청 수산국 큰 바다사자 개체수 세기 대회[3]입니다. 이후 캐글 대회들에 꾸준히 참가했고 세 개의 금메달을 땄어요.

가장 좋아하는 대회 유형과 이유를 알려주세요.

제가 가장 좋아하는 유형의 대회는 의료 데이터 대회예요. 저는 제 의학 지식을 활용해서 의료 데이터에서 어떤 통찰을 찾는 것을 정말 좋아해요.

---

3 NOAA Fisheries Steller Sea Lion Population Count. *https://www.kaggle.com/c/noaa-fisheries-steller-sea-lion-population-count*

캐글 대회에 어떤 식으로 접근하나요?

저는 대회 데이터에서 대부분의 참가자가 인지하지 못하는 숨겨진 특성을 찾거나 대회 데이터의 특성에 맞춘 독특한 접근 방식을 시도하는 것을 좋아해요. 사실 이런 접근법은 대부분의 경우 실패해요. 하지만 시도는 늘 재미있어요.

참가했던 대회 중 특히 어려웠던 대회는 무엇이며, 어떤 통찰로 과제를 해결했나요?

사운드 데이터를 위한 멀티 레이블 분류 과제를 해결해야 했던 프리사운드 오디오 태깅 2019[4]를 언급하고 싶네요. 학습 데이터는 신뢰할 수 있는 레이블이 지정된 소량의 데이터(클린 데이터)와 레이블을 신뢰할 수 없는 대량의 데이터(잡음 데이터)로 구성되었어요. 그리고 큐레이팅된 데이터 분포와 잡음 데이터 분포 사이에는 차이가 있었어요. 이런 어려움을 해결하고자 두 가지 전략을 사용했어요. 첫 번째 전략은 잡음이 많은 데이터의 학습과 클린 데이터의 학습을 다른 작업으로 취급하는 멀티 태스킹 학습이었어요. 두 번째 전략은 클린 데이터로 학습한 모델이 예측한 레이블로 다시 레이블링하는(일종의 준 지도학습인) 의사 레이블링이었어요.

다른 대회 플랫폼을 사용하나요? 캐글과 비교하면 어떤가요?

일본 데이터 과학 플랫폼인 Signate(*https://signate.jp*)와 guruguru(*https://www.guruguru.science*)를 사용해요. 캐글만큼 큰 플랫폼은 아니고 대회에 사용되는 데이터 세트도 보통 캐글에 비해서 작아서 참가하기 쉬워요. 가끔씩 캐글에서 볼 수 없는 재미있는 대회가 열리기도 하죠.

---

4 Freesound Audio Tagging 2019. *https://www.kaggle.com/c/freesound-audio-tagging-2019*

16세에 그랜드마스터가 된 비법

- 미켈 바버이리사르Mikel Bober-Irizar
- *https://www.kaggle.com/anokas*
- 포어컴AIForecomAI 머신러닝 과학자
- 대회 그랜드마스터
- 노트북, 토론 마스터

자기소개를 부탁드립니다.

저는 2016년에 캐글에 참여하기 시작했고 당시 14살이었어요. 저는 제가 무엇을 하고 있는지 전혀 몰랐어요. 온라인에서 머신러닝에 대한 내용을 읽었는데 멋져 보였던 거죠. 초기 몇 대회는 포럼에 공개된 다른 사람의 코드를 가지고 와서 살짝 변형하는 것으로 시작했어요. 몇 대회에서 리더보드 순위를 높이려고 노력하면서 천천히 어떤 식으로 작동하는지 이해하기 시작했어요. 그해 말 아비토 중복 광고 대회[5]에서 2위를 차지하는 좋은 성과를 거두기 전까지는 말이죠.

그 후 저는 75개의 대회에 참가했으며, 2018년에는 가장 젊은 대회 그랜드마스터가 되었고 첫 트리플 마스터가 되었어요. 저는 서레이 대학의 객원 연구원이었고 지금은 캠브리지 대학에서 컴퓨터 비전을 공부하고 있어요. 여기서도 머신러닝과 보안을 연구하고 있어요.

가장 좋아하는 대회 유형과 이유를 알려주세요. 어떤 대회가 가장 자신있나요?

저는 특징 공학을 사용할 기회가 있는 대회와 다양한 유형의 데이터를 사용하는 대회를 정말 좋아해요. 이런 대회에서는 해결하기 위한 접근 방식이 정말 창의적일 수 있어요. 이런 대회는 모두가 같은 접근 방식을 선택하며, 소수점 이하 자릿수를 놓고 싸우는 대회보다 훨씬 재미있어요.

접근 방식 측면에서 전문성을 지녔다는 건 아니지만 다양한 시도를 즐기고 있어요.

---

5 Avito Duplicate Ads Detection. *https://www.kaggle.com/c/avito-duplicate-ads-detection*

참가했던 대회 중 특히 어려웠던 대회는 무엇이며, 어떤 통찰로 과제를 해결했나요?

몇 년 전 구글은 이미지 안의 객체들과 객체들 사이의 관계를 탐지하는 대회를 운영했어요(예: 테이블의 의자). 다른 팀은 전통적인 접근 방식을 선택해서 과제를 해결하고자 대규모 신경망을 훈련하는 데 오랜 시간을 소비했어요. 저는 경쟁할 지식이나 계산 자원이 없었기에 다른 관점으로 문제를 공략하기로 마음먹었고 몇 가지 깔끔한 휴리스틱 모델과 트리 모델을 사용했어요. 그리고 겨우 몇 시간 만에 7위로 대회를 마칠 수 있었어요.

캐글이 경력에 도움이 되었나요?

캐글은 저에게 정말 많은 기회를 가져다주었고, 커뮤니티에서도 배울 점이 많았어요. 저는 참여했던 모든 대회를 통해 많은 사람을 만났고 많은 것을 배웠어요. 무엇보다도 캐글은 제가 머신러닝에 입문하게 된 계기이기도 해요. 캐글이 아니었다면 이 분야에 들어올 수 없었을 거예요. 정말 큰 도움이 되었습니다.

대회에서 어떤 실수를 해봤나요?

최종 설루션에서 다양한 버전의 코드와 중간 단계의 데이터 세트를 사용할 가능성이 있기 때문에 토대부터 재현하기에는 복잡한 설루션으로 끝날 수 있어요. 그렇게 되면 혹시 운이 좋아서 우승했다고 해도 주최자에게 작동하는 코드를 전달하기가 매우 어려워지겠죠. 잘 되고 있다면 어떤 설루션인지 파악하고 코드를 정리하는 것이 좋아요.

그리고 여러 모델에 서로 다른 검증 데이터 세트를 사용하거나 검증 예측을 저장하지 않는 상황에 빠지기 쉬워요. 이런 상황에서는 나중에 대회에서 모델을 비교하거나 메타학습을 하기 어려울 수 있어요.

데이터 분석과 머신러닝에 특히 추천하는 툴이나 라이브러리가 있나요?

저는 XGBoost를 정말 좋아해요. XGBoost는 지금도 태뷸러 데이터 부문에서 자주 신경망을 이기고 있죠(그리고 XGBoost의 새로운 사촌인 LightGBM도 좋아해요). SHAP는 모델(복잡한 모델을 포함)을 설명할 때 정말 좋아요. SHAP를 사용하면 다음에 무엇을 시도해야 할지에 대한 더 많은 영감을 얻을 수 있어요.

대회에 참가할 때 해야 하는 일 또는 중요하게 기억해야 할 것은 어떤 것이 있나요?

복잡한 설루션을 구현하는 데 얽매이기보단 점진적으로 설루션을 발전시키는 것이 중요하다고 생각해요.

제가 처음 참가했을 때에 비해 지금은 대회가 훨씬 어려워졌어요. 그러니 다른 사람들의 코드에서(많은 사람이 대회 도중에 코드를 공유함) 배우는 것은 좋은 생각이에요. 다른 캐글러들과 같이 팀에 합류하기를 고려해볼 수도 있을 거예요. 팀으로 대회에 참가하는 것은 저에게 가장 즐거운 경쟁이었고 언제나 멋진 학습 경험이었어요.

그리고 마지막으로 대부분의 아이디어는 별 효과가 없어요. 대회에서 우승하고 싶다면 인내하고 실험을 계속해야 해요!

- 댄 베커Dan Becker
- *https://www.kaggle.com/dansbecker*
- 데이터로봇DataRobot 제품 및 의사결정 인텔리전스 담당 부사장
- 노트북 그랜드마스터

자기소개를 부탁드립니다.

저는 2000년에 3인이 운영하는 스타트업에서 처음 머신러닝을 사용하려 했어요. 여기서 신경망을 사용해서 소매업체가 eBay에서 설정하는 품목의 예약 가격을 최적화하는 데 도움을 주고자 했어요.

2002년에 저는 머신러닝이 결코 실제로 활용될 수 없을 것이라 확신했어요. 경제학 박사학위를 딴 후 미국 정부를 위한 경제학자로 취업을 했어요. 저는 콜로라도로 이사 가고 싶었지만 경제학 박사를 찾는 일자리가 없었어요. 그래서 덜 학문적인 일자리를 찾았어요.

2010년 헤리티지 헬스 프라이즈[6]를 소개한 신문 기사를 보았어요. 초기의 캐글 대회로 300만 달러의 상금이 걸려 있었어요. 저는 여전히 경제학자로서 사용하는 더 단순한 모델이 화려한 머신러닝 모델들보다 더 나은 예측 결과를 가져다줄 것이라고 믿고 있었어요. 저는 이 대회에서 좋은 점수를 얻으면 제가 콜로라도에서 흥미로운 직업을 찾을 티켓이 되어줄 거라 생각하면서 대회에 참가했어요. 제 모델이 얻은 점수를 보고서는 크게 실망했어요. 다른 사람들의 점수가 저보다 훨씬 높았거든요. 대회에서 잘할 수 있다는 희망은 금방 버렸지만 평균에도 미치지 못한다는 데 좌절감이 들었어요.

리더보드 순위를 올리기 위해서 모든 저녁 시간과 주말 시간을 대회에 쏟아부었습니다. 저는 제가 10년 전 처음 시도했을 때에 비해서 훨씬 발전한 머신러닝을 다시 배웠어요. 매일 더 공부했고 새로운 모델을 업로드했어요. 시간이 많이 걸렸지만 매일 리더보드 순위를 올리는 보람이 있었어요. 제 점수가 리더보드의 중간에 이르렀을 때 계속 작업을 하면 상위 10%로 올라갈

---

6   Heritage Health Prize *https://www.kaggle.com/c/hhp*

수 있다고 생각했어요. 그래서 계속 작업을 했고 상위 10%에 들자마자 아마 상위 10위 안에 들 것이라 생각했죠.

제가 상위 10위에 들었을 때 한 분석 컨설팅 회사가 회사에 고용되면 회사의 이름을 달고 대회에 참가하는 데 관심이 있는지 물어왔어요. 회사의 마케팅에 활용하기 위해서였죠. 저는 제가 콜로라도에서 일할 수 있다면 그렇게 하겠다고 했어요. 그렇게 캐글 대회는 저의 목표 달성을 도와주었어요.

결국 2위로 대회를 마쳤어요. 2등에게 주어지는 상금은 없었지만 이후 제가 경력에서 이룬 모든 것은 이 캐글 대회 덕분에 가능했어요. 제가 상상했던 것보다 훨씬 더 큰 성공이었죠.

캐글이 경력에 도움이 되었나요?

캐글은 제 대부분의 경력을 만들어주었어요. 데이터 과학자로서의 첫 직업은 누군가가 저를 리더보드 순위에서 알게 되었기에 얻을 수 있었어요. 그다음 직장은 캐글이었고, 그다음 데이터로봇에서 일을 했는데 당시 데이터로봇의 채용 전략은 캐글 대회에서 좋은 성과를 낸 사람을 채용하는 것이었죠. 그런 다음 다시 캐글로 돌아가서 캐글의 데이터 과학 교육 플랫폼인 캐글 런Kaggle Learn을 시작했죠. 목록이 더 있어요. 지난 10년 동안 제가 가진 모든 직업은 분명 캐글에서 이룬 초기 성공에서 시작되었어요.

경제학에서 데이터 과학으로 경력을 바꾸면서 캐글에서의 성과는 제가 고용되는 이유의 핵심이었어요. 지금은 경력을 쌓고 있지만 포트폴리오 측면은 별로 고려하지 않고 있습니다. 그리고 제가 직접 구직을 안 해도 제안이 온 건 운이 좋은 덕이에요.

가장 좋아하는 대회 유형과 이유를 알려주세요. 어떤 대회가 가장 자신있나요?

오랫동안 커뮤니티에 속해 있었지만 지난 7~8년 동안은 대회에 아주 열중하지는 않았어요. 저는 새로운 유형의 대회를 좋아합니다. 예를 들면 2013년 딥러닝이 경쟁력을 가졌던 캐글 첫 대회의 일부로 딥러닝에 노출되었죠. 이건 케라스나 텐서플로, 파이토치 등 오늘날 존재하는 모든 딥러닝 프레임워크가 생기기 전이었어요. 커뮤니티에서 누구도 딥러닝을 하는 방법을 제대로 알지 못했어요. 그래서 모두가 새로운 것을 처음으로 배우고 있었죠.

또 캐글은 적대적 모델링 대회를 운영하기도 했어요. 여기서는 일부 사람들이 다른 모델을 속이려 이미지를 약간 조작하는 모델을 만들었죠. 매우 실험적인 것이었기에 캐글에서 이런 대회를 다시 운영할지 모르겠어요. 하지만 저는 이런 실험적인 대회를 정말 좋아해요. 커뮤니티에 속한 모두와 함께 포럼에서 할 수 있는 방법을 찾을 수 있으니까요.

캐글 대회에서 사용하는 접근법이 있나요? 이 접근법을 일상 업무에서도 사용하나요?

지난 몇 차례 대회에 참가하면서 저는 '이 대회를 위한 여러 프로젝트에서 작업을 자동화할 툴은 어떤 것인가'에 집중했어요. 그다지 성공적이지는 않았지만 재미있는 도전이었어요. 이건 제가 전문성으로 임하는 모든 접근 방식과는 아주 달라요.

대회 이외에도 저는 주제가 흥미로운 데이터를 보거나 분석하는 것을 좋아해요. 가끔 데이터 과학자로서의 제 장점은 (ML 모델로 필터링되지 않은 방식으로) 데이터를 보는 것이라 말하기도 하죠.

그리고 ML 모델의 예측을 토대로 우리가 어떤 결정을 내려야 하는지 생각하느라 많은 시간을 할애해요. 예를 들면 머신러닝 모델이 식료품 가게에서 다음 배송 전까지 망고가 1000개 팔릴 것이라 예측한다면 그 식료품 가게는 망고를 몇 개나 보유해야 할까요? 일부 사람들은 1000개라고 생각해요. 판매할 거라 예측한 수와 정확히 일치하죠. 하지만 틀렸습니다.

망고를 너무 많이 사서 망고가 상하는 경우의 비용과 망고가 떨어졌을 때의 비용 사이의 균형을 고려해야 해요. 그리고 망고의 유통기한은 얼마나 될까요? 다음 배송이 올 때까지 여분의 재고를 둬야 할까요? 최적화를 고려해야 할 사항은 아주 많고 이런 부분이 제 일상 업무의 일부를 구성하죠. 그리고 이런 부분은 캐글 대회에서는 겉으로 드러나지 않아요.

참가했던 대회 중 특히 어려웠던 대회는 무엇이며, 어떤 통찰로 과제를 해결했나요?

저는 프랙티스 퓨전 당뇨병 분류Practice Fusion Diabetes Classification 대회에서 데이터 합치기와 특징 공학을 자동화하는 시스템을 구축하려는 시도를 했어요. 이때 몇 개 이상의 파일이 있는 경우 데이터에 어떤 특징 공학이 적합한지 이해할 사람이 필요하다는 사실을 배웠어요.

경험에 비추어볼 때, 초보 캐글러가 자주 놓치는 것은 뭘까요? 처음 시작할 때부터 알았으면 좋았겠다고 생각하는 것이 있나요?

새로운 참가자는 캐글 대회에서 좋은 성적을 거두려면 넘어야 할 벽이 얼마나 높은지 모르고 있어요. 일반적인 방법으로 상위 50% 안에 들어갈 수 있는 점수를 얻을 수 있겠지만 대부분의 경우 그렇지 않죠. 제가 가장 놀랐던 것은 이전 제출물을 앙상블할 때 다양한 모델의 리더 보드 점수를 사용해서 가중치를 할당하는 작업의 가치였어요.

대회에서 어떤 실수를 해봤나요?

저는 여러 단계로 구성된 대회에서 제출물의 마지막 세부 사항을 여러 번 망쳤어요(그 결과 꼴찌나 꼴찌 근처의 순위를 얻었어요).

데이터 분석과 머신러닝에 특히 추천하는 툴이나 라이브러리가 있나요?

대부분 표준적인 툴을 추천해요. 캐글 대회 외적인 영역으로는 개인적으로 시각화를 위해 Altair를 활용하는 것을 좋아하고 SQL을 많이 작성해요. SQL을 복잡한 모델을 구축하기보다는 단순한 집계나 추세를 살펴보도록 설계되어 있지만 이건 버그가 아니라 특징이라고 생각해요.

인터뷰 | 31 | 대회의 목적은 우승이 아닌 배움

- 이정윤Jeong-Yoon Lee
- https://www.kaggle.com/jeongyoonlee
- 넷플릭스 리서치 순위 및 검색 알고리즘 엔지니어링 팀
  책임 연구 과학자
- 대회 마스터

자기소개를 부탁드립니다.

저는 이정윤이라고 합니다. 넷플릭스에서 선임 연구 과학자로 일하고 있어요. 캐글을 시작한 건 2011년 제가 박사 학위를 마치고 분석 컨설팅 스타트업인 오페라 솔루션Opera Solutions에 합류했을 때였어요. 거기서 미하엘 야러Michael Jahrer를 비롯한 열렬한 캐글러를 만났고 함께 KDD 컵과 캐글 대회에 참가했습니다. 이후 회사를 퇴사한 후에도 참가자이자 주체자로 계속해서 대회와 관계를 이어나갔어요. 나중에는 캐글에 이전만큼 많은 시간을 쏟지는 않게 되었지만 계속해서 ML 최신 툴과 접근법을 배우기 위해 틈틈이 체크하고 있어요.

캐글이 경력에 도움이 되었나요?

매우 큰 도움이 되었어요. 우선 ML 분야의 자격증이 되어주었어요. (면접을 볼 때는) 많은 채용 관리자가, (면접관이 되었을 때는) 지원자가 제 캐글 실적이 돋보인다고 했어요. 두 번째로 캐글은 ML의 최신 접근법을 배우게 해주었어요. 다양한 분야에 걸친 100개 이상의 대회에 참가했기 때문에 대부분의 문제에 동료들보다 더 많은 접근법을 알고 있어요. 세 번째로 캐글은 전 세계에 걸친 최상위 데이터 과학자들의 네트워크를 제공해주었어요. 캐글에서 재능이 있는 데이터 과학자를 정말 많이 만났고 그들과 함께 즐겁게 작업을 했어요. 저는 아비섹 타쿠르의 책을 번역했고 KDD에서 마리오, 기바, 아비섹과 함께 KDD에서 패널을 맡았으며, 루카의 책을 위해 인터뷰를 하고 있어요.

2012년에 제가 새 회사에 합류한 지 한 달 뒤 같은 해 KDD 컵에서 슈테펜 렌들steffen rendle이 소개한 인수분해 머신factorization machine을 사용했고 예측 성능이 기존 SVM 모델보다 30% 향상되었어요. 공동 창업한 스타트업에서 주로 강조했던 내용은 시장 평균 선형 회귀를 능가하는 앙

상블 알고리듬이었습니다. 우버에서는 특징의 공변량 변화를 해결하려 머신러닝 파이프라인에 적대적 검증을 도입했어요.

가장 좋아하는 대회 유형과 이유를 알려주세요. 어떤 대회가 가장 자신있나요?

저는 작거나 중간 사이즈의 데이터 세트를 사용하는 대회를 좋아하는데, 대체로 태뷸러 데이터 대회가 이렇더군요. 이런 크기의 데이터는 노트북에서도 다룰 수 있어서 다양한 접근 방법을 언제 어디서나 빠르게 반복해서 시도할 수 있죠. 캐글 활동의 정점을 찍었던 2015년에는 비행기에서나 아기 보기로 정한 당번 사이사이에 솔루션을 구축하기도 했어요. 제 세 쌍둥이는 2014년 후반에 태어났는데 그때 저는 공동 창업한 새 스타트업에서 일하고 있었어요.

제가 특별한 모델링 기술은 없는 것 같지만 대회 관리 부문에 전문성이 있다고 할 수 있어요. 여기에는 팀원 모집, 협업 틀 설정(예: Git, S3, 메신저, 위키, 내부 리더보드, 교차검증 분할), 대회 내내 팀이 효율적으로 일하게 돕는 것 등을 포함해요. 그래서 제 자신이 그랜드마스터가 되지는 못했지만 상위 10위에 들 수 있었어요. 많은 다른 그랜드마스터가 저와 일하고 싶어 했거든요.

캐글 대회에서 사용하는 접근법이 있나요? 이 접근법을 일상 업무에서도 사용하나요?

저는 빠른 반복과 점진적 개선이 가능한 파이프라인을 구축하고자 해요. 더 많은 아이디어를 시도할수록 대회에서 좋은 성적을 거둘 확률이 높아지니까요. 일상 업무에서도 이런 파이프라인을 구축하는 것은 마찬가지지만 범위에서 차이가 있습니다. 일상 업무에서는 문제를 정의하고 데이터를 찾는 것에서 시작하지만 캐글에서는 둘 다 제공되기에 EDA에서 시작할 수 있으니까요.

경험에 비추어볼 때, 초보 캐글러가 자주 놓치는 것은 뭘까요? 처음 시작할 때부터 알았으면 좋았겠다고 생각하는 것이 있나요?

최근 많은 유저들이 좋은 점수를 얻으려 다른 유저가 공유한 노트북을 포크하고 미세 조정을 한다는 것을 알게 되었어요. 정말 중요한 것은 배우는 것이지, 캐글 순위나 포인트를 얻는 것이 아닙니다. 저는 새로운 캐글러들에게 본인의 솔루션을 구축하는 데 시간을 더 쓰라고 말해주고 싶어요.

대회에 참가할 때 해야 하는 일 또는 중요하게 기억해야 할 것은 어떤 것이 있나요?

우승이 아니라 배움에 목표를 두고 대회에 참가해야 한다는 점입니다.

다른 대회 플랫폼을 사용하나요? 캐글과 비교하면 어떤가요?

저는 한국의 ML 대회 플랫폼 회사인 데이콘($https://dacon.io$)의 자문에 응하고 있어요. 이 회사는 2018년에 설립되어 지금까지 96개의 대회를 개최했어요. 캐글에 비하면 아직 초기 단계이지만 한국 사용자들에게 비슷한 경험을 제공하죠.

마무리

10년이 넘는 시간 동안 캐글 대회에 참가했기 때문에 캐글에는 독자들이 알아야 할 모든 것이 있다고 자신 있게 말할 수 있습니다. 하지만 그 모든 것은 수백 개의 대회와 수천 개의 노트북, 토론, 데이터 세트 속에 분산되어 있습니다. 알맞은 정보를 필요할 때 찾는 것은 캐글을 막 시작했다면 누구에게나 힘들 수 있습니다. 여러분이 참가하고 싶은 모든 대회를 안내하는 데 필수적인 지식을 모두 모았습니다.

기술적이거나 실용적인 정보 이외에도 10년 이상 캐글에서의 경험을 긍정적인 것으로 바꾸는 방법을 항상 찾았다는 것 역시 전달하고 싶었습니다. 이 책은 데이터 과학 대회의 세계 속 끝없는 여행을 표현한 결과로, 언제든 다시 읽어도 좋습니다. 모든 영역에서 그랜드마스터에 오르거나 세계 1위에 올라도 캐글에서의 여정은 결코 끝나지 않습니다. 대회에 참여하고 경험을 활용하는 방법은 무한히 다양한 방식으로 재창조되기 때문입니다. 이 책은 여기서 마치지만 여러분의 캐글 여정은 이제부터 시작됩니다. 우리의 여정이 그랬듯 여러분의 여정에 길고 풍부하고 유익한 경험이 가득하기를 기원합니다. 즐거운 여행 되세요!

1장

i Wolpert, D.H., Macready, W.G. (1997), No Free Lunch Theorems for Optimization, IEEE Transactions on Evolutionary Computation 1, 67. *http:// ti.arc.nasa.gov/m/profile/dhw/papers/78.pdf*

ii Donoho, D. (2017). 50 years of data science. Journal of Computational and Graphical Statistics, 26(4), 745-766. *http://courses.csail.mit. edu/18.337/2015/docs/50YearsDataScience.pdf*

5장

i Su, W., Yuan, Y., and Zhu, M. A relationship between the average precision and the area under the ROC curve. *https://arxiv.org/pdf/1310.5103.pdf*

ii Lin, T-Y. et al. Focal loss for dense object detection. *https://arxiv.org/ abs/1708.02002*

6장

i Roelofs, R., Shankar, V., Recht, B., Fridovich-Keil, S., Hardt, M., Miller, J., & Schmidt, L. (2019). A meta-analysis of overfitting in machine learning. Advances in Neural Information Processing Systems, 32. *https://papers. nips.cc/paper/2019/file/ee39e503b6bedf0c98c388b7e8589aca-Paper.pdf*

ii Bates, S., Hastie, T., & Tibshirani, R. (2021). Cross-validation: what does it estimate and how well does it do it?. arXiv preprint arXiv:2104.00673. *https://arxiv.org/pdf/2104.00673.pdf*

iii   Sechidis, K., Tsoumakas, G., and Vlahavas, I. (2011). On the stratification of multi-label data. Machine Learning and Knowledge Discovery in Databases, 145–158. *http://lpis.csd.auth.gr/publications/sechidis-ecmlpkdd-2011.pdf*

iv   Szymański, P. and Kajdanowicz, T.; Proceedings of the First International Workshop on Learning with Imbalanced Domains: Theory and Applications, PMLR 74:22–35, 2017. *http://proceedings.mlr.press/v74/szyma%C5%84ski17a.html*

v   Efron, B., & Tibshirani, R. (1997). Improvements on cross-validation: the 632+ bootstrap method. Journal of the American Statistical Association, 92(438), 548–560. *https://www.tandfonline.com/doi/pdf/10.1080/01621459.1997.10474007*

vi   Whitehill, J. (2018, June). Climbing the kaggle leaderboard by exploiting the log-loss oracle. In Workshops at the Thirty-Second AAAI Conference on Artificial Intelligence. *https://export.arxiv.org/pdf/1707.01825*

7장

i   Xu, L., Skoularidou, M., Cuesta-Infante, A., & Veeramachaneni, K. (2019). Modeling tabular data using conditional gan. Advances in Neural Information Processing Systems, 32. *https://proceedings.neurips.cc/paper/2019/file/254ed7d2de3b23ab10936522dd547b78-Paper.pdf*

ii   Wattenberg, et al., "How to Use t-SNE Effectively", Distill, 2016. *https://distill.pub/2016/misread-tsne*

iii   Micci-Barreca, D. (2001). A preprocessing scheme for high-cardinality categorical attributes in classification and prediction problems. ACM

SIGKDD Explorations Newsletter, 3(1), 27–32. *https://dl.acm.org/doi/10.1145/507533.507538*

iv   Zhang, H., Cisse, M., Dauphin, Y. N., & Lopez-Paz, D. (2017). mixup: Beyond empirical risk minimization. arXiv preprint arXiv:1710.09412. *https://arxiv.org/abs/1710.09412*

v   Arik, S. Ö., & Pfister, T. (2021, May). Tabnet: Attentive interpretable tabular learning. In Proceedings of the AAAI Conference on Artificial Intelligence (Vol. 35, No. 8, pp. 6679–6687). *https://www.aaai.org/AAAI21Papers/AAAI-1063.ArikS.pdf*

vi   Popov, S., Morozov, S., & Babenko, A. (2019). Neural oblivious decision ensembles for deep learning on tabular data. arXiv preprint arXiv:1909.06312. *https://arxiv.org/abs/1909.06312*

8장

i   Golovin, D., Solnik, B., Moitra, S., Kochanski, G., Karro, J., & Sculley, D. (2017, August). Google vizier: A service for black-box optimization. In Proceedings of the 23rd ACM SIGKDD international conference on knowledge discovery and data mining (pp. 1487–1495). *https://dl.acm.org/doi/pdf/10.1145/3097983.3098043*

ii   Ke, G., Meng, Q., Finley, T., Wang, T., Chen, W., Ma, W., ... & Liu, T. Y. (2017). Lightgbm: A highly efficient gradient boosting decision tree. Advances in neural information processing systems, 30. *https://proceedings.neurips.cc/paper/2017/file/6449f44a102fde848669bdd9eb6b76fa-Paper.pdf*

iii   Snoek, J., Larochelle, H., & Adams, R. P. (2012). Practical bayesian optimization of machine learning algorithms. Advances in neural information processing systems, 25. *http://export.arxiv.org/pdf/1206.2944*

iv   Li, L., Jamieson, K., DeSalvo, G., Rostamizadeh, A., & Talwalkar, A. (2017). Hyperband: A novel bandit-based approach to hyperparameter optimization. The Journal of Machine Learning Research, 18(1), 6765-6816. *http://web.eecs.umich.edu/~mosharaf/Readings/HyperBand.pdf*

v   Vaswani, A., Shazeer, N., Parmar, N., Uszkoreit, J., Jones, L., Gomez, A. N., ... & Polosukhin, I. (2017). Attention is all you need. Advances in neural information processing systems, 30. *https://proceedings.neurips.cc/paper/2017/file/3f5ee243547dee91fbd053c1c4a845aa-Paper.pdf*

vi   Bergstra, J., Bardenet, R., Bengio, Y., & Kégl, B. (2011). Algorithms for hyper-parameter optimization. Advances in neural information processing systems, 24. *https://proceedings.neurips.cc/paper/2011/file/86e8f7ab32cfd12577bc2619bc635690-Paper.pdf*

9장

i   Breiman, L. (1996). Bagging predictors. Machine learning, 24, 123-140. *https://link.springer.com/content/pdf/10.1007/BF00058655.pdf*

ii   Freund, Y., & Schapire, R. E. (1996, July). Experiments with a new boosting algorithm. In icml (Vol. 96, pp. 148-156). *https://citeseerx.ist.psu.edu/document?repid=rep1&type=pdf&doi=d186abec952c4348870a73640bf849af9727f5a4*

iii   Friedman, J. H. (2001). Greedy function approximation: a gradient boosting machine. Annals of statistics, 1189-1232. *https://citeseerx.ist.psu.edu/document?repid=rep1&type=pdf&doi=d101cfcfdf22760dc55d8dff28d6ffc49b4fd846*

iv   Ting, K. M., & Witten, I. H. (1997). Stacking bagged and dagged models. *https://citeseerx.ist.psu.edu/document?repid=rep1&type=pdf&doi=ad52dac8f267c8c75f30ac5b0c6c6bc980217285*

v   Töscher, A., Jahrer, M., & Bell, R. M. (2009). The bigchaos solution to the netflix grand prize. Netflix prize documentation, 1–52. *https://citeseerx. ist.psu.edu/document?repid=rep1&type=pdf&doi=2e4c8d8457728e34279a00fcf4 5907c61e9baf5a*

vi   Caruana, R., Niculescu-Mizil, A., Crew, G., & Ksikes, A. (2004, July). Ensemble selection from libraries of models. In Proceedings of the twenty-first international conference on Machine learning (p. 18). *https://www. cs.cornell.edu/~alexn/papers/shotgun.icml04.revised.rev2.pdf*

vii   Wolpert, D. H. (1992). Stacked generalization. Neural networks, 5(2), 241–259. *http://www.machine-learning.martinsewell.com/ensembles/stacking/ Wolpert1992.pdf*

viii   Erickson, N., Mueller, J., Shirkov, A., Zhang, H., Larroy, P., Li, M., & Smola, A. (2020). Autogluon-tabular: Robust and accurate automl for structured data. arXiv preprint arXiv:2003.06505. *https://arxiv.org/pdf/2003.06505.pdf*

10장

i   Tan, M., & Le, Q. (2019, May). Efficientnet: Rethinking model scaling for convolutional neural networks. In International conference on machine learning (pp. 6105–6114). PMLR. *https://arxiv.org/abs/1905.11946*

11장

i   Keito, Ishihara, S., & Shirai, H. (2021, June). A Study of Abstract Summarization Method for Japanese News Articles Using BertSum, Proceedings of the Annual Conference of JSAI, 2021, Volume JSAI2021, 35th (2021). *https://www.jstage.jst.go.jp/article/pjsai/JSAI2021/0/ JSAI2021_1D4OS3c02/_pdf/-char/en*

ii   Ishihara, S., Matsuda, Y., & Sawa, N. (2021, December). Editors-in-the-loop News Article Summarization Framework with Sentence Selection and Compression. In 2021 IEEE International Conference on Big Data (Big Data) (pp. 3522-3524). IEEE. *https://www.jstage.jst.go.jp/article/pjsai/ JSAI2021/0/JSAI2021_1D2OS3a03/_pdf/-char/en*

12장

i   Mesnard, T., Weber, T., Viola, F., Thakoor, S., Saade, A., Harutyunyan, A., Dabney, W., Stepleton, T.S., Heess, N., Guez, A., Moulines, E., Hutter, M., Buesing, L. & Munos, R.. (2021). Counterfactual Credit Assignment in Model-Free Reinforcement Learning. Proceedings of the 38th International Conference on Machine Learning⟨/i⟩, in ⟨i⟩Proceedings of Machine Learning Research 139:7654-7664 *https://proceedings.mlr.press/v139/mesnard21a. html*

13장

i   Sculley, D., Holt, G., Golovin, D., Davydov, E., Phillips, T., Ebner, D., ... & Dennison, D. (2015). Hidden technical debt in machine learning systems. Advances in neural information processing systems, 28. *https:// proceedings.neurips.cc/paper/2015/file/86df7dcfd896fcaf2674f757a2463e ba-Paper.pdf*

INDEX

INDEX

INDEX

INDEX

INDEX